C1 C2

PE

MW00860819

Romain Racine
Jean-Charles Schenker

COMMUNICATION
PROGRESSIVE
DU FRANÇAIS

Avec 700
exercices

CLE
INTERNATIONAL

www.cle-inter.com

Nos remerciements les plus chaleureux à nos amis :
- Chantal Benoist
- Séverine Deskeuvre
- Gilles Petit-Gats
- François Ozon

pour leur généreuse participation à cette publication.

Un grand merci également à l'équipe éditoriale de CLE qui nous a accompagnés tout au long de la rédaction de cet ouvrage.

Les auteurs

Avis

Tous les textes, les images et publications, ainsi que les auteurs ont été recherchés et assemblés avec le plus grand soin et en connaissance de cause et de bonne foi. Lorsqu'ils proviennent de sources externes, ils ont été repris sans modifications, toutefois sans revendication d'exhaustivité et d'absence d'erreurs. Si un auteur ou un ayant-droit devait néanmoins entendre revendiquer des droits, il pourra contacter CLE International.

Direction éditoriale : Béatrice Rego
Marketing : Thierry Lucas
Édition : Virginie Poitrasson
Mise en page : Arts Graphiques Drouais (27320 Nonancourt)
Couverture : Miz'enpage
Enregistrement : Quali'sons

Avant-propos

La *Communication progressive du français, niveau perfectionnement*, s'adresse à des étudiants, **adultes et adolescents, de niveau C1-C2**. Ce manuel peut s'utiliser **en classe, comme support** ou complément de cours, mais aussi **en auto-apprentissage**. C'est de plus une base de données de **documents authentiques** correspondant au **niveau perfectionnement**. Cet ouvrage peut par ailleurs servir à la préparation du **DALF C1/C2**.

L'objectif de ce livre est de conduire les étudiants à **interagir activement** dans des situations de **communication authentiques** présentes dans le **monde francophone** – communication sous toutes ses formes. C'est un outil communicationnel et actionnel qui permet d'acquérir des **compétences approfondies** dans des domaines très variés, parfois spécialisés (intellectuels, culturels, professionnels ou scientifiques), en vue d'une appropriation réussie du français d'aujourd'hui.

Le manuel est divisé en huit parties **thématiques** subdivisées en cinq **scénarios**, lesquels permettent de progresser d'une situation de communication à l'autre dans un ordre cohérent. Toutes les **situations de communication** sont liées à un **type de support spécifique** et dans chacune d'entre elles sont abordés un point de **vocabulaire** et, si besoin, un point de **grammaire**.

Construit comme une série de cours, l'ouvrage s'inscrit dans la collection progressive dont il respecte le principe.

Chaque page de gauche comprend trois ou quatre parties selon le cas :

- Un **document authentique** : c'est **un type de support réel** (témoignages, interviews, débats, manifestes, éditoriaux, critiques, sketchs, caricatures, extraits de film, de roman...) servant de matrice pour les **productions** écrites et orales du niveau perfectionnement.
- Un point de **vocabulaire** : il rassemble, dans le même champ sémantique, les termes requis dans la situation de communication (la médiation, l'art contemporain, la jalousie...).
- Souvent un point **de grammaire** : il propose soit une révision d'une difficulté syntaxique importante soit la découverte d'une subtilité grammaticale, inhérentes au niveau C1/C2.
- Quelquefois un élément **stylistique** : il met en exergue un **aspect formel** du document ou de la langue (versification, phonétique, rhétorique, jeux de mots...) afin de sensibiliser l'étudiant à **l'humour** et à la **beauté de la langue française**.
- Enfin, la rubrique **Pour communiquer** : il s'agit d'une boîte à outils langagiers qui amène les étudiants, étape par étape, **à construire leur discours** (récit de voyage, pétition, billet d'humeur, prise de position dans un débat...) en s'interrogeant sur les caractéristiques communicatives, c'est-à-dire **discursives** et **fonctionnelles,** du modèle (se plaindre de ses conditions de travail, décrire son parcours universitaire...).

Chaque page de droite comprend différents exercices communicatifs préparant l'étudiant à la production finale :

- Une activité de **compréhension** pour identifier à la fois **le support, la thématique** et **le registre de langue** utilisé.
- Un ou deux exercices de **vocabulaire** dans lesquels l'étudiant réinvestit et mémorise les mots de manière ludique, c'est-à-dire à travers des devinettes, des charades et des activités sur la synonymie, l'antonymie et la définition des notions abordées.
- Parfois un exercice de **vocabulaire en communication** qui s'appuie à la fois sur les rubriques « vocabulaire » et « pour communiquer ».
- Maintes fois, un exercice de **grammaire** qui reprend le point traité sur la page de gauche.
- Le cas échéant, une activité de **stylistique** ou de **prononciation** qui aborde la langue dans ses particularités (humour, accents régionaux, registres et niveaux de langue...).
- Des activités **Pour communiquer** qui permettent de reprendre, dans des contextes variés et complexes, les différents éléments de communication du support de départ (reformulation, commentaire, analyse...).
- Enfin, une production finale **À vous** qui constitue **la synthèse structurée** de tous les éléments linguistiques et communicationnels étudiés, et ce en vue de créer une production cohérente

s'inspirant de la matrice de départ. Lorsque l'exercice s'y prête, cet oral ou écrit (signalé par un logo) peut servir d'entraînement aux examens du **DALF C1-C2**.
Par ailleurs le manuel contient :
- **8 bilans**, qui permettent de faire le point sur les sujets traités dans les blocs thématiques.

- **4 récréations culturelles** constituées de devinettes, de quiz, de jeux divers qui mettent en perspective les spécificités culturelles rencontrées au cours des chapitres précédents.

- **Un test d'évaluation** qui peut servir en début d'apprentissage pour évaluer le niveau des étudiants ou, à la fin, pour mesurer leurs progrès.

- **Un CD MP3** avec une cinquantaine de documents sonores.

- **Deux tableaux synoptiques**, afin de faciliter la recherche des documents sources, des pays mentionnés, ainsi que des personnalités citées.

Un livret de corrigés est disponible séparément. Il comprend toutes les réponses aux exercices et activités ainsi que des propositions pour les productions finales (À vous).

Les « POINTS FORTS » du niveau « perfectionnement » de la *Communication progressive du français*
• Ce manuel est un **support tout public**, qui s'adresse également aux étudiants désirant **intégrer un établissement de l'enseignement supérieur** (universités, écoles de commerce…) ainsi qu'aux personnes rejoignant **le monde professionnel** francophone.
• La communication y est **déclenchée par une thématique** et/ou un aspect culturel, donc par le sens, les actes de paroles s'y insérant comme outils langagiers.
• L'**humour** ainsi que **les différents registres de langue** y sont employés de façon systématique afin que l'étudiant puisse interagir avec un natif.
• L'ouvrage met un accent particulier sur **la francophonie** tant par le choix des thèmes abordés que par celui des supports (intervenants de l'espace francophone…).
• **La préparation au DALF C1/C2** s'y pratique par un biais ludique et informel.

Chers amis, étudiants et professeurs,

Ce livre, nous l'espérons, vous apportera le plaisir de manier la langue française à un niveau proche de celui des natifs, tout en vous enrichissant personnellement. Nous sommes convaincus que cet ouvrage vous permettra de découvrir des thèmes, des styles, des registres et des supports rarement abordés en apprentissage du FLE. En somme, de vous plonger dans la diversité de l'espace francophone et de faire vôtre la richesse de la langue française, et ce dans toute sa complexité et sa fascinante beauté.

Progressivement vôtre,
Les auteurs
Romain Racine et Jean-Charles Schenker

Table des contenus

1a

Signaler des coutumes inconnues

Quelles sont à vos yeux les gaffes culturelles les plus graves que l'on peut commettre dans votre pays d'origine ou le pays où vous résidez actuellement ?

En **France**, mettre du ketchup sur du foie gras après avoir coupé le vin avec de l'eau. Demander à boire de la bière dans un restaurant gastronomique en Bourgogne. Insister auprès d'un client pour animer la formation en anglais, alors qu'on est francophone. Couper le fromage avec le couteau à pain et le pain avec le couteau à fromage (acte insensé d'une Ukrainienne à la maison ce week-end). Au **Burkina Faso**, tutoyer une personne visiblement âgée, demander à un visiteur s'il veut boire de l'eau au lieu de la lui servir dès son arrivée. Dire à une femme qu'elle est mince ! À **Monaco**, se balader avec une voiture qui n'a pas été lavée le matin même, et ne pas respecter les passages piétons ! Au **Japon**, ne pas se déchausser avant de pénétrer dans la maison au-delà du vestibule. Se déchausser et avoir les chaussettes trouées ! Au **Vietnam**, accepter immédiatement la nourriture (fruits, petits gâteaux) offerte aux invités. Il est poli de refuser plusieurs fois avant de finalement céder à l'insistance de son hôte. Difficile pour les gourmandes comme moi ! En **Inde**, s'il y a des végétariens à table, il faut éviter tout contact entre les plats végétariens et non végétariens. En France, quand j'avais commandé du melon, on me l'avait apporté avec une tranche de jambon. Et quand j'avais expliqué au serveur que je suis végétarienne, il a enlevé le jambon et il m'a dit « maintenant vous pouvez manger », alors que ce n'était pas acceptable du point de vue indien. En **Suisse alémanique**, respecter autrui et ses différences est la règle. Jeter un papier par terre, mettre une bouteille dans le container prévu à cet effet le soir (où chacun mérite le calme) […] sont par exemple de fâcheuses incivilités. En France, parler d'argent, pas seulement pour le salaire mais aussi quand il s'agit de cadeaux. Je me souviens d'un de mes premiers chocs culturels en **Allemagne**. Un de mes collègues avait rapporté des bonbons, je l'ai donc remercié, puis il a passé 20 minutes à m'expliquer l'excellente affaire qu'il avait faite avec ces bonbons en promotion, puis comment il achetait des lampes torches sous paquet « une achetée – un modèle réduit gratuit », pour ensuite tout déballer et les offrir en cadeau, séparément, en ayant payé moins cher, et toutes sortes d'autres astuces. Pour un Français, il s'agirait d'une ruse inavouable… J'ai cru que c'était un cas particulier, mais j'ai vu ce type d'épisodes à plusieurs reprises, donc j'imagine que c'est simplement une habitude assez pragmatique de s'échanger ses bons plans.

http://gestion-des-risques-interculturels.com/points-de-vue/petit-tour-du-monde-des-gaffes-culturelles/

Grammaire

Accord de « même »

- Le(s) matin(s) **même(s)** = lui (eux)-même(s) (*adj. var.*)
- Il a commis des gaffes, des actes insensés et des incivilités **même**. (*sout.*) / et **même** des incivilités (*cour.*) (*adv. d'intensité invar. placé avant ou après le nom*)

Vocabulaire

Le savoir-vivre

- Une gaffe, une bourde (*fam.*), une maladresse, un impair (*sout.*)
- Un acte insensé
- Un choc culturel
- Une ruse (inavouable)
- Une (fâcheuse) incivilité
- Une astuce

Pour communiquer

- Couper le vin avec de l'eau (*prop.*) ≠ mettre de l'eau dans son vin (*fig.*)
- (Ne pas) insister auprès de qqn pour… (alors que…)
- Se déchausser dans le vestibule (≠ se chausser)
- Refuser plusieurs fois avant de finalement céder à l'insistance de son hôte
- Respecter autrui et ses différences
- J'ai vu ce type d'épisodes à plusieurs/maintes reprises…
- S'échanger ses bons plans (*fam.*) = se refiler de bons tuyaux (*fam.*)

1 Compréhension. **Vrai ou faux ? Si faux, justifiez votre réponse.**

1. Le document dresse une liste non exhaustive de « gaffes culturelles » à éviter.
2. Ce blog évoque en premier lieu les habitudes culturelles francophones.
3. Les blogueurs utilisent l'infinitif afin de signaler des particularités culturelles.

2 Vocabulaire. **Choisissez le terme approprié.**

1. Quel acte insensé | acte gratuit | acte recensé ! Kevin a demandé un soda pour accompagner sa blanquette de veau, si bien que ses hôtes étaient horrifiés.
2. Marcel a pénétré dans la maison japonaise de Yuki en oubliant de se déchausser : c'est une fâcheuse idée | incivilité | manie.
3. Jürgen a offert un bibelot qu'il détestait à Yohann. Il l'avait reçu en cadeau deux jours auparavant et ne savait qu'en faire. Quelle astuce | méchanceté | ruse !
4. En buvant l'eau de son rince-doigts au citron, Sylvie a commis une gaffe | baffe | taffe. La maîtresse de maison en était hilare.

3 Vocabulaire en communication. **Reformulez les termes soulignés.**

1. Gaëlle et Igor se sont refilé leurs bons tuyaux pour se rendre en Suède à moindre coût. _____
   _____

2. Pauline ne voulait absolument pas goûter aux escargots que Claude lui avait amoureusement cuisinés ; mais devant tant de ténacité, elle a fini par accepter.
   _____

3. Anna a fait une grosse bourde en ne parlant que d'argent tout au long du dîner. Quelle impolitesse !
   _____

4 Grammaire en communication. **Complétez par *même* (adv.) ou *mêmes* (adj.).**

1. Quel beau pays ! – Eh bien, nous sommes sur les lieux _____ de notre lune de miel.
2. À l'étranger, on risque d'être dérouté par les traditions, les comportements et les gestes _____ des autochtones.

5 Pour communiquer. **Exprimez le sens contraire en reformulant les phrases suivantes.**

1. Michel n'est point attentif aux autres, ni à ce qu'ils sont. _____
2. Loin de son pays, on ne peut catégoriquement rester fixés sur ses habitudes. _____
   _____
3. J'ai rarement rencontré des gens qui buvaient un jus de fruit en dégustant un camembert. _____
   _____
4. Acharnez-vous à parler anglais avec les Français en province ; ils ne vous répondront que du bout des lèvres. _____

6 À vous ! **Choisissez un pays que vous avez visité et dans lequel vous avez subi un choc culturel (positif ou négatif). Énumérez-en les spécificités sur un blog.**

1b Décrire un lieu exotique

Plumkett à Loti

[…] Parlez-moi de Stamboul, du Bosphore, des pachas à trois queues, etc. ? Je baise les mains de vos odalisques et je suis votre obligé.

Loti à Plumkett

Vous avais-je dit, mon cher ami, que j'étais malheureux ? Je ne le crois pas, et assurément, si je vous ai dit cela, j'ai dû me tromper. Je rentrais ce soir chez moi en me disant, au contraire, que j'étais un des heureux de ce monde, et que ce monde aussi était bien beau. Je rentrais à cheval par une belle après-midi de janvier ; le soleil couchant dorait les cyprès noirs, les vieilles murailles crénelées de Stamboul, et le toit de ma case ignorée, où Aziyadé m'attendait. Un brasier réchauffait ma chambre, très parfumée d'essence de roses. – Je tirai le verrou de ma porte et m'assis les jambes croisées, position dont vous ignorez le charme. Mon domestique Achmet prépara deux narguilés, l'un pour moi, l'autre pour lui-même, et posa à mes pieds un plateau de cuivre où brûlait une pastille du sérail.

Aziyadé entonna d'une voix grave la chanson des djinns, en frappant sur un tambour chargé de paillettes de métal ; la fumée se mit à décrire dans l'air ses spirales bleuâtres, et peu à peu je perdis conscience de la vie, de la triste vie humaine, en contemplant ces trois visages amis et aimables à regarder : ma maîtresse, mon domestique et mon chat.

Point d'intrus d'ailleurs, point de visiteurs inattendus ou déplaisants. Si quelques Turcs me visitent discrètement quand je les y invite, mes amis ignorent absolument le chemin de ma demeure et des treillages de frêne gardent si fidèlement mes fenêtres qu'à aucun moment du jour un regard curieux n'y saurait pénétrer.

Les Orientaux, mon cher ami, savent seuls *être chez eux* ; dans vos logis d'Europe, ouverts à tout venant, vous êtes chez vous comme on est ici dans la rue, en butte à l'espionnage des amis fâcheux et des indiscrets ; vous ne connaissez point cette inviolabilité de l'intérieur, ni le charme de ce mystère.

Je suis heureux, Plumkett ; je retire toutes les lamentations que j'ai été assez ridicule pour vous envoyer.

Pierre Loti, *Aziyadé,* Lettres XL et XLI, p. 146-147, Paris, GF-Flammarion, 1989

Grammaire

Adverbes en -ément

Attention : assurément, aveuglément, confusément, diffusément, énormément, expressément, exquisément, immensément, intensément, obscurément, passionnément, précisément, profondément…

Vocabulaire

L'exotisme

- Un pacha ≠ un domestique
- Une odalisque (*cf. le tableau d'Ingres*)
- Les djinns : esprits maléfiques ottomans symbolisant l'envoûtement
- Une muraille crénelée (*archit.*)
- Une essence de rose (de myrte…)
- Un narguilé = pipe orientale • Un brasier = foyer de chaleur, feu
- Un sérail = palais du sultan → faire partie du sérail = appartenir à un milieu influent fermé
- Un plateau de cuivre

Pour communiquer

- J'étais un des heureux de ce monde…
- Ignorer le charme de qch
- Le soleil couchant dorait les cyprès noirs…
- La fumée décrivit des spirales bleuâtres dans l'air…
- Peu à peu, je perdis conscience de la vie = je fus transporté dans un monde de rêves, de chimères
- Un logis ouvert à tout venant = une maison ouverte à tout passant
- En butte à l'espionnage des indiscrets = exposé, livré au regard trop curieux de…

1 Compréhension. **Confirmez ou infirmez les affirmations suivantes.**

1. Ce texte est extrait d'un roman épistolaire. **2.** Le narrateur évoque un souvenir de vacances.

3. Ces lettres sont informatives.

2 Vocabulaire. **Voici des définitions. Trouvez le terme adéquat.**

1. C'est un lieu où le sultan garde son harem : _____

2. Cet objet est utilisé comme support pour servir le thé à la menthe : _____

3. C'est quelqu'un qui se laisse servir sans lever le petit doigt : _____

4. L'enceinte fortifiée de l'Alhambra à Grenade en est pourvue : _____

3 Vocabulaire en communication. **Indiquez un équivalent pour les expressions soulignées.**

1. L'emblématique bibliothèque d'Alexandrie a été dévastée par un feu spectaculaire. _____

_____

2. Quelle odeur délicieuse : ce doit être un parfum fleuri. _____

3. En Égypte, au lieu de boire du vin, on inhale les vapeurs de ce tuyau. _____

_____

4 Grammaire en communication. **Transformez les adjectifs** aveugle, exquis, immense **en adverbes et placez-les dans les phrases suivantes selon le sens.**

1. Ulysse était un armateur _____ riche.

2. Pascale a suivi _____ ces gourous indiens sans s'apercevoir qu'elle se faisait rouler.

3. Dans la torpeur de l'été, cette brise maritime venant de Chypre était _____ rafraîchissante.

5 Pour communiquer. **Reformulez ces descriptions en préservant le caractère poétique.**

1. Tout le monde peut passer chez moi. _____

2. J'étais béat de bonheur, assis sur le sable chaud de cette plage de Bali en face du soleil couchant.

_____

3. Les émanations de cette cigarette faisaient des ronds azurés dans la chaude atmosphère de ce bar.

_____

4. Ce pays, dont tu ne connais pas le magnétisme suave, saura sûrement te rendre enfin heureux !

_____

5. En fréquentant les fumeries d'opium, les étrangers avides de sensations fortes étaient exposés à l'indiscrétion des fureteurs de la mafia locale. _____

6. En écoutant cette mélopée exotique, je partis doucement dans un monde d'enchantement.

_____

6 À vous ! DALF **Dans une lettre adressée à un(e) ami(e), décrivez de manière poétique un lieu exotique qui vous a envoûté(e). À la manière de Loti, colorez vos propos d'adverbes et d'adjectifs descriptifs.**

1c Faire le récit d'un voyage

– [...] Quand partons-nous ?

– Maintenant. D'abord marée descendante jusqu'à Caï Bé. Ensuite arroyo* jusqu'à Tan An et Cholon.

– Allons-y, jeta Francis en s'engageant, prudemment, sur la planche de teck qui servait de passerelle.

Il s'installa à l'arrière, sous l'abri d'un bambou tressé, en forme de tuile, qui constituait tout à la fois l'habitacle de commandement, la chambre et la salle à manger communes.

Moins d'une heure plus tard, le sampan largua ses amarres et, partie à la voile, partie à la force du sampanier, arc-bouté sur la longue perche, pourvue d'un aviron faisant office de gouvernail, il gagna le milieu du courant qui l'emporta, vigoureusement, à bonne allure, vers l'aval.

Le Mékong brassait ses eaux jaunes avec la force d'un torrent mal assagi ; des remous, des tourbillons se formaient de place en place que le sampanier franchissait, avec une prodigieuse habileté, corrigeant d'un coup de gouvernail la dérive de son bateau. De sa place, à l'arrière, Francis regardait défiler le paysage, d'une sauvage beauté. Tantôt une barrière de végétation impénétrable que l'on eût dite remplie de pièges et de maléfices, tantôt l'étendue morne des rizières des marécages, nimbée d'une buée opaque, sous un ciel plombé, qui réverbérait chaleur moite et lumière aveuglante. Parfois, dans le lointain, s'élevaient les bosquets ébouriffés des aréquiers, indiquant l'existence de maigres hameaux, desquels toute vie semblait absente. Peu avant la nuit, Khoaï invita Francis à s'enduire le visage et les bras d'une sorte de bouillie verdâtre, dégageant une forte odeur de citronnelle, expliquant :

– Les moustiques, pas moyen piquer...

Francis se soumit de bonne grâce et s'en trouva bien. Passé le crépuscule, brève escale entre le grand jour et l'obscurité profonde, un vrombissement aigu et envahissant emplit ses oreilles. Les insectes tournaient autour de lui, à bonne distance, maintenant hors d'atteinte par les effluves poivrés qu'il dégageait.

*canal reliant deux cours d'eau en pays tropicaux.
Erwan Bergot, *Sud lointain*, « Le Courrier de Saïgon », © Presses de la Cité, 1990, Paris, Omnibus, 2004

Grammaire

Alternance et répartition

- **Alternance :** tantôt..., tantôt...
- **Répartition :** moitié..., moitié... (= 50 %) ; (en) partie..., (en) partie... (= partiellement)

Vocabulaire

Le transport fluvial

- **Le fleuve :** une marée descendante (≠ montante), un courant, un torrent, un tourbillon, des remous
  → en amont, vers l'amont ≠ en aval, vers l'aval
- **Le bateau :** un sampan = voilier chinois ; un sampanier, une passerelle, l'habitacle de commandement
- **La navigation :** un aviron, un gouvernail, une (brève) escale
  → larguer les amarres, corriger la dérive de son bateau

Pour communiquer

- *Décrire un paysage :* Le fleuve brassait ses eaux (+ *adj.*) avec la force de...
  De sa place à l'arrière, il regardait défiler le paysage...
  Nimbé(e) (= entouré[e], auréolé[e]) d'une buée opaque, sous un ciel plombé...
  Dans le lointain s'élevaient des bosquets...
- *Exprimer une sensation :* Un vrombissement (= bruit) aigu emplit ses oreilles...
  L'étendue des rizières réverbérait chaleur moite et lumière aveuglante.
- *Exprimer des émotions :* D'une sauvage beauté
  La végétation que l'on eût (= aurait) dite remplie de pièges et de maléfices...

1 Compréhension. Ces affirmations sont fausses. Corrigez-les.

1. Ce texte est un poème.

2. Son champ lexical est celui du transport ferroviaire.

3. Cet extrait donne au lecteur une impression de fraîcheur.

2 Vocabulaire. Charades : trouvez les mots correspondants.

1. Mon premier est l'antonyme d'avec, mon second est un bruit sec, mon tout est un voilier asiatique.

2. Mon premier se trouve sous la tête, mon second est une suite de choses ou de personnes disposées sur la même ligne, mon tout est un mouvement de l'eau.

3. Mon premier est le synonyme d'opinion, mon second est le contraire de carré, mon tout est une rame à long manche.

4. Mon premier est un préfixe exprimant la répétition, mon second est l'antonyme de vif, mon tout est un tourbillon d'eau.

3 Vocabulaire en communication. Complétez les phrases suivantes.

1. J'en ai assez de tout : j'ai envie de _____ – et vive la liberté sous les tropiques !

2. Le _____ du ventilateur m'empêchait d'entendre celui des moustiques assoiffés de sang.

3. J'ai visité un hameau entouré de magnifiques aréquiers sur les bords du Mékong _____ de Vientiane.

4. La baie d'Halong, intouchée, est _____, surtout à l'aube lorsque s'estompe le ciel de la nuit.

4 Grammaire en communication. Complétez avec *moitié-moitié, tantôt-tantôt, en partie-en partie.*

1. Lors de notre périple, on traversait _____ des plaines mornes, _____ des collines verdoyantes.

2. Nous empruntions une vieille petite rue _____ escalier, _____ sentier de chèvres.

3. Notre cabane était construite _____ avec des tiges de bambou, _____ avec des rondins.

5 Pour communiquer. **Après un merveilleux voyage dans un pays exotique, racontez votre périple de façon poétique à partir des éléments suivants.**

1. Décrire le Nil par temps de pluie : _____

2. Associer la jungle à un espace dangereux et mystérieux : _____

3. Évoquer poétiquement un paysage recouvert de brouillard : _____

4. Dépeindre des groupes d'arbres au second plan : _____

5. Décrire un voyageur observant l'horizon : _____

6. Évoquer une ambiance tropicale dans un site humide et éblouissant : _____

6 À vous ! DALF **Faites le récit d'un voyage au cours duquel vous avez emprunté un moyen de transport original. Décrivez les paysages que vous avez vus défiler. À l'instar de l'écrivain, soyez poétique et inspiré(e) !**

2a Soulever un malentendu culturel

J'avais grand'faim, il était tard ; j'ai commencé par dîner. On m'a apporté un dîner français, [...] avec une carte en français. Quelques originalités, sans doute involontaires, se mêlaient, non sans grâce, à l'orthographe de cette carte. Comme mes yeux erraient parmi ces riches fantaisies [...], je suis tombé sur ceci : Calaïsche à la choute, 10 francs. Pardieu ! me suis-je dit, voilà un mets du pays ; calaïsche à la choute. Il faut que j'en goûte ; dix francs ! Cela doit être quelque raffinement propre à la cuisine de Schaffhouse. J'appelle le garçon.

« Monsieur, une calaïsche à la choute [...]. – Vort pien, monsir. Temain matin.

« Non, dis-je, tout de suite. – Mais, monsir, il est pien tard.

« Qu'est-ce que cela fait ? – Mais il sera nuit tans eine hère.

« Eh bien ? – Mais monsir ne bourra bas foir.

« Voir ! Voir quoi ? Je ne demande pas à voir. – Che gombrends bas monsir.

« Ah ça ! C'est donc bien beau à regarder votre calaïsche à la choute ? – Vort peau, monsir, atmiraple, magnifigue !

« Eh bien, vous m'allumerez quatre chandelles tout autour. – Guadre jantelles ! Monsieur choue. (Lisez : Monsieur joue) Che ne gombrends pas.

« Pardieu ! ai-je repris avec quelque impatience, je me comprends bien, moi ; j'ai faim, je veux manger. – Mancher gouoi ?

« Manger votre calaïsche. – Notre calaïsche ?

« Votre choute. – Notre choute ! Mancher notre choute ! Monsir choue. Manger la choute ti Rhin ?

Ici je suis parti d'un éclat de rire. Le pauvre diable de garçon ne comprenait plus, et moi, je venais de comprendre. J'avais été le jouet d'une hallucination produite sur mon cerveau par l'orthographe éblouissante de l'aubergiste. *Calaïsche à la choute* signifiait *calèche à la chute.* En d'autres termes, après vous avoir offert à dîner, la carte vous offrait complaisamment une calèche pour aller voir la chute du Rhin à Laufen, moyennant dix francs. Me voyant rire le garçon m'a pris pour un fou et s'en est allé en grommelant : – Mancher la choute ! Églairer la choute ti Rhin afec guadre jantelles ! Ce monsir choue. » J'ai retenu pour demain matin une *calaïsche à la choute.*

Victor Hugo, *Le Rhin II*, 1884, in *Le Goût de la Suisse*, p. 98-100, Paris, Mercure de France, 2012

Prononciation

Accent germanique

- Consonnes initiales :
  t/ch/p/f *au lieu de* d/j/b/v
  (*t*emain, *ch*oue, *p*ien, *f*oir)
- Voyelles : ou/èr *au lieu de*
  u/eu (ch*ou*te, h*è*re)

Vocabulaire

L'étonnement

- Une originalité (involontaire) ≠ une banalité
- Les riches fantaisies de qqn ≠ l'austère monotonie
- Pardieu ! = Pardi ! Que diantre ! (*sout.*) Pour sûr !
  Dame ! (*fam.*)
- Partir d'un éclat de rire = rire tout à coup avec éclat
- Une orthographe éblouissante (= étincelante, brillante, radieuse)

Pour communiquer

- Comme mes yeux erraient parmi…
- Je suis tombé sur ceci = j'ai découvert cela = j'ai trouvé par hasard
- Ce doit être quelque raffinement propre à…
- Le pauvre diable ne comprenait plus, et moi, je venais de comprendre…
- J'avais été le jouet d'une hallucination…
- Le garçon m'a pris pour un fou… (*par erreur*)

ACTIVITÉS

1 **Compréhension. Vrai ou faux ? Si faux, justifiez votre réponse.**

1. Ce texte rapporte une scène vécue entre un client et un serveur.

2. Le malentendu provient de l'orthographe et de l'accent.

3. Le ton de cet extrait est mélancolique.

2 **Vocabulaire. Complétez par les termes appropriés.**

1. Lorsque je vis le serveur trébucher et renverser la pièce montée, je_____.

2. « Monsieur Brie, puis-je vous servir du fromage ? – _____, avec le nom que je porte, cela va de soi ! »

3. T'as vu ça, Germaine ? Des patates, du steak haché et des glaces. Quelle _____, ce menu qui se croit exotique. Pff, _____ , c'était bien la peine de se taper trois heures de bagnole pour ça !

4. _____de ce monastère me rassura durant mon stage « silence-eau-plate-et-tofu-pour-tous ».

3 **Vocabulaire en communication. Reformulez les termes soulignés.**

1. Lors de son laïus sur l'amitié franco-japonaise, la prononciation de Fuyu était <u>plus qu'impeccable</u>.

2. Lorsque j'ai mis du sucre sur les tomates, mes hôtes <u>ont cru que j'étais cinglé(e)</u>.

3. <u>Les excentricités</u> chocolatières de Jean-Paul Hévin ont ébloui le jury au Salon du Chocolat à Paris.

4. En lisant ce guide de savoir-vivre, <u>j'ai découvert la chose suivante</u> : en France, il ne faut jamais arriver en avance quand vous êtes invité à un dîner.

4 **Prononciation. Réécrivez ces phrases correctement et prononcez-les à la française.**

1. Pentant que les plés prûlaient, che chouait à la fache sans taches : *Pendant que les blés...*

2. Che feux et ch'ekchiche que tu me tonnes tes pretzels alsaciens.

5 **Pour communiquer. Complétez les phrases suivantes pour exprimer une surprise ou un malentendu.**

1. En lisant le journal, _____ : communiquer en français rendrait heureux !

2. Quand j'ai vu mon sosie s'asseoir en face de moi, j'ai bien compris que _____.

3. La confusion était telle que _____ que l'on s'était joué de nous.

4. _____ ces nains de jardin, je vis tout à coup surgir une immense girafe.

5. Manger des insectes grillés, _____ cette tribu javanaise.

6 **À vous ! Vous avez été victime d'un malentendu culturel lié à une difficulté de compréhension. Racontez l'anecdote sur un ton humoristique et partagez-la sur votre blog « restonsalamaison ».**

Faire des rapprochements entre les cultures

Vous êtes né en Ardèche, de parents algériens. « Entre les deux rives de la Méditerranée », c'est finalement votre vie ?

Oui. C'est surtout une vie qui est bien acceptée de ma part. Je trouve que c'est une richesse – je suis né en Ardèche et mes parents viennent d'Algérie. La double identité est pour moi une vraie richesse, ce qui me permet, depuis quelques années, de proposer un travail qui est dans le métissage, le mélange des cultures, qu'elles soient du Maghreb, d'Europe ou même du reste du monde. J'aime les mélanges, parce que je suis mélangé.

Il y a votre vie personnelle, il y a votre carrière. Est-ce la preuve que la culture peut changer la vie d'un homme ?

Ah oui, je suis vraiment la preuve que la culture peut changer une vie. J'ai commencé la danse à l'âge de seize ans et demi. Jamais, je n'aurais cru que, aujourd'hui, à l'âge de quarante-deux ans, j'aurais fait une telle carrière. Tout simplement parce que mes parents ne connaissaient pas la danse. J'ai dû imposer à mon papa et ma maman le fait de devenir danseur et chorégraphe. C'est vrai, mon métier m'a ouvert l'esprit, m'a permis de décloisonner des frontières, de casser des barrières, d'aller vers les autres, et aux autres de venir vers moi. Donc, il y a quelque chose qui est magnifique avec la culture. Elle permet vraiment à quelqu'un de grandir et de s'ouvrir au monde. […]

Vous avez aussi collaboré avec le Ballet national d'Alger. Avez-vous le sentiment que les deux rives de la Méditerranée communiquent bien ou assez dans le domaine de la danse ou de la culture en général ?

Les seuls capables de faire en sorte que la communication entre l'Algérie et la France circule et se passe bien, ce sont les artistes *[rire]* ! C'est tout. Ce sont les seuls capables de transporter des messages, de véhiculer les idées. Les politiques n'y arrivent pas depuis des années. En tant qu'artiste, je suis capable – et je l'ai prouvé grâce à ce pont culturel méditerranéen – d'ouvrir entre les deux rives. Je suis capable d'ouvrir la communication et de permettre à de jeunes Algériens, qui étaient dans la rue il y a trois ans, qui n'avaient pas de métier, de se retrouver propulsés sur les scènes du monde entier, de découvrir d'autres cultures, de rencontrer des gens. Ces Algériens, quand ils vont retourner dans leur pays, ils vont pouvoir emmener toutes ces informations, et donc à leur tour devenir des professeurs, des chorégraphes, et donc faire en sorte que la danse en Algérie se développe.

Abou Lagraa interviewé par Siegfried Forster, http://www.rfi.fr/afrique/20130407-abou-lagraa-les-racines-el-djoudour

◼ Vocabulaire

Le rapprochement culturel

- Un rapprochement ≠ un éloignement
- Les deux rives de (la Méditerranée) = les deux bords, les deux rivages
- Le métissage culturel = le fusionnement
- Associer, assembler, fusionner des cultures ≠ dissocier, séparer
- Le mélange des cultures = le brassage culturel, un méli-mélo culturel (*fam.*)
- Je suis mélangé(e) = je suis culturellement hybride
- Un pont culturel (construire)

Pour communiquer

- La double identité est pour moi une vraie richesse…
- Décloisonner (les frontières) ≠ cloisonner, compartimenter
- Véhiculer des idées (reçues), des clichés…
- Mon métier m'a ouvert l'esprit…
- Casser des barrières ≠ ériger des barrières
- Transporter, faire passer des messages
- Grandir et s'ouvrir au monde

1 **Compréhension. Confirmez ou infirmez les affirmations suivantes.**

1. Ce document est une autobiographie artistique.

2. L'interviewé relate son expérience de chorégraphe contemporain.

3. Ce texte déprécie le métissage culturel.

2 **Vocabulaire. Trouvez les synonymes des termes soulignés.**

1. Le bateau à aubes *Louisiane* relie depuis plus d'un siècle <u>les deux bords</u> du Mississippi.

2. Ces éléments, bien que disparates, <u>se soudaient</u> facilement, voilà ce que je venais de découvrir.

3. La thématique <u>du melting-pot des communautés</u> à Alexandrie au début du XXᵉ siècle a inspiré le roman *Le Quatuor d'Alexandrie* de Lawrence Durrell.

4. De mère israélienne et de père brésilien, Ari est né à Monaco et vit à Sidney : on peut vraiment dire qu'<u>il est mélangé</u>.

3 **Vocabulaire en communication. Trouvez une autre manière de dire.**

1. Créer des passerelles entre les cultures ne signifie pas forcément qu'on les mélange.

2. Je suis capable de m'élever et de ne pas fermer les portes en cette période de populisme.

3. Elsa parle portugais, chante en français, écrit en russe et ne jure que par le Japon : sa vie est une vraie « salade composée ».

4. Marwin a appris à bien séparer les sphères familiale, sociale, culturelle et professionnelle.

4 **Pour communiquer. Que diriez-vous dans ces situations ?**

1. Bien que né au Sénégal, j'ai grandi au Québec. C'est très positif : _____

2. Les deux Corées sont trop isolées l'une de l'autre : _____

3. À voir cette publicité, tous les Français sont râleurs et paresseux : _____

4. À travers la chanson française, Alexandre communique au public son désir d'amour universel :
_____

5. En pratiquant un régime strict, Cathy construit un mur entre elle et les autres :
_____

6. En tant que photographe, j'ai la chance de fréquenter des gens qui ont une vision du monde différente de la mienne : _____

5 **Pour communiquer. Observez la photo ci-dessus. Que vous inspire-t-elle ? Quel en serait le message selon vous ?**

6 **À vous ! DALF** Un journaliste vient vous interviewer pour recueillir votre position quant à un rapprochement culturel possible entre votre pays et la France. Expliquez votre parcours et exposez vos idées.

2c Écrire à un courrier des lecteurs

Langue : *Le Monde* ou *The World* ?

J'ai été un peu secoué en parcourant le dernier numéro du supplément « Université et grandes écoles » (*Le Monde* daté du 14 avril 2016). Il se manifeste dans certains recoins de la francophonie une anglophilie aveugle que commente bien ce paragraphe du récent livre de Pascale Casanova (*La Langue mondiale : traduction et domination*, Éditions du Seuil) : « *Comme la langue mondiale est réputée hiérarchiquement supérieure aux autres, elle est aussi censée être la plus moderne, la plus en avance sur la ligne fictive de la temporalité. Est "moderne" ce qui domine. Aujourd'hui, tout ce qui est anglais est moderne ; et plus on est bilingue (donc capable de se rapprocher de la modernité), plus on est censé être moderne.* » Le paradoxe veut que n'est pas nécessairement bilingue qui croit l'être. Il est fréquent que l'on se contente de truffer son discours de termes anglais, ou qu'on croit anglais, qu'on aille même jusqu'à en imaginer en ajoutant le suffixe « ing » à n'importe quoi… Le français a pourtant toutes les ressources conceptuelles et lexicales pour exprimer aisément la modernité. On est donc en droit de se demander quelle vanité anime cette anglophilie. Rassurez-vous, je ne fais pas ici le procès de la France depuis mon Québec lointain… Le Québec ne fait pas exception à cette manie, quoique… mais c'est une autre histoire. Je suis abonné au *Monde* depuis nombre d'années. C'est pour moi une façon de garder le contact avec la France mais aussi avec l'Europe, d'obtenir un point de vue complémentaire de ce que je lis dans la presse nord-américaine. Mais j'aimerais bien que ma lecture ne s'enfarge pas (permettez le québécisme !) dans ces écueils qui sont à mes yeux des démonstrations de ce que vous me permettrez d'appeler une autocolonisation linguistique. Vous comprendrez que la lecture de ce supplément a fait déborder le vase. C'est un comble, d'autant plus qu'il témoigne de l'activité de milieux qui ne sont pas dépourvus de ressources linguistiques. Que ne ferait-on pas pour se montrer moderne… *Le Monde* peut faire mieux. Ou alors, pourquoi ne pas opter pour un petit changement de titre… Que diriez-vous de *The World* ?
— Luc Desnoyers, Montréal QC (Canada)

http://mediateur.blog.lemonde.fr/2016/04/19/langue-le-monde-ou-the-world/

Grammaire

Construction sans préposition

Construction sans « de » ou « à » (= *verbes* énonciatifs) :
être réputé(e) + *adj.* (supérieur[e]), être censé(e) être + *adj.* (moderne), croire (être) + *adj.* (bilingue), (se) dire + *adj.* (francophile)

Vocabulaire

La langue et le texte

- Une anglophilie (aveugle) ≠ une anglophobie, anglophobe
- Hispanophone, lusophone, hellénophone, nipponophone
- Bilingue, le bilinguisme ≠ monolinguisme, trilingue
- Truffer un discours de (québécismes, anglicismes…) → texte truffé de fautes (d'erreurs…)
- Un suffixe ≠ un préfixe
- Une autocolonisation (linguistique, culinaire…)
- Un supplément (de magazine), un titre, un paragraphe
- Des ressources linguistiques

Pour communiquer

- *Réagir :* J'ai été (un peu) secoué(e) en lisant…
- *Constater les points critiques :* il se manifeste qch… ; il est fréquent que l'on se contente de… ; on est donc en droit de se demander si … ; rassurez-vous, je ne fais pas ici le procès de… ; (Le Québec) ne fait pas exception à cette manie, quoique…
- *Confirmer sa surprise :* vous comprendrez que cette lecture a fait déborder le vase ; c'est un comble (d'autant plus que…)
- *Conclure avec ironie :* Que ne ferait-on pas pour se montrer moderne ; pourquoi (ne) pas opter pour…

1 Compréhension. Ces affirmations sont fausses. Corrigez-les.

1. Ce texte est un article du journal *Le Monde*.

2. L'auteur dénonce l'abus de québécismes dans la presse francophone.

3. Ce courrier se termine sur une chute teintée de pessimisme.

2 Vocabulaire. Devinettes. De quoi parle-t-on ?

1. Le fait qu'un restaurateur français veuille à tout prix introduire des *burgers* dans sa carte en est une :

_____

2. *Bi-* et *auto-* en sont les uns, et *-phobe*, *-phile*, et *-phone* en sont les autres :

_____

3. Ce peut être une désignation honorifique ; on le trouve également à la une d'un quotidien :

_____

4. C'est le contraire d'une remise ou d'une réduction ; et le dimanche, vous l'avez avec votre journal :

_____

3 Vocabulaire en communication. Terminez les phrases suivantes avec le mot ou l'expression qui convient.

1. Pour faire correctement cet exercice, vous avez besoin _____.

2. « Chair Mr, suite a vôtre rèclamassion, je ne feurais plu de fôte de phrançais. » Ce message est _____.

3. Yannis lit Pessoa, écoute Amalia Rodrigues et boit du *vino verde*. Il est _____.

4. Dans la région de Nuithonie en Suisse, le français et l'allemand se côtoient tant et si bien que quasi tout le monde y est _____.

4 Grammaire en communication. Complétez le texte suivant avec *à*, *de*, ou sans mettre de préposition.

La langue anglaise est censée ___ être plus communicative, sous prétexte qu'elle est parlée par le plus grand nombre, alors que les autres langues permettent ___ communiquer tout autant ; celles-ci sont en effet réputées ___ plus difficiles d'accès, idée très répandue que je crois ___ être absolument fausse. C'est pourquoi je m'apprête ___ m'adresser à la ministre de la Francophonie pour qu'elle agisse.

5 Pour communiquer. Que diriez-vous dans les situations suivantes pour exprimer votre désaccord ?

1. Le ministre délégué à la Francophonie ne s'adresse à ses collaborateurs qu'en anglais.

2. On me reproche d'utiliser mon smartphone à hue et à dia. Je le sais, c'est une mauvaise habitude.

3. Cet économiste croit faire « djeun's » en utilisant des anglicismes à tort et à travers.

4. J'en ai plus qu'assez de supporter le *frenchbashing* de ce journal. Je vais leur passer un savon.

5. Sans vouloir vexer personne, je me permets ici d'exprimer mon désaccord vis-à-vis de cette anglophilie aveugle.

6. Ce pays envoie toujours de mauvais films au festival de Cannes, d'où son absence au palmarès.

7. Les cours de français devraient être supprimés à l'école dès la rentrée, selon info.com (1ᵉʳ avril).

6 À vous ! DALF Vous êtes révolté(e) de voir une langue dominer les autres. Écrivez au courrier des lecteurs du *Monde* afin d'exprimer votre point de vue. (Pour vous aider, suivez la trame du texte.)

3a Comprendre des jeux de mots

Excusez-moi, je suis un peu essoufflé ! Je viens de traverser une ville où tout le monde courait...
Je ne peux pas vous dire laquelle... Je l'ai traversée en courant. Lorsque j'y suis entré, je marchais
normalement, mais quand j'ai vu que tout le monde courait... je me suis mis à courir comme tout le
monde..., sans raison ! À un moment, je courais au coude à coude avec un monsieur...
– Dites-moi... Pourquoi tous ces gens-là courent-ils comme des fous ?
– Parce qu'ils le sont ! Vous êtes dans une ville de fous ici... Vous n'êtes pas au courant ?
– Si, des bruits ont couru ! – Ils courent toujours !
– Qu'est-ce qui fait courir tous ces fous ?
– Tout ! Tout ! Il y en a qui courent au plus pressé... D'autres qui courent après les honneurs...
Celui-ci court pour la gloire... Celui-là court à sa perte !
– Mais pourquoi courent-ils si vite ?
– Pour gagner du temps ! Comme le temps, c'est de l'argent... Plus ils courent vite, plus ils en gagnent !
– Mais où courent-ils ?
– À la banque. Le temps de déposer l'argent qu'ils ont gagné sur un compte courant. [...]
– Et le reste du temps ? – Ils courent faire leurs courses... au marché !
– Pourquoi font-ils leurs courses en courant ? [...] Ils pourraient aussi bien faire leur marché en
marchant... [...]
– On voit bien que vous ne les connaissez pas ! [...]
– Et vous, peut-on savoir ce que vous faites dans cette ville ?
– Oui ! Moi, j'expédie les affaires courantes. Parce que même ici, les affaires ne marchent pas !
– Et où courez-vous là ? – Je cours à la banque !
– Ah !... Pour y déposer votre argent ? – Non ! Pour le retirer ! Moi, je ne suis pas fou !
– Si vous n'êtes pas fou, pourquoi restez-vous dans une ville où tout le monde l'est ?
– Parce que j'y gagne un argent fou ! ... C'est moi le banquier !

Raymond Devos, « Où courent-ils ? », Théâtre Montparnasse 1982, DVD 2, Mercury Universal 2007

▪ Vocabulaire

Courir

- Courir comme un fou, un dératé
- Être au courant = être informé
- Courir au coude à coude = parallèlement
- Des bruits courent = une rumeur circule
- Courir au plus pressé = se hâter d'accomplir ce qui est urgent
- Courir après les honneurs/pour la gloire = chercher à obtenir une chose par tous les moyens
- Courir à sa perte, à sa ruine = tomber inexorablement dans une situation extrême
- Le compte courant ≠ compte d'épargne
- Faire ses courses = faire ses emplettes (*fam.*), faire les commissions (*région.*)
- Expédier les affaires courantes = accomplir sans attendre un travail ordinaire
- Tu me cours sur le haricot (*fam.*) = tu me saoules (*vulg.*), tu es agaçant, insupportable

Pour communiquer

- *Faire des jeux de mots basés sur le sens :*
  – opposition : courir ≠ marcher   – paronymie : *au* courant / *en* courant
  – syllepse (sens propre / sens figuré) : *courir* à la banque / *courir* à sa perte ; des personnes
  courent / des bruits *courent*   – homonyme : *courant* (électrique) / *courant* (vers toi)
  – comparaison : courir *comme* un fou
- *Faire des jeux de mots basés sur la forme :*
  – dérivation (nom / verbe) : faire ses *courses* en *courant*, faire son *marché* en *marchant*
  – assonance : qu'est-ce qui fait c**our**ir *tous* ces *fous* ? *Tout* !
  – transformation syntaxique : courir à, après, pour... (prép.) ; compte cour*ant*, affaires
  cour*antes* (*m. / f.*)

1 Compréhension. **Vrai ou faux ? Si faux, justifiez votre réponse.**

1. Ce texte est extrait d'une pièce de théâtre.

2. La plupart des jeux de mots sont fondés sur le mot « courir ».

3. Le ton du texte appartient au registre ironique.

2 Vocabulaire. **Choisissez l'expression correcte.**

1. Comme je viens de gagner un argent fou, j'ai ouvert un compte rendu | de fées | d'épargne .

2. Claude a tant de choses à faire qu'il court au plus pressé | à son bureau | à sa ruine .

3. Chloé est folle des alertes infos, elle est en courant | au courant | aux courants de tout.

4. Les coureurs de cette compétition se trouvent désormais au coude à coude | dos à dos | face à face .

3 Vocabulaire. **Reformulez les phrases suivantes en utilisant le vocabulaire adéquat.**

1. Une rumeur circule : il paraîtrait qu'Emmanuel est un sacré coureur ! Pauvre Brigitte !

2. Jean-Philippe est capable de tout pour décrocher les palmes académiques. Quel arriviste !

3. Il est 8 h 27. Denis D. doit être à la fac à 9 heures pour son examen de philo : il fonce à toute vitesse.

4. Agnès s'est précipitée au marché de Dijon, elle doit acheter sa moutarde. Quelle course !

5. Franchement, Isabelle ! Tu commences sérieusement à m'énerver avec tes réflexions idiotes.

6. Joséphine, vous mettrez à jour l'agenda et vous enverrez les convocations au plus vite.

4 Pour communiquer. **Observez ces tournures et repérez les éléments porteurs des jeux de mots.**

1. Qui vole un œuf, vole un bœuf.

2. Pour aller à la réception du ministre, Edmond était sapé comme un milord.

3. En avril, ne te découvre pas d'un fil ; en mai, fais ce qu'il te plaît !

4. En mangeant des pommes de terre tous les jours, il mangeait son pain noir.

5 Pour communiquer. **Complétez ces phrases selon l'indication.**

1. *Comparaison :* Vous parlez le français _____ .

2. *Homophonie :* Le _____ de Franche-Comté me raconte ses problèmes de _____ bancaires.

3. *Dérivation :* Jeane Manson _____ sa vie et laisse les autres _____ la leur.

4. *Transformation syntaxique :* Les uns se confient, ils *parlent* ____ cœur ouvert ; les autres nasillent : ils _____ nez ; certains n'ont pas grand-chose à dire : ils_____ la pluie et du beau temps ; d'autres encore sont inutilement bavards : ils _____ ne rien dire.

5. *Homophonie : Toi*, tu es mon _____, c'est pourquoi je n'ai pas besoin de maison ; et _____, je suis ton _____, c'est pourquoi tu n'as pas besoin de calendrier.

6 À vous ! **Écrivez un sketch (8-10 lignes) en utilisant le mot « parler » sous toutes ses formes.**

3b
Avoir le sens de la répartie et donner la réplique

– Pourquoi avez-vous arrêté de boire ? – Je ne sais plus. Je devais être bourré ce jour-là. (Jacques Dutronc)	Une femme : Comment te vois-tu toi-même ? Groucho : Dans un miroir. (Groucho Marx)	Une actrice demande à Rip : « Dans quelle pièce ai-je été la meilleure ? » Rip répondit : « Dans votre chambre. »
– Winston, si vous étiez mon mari, je verserais du poison dans votre café. – Si vous étiez ma femme, Madame, je le boirais. (Winston Churchill à Lady Astor)	David à Rebecca : – Chérie, qu'est-ce que tu veux pour ton anniversaire ? – Divorcer. – En fait, je pensais à quelque chose de moins cher.	– Pense un jour que tous ces tableaux, toutes ces merveilles seront à toi. – Elle a murmuré : Oui, mais quand ? (Sacha Guitry)
– C'est la quatrième fois que tu rentres tard cette semaine… Que dois-je en conclure ? – Que nous sommes jeudi, ma chérie. (Anonyme)	Un couple se rhabille. – Elle : Comme j'aimerais avoir 12 000 francs de rente ! – Lui : Par mois ? – Elle : Par toi ou par un autre ! (Albert Guillaume)	– Si je venais à mourir, tu pleurerais beaucoup ? – Tu sais bien que je pleure pour un rien.

Extrait de *Le Goût de l'humour,* p. 116-138, Paris, Mercure de France, coll. Le petit Mercure, 2016

Vocabulaire

La réplique

- Action de répondre à ce qui a été dit ou écrit
- Réponse vive faite avec humour et marquant une opposition/objection (= une riposte) → avoir le sens de la repartie/répartie = avoir de l'esprit, être spirituel

Pour communiquer

- **La polysémie :** jouer sur les différentes significations d'un mot.
Dans quelle *pièce* ai-je été la meilleure ? – Dans votre *chambre*. (*pièce* : 1. pièce de théâtre, 2. pièce d'une maison, 3. chambre à coucher, où l'on est censé faire l'amour)
- **L'homonymie :** jouer sur la prononciation identique de deux mots de sens différent.
Comme j'aimerais avoir 12 000 francs de rente ! – Par mois ? – Par toi ou par un autre. (1. salaire mensuel = le *mois*, 2. salaire versé par le partenaire = *moi/toi*)
- **La métaphore :** jouer sur le passage du sens propre au sens figuré (ou l'inverse).
Comment te vois-tu toi-même ? – Dans un miroir. (*se voir* : 1. se caractériser, 2. se regarder dans une glace)
- **La métonymie :** jouer sur le déplacement d'un terme en lien avec un autre.
C'est la *quatrième* fois que tu rentres tard *cette semaine*… Que dois-je en conclure ? – Que nous sommes *jeudi*, ma chérie ! (1. question sur l'absence/infidélité répétée de son amant, 2. réponse concrète portant sur les jours de la semaine)
- **L'ironie :** dire le contraire de ce que l'on souhaiterait entendre.
Pense *un jour* que tous ces tableaux seront à toi. – Elle a murmuré : *Oui*, mais *quand* ? (1. promesse d'héritage = preuve d'amour, 2. transmission de l'héritage au plus vite = preuve de cupidité)
- **L'humour noir :** produire un effet comique tiré de situations tragiques.
Si je venais à *mourir*, tu *pleurerais beaucoup* ? – Tu sais bien que je *pleure pour un rien*. (1. situation tragique = mourir, 2. en faire une situation anodine, une bagatelle)

1 Compréhension. **Confirmez ou corrigez les affirmations suivantes.**

1. Ces mini-dialogues sont tous extraits d'une pièce de théâtre.

2. Ces répliques font appel à l'esprit philosophique des interlocuteurs.

3. Ces extraits sont censés faire sourire le lecteur.

2 Vocabulaire. **Choisissez la bonne réponse.**

1. Pierre Arditi donne ~~la réplique~~ ~~la réponse~~ ~~la riposte~~ à Bérénice Bejo dans la pièce de Zeller.

2. Dans l'humour, il faut avoir le sens de la ~~répétition~~ ~~répartie~~ ~~rédaction~~.

3. Joachim est très ~~mystique~~ ~~spirituel~~ ~~religieux~~, surtout en face de quelqu'un qui a beaucoup d'esprit.

3 Vocabulaire en communication. **Indiquez la figure de style qui apparaît dans les phrases suivantes.**

1. *Homonymie / métaphore :* Il n'y a que « Maille » qui m'aille. (publicité pour la moutarde de Dijon)

2. *Métaphore / métonymie :* Yves, on va boire un verre ce soir ? Non, Marie, on va boire une bouteille !

3. *Humour noir / ironie :* Tu sais que Diane se marie ? – Ah oui, quelle bonne nouvelle ! Avec Pierre, Paul, Jacques, Flavien ou Hortense ? – Évidemment avec la plus grosse fortune !

4. *Polysémie / homonymie :* Ce n'est pas de l'art, c'est du cochon.

5. *Ironie / polysémie :* Je ne suis pas trop chaud pour passer la nuit avec toi. – Je suis déçu(e) : moi qui te croyais un chaud lapin.

6. *Humour noir / métaphore :* Un clochard s'adresse à Madame de Merseuil à Neuilly : « madame, une petite pièce ! Je n'ai pas mangé depuis une semaine… – Mais forcez-vous, mon brave, forcez-vous ! »

4 Pour communiquer. **Complétez les phrases suivantes en utilisant les figures de style indiquées.**

1. (*homonymie*) Il était une _____, dans la ville de Foix, un vendeur de _____ qui n'avait plus la _____.

2. (*métaphores animalières*) Ce jeune _____ a les dents longues, c'est un vrai _____ de la finance.

3. (*métonymie*) Le président de la République a renoncé à sa nouvelle politique « La trottinette pour tous ». On voit bien que _____ n'a rien d'autre à faire !

4. (*ironie*) Alexia nourrit tous les moineaux de son quartier. Quelle _____ personne, quand on sait que sa voisine n'a même pas le sou pour survivre.

5. (*humour noir*) C'est horrible ce qui est arrivé à Stéphane : il était dans l'avion qui s'est écrasé hier dans l'océan. – Tu as raison : pour lui qui devait rejoindre une île paradisiaque, on ne peut pas vraiment dire que c'est un _____ du ciel.

6. (*polysémie*) Pour Noël, faites un cadeau qui _____, un cadeau qui _____ vite et bien. (pub pour une calculatrice)

5 À vous ! **Écrivez des mini-répliques humoristiques en utilisant des figures de style.**

3c Écrire une saynète humoristique

Une fois de plus, un homme et une femme ont été victimes de la publicité abusive et mensongère d'une agence de « Voyages-Aventures ». Aujourd'hui, ils osent parler. Leur témoignage est accablant ! [...]
– Quand avez-vous senti la supercherie la première fois ?
– Tout de suite. Dès notre arrivée dans le petit bled de Tardouif.
– Oui, ils nous avaient dit : première nuit dans un gourbi avec l'habitant et ses chèvres. En fait de gourbi, on s'est retrouvés dans une chambre avec doubles rideaux, salle de bains…
– Et, tenez-vous bien, eau chaude, baignoire et prise de sèche-cheveux. [...] C'est incroyable !
– Le lendemain, on part avec toute l'équipe. On roule, on roule, un jour, deux jours, trois jours, pas l'ombre, vous m'entendez bien, pas l'ombre d'une panne. [...] C'est comme les scorpions, pas un seul pendant tout le séjour. Ah non, ça alors, je m'en souviendrai ! [...]
– Et les pillards ?
– On les a rencontrés le onzième jour, alors que par contrat nous devions être attaqués en fin de première semaine. D'ailleurs, c'est ma femme qui les a vus la première, derrière une dune. [...]
– Oh oui ! Moi j'étais verte de terreur, c'était délicieux. [...] On avait du sable dans les yeux, dans la bouche, j'étais à moitié morte, c'était formidable !
– Eh bien, vous n'allez pas me croire, on n'était pas enterrés depuis cinq minutes qu'ils [...] nous ont dit : « Pas peur, pas peur, vous sauvés » et ils nous ont offert du thé. Je n'invente rien ! [...]
– Monsieur et Madame Merlando, une dernière question : pour vos vacances l'année prochaine, toujours l'aventure ?
– Bien sûr, sinon, c'est pas des vacances !
– Nous avons reçu une documentation d'une agence qui a l'air très sérieuse. [...] On prend l'avion à Roissy le lundi matin à huit heures, cinq heures après, c'est-à-dire à midi heure locale, on vous fait sauter sur le front irano-irakien, ça a l'air pas mal !
– Vous n'avez pas peur de vous faire berner une seconde fois ?
– Ça, on ne peut jamais être certain de rien. Mais ils mettent une clause qui nous a beaucoup rassurés.
– Laquelle ?
– Si on en revient, on est remboursés.

Jean-Michel Ribes, *Merci Bernard : Agence Aventures*, p. 182-185, Arles, Actes Sud, 1984, 2001.

▌▌ Vocabulaire

Les désagréments en voyage

- Un bled (*fam.*) = un village éloigné, un patelin (*fam.*)
- Un pillard = un brigand, un voleur
- Se faire sauter sur le front = se faire exploser, *ici :* se faire parachuter sur…
- Un gourbi = un taudis, une habitation misérable
- Être vert(e) de terreur = être mort de peur
- Être à moitié mort = gravement blessé

Pour communiquer

- ***Exprimer son désarroi :***

Être victime d'une publicité abusive et mensongère = se faire entuber par une pub bidon (*fam.*)

Se faire berner = se faire avoir (*fam.*)

Ils osent parler, leur témoignage est accablant.

Quand avez-vous senti la supercherie ? = une imposture (*sout.*), une arnaque (*fam.*)

- ***Se plaindre en insistant sur des points particuliers :***

Et, tenez-vous bien, … (eau chaude, baignoire)

Pas l'ombre, vous m'entendez bien, pas l'ombre d'une panne…

Ah non, ça alors, je m'en souviendrai !

Eh bien, vous n'allez pas me croire ! Je n'invente rien !

Ça, on ne peut jamais être certain de rien, mais…

1 Compréhension. **Ces affirmations sont fausses. Corrigez-les.**

1. Ce couple de voyageurs discute avec un agent de voyages.

2. L'agence a tenu sa promesse par rapport à la prestation vendue.

3. La scène est racontée sur un ton pondéré et sensé.

2 Vocabulaire. **Dans les listes suivantes, repérez les deux mots extrêmes (positif/négatif).**

1. Un palace, un appartement, un taudis, un studio.

2. Être à moitié mort, être blessé, être dans une forme olympique, avoir subi un traumatisme.

3. Une canaille, un arnaqueur, un pillard, un ange.

4. Un trou perdu, une bourgade chaleureuse, un hameau de rêve, un village éloigné.

3 Vocabulaire en communication. **Commentez les situations suivantes.**

1. Viviane a vu la série *Massacre à la tronçonneuse* 5 : _____

2. Gustave et Paul ont eu un terrible accident de moto sur l'autoroute du soleil : _____

3. Les opérations de déminage n'étant pas terminées, Pa Than a perdu la vie : _____

4. En faisant confiance aux courriels « bidon » de sa messagerie, Anton est tombé dans un piège : _____

5. Vous en savez long sur les comptes cachés de Donald. Aujourd'hui, vous révélez la vérité : _____

4 Pour communiquer. **Reformulez les expressions soulignées dans un registre familier.**

1. J'ai été le jouet d'une réclame vantant les bienfaits prodigieux de cette crème de beauté. Depuis, mon visage est recouvert de comédons.

2. À quel moment avez-vous eu le sentiment d'avoir été la proie d'une imposture ?

3. Me croiriez-vous si je vous disais que, désormais, je vis dans un gourbi après avoir vécu à Versailles, et pourtant je n'affabule pas.

4. Pas un soupçon de grivoiserie dans ce souk. Ah, c'est à n'y pas croire !

5. Que l'hôtel soit truffé de brigands…, de cela on ne peut avoir la certitude.

6. Pas un brin, permettez-moi d'insister, pas un brin de typhon à l'horizon : quelles mornes vacances !

7. Pendant notre séjour, nous avons eu l'extrême chance de nager avec des requins et, figurez-vous, sans protection aucune. Mais quel délice !

5 À vous ! **Écrivez une saynète humoristique (humour noir) en imaginant les aventures de ces deux personnages à leur retour de vacances. Inspirez-vous du texte.**

4a

Babeler en Belgique francophone

Séverine et David, deux amis, se revoient deux ans après la fin de leurs études dans une brasserie à Charleroi. Ils se racontent leur vie et commandent un repas.

David : **C'est gai de te revoir** et de **babeler** avec toi. Tu n'as pas changé, toujours aussi charmante !

Séverine : Et toi, mon David, depuis que tu as quitté **l'Athénée**, tu **as quelqu'un** ?

David : Non, **j'ai eu plusieurs commères** mais **elles m'ont joué cinq lignes**, alors…

Séverine : Ah, je vois, tu préfères **tirer ton plan tout seul**. Alors qu'est-ce qu'on commande à manger et à boire ?

David : J'hésite entre **un filet américain** et **un fondu au fromage**… Pour le dessert, je vais prendre une **rombosse** et toi ?

Séverine : Moi, je vais prendre **une carbonnade** avec des frites et **une glace au speculoos** pour le dessert, puis je vais boire **un half-en-half, ça cloppe** ?

David : Pour boire, **j'aime autant** une bonne **Kriek**, ça **me goûte bien** !!

À la fin du dîner

Séverine : **Ce souper**, c'était délicieux, j'ai été si contente de **barboter** avec toi. Je prendrais bien **une jatte de café**, car **il fait caillant** ce soir ! Et toi ?

David : Moi, **je fais sans**, car je travaille **tantôt à l'estaminet**. Bon alors, **je te donne une baise**.

Séverine : Moi aussi. On se revoit bientôt ? **Tu me sonnes** sur mon **GSM** ?

David : Promis, on verra si **on sait aller se boire** un **péquet** à Liège.

(Un grand merci à Séverine Deskeuvre, de Namur, pour sa précieuse contribution)

▰▰▰ Vocabulaire

Les belgicismes

- Babeler, barboter, djauser = bavarder
- L'Athénée : le lycée laïque
- Un souper : un repas du soir ; un dîner : un repas du midi
- Un filet américain : un steak tartare
- Un fondu au fromage : une croquette à base de fromage
- Une rombosse : pomme à la cannelle entourée de pâte et cuite au four
- Une carbonnade : bœuf étuvé à la bière
- Une glace au speculoos : glace parfumée à la cannelle
- Un half-en-half : cocktail moitié vin blanc, moitié mousseux
- Une Kriek : bière refermentée à la cerise
- Un péquet : eau-de-vie de genièvre

- Un GSM : un téléphone mobile
- Tantôt à l'estaminet = tout à l'heure au bistrot
- Une jatte de café = une tasse de café

Pour communiquer

- C'est gai de te revoir… = Cela me fait plaisir de te revoir
- J'ai eu plusieurs commères = j'ai eu plusieurs petites amies
- Elles m'ont joué cinq lignes = elles m'ont cherché misère, elles m'ont joué un mauvais tour
- Tu préfères tirer ton plan tout seul = tu préfères te débrouiller seul
- Ça cloppe = cela te convient ?
- J'aime autant… = je préfère
- Je fais sans = je m'en passe, je n'en prends pas
- Je te donne une baise = je te fais un bisou
- Ça me goûte bien = c'est bon (cela me plaît au goût)
- Il fait caillant = il fait froid
- Tu me sonnes ? = tu m'appelles ?
- On verra si on sait aller se boire qch = On verra si on peut boire un verre ensemble

1 Compréhension. Vrai ou faux ? Si faux, justifiez votre réponse.

1. C'est un dialogue entre deux Flamands.
2. Ce sont deux amoureux dans un café de Bruxelles qui parlent d'amour.
3. Le registre de langue est soutenu.

2 Vocabulaire. Choisissez le terme approprié.

1. Une rombosse, c'est une fleur | un dessert aux pommes | une méchante fée .
2. Un GSM sert à héler des amis | se rappeler des souvenirs | joindre par téléphone un ami belge .
3. Un half-en-half est une bière | une boisson moitié eau de Villée moitié liqueur de spéculoos | un cocktail à base de vins .
4. Toi qui adores la viande rouge, tu manges souvent un carpaccio de betteraves | un tartare saumoné | un filet américain .
5. Chimène fait ses études secondaires à Bruges au collège | à la fac | à l'Athénée .

3 Vocabulaire en communication. Reformulez les termes soulignés en employant des belgicismes.

1. Valérie, j'ai tant envie de discuter avec toi autour d'une tasse de café !
2. Il fait si froid, je boirais bien un genièvre.
3. Tout à l'heure, au bistrot, cette idiote de Nancy a oublié ses clefs… Maintenant elle doit appeler son amie Nicole, qui a horreur d'être dérangée sur son téléphone mobile.
4. À Biarritz, on dîne tard, à Louvain on dîne tôt.
5. Ce soir au « Belga Queen » de Gand, je dînerai d'une croquette au fromage, d'un filet de bœuf étuvé à la bière, et d'une bonne glace parfumée à la cannelle, tout ça arrosé de bonnes bières à la cerise. C'est bon !

4 Pour communiquer. Répondez à ces questions en utilisant les expressions belges appropriées.

1. Est-ce que Pierre est toujours célibataire ? _____
2. On raconte que c'est toujours un « tombeur » de première, tu confirmes ? _____
3. Préfères-tu construire ta vie en duo ou alors préfères-tu la vivre en solo ? _____
4. Ces frites sont justes sublimes, t'es d'accord ? _____
5. J'aimerais aller boire un coup dans la vieille ville. Et toi ? _____
6. Tu me passes un coup de fil tout à l'heure, promis ?_____
7. Moi, je prends du sucre avec mon café, et toi ? _____
8. Pourquoi n'es-tu plus avec Emmanuelle, Géraldine et Axelle ? Tu les as pourtant toutes aimées ? _____
_____

5 À vous ! Dans un bar de Bruxelles, vous séduisez un(e) Belge. Pour y parvenir, vous l'impression-nez par vos connaissances sur la gastronomie belge. Vous tentez de l'inviter « Aux Pavés de Bruxelles »…

4b Barjaquer en Suisse romande

En Suisse, on parle… français ! Le français de Romandie présente quelques incongruités pour qui n'est pas accoutumé. – J'ai du temps à tuer. C'est rare, mais ça m'arrive. Je m'installe au Café Gallay à Genève. […] Deux femmes s'asseyent à la table voisine.

– **Adieu** !
– Adieu, ça fait longtemps !
– Oui. Trop. Tu bois quoi ?
– **Un thé froid**, pas de folie ce soir. **Je ne fais pas tard**, je dois encore bosser. **Je suis de piquet.**
– On se partage **une croûte au fromage** ?
– Oui. Alors… un thé froid, et **un galopin de bière**. Pas de folie moi non plus, j'ai un entretien demain, je dois encore lire des trucs sur **les organisations faîtières**.
– **Je te tiens les pouces.**
– C'est à 11 heures. J'ai rendez-vous chez **le physio** avant. **Je me suis encoublée** dans les escaliers. Un voisin avait entassé du **chenis** dans **l'allée**, je me suis pris les pieds dans ses piles d'**illustrés** et je me suis cassé la figure.
– Il t'arrive toujours des **misères** à toi, **ou bien** ?
– Atchoum !
– **Santé** !
– Je m'entraîne pour **la Coupe de Noël**… **Je me trempe dans le lac** une fois par semaine avec **une clique d'amis**. Dimanche dernier, je suis restée longtemps en **costume de bain** à grelotter. J'avais **un linge** minuscule. Et **le föhn** des Bains ne marchait pas. […]

*Le jour où vous direz **cornet** pour sac en plastique, **fourre de duvet** pour housse de couette, **services** pour couverts (couteaux, fourchettes), **pousse-pousse** pour poussette, **sous-voie** pour passage souterrain, **renversé** pour café au lait, **de bleu de bleu** pour mince/purée, et enfin **bedoume** pour idiot(e), c'est le signe que vous serez immergé-intégré-suissisé.*

http://blog.courrierinternational.com/helvetiquement-votre/2016/11/23/assiegee-par-le-parler-suisse/

Vocabulaire

Les helvétismes

- Un thé froid = un thé glacé
- Une croûte au fromage : pain trempé dans du vin blanc, recouvert de fromage, cuit au four
- Un galopin de bière : un petit verre de bière (20 cl)
- Les organisations faîtières : regroupement d'organisations professionnelles = le consortium

- Un physio : un kiné(sithérapeute)
- Un illustré = un magazine
- Une bedoume = un(e) idiot(e), une bécasse
- Une clique d'amis = un groupe d'amis
- Un linge = une serviette (de bain)

- Une allée = une cage d'escalier
- La Coupe de Noël : compétition de natation à Genève
- Un costume de bain = un maillot de bain
- Un föhn = un sèche-cheveux

Pour communiquer

- Adieu = bonjour, salut
- Je ne fais pas tard = je ne m'attarde pas
- Je suis de piquet = je suis de garde, je suis d'astreinte
- Je te tiens les pouces = je croise les doigts pour toi
- Je me suis encoublé(e) = j'ai trébuché, je me suis pris les pieds
- Il t'arrive toujours des misères à toi, ou bien ? = il t'arrive toujours des malheurs, non ?
- Santé ! = à tes/vos souhaits ! (éternuement)
- Je me trempe dans le lac = je me baigne dans le lac
- Il y a du chenis = il y a du désordre
- De bleu (de bleu) = mince, purée, ben dis donc !

1 Compréhension. **Confirmer ou invalider les affirmations suivantes.**

1. Ce texte est le témoignage d'un expatrié en Suisse.

2. Ce dialogue relate les problèmes professionnels de deux Suissesses.

3. Le dialogue est compréhensible par l'ensemble des Suisses.

2 Vocabulaire. **Donnez le synonyme « suisse » des termes soulignés.**

1. Arabelle va faire une compétition de ski l'hiver prochain à Verbier._____

2. Tout le consortium chocolatier s'est réuni afin de préparer la tobleronnette au thé vert ! _____

3. Isabelle préfère le thé glacé au café au lait._____

4. Heidi est sortie frigorifiée du lac Léman, et pour cause : elle s'était baignée sans maillot de bain et s'est séchée avec une serviette pas plus grande qu'un mouchoir de poche. Quelle idiote ! _____

5. Arlette a mis son sèche-cheveux dans un sac avant de fermer sa valise._____

3 Vocabulaire en communication. **Indiquez les équivalents « français » de ces helvétismes.**

1. Freddy, je te tiens les pouces pour ta coupe de surf en Australie !

2. Ce soir, je ne fais pas tard, j'ai hâte de me mettre sous mon duvet et de piquer un roupillon !

3. De bleu de bleu, en arrivant à Lausanne pour rejoindre une clique d'amis, Colette, pressée, s'est encoublée dans des illustrés qui jonchaient le quai de la gare.

4. Hervé était énervé ce matin, car figure-toi qu'en allant chez le physio, il n'a pas pu sortir sa voiture du garage tant il y avait de chenis. C'est un comble en Suisse !

5. William a dégusté une croûte au fromage arrosée d'une dizaine de galopins. Quel galopin, ce Willy !

4 Pour communiquer. **Reformulez ces phrases comme un intégré suissisé.**

1. Salut, Paola ! Je vais me baigner avec un groupe d'amis. Tu viens avec nous ?

2. Dépêche-toi, Sue, il ne faut pas que tu t'attardes, tu es de garde ce soir à l'hôpital à Montreux !

3. Mon pauvre Patrick, il ne t'arrive que des malheurs : voilà que tu t'es encore électrocuté avec le sèche-cheveux !

4. Allez, courage, je croise les doigts pour vous : je suis sûr que vous allez remporter la compétition de yodel dans les Alpes.

5. Ma fille, fais attention à ne pas trébucher en sortant dans la rue quand tu iras chercher des magazines.

6. Francine, quand tu auras mis les couverts sur la table, tu mettras la poussette dans la cage d'escalier.

7. Voilà, ça fait quatre-vingt-dix francs soixante-dix, vous voulez un sachet ?

5 À vous ! **Donnez des conseils à un ami qui va séjourner à Neuchâtel en Suisse pour un stage de six mois. Quels pièges linguistiques doit-il éviter ?**

4c Jaser au Québec

🎧 6

1. Une Française cherche sa direction à Montréal.
– Bonjour, bonjour. Heu… Je cherche le vieux port.
– **Salut, c'est quoi là ?**
– Heu… Je cherche le vieux port.
– Ouin, mais c'est à un bon **boutte** d'**icitte**. Je le sais parce que mon **chum**, **pis** moi on a un bureau d'assurance dans le vieux port en fait. Heu… **T'es-tu** en **char** ? …Tu vas **virailler** […] tu vas descendre vers le fleuve, **pis** à un moment donné en fait, tu… Ben là y'a la **patente** de **l'amphi-bus** là. **Bin t'es rendue**… **C'est-tu beau ? Tu vas-tu** être correcte ?
– OK, merci.
– **Bienvenue !**
2. Au café, des copains parlent sur le sens des mots.
– Ici, au Québec, pour dire « ta copine » ou « ta fiancée », on dit « elle est où **ta blonde** ? »
Alors que moi, en France, je me rappelle quand on dit « elle est où ta blonde ? », ça veut dire « elle est où la fille un peu nunuche, un petit peu stupide ? ».
– Du coup, l'utilisation n'est pas la même, il faut toujours s'adapter. Et ça, ça les fait rire et ça peut créer un malaise.
– Au Québec, on conduit des **chars** ; on porte des **souliers** ; quand il **fait fret**, je mets mon **chandail**.
– Et moi, je mets ma **tuque** et **me sucre le bec**.
3. Sur les bancs de l'école québécoise
– Bon, parlons un peu grammaire. La chose la plus importante à retenir, c'est l'utilisation du « tu ». Par exemple, si je te dis : « tu veux **une poutine** ». Poutine, ça n'a rien à voir avec la Russie là. Non, non, c'est un mets qui n'est pas typiquement saguenéen*, mais qu'on aime beaucoup **par chez nous**. C'est des patates frites avec la sauce barbecue et du **fromage en grains**. Bon. Alors, si je te dis : « tu veux une poutine », c'est une affirmation, ça ne peut pas être une question. Si c'est une question, on dira : « **Tu veux-tu une poutine ?** » Voyez-vous ? Deux « tu » égalent une question.

*de la région de Saguenay-Lac-Saint-Jean au Québec (Canada).

D'après http://www.je-parle-quebecois.com/videos/extrait-film-serie/le-cours-de-francais-au-quebec.html

■ Grammaire ─────────

La double inversion (*fam.*)

- T'es-tu en char ? = vous êtes en voiture ?
- Tu vas-tu être correct ? = vous avez bien compris ?
- Tu veux-tu une poutine ?

■ Vocabulaire ─────────

Les québécismes

- Icitte ou icite = variante du mot ici (*orig. : vieux français*)
- Un chum (koute) = un petit ami (mignon)
- Pis = puis
- Une patente = un truc
- Il fait frette = il fait froid
- Une tuque = un bonnet d'hiver
- Un char = une automobile
- L'amphi-bus = un autobus amphibie
- Un chandail = un gros pull de laine
- Un fromage en grains = un fromage caillé frais

─── *Pour communiquer* ─────────

- C'est quoi là ? = je peux vous renseigner ?
- (Un bon) boutte = un bon bout (de chemin) ; *on prononce encore souvent le « t » final*
- Mais… par exemple = mais… cependant, quand même (*pour renforcer, fam.*)
- Virailler = errer, tourner à droite et à gauche, se promener
- Cette idée qui viraille dans ma tête (= qui trotte dans ma tête)
- Merci – Bienvenue ! = merci – Je vous en prie, de rien !   • Bin, t'es rendu = alors, vous êtes arrivé(e)
- Par chez nous = dans notre région, sous nos contrées • C'est-tu beau ? = c'est bon ?
- Se sucrer le bec = se régaler de douceurs, de sucreries

1 Compréhension. Vrai ou faux ? Si faux, justifiez votre réponse.

1. Ces trois situations de la vie quotidienne se déroulent dans la Belle Province.

2. Ce sont des dialogues facilement compréhensibles par la totalité des francophones.

3. Le langage employé est successivement familier, courant et standard.

2 Vocabulaire. Devinettes. De quel mot québécois s'agit-il ?

1. C'est un mot qui sert à remplacer un autre mot et qui n'a pas de sens : _____

2. En France, on y attelle des bœufs et on l'utilise lors des fenaisons, alors qu'au Québec, on l'utilise au quotidien : _____

3. En France, c'est votre Jules ou, de manière plus élégante, votre compagnon : _____

4. C'est un moyen de transport original où James Bond aurait pu garder ses pieds au sec : _____

5. En France, cela se dit de quelque chose de prohibé par la loi, le préfixe ill- en moins : _____

6. En France, on utilise cet adverbe littéraire pour exprimer « (cela va) de plus en plus mal » ou pour nommer la mamelle d'une vache : _____

3 Vocabulaire/grammaire en communication. Reformulez les termes soulignés en utilisant des québécismes.

1. Il y a un bon bout de chemin d'ici à votre destination. Prenez l'autobus amphibie et après vous êtes arrivé.

2. Bonjour, je peux vous renseigner ? Vous êtes en voiture ?

3. Oh là là, il fait froid ! Je vais sortir mon bonnet de laine et mon gros pull !

4. Est-ce que tu veux des pommes de terre frites à la québécoise ?

5. « Merci. – Je vous en prie ! »

4 Pour communiquer. Aidez un Français perdu à Montréal en lui traduisant ces expressions.

1. Qu'y fait frette ! T'es-tu en char pour m'accompagner chez moi ?

_____

2. Mon chum est koute ; il m'a offert un amphi-bus hyper performant !

_____

3. Céline, tu vas au bal ? Mais n'oublie pas tes souliers par exemple !

_____

4. Par chez nous, on aime se sucrer le bec.

_____

5 À vous ! Vous avez découvert ce site québécois : http://www.je-parle-quebecois.com. Listez-en les expressions les plus étonnantes et faites-en part à vos amis sur votre page Facebook.

5a

Défendre la langue et la littérature créoles

Ba moin en ti bo, / Deux ti bo, trois ti bo, / Doudou…
Ba moin / tout ça ou lé / Pou soulagé / cœu moin. (Chanson traditionnelle)
À l'attention […] de ceux, de celles qui ignorent (ou font semblant d'ignorer) l'existence de cette littérature martiniquaise en langue créole, le Manifeste que voici, rédigé en créole martiniquais et traduit en anglais, en espagnol et en français, en date du 8 novembre 2008.

« La littérature martiniquaise s'honore de l'existence de nombreuses productions dont certaines suscitent résonance au-delà des frontières de notre pays.

POUR UNE PLUS GRANDE VISIBILITÉ

Mais il est temps de dissiper une équivoque donnant à croire que cette littérature s'écrit exclusivement en langue française, erreur qui souvent tend à reléguer dans l'oubli les œuvres produites en langue créole. Faire la distinction entre littérature écrite en français et littérature écrite en créole est une nécessité, étant bien entendu que distinguer n'est pas opposer. Pas question donc de déclencher quelque guerre que ce soit entre ceux écrivant en créole et ceux écrivant en français, et ce d'autant plus que bon nombre des cosignataires de ce texte utilisent en littérature et le créole et le français.

Cependant aux productions en langue créole, nous estimons qu'il est urgent d'accorder une sollicitude particulière dans la mesure où celles-ci sont souvent – trop souvent – considérées comme choses secondaires. Dans le respect de la diversité de leurs positions idéologiques, politiques, au-delà de leurs choix stylistiques respectifs et des thèmes traités, il est temps que les écrivains martiniquais produisant en langue créole romans, nouvelles, essais, poèmes, contes, pièces de théâtre, s'organisent. Il convient que leurs œuvres bénéficient d'une plus grande visibilité et que, par le biais d'actions individuelles et/ou collectives, leurs écrits, devenant davantage accessibles, circulent au sein d'un lectorat grandissant. »

Daniel Boukman, http://www.martinique.franceantilles.fr/opinions/tribune/la-litterature-s-ecrit-aussi-en-creole-398154.php

Grammaire

Sujet collectif + accord du verbe

- *Bon nombre de* cosignataires *utilisent* et le créole et le français. (*accord du verbe au pluriel*)
- *Nombre de* lecteurs le *disent* / *Quantité d'*écrivains *refusent* d'écrire … / *La plupart des* éditeurs *soutiennent…* Mais : *l'ensemble des* Foyolais* y *consent* ; *la majorité des* maires de l'île a *approuvé* le manifeste.

* habitants de Fort-de-France

Vocabulaire

La production littéraire

- La résonance d'un livre = l'écho ≠ l'oubli
- En créole, en langue créole
- La littérature martiniquaise, guadeloupéenne
- Un choix stylistique
- Le genre littéraire : roman, nouvelle, essai, poème, conte, pièce de théâtre
- Une œuvre, un écrit
- Un lectorat

Pour communiquer

- **Décrire la situation :** La littérature martiniquaise s'honore de…
- **Soulever le nœud du problème :** Il est temps de dissiper une équivoque donnant à croire que…
…erreur qui souvent tend à reléguer *qch* dans l'oubli
- **Appeler au changement :** Pas question donc de déclencher quelque guerre que ce soit entre…
Nous estimons qu'il est urgent de + *inf.* / que + *subj.*
Dans le respect de *qch,* et au-delà de *qch,* il est temps que + *subj.*
- **Conclure un manifeste :** Il convient que + *subj.* / Bénéficier d'une plus grande visibilité
Circuler au sein d'un lectorat grandissant par le biais d'actions collectives

1 Compréhension. **Vrai ou faux ? Si faux, justifiez votre réponse.**

1. Il s'agit d'un manifeste pour défendre une culture régionale.
2. Ce texte revendique une meilleure prise en compte de la littérature créole.
3. Le registre de langue est courant.

2 Vocabulaire. **Complétez cette biographie par les termes appropriés.**

Défenseur de la littérature martiniquaise _____, Patrick Chamoiseau est l'auteur du _____ *Texaco*, récompensé par le Goncourt en 1992. Les trois tomes de son récit autobiographique *Une enfance créole* (1990-2005), ainsi que son _____ *Écrire en pays dominé* (1997) ont rencontré un large _____. La grande _____ de son _____ en a définitivement fait un écrivain incontournable de la littérature francophone.

3 Vocabulaire en communication. **Reformulez les termes soulignés.**

1. Cet écrivain créole a opté pour une façon d'écrire originale inspirée par Aimé Césaire, son maître en littérature.
2. Les auteurs de cette maison d'édition spécialisée profitent d'une audience plus large dans toute l'Europe grâce à un réseau de distribution influent.
3. Il est urgent d'écarter un malentendu qui sous-entend que la littérature régionale aurait une moindre valeur que la littérature nationale.

4 Grammaire. **Faites l'accord des verbes au singulier ou au pluriel.**

1. La plupart des lectrices (préférer) les romans d'amour.
2. Bon nombre de philosophes n'(écrire) que trop souvent de mauvaises fictions.
3. Un collectif d'écrivains guadeloupéens (avoir manifesté) devant la mairie pour le droit à la créolité.

5 Pour communiquer. **Complétez ces phrases pour exprimer des revendications.**

1. _____ les littératures créole, française et espagnole dans les Antilles. Elles doivent cohabiter !
2. _____ vous soyez au courant de ce différend entre l'éditeur et l'auteur, sinon le livre ne sortira pas à la date convenue !
3. _____ la diversité culturelle et _____ différences existant entre les communautés, il _____ que nous accordions nos violons.
4. _____ l'existence d'un grand nombre d'écrivains créoles reconnus à l'étranger.
5. Compte tenu de ce qui a été décidé au préalable, _____ nous mettions en œuvre tous nos efforts conjugués.
6. On dénigre souvent les chansons créoles, _____ ce pan de la culture populaire.

6 À vous ! DALF **Rédigez un manifeste afin de mettre en lumière une particularité culturelle de votre région. Insistez sur l'urgence de votre revendication en utilisant un registre de langue soutenu.**

5b

Écrire une chronique sur un événement marquant

RAPATRIER UN JOUR LES CENDRES DE CAMUS ? (Lundi 11 novembre 2013)

Faudra-t-il un jour rapatrier les cendres d'Albert Camus ? Pour le moment, il est dit qu'il n'est pas algérien. Pourtant né en Algérie. Avec des livres éclairés par les paysages algériens, la terre d'ici, la lumière, le sel aussi et surtout. La raison est, dit-on, son choix de ne pas prendre les armes, c'est-à-dire de ne pas être du bon côté. Car, pour le moment, l'histoire algérienne est réduite à la mesure de l'histoire du FLN. […] Mais viendra un jour où, pour continuer à vivre, ce pays cherchera la vie plus loin, plus haut, plus profond que sa guerre. On devra alors proclamer nôtres les anciennes histoires, toutes nos histoires, et s'enrichir en nous appropriant Camus aussi, l'histoire de Rome, de la chrétienté de l'Espagne, des « Arabes » et des autres qui sont venus, ont vu ou sont restés. La langue française est un patrimoine, comme les architectures des colons, leurs traces et leurs actes, crimes ou marais asséchés, génocides et places publiques. Et cela vaut pour les autres : notre empire gagnera de la géographie quand il acceptera la vastitude de l'histoire. Et nous serons grands et fiers lorsque nous nous approprierons tout notre passé, nous accepterons les blessures qui nous ont été infligées et ce qu'il en naquit parfois comme terribles fleurs de sel ou de pierre. Un jour donc, cela cessera, et on pensera à rapatrier les cendres de Camus car il est notre richesse d'abord, avant d'être celle des autres. Il a en lui la trace de nos pas et nous avons nos traces dans ses errances et ses voyages […]. Un jour, on l'espère, Camus nous reviendra. Et saint Augustin, et les autres, tous les autres, toutes nos histoires, nos pierres, architectures, nos mausolées et croyances, nos vignes et palmiers, nos oliviers surtout. Et nous sortirons tellement vivants d'accepter nos morts que notre terre se réconciliera avec nous, et nous vivrons plus longtemps que le FLN et la France et la guerre et les histoires de couples. C'est une question essentielle : celui qui accepte son passé est maître de son avenir. Les cendres de Camus nous sont essentielles malgré ce que l'on dit. Il est le lieu de la guérison car le lieu du malaise, lui comme ce pan de l'histoire qui est nous, malgré nous. Ses cendres sont notre feu. C'est ici son royaume, malgré son exil. Cet homme obsède encore si fort que son étrange phrase de *L'Étranger* vaut pour lui plus que pour son personnage : Hier Camus est mort, ou peut-être aujourd'hui. On ne sait plus. On doit pourtant savoir et cesser.

Le Quotidien d'Oran, Kamel Daoud, Chronique republiée dans *Mes Indépendances. Chroniques 2010-2016*, p. 246-247, Arles, Actes Sud, 2017

Grammaire

Forme tonique du possessif

• Proclamer *nôtres* les anciennes histoires (*sout.*)

• Considérer comme *siennes* les cendres de Camus (*sout.*)

• Faire *vôtre* cette délicieuse recette de chouchouka

Vocabulaire

Histoire et mémoire

• Être du bon côté (de l'histoire)
• Un patrimoine = un héritage (culturel)
• Un colon, une colonie, un vestige du passé colonial
• Se réconcilier (avec) ≠ se déchirer, rompre
• Le lieu de la guérison, du malaise
• Un pan de l'histoire
• Un royaume, régner
• Un exil, un exilé = un éloignement, un proscrit

Pour communiquer

• ***Appuyer ses propos et sa vision*** (*répétition de « un jour » + futur simple*) : Faudra-t-il un jour rapatrier les cendres de… / Mais viendra un jour où… / Un jour donc, cela cessera…
Un jour, on l'espère, Camus nous reviendra…

• ***Mettre en doute la doxa :*** La raison est, dit-on, son choix de (ne pas) faire qch
Car, pour le moment, l'histoire algérienne est réduite à la mesure de qch = se limiter à qch

• ***Inclure le lecteur (nous) :*** Nous nous approprierons tout notre passé = s'attribuer la paternité de qch
Nous accepterons les blessures qui nous ont été infligées

1 Compréhension. **Ces affirmations sont fausses. Corrigez-les.**

1. Ce texte est l'éditorial d'un hebdomadaire algérois.

2. L'auteur a publié cet article dans une optique poétique.

3. L'auteur adopte un style haché et nerveux.

2 Vocabulaire. **Indiquez des tournures équivalentes pour les termes soulignés.**

1. « Avec ta gueule de métèque », tu as vécu ici <u>tel un proscrit</u>, mon pauvre Georges !

2. <u>Toute une partie de la culture algérienne</u> t'est revenue en mémoire en écoutant Reinette l'Oranaise !

3. Les différentes confréries n'ont pu <u>se rabibocher</u> malgré <u>un héritage</u> culturel commun.

4. Les livres retraçant notre histoire sont à la fois <u>l'endroit qui réveille nos inquiétudes et qui panse nos blessures</u>.

3 Vocabulaire en communication. **Que pourrait-on dire dans ces situations ?**

1. Olga s'est fâchée avec Kamel, tout espoir de paix est désormais compromis : _____

2. J'ai manqué dix fois le prix Renaudot, mais je suis sûr que très bientôt je réussirai à l'avoir : _____

3. Souvent, lors d'une psychanalyse, on apprend qu'il faut maîtriser nos souffrances passées : _____

4. L'opéra « Garnier » de Hanoï, capitale du Vietnam, est de toute beauté : _____

4 Grammaire en communication. **Reformulez de manière plus formelle les phrases suivantes.**

1. Cet artiste, en chantant *La Vie en violet*, veut s'approprier ce succès.

2. J'affirme que je suis entièrement d'accord avec ces opinions.

3. On croit souvent que les histoires qui sont arrivées à autrui vous concernent également.

5 Pour communiquer. **Complétez librement les phrases suivantes pour exprimer votre vision des choses.**

1. Leur pays est divisé en deux factions politiques inconciliables, mais viendra _____ .

2. Avec nos voisins, ce ne sont que querelles et disputes nuit et jour. Un jour, _____ .

3. Souvent, à l'heure de la retraite, les exilés s'interrogent : faudra-t-il _____ .

4. Cet immigré a désiré laisser derrière lui son village et son passé. La raison est dit-on _____ .

5. En associant après coup ton nom à la musique de Lili Boniche, tu _____ .

6. Depuis que ce grand poète a quitté notre pays, notre culture s'est appauvrie. Mais _____ .

7. Ne devisant que de politique actuelle, on _____ .

8. En acceptant notre histoire coloniale, nous _____ .

6 À vous ! DALF **Chroniqueur d'un quotidien de votre ville, vous traitez d'un événement douloureux du passé historique de votre pays. Rédigez un texte qui soulève cette blessure et qui tend à la surmonter et à en guérir. Soyez à la fois combatif et poétique.**

5c

Rendre hommage dans un éditorial

La vendeuse de frites | vendredi 3 mars | Sahondra Rabenarivo

Devant mon bureau, sur un grand boulevard d'Antananarivo, se trouve un arrêt bus. Cet arrêt dessert un quartier résidentiel sans accès automobile. De là, les passagers prennent les lalan-kely[1] qui mènent chez eux. C'est alors qu'ils sont desservis par des marchands de tout genre, [...] parmi lesquels figure une vendeuse de frites. Tous les après-midi, elle commence à s'installer vers 15 heures. Arrivent en premier les « fatapera[2] » sur lesquels sont chauffées de grandes marmites pleines d'huile. Ensuite arrivent les seaux de pommes de terre, trempées dans de l'eau, évidemment pelées et coupées plus tôt et ailleurs. Enfin, le petit stand sur lequel seront placées et salées les frites cuites. Les parents descendent du taxi-be[3] et offrent à leurs enfants un goûter d'une douzaine de frites emballées dans du papier. Les jeunes gens comme les travailleurs s'offrent ce casse-croûte avant (peut-être) le dîner du soir. Jour après jour, je l'observe. Toujours au rendez-vous, avec cette organisation professionnelle, cette éthique de travail incontestable. Je me demande quel est son chiffre d'affaires. Elle a du succès bien sûr, les clients apprécient. Ce n'est pas une simple troqueuse de marchandises, comme beaucoup des marchands de trottoir. Elle a trouvé un créneau original et semble soucieuse d'offrir un produit propre, savoureux et chaud. C'est un entrepreneur ! L'opération dure jusqu'à la tombée de la nuit et l'épuisement des frites, et le lendemain, à mon arrivée au bureau, le trottoir est vidé et la CUA[4] a balayé. Cette scène doit se répéter des milliers de fois à travers toutes les villes de Madagascar. Cette population fière et travailleuse, mais dont les marges ne peuvent qu'être faibles. Ces gens [...] à qui on ne donne rien et qui, apparemment, n'attendent rien non plus. Pour eux, je tremble quand on parle de fiscalisation du secteur informel. Pour eux, je dis qu'un petit peu de service public pourrait engendrer du progrès. Sur qui, et ils sont nombreux, repose l'avenir du pays. Si seulement leur productivité et leur potentiel pouvaient être déchaînés ! Je dédie cet éditorial à la veille du 8 mars 2017, journée internationale de la femme, à la vendeuse de frites et toutes ses consœurs, que les pouvoirs publics [...] ne reconnaîtront pas, qui travailleront ce jour-là comme tous les autres jours, et qui méritent notre estime et notre attention.

1. ruelles non pavées – 2. réchaud à charbon de bois – 3. minibus urbain – 4. Commune urbaine d'Antananarivo
http://www.madagascar-tribune.com/La-vendeuse-de-frites,22889.html

◼◼◼ Vocabulaire

La micro-économie de quartier

- Desservir = assurer le service d'un lieu au moyen d'un transport
- Un petit stand = une échoppe
- Un goûter, un casse-croûte
- Une éthique de travail
- Une troqueuse de marchandises, faire du troc
- Le marchand de trottoir = un marchand ambulant
- De faibles marges ≠ d'importantes marges
- Un créneau (original) = un segment (espace) peu concurrentiel

Pour communiquer

• **Décrire :** C'est alors que ... arrivent en premier les fatapera ... ensuite ... enfin...

Jour après jour, j'observe que l'opération dure jusqu'à la tombée de la nuit et l'épuisement des frites.

• **Commenter et réagir :** Elle semble soucieuse d'offrir un produit savoureux...

Pour eux, je tremble quand... / Pour eux, je dis qu'un petit peu de...

Cela pourrait engendrer du progrès / Sur eux, et ils sont nombreux, repose l'avenir du pays.

Si seulement leur productivité et leur potentiel pouvaient être déchaînés !

• **Rendre hommage :** Je dédie cet éditorial à la vendeuse et à ses consœurs.

Des statuts professionnels que les pouvoirs publics ne reconnaîtront pas.

Une population fière et travailleuse qui mérite notre estime et notre attention.

1 Compréhension. **Vrai ou faux ? Si faux, justifiez votre réponse.**

1. C'est un reportage sur la vie d'une vendeuse ambulante.
2. La journaliste souhaite rendre hommage aux petits métiers de la rue.
3. Le ton du document est froid et distant.

2 Vocabulaire. **Devinettes : de quoi parle-t-on ?**

1. On déguste ce petit repas sur le pouce. De manière plus formelle, cela se nomme une collation.
2. On utilise aussi ce verbe quand on débarrasse une table.
3. Ce terme indique entre autres la rentabilité dans le commerce.
4. C'est un système économique excluant l'emploi de monnaie.
5. À Paris, faute d'espace, on le rate souvent quand on veut se garer !

3 Vocabulaire en communication. **Complétez les phrases suivantes avec les mots et les expressions qui conviennent.**

1. Tien possède une camionnette qui lui permet de vendre de rue en rue ses jus de corossol et de grenadelle. C'est _____ très apprécié.
2. Alors que ses collègues sont licenciés, Steph s'octroie une formation à 10 000 € : elle n'a aucune

   _____ .
3. De nouvelles normes d'hygiène risquent de faire disparaître les petits marchands de rue et _____ je vois que le gouvernement ne fait rien pour les soutenir.
4. Pour satisfaire sa clientèle, Andrisoa est _____ ; la preuve : elle fait les meilleurs *romazavas* d'Antsirabe.
5. Air Madagascar _____ plusieurs destinations situées dans l'océan Indien.

4 Pour communiquer. **En tant qu'éditorialiste, répondez aux questions suivantes.**

1. Ces milliers de travailleurs jeunes et dynamiques seraient-ils un espoir pour nos lendemains ? Oui,

   _____ .
2. Dans cet article, souhaitez-vous rendre hommage aux vaillantes commerçantes de votre quartier ? Oui, en effet, _____ .
3. Qu'apporterait l'accès généralisé à l'eau potable dans tous les foyers de cette mégapole ? Eh bien, _____

   _____ .
4. On dit souvent que certains fonctionnaires ne sont pas vraiment des « foudres de travail ». Qu'en pensez-vous ? Ne m'en parlez pas : _____ .
5. Les fourmis ne sont pas des « glandeuses ». On les admire pour cela ! N'est-il pas vrai ? Oui, tout à fait, c'est _____ .
6. Dans nos sociétés obsédées par la productivité et le rendement, les cigales ne seront-elles plus entendues ? Vous avez hautement raison, elles font partie _____ .
7. Voyez-vous, comme moi, les vendeurs de roses déambuler toutes les nuits dans les rues ? Oui,

   _____ .

5 À vous ! DALF **C'est la journée internationale des métiers de rue. Rendez-leur hommage en publiant un éditorial dans un journal de quartier.**

1 **Remplacez les mots soulignés par des synonymes.**

1. Invitée chez des pâtissiers, Elsa a fait une gaffe en disant qu'elle avait horreur des religieuses.

2. Viviane a échangé ses bons tuyaux avec son amie Vanina.

3. À Istanbul, tu t'es habitué à fumer des pipes orientales.

4. La maison de Pierre est une maison ouverte à tout passant.

5. Un voilier chinois voguait majestueusement sur le fleuve Mékong.

6. Ce coucher de soleil sur la mer Égée était auréolé de couleurs chatoyantes.

7. Pour sûr ! Si vous parlez si bien le français, c'est grâce à ce livre.

8. Votre style d'écriture est brillant pour un non-francophone.

9. Marie est mélangée, moitié africaine, moitié européenne.

10. Dans une troupe de danseurs, le mélange des cultures est toujours bénéfique.

2 **Choisissez la ou les réponse(s) possible(s).**

1. Dans un monde de mobilités, il est vital de | décloisonner | compartimenter | transgresser | les frontières.

2. J'adore l'Extrême-Orient : je parle japonais, je suis | sinophone | nipponophone | lusophone |.

3. Aïe, aïe, aïe ! Cette tartine de bla-bla est truffée | d'erreurs | de champignons | de fautes |.

4. Dans des milieux austères, l'exotisme a une | résonance | assonance | consonance | particulière.

5. Samedi, Blanchette doit faire | des emplettes | des cours | des commissions | pour la semaine.

6. Alex | est très spirituel | a de l'esprit | est très croyant | : dans les dîners mondains, on l'adore.

7. Il est grand temps qu'on | se réconcilie | résilie | règne | avec les fantômes de notre histoire.

8. Ils n'ont aucune envie de passer leurs vacances dans ce | bled | patelin | trou | perdu !

9. Pauvre Lola, elle est ruinée au point de vivre désormais dans un | gourbi | manoir | taudis |.

10. Léa est face à un boa de 3 m de long ; elle est | à moitié morte | verte de terreur | morte de peur |.

3 **Francophonie. Répondez librement aux questions.**

1. Dis-moi, Wanda, tu aimes djauser en Belgique ? _____

2. C'est vrai qu'à Elsenborn en Belgique, il fait froid en hiver ? _____

3. Est-ce que cette Kriek te goûte bien ? _____

4. Que fais-tu le föhn à la main ? _____

5. Quel chenis dans ta chambre ! Mais qu'as-tu fait ? _____

6. C'est quoi déjà le nom de ton chum ? _____

7. On dit que Céline s'est fait voler son char à Paquetville, tu es au courant ? _____

4 **Faire des jeux de mots. Complétez ces phrases selon l'indication entre parenthèses.**

1. J'écris des _____ en dégustant un _____ de château margaux. (*homonymie*)

2. Elle s'est donné de la _____ à ne pas te faire de_____. (*polysémie*)

3. Benoît travaille _____. (*comparaison*)

4. Nous avons bu une excellente _____. (*métonymie*)

5. Bravo et _____ pour la gaffe énorme que tu viens de commettre. (*ironie*)

6. Tu as de nouveau des _____ de tête en écrivant des _____ croisés. (*homonymie*)

5   **La presse francophone. Reformulez les phrases suivantes dans un registre soutenu.**

1. On pense que ça urge de défendre les canards qui ne sont pas en ligne !

2. Dame ! Celle-là, on voit sa tronche partout depuis qu'elle est maquée avec un mec du gouvernement !

3. Un jour, tu te résigneras malgré toutes les tartes que tu as reçues !

4. Les pouvoirs publics se fichent totalement des petits boulots !

5. J'ai la frousse pour eux quand je pense qu'un de ces quatre, ils risquent de se faire virer.

6   **Charades. En vous prêtant à ce jeu, devinez de quels mots il s'agit.**

1. Mon premier est la première lettre de l'alphabet, mon second est une boisson très prisée en Asie, mon troisième est au milieu du visage, <u>mon tout est le nom du lycée en Belgique</u>.

2. Mon premier est le contraire de la mort, mon second est une barre d'acier sur laquelle roulent les trains, mon troisième sert à relier deux mots, <u>mon tout signifie tourner au Québec</u>.

3. Mon premier est le mot lac en anglais, mon second est le contraire de tard, mon troisième est un rongeur que l'on trouve dans le métro, <u>mon tout est un ensemble de lecteurs</u>.

4. Mon premier, on le fait quand on marche, mon second est une sorte de sélection, mon troisième est un religieux vivant dans un monastère, <u>mon tout est un héritage culturel</u>.

5. Mon premier est le synonyme de sincère, mon second est un préfixe latin qui veut dire avec, mon troisième est une unité de mesure de son d'une fréquence de 1 000 Hz, mon quatrième est la maison des oiseaux, <u>mon tout, c'est l'ensemble des pays parlant français</u>.

7   **Lors de votre tour du monde, vous avez traversé ces paysages et rencontré ces coutumes. Faites-en un récit poétique et émerveillé.**

1.

3.

2.

6a

Se positionner face aux nouvelles technologies

En vingt ans, les outils connectés se sont imposés si vite et si profondément dans notre quotidien qu'il est temps de s'interroger sur la place que nous leur accordons. [...] Nous frôlons l'overdose sans le savoir. Rencontre avec des Français qui ont décidé de se « débrancher ».

« Il y a cinq ans, on me traitait de ringarde, aujourd'hui on dit que j'ai raison. Mieux encore, ceux qui me critiquaient avouent qu'ils m'envient. » Marie Bezou, journaliste à Paris, est toujours branchée dans son bureau. Dès qu'elle le quitte, c'est la liberté : elle n'a ni téléphone portable ni connexion Internet. *« Personne ne sait plus où je suis, ce que je pense,* se félicite-t-elle, *et surtout, je ne suis jamais* dérangée. »* Ainsi vivent les derniers 8 % de Français de plus de 12 ans qui n'ont pas de téléphone portable. Soit pour des raisons économiques, soit à cause du grand âge, soit par paranoïa, soit pour rester en paix, bref, pour de bonnes raisons. Au-delà du sentiment de fierté perceptible chez ceux qui l'ont choisi, on ressent leur singulière capacité d'attention et une volonté affirmée d'être bien présents. Presque tous les 18-39 ans possèdent un téléphone mobile (98 % selon les chiffres du Crédoc*), dans une majorité des cas il s'agit d'un smartphone sur lequel ils passent en moyenne 3 heures et 12 minutes chaque jour (TNS Sofres). L'usage de la fonction vocale disparaît au profit des tweets, chats, posts, likes, tags, sur les réseaux sociaux ou les jeux en ligne. Rares sont les usagers qui établissent un protocole pour réguler ou limiter leur consommation. C'est le cas de Pénélope Winkel, 16 ans, élève en première S à Paris, qui possède un smartphone depuis cinq ans, toujours éteint au fond de son sac : *« Je me suis rendu compte que, naturellement, j'avais choisi des amis comme moi, un peu débranchés, dont le téléphone ne sonne pas au milieu des conversations »*, note cette jeune fille au regard droit, peu enclin à l'hypnose. À l'heure où les écrans provoquent d'incessantes tensions dans les familles, les parents de Pénélope n'ont jamais besoin de lui interdire ou de réguler son accès à la tablette. Comment a-t-elle échappé au raz-de-marée technologique ? Par goût de l'effort. *« Lorsqu'on a une passion à côté, c'est plus facile d'être détaché des écrans. Moi, je pratique l'escrime, j'aime le théâtre et la lecture. Je me sens assez différente des jeunes de ma génération. »*

* Centre de recherche pour l'étude et l'observation des conditions de vie
Guyonne de Monjou, « Peut-on vivre sans écrans ? », © Guyonne de Montjou, lefigaro.fr, 13.05.2016

Grammaire

La négation *ni ni*

- Elle **n'**a **ni** téléphone portable **ni** connexion Internet (*sans article*)
- Mais ce smartphone **n'**a **pas de** fonction vocale **ni de** fonction photo
- Il n'aime **ni les** réseaux sociaux, **ni les** jeux en ligne, **pas plus que** les ordiphones (*avec article*)

Vocabulaire

Le numérique

- Un outil connecté
- Se brancher ≠ se débrancher, se déconnecter
- La fonction vocale, photo, multimédias
- Les réseaux sociaux, le réseautage social
- Un jeu en ligne
- Une tablette (numérique), un écran (tactile)

Pour communiquer

- Il y a cinq ans, on me traitait de ringard(e) = anachronique, démodé(e)
- Nous frôlons l'overdose (= la surdose) • Ceux qui me critiquaient avouent qu'ils m'envient
- Rares sont ceux qui établissent un protocole pour réguler ou limiter leur consommation.
- À l'heure où les écrans provoquent d'incessantes tensions dans les familles, les parents…
- Comment échapper au raz-de-marée technologique, médiatique ?
- C'est plus facile d'être détaché des écrans…
- Être enclin, disposé, prédisposé à qch ≠ fermé, rebelle, peu enclin, réfractaire à qch
- Au-delà du sentiment de (fierté), on ressent qch…

1　Compréhension. **Vrai ou faux ? Si faux, justifiez votre réponse.**

1. Ce sont des témoignages de Français qui sont privés d'ordinateurs et de connexion Internet.

2. Cet article décrit l'utilisation régulière et démontre l'utilité absolue des nouvelles technologies.

3. Le style du texte appartient au registre journalistique.

2　Vocabulaire. **Trouvez le terme manquant dans les phrases suivantes.**

1. Grâce à ce nouvel _____ , les utilisateurs des transports en commun pourront être informés à l'avance de tous les retards.

2. Après une journée passée sur son ordinateur et harcelée par les messages sur son smartphone, Julie n'a plus qu'une envie : _____ et prendre un bon bouquin.

3. Téléchargez des _____ gratuits sans pub sur le site *jadorelefrancaisludique.fr.*

4. L'association « Fanfarons libres » s'est fait connaître grâce à _____ très astucieux et efficace.

3　Vocabulaire. **Reformulez les termes soulignés.**

1. Ici, à Paris, je n'ai plus de <u>téléphone intelligent</u> comme à Montréal : je dois me débrouiller seul !

2. Cet écran <u>sensible au toucher</u> convient à merveille aux doigts de fée de Merlin.

3. Pour photographier ses copines, Adeline utilise <u>l'application « images »</u>.

4　Grammaire en communication. **Complétez ces phrases les négations qui conviennent.**

1. Cet ordinateur _____ d'écran tactile, _____ de fonction vocale.

2. Germain, qui déteste parler dans une machine, _____ téléphone fixe ___ téléphone portable.

3. C'est fou, ça ! Toi qui es un adepte des réseaux sociaux, tu n'as __ Facebook, ___ Twitter, ___ Instagram.

5　Pour communiquer. **En tant que « nouveau débranché », prenez position dans les situations suivantes.**

1. Êtes-vous disposé(e) à vous débrancher complètement ? Oui _____ .

2. Ras-le-bol de voir la tête de cet homme politique à la une de tous les médias, franchement _____ !

3. Vous venez de gagner la Coupe du monde du meilleur déconnecté, quelle est votre réaction ?

_____

4. Difficile de lutter contre le tsunami quotidien d'infos que nous fait subir Internet. – Oui, mais _____ ?

5. Que devraient faire les parents lorsque leurs enfants les ignorent au profit des réseaux sociaux ? _____ .

6. Moi, à l'époque, j'ai très vite maîtrisé ma dépendance au smartphone, contrairement à beaucoup. Aujourd'hui, _____ car l'on connaît désormais les ravages que cela peut faire dans le tissu social et familial.

7. Que disait votre entourage quand vous avez décidé de vous déconnecter ? _____ .

6　À vous ! **Vous avez choisi de vous déconnecter durant 6 mois car vous êtes devenu presque fou en faisant une surdose d'objets connectés. Partagez votre expérience sur le site de *www.guyonne-demonjou.fr.***

6b Contacter un service clientèle

– « Fast Internet », bonjour ! Pierre à votre service, que puis-je faire pour vous ?

– Panne de wifi, j'en suis désolé, Monsieur. Avant de commencer, je vous signale tout de même que cet appel est gratuit pendant les 5 premières minutes ; au-delà de cela nous serons malheureusement obligés de vous offrir un mois d'abonnement à chaque minute dépassée. Ça vous va ?

– En ce qui concerne la panne, je dois vous faire patienter un petit instant, le temps que je contrôle votre connexion. Est-ce que vous auriez une préférence au niveau musique ?

– Drake ? Excellent choix. Du coup, je vais vous mettre un morceau exclusif qu'il a enregistré spécialement pour notre musique d'attente.

– Donc oui, je vois bien la panne survenue à 18 h 44. Malheureusement, pour ce genre de panne, Monsieur, il va falloir que notre équipe intervienne. Pour le rendez-vous, je peux vous proposer soit dans 4 jours entre 8 heures et 13 heures, sans que vous sachiez exactement l'heure à laquelle on va passer, soit dans 20 minutes.

– Dans 20 minutes ? J'en étais sûr ! Non, mais là, l'autre choix c'était plus pour me moquer de nos concurrents. Entre nous, Monsieur, ça fait pas de mal de tacler un petit peu !

– Pour l'intervention, il me manque juste une petite information. Est-ce que vous êtes plutôt homo ou hétérosexuel ? D'accord, c'est noté. Donc là, je vous fais venir plutôt Cassandra. […] Ça vous va ? […] Ah aussi, l'intervention ayant lieu après 19 heures, on est dans l'obligation de prendre en charge un élément supplémentaire. Je suis désolé de vous embêter avec ça, mais vous êtes plutôt bière ou Ricard ?

– D'accord, donc je vous rajoute un pack de six. Très bien. Eh bien, écoutez, Monsieur, je crois qu'on a fait le tour. Avant de raccrocher, je souhaitais simplement vous proposer une nouvelle option sur votre forfait Internet ; c'est une option « anti-relou », totalement gratuite. Donc ça comprend, écoutez bien, filtrage des messages de gens qui vous écrivent tout le temps, alors que vous n'en pouvez plus ! Alerte « anti-trolls » qui vous avertit dès que quelqu'un veut vous trôler, pour pas que vous rentriez dans son jeu, assez subtil !! Et, bien sûr, suppression sur vos flux Facebook, Twitter, Instagram de toutes les photos des personnes beaucoup plus heureuses que vous, avec leurs enfants, mariage, vacances à la plage… C'est terminé.

– Parfait, Monsieur ! Je vous l'ajoute et je vous souhaite de passer une agréable soirée.

Pierre Croce https://www.youtube.com/watch?v=hrkp5oQy-Z8

Grammaire

Place de premier / dernier

- Les 5 premières minutes :
  les 5 minutes au début de qch
- Les dernières 5 minutes
  (bloc) : s'oppose aux dernières 10, 20, 30 minutes

Vocabulaire

Se connecter à Internet

- Une panne de wifi
- La musique d'attente
- Une option « anti-relou » (*relou* : pénible, ennuyeux *en verlan*)
- Le filtrage des messages, filtrer = sélectionner
- Une alerte « anti-troll »
- Un forfait Internet
- Un flux informatique
- Une intervention, intervenir (sur place)

Pour communiquer

- Que puis-je pour vous ?
- Avant de commencer, je vous signale quand même…
- Est-ce que vous auriez une préférence *au niveau* (musique, sexe)… (*fam.*)
- Malheureusement, pour ce genre de panne, il va falloir que…
- On est dans l'obligation de prendre en charge un élément supplémentaire
- Désolé de vous embêter avec ça, mais vous êtes plutôt… ou…
- Écoutez, Monsieur, je crois qu'on a fait le tour (de la question).
- Avant de raccrocher, je souhaiterais simplement vous proposer…
- Parfait, Monsieur, je vous ajoute…

1 Compréhension. **Ces affirmations sont correctes. Pour quelles raisons ?**

1. Le laïus de l'employé du service clientèle est magique.

2. L'offre faite au client est généreuse, chaleureuse et coquine.

3. Le conseiller s'exprime sur un ton décalé.

2 Vocabulaire. **Trouvez le terme manquant.**

1. Comme vous êtes victime d'une _____ , un technicien _____ chez vous, d'ici 72 jours !

2. Malheureusement, dans notre _____ , l'option « Homme de ménage gratuit » n'est pas incluse !

3. Afin de lutter efficacement contre les messages sournois de votre belle-mère, Twitter lance _____ .

4. Contrairement à ce que son nom indique, j'ai l'impression que ce nouveau système de _____ , que vous propose votre opérateur, n'est pas utile au client pour éliminer les courriels indésirables, mais sert plutôt à l'épier et à le surveiller.

3 Grammaire en communication. **Complétez ces phrases avec les mots *cinq-premier/dernier* placés correctement.**

1. Aujourd'hui, on vous dévoile _____ minutes de la nouvelle saison d'*Un village français*. Regardez !

2. À peine _____ minutes entamées, les joueurs de l'équipe néozélandaise ont inscrit un essai collectif et se sont ainsi qualifiés pour la finale.

4 Pour communiquer. **Reformulez ces phrases au registre familier.**

1. En premier lieu, je tiens à vous informer que notre entretien vous sera facturé dix euros la seconde.

2. Quels seraient vos goûts en matière de programmation musicale ?

3. Je suis absolument peiné de devoir vous contraindre à vous prononcer sur le choix de votre cadeau.

4. Avant de clore notre entretien téléphonique, je tenais modestement à vous soumettre une nouvelle opportunité sur votre abonnement.

5 Pour communiquer. **Donnez le sens contraire de ces phrases afin d'éviter de perdre un client.**

1. Je suis désolé, je ne suis pas du tout en mesure de faire quelque chose pour vous.

2. Nous sommes dispensés de vous offrir six mois d'abonnement gratuit, l'erreur étant de votre fait.

3. Nous sommes soulagés que ce dysfonctionnement ne nécessite pas une intervention de notre part.

4. On est loin d'avoir traité tout le problème, surtout ne quittez pas !

5. Ça ne va pas du tout, Madame, je vais vous ôter l'option « gentille cliente » car vous êtes d'un désagréable !!!

6. Vous m'agacez à la fin : je ne risque pas de vous demander si vous optez pour un « champagne » ou un « grand cru ».

6 À vous ! **Vous travaillez pour un service clientèle. Un client vous appelle pour un dysfonctionnement informatique. Rassurez-le et tentez de lui vendre de nouveaux produits payants. Jouez la scène à deux, soyez à tour de rôle vendeur et client, et adoptez un ton convaincant.**

6c Expliquer un problème informatique

[…] Je suis allé chez Orange – après j'étais vert… J'ai pris, vous savez, le « tout compris » : la box, tout compris, télévision, téléphone, Internet. […] Tout compris. Enfin, tout compris, ça veut dire pour ceux qui ont tout compris. Pour ceux qui ont pas tout compris, il y a l'assistance, 34 centimes la minute. Et quand tu reçois ta facture, t'as compris que t'avais rien compris ! Parce que plus ça dure au téléphone, plus ils gagnent de pognon, donc ils ne sont pas pressés d'expliquer comment ça marche ! […] *« Alors, quel est votre nom, votre numéro de box ? »* – J'ai plus de bagnole donc déjà… *« Votre numéro de contrat, votre prénom, votre adresse et vous pouvez nous l'épeler ? »* C'est toi qui commences à me les peler… Parce que l'assistance, le mec qu'on a au téléphone, ils ne sont pas en France, […] ils sont au Maroc, en Tunisie et à l'île Maurice parce qu'on dit que là-bas la main-d'œuvre est moins chère. Ce n'est pas du tout pour ça. En fait, c'est pour pas qu'on leur casse la gueule ! Parce qu'après, ça continue, le cirque. Le mec, il me dit : *« Vous êtes devant votre écran ? »* – Non, non, je suis sorti biner les tomates ! […] Ben si, j'ai un gros problème sur l'écran : il y a écrit *« Vous avez du courrier »*… Eh bien, je ne sais pas du tout. Il faudrait que je demande à ma gardienne !… *Faut que j'aille sur le bureau ? Le bureau de la gardienne ? « Attendez, vous n'avez pas vidé la corbeille. »* [En jetant un coup d'œil à sa corbeille] Mais comment il le sait, ça ? Faut que j'ouvre la fenêtre pour vider la corbeille… Mais qu'est-ce qu'elle va dire la gardienne ? […] Mais le mode d'emploi, je ne l'ai pas eu… […] Ah, il est dans l'ordinateur ! Et comment je la démonte, la bécane ? Avec les outils ? Mais il n'y a pas d'outils dans la boîte ! Dans l'ordinateur ! – Ah, vous avez tout mis ensemble ! Il y a un menu ! Eh bien on va bouffer. S'il n'y a pas de menu, c'est qu'il y a un problème de serveur ! Ah bon ! […] *« On va laisser tomber Internet, et on va essayer de faire marcher la télé. »* […] Non, je n'ai pas de satellite, j'ai déjà du mal à payer la bagnole. Non, je n'ai pas de bouquets non plus. J'ai un vieux ficus merdeux… Un bouquet de chaînes ? Non, mais vous me prenez pour un gland ? Oui, la télécommande, je l'ai. Je prends la télécommande et je fais AV. *Ave, ave.* Je pourrais faire trois *pater* ! Ça ne marche pas parce que j'ai branché la télé avant le téléphone : fallait pas ? Fallait pas, mais alors, qu'est-ce que je fais maintenant ? Je débranche le téléphone… Allô ? Allô ? 34 centimes la minute…

Extrait du sketch intégral de Gilles Détroit, http://www.gillesdetroit.fr/?m=video

Vocabulaire

L'ordinateur

- La fenêtre, le menu, la corbeille : éléments d'interface graphique
- Les outils (la barre d'outils), le mode d'emploi ; la box ≠ le box, la boxe
- Le serveur : dispositif informatique matériel ou logiciel qui offre des services
- Une bécane (*arg.*) = un engin, un deux-roues

Pour communiquer

- ***Jouer avec les mots*** (humour, voir aussi chap. 3) :
Sens propre-sens figuré : Je suis allé chez Orange → après j'étais vert (*fam.*) = j'étais écœuré
Polysémie : La box tout compris → je n'ai rien compris ; Il y a un menu → alors on va bouffer
(*fam.*) ; S'il n'y a pas de menu, c'est qu'il y a un problème de serveur → Ah bon ? (sous-entendu :
le garçon de café travaille mal)
Homonymie : Je fais AV → « Ave », je peux faire trois « pater » (*Ave Maria, Pater noster*)
- ***Surprendre avec un langage très familier :***
Plus ça dure au téléphone, plus ils gagnent du pognon (*fam.* = de l'argent)
Ça continue, ce cirque ! (*fam.*) : accumulation de problèmes, de déboires
Métonymie : Non, je n'ai pas de bouquet non plus → juste un vieux ficus merdeux (*vulg.*)
Homonymie + métonymie : Un bouquet de chaînes → non, mais vous me prenez pour un gland
(*vulg.* = fruit du chêne)

1 **Compréhension et communication. Ces affirmations sont fausses. Corrigez-les.**

1. C'est un monologue.

2. Le client est à l'aise avec le jargon informatique.

3. Sa manière de parler est de bon goût.

2 **Vocabulaire. Devinettes. De quel mot s'agit-il ?**

1. C'est aussi le nom d'un local fermé pour y garer sa voiture.

2. Le hublot en est une sorte et l'œil-de-bœuf en est une autre.

3. On dit qu'ils sont désagréables dans les cafés à Paris, c'est faux : il suffit de leur parler en français.

4. C'est un programme nécessaire au fonctionnement d'un système informatique.

3 **Pour communiquer. Complétez les phrases suivantes.**

1. Mon nouvel abonnement télé est génial : j'ai _____ de 70 _____, y compris Jardin TV !

2. Si t'es pas un champion des ordis, tu pètes un câble quand t'es face à la barre d'_____ avec ses 45 fonctions !

3. Si tu prends un abonnement chez cet opérateur, t'es pas pris pour un pigeon, _____ est à 40 euros par mois, sans compter qu'on t'offre un menu de chez « Mac Cron »!!

4. Ceux-là avec leur service d'attente qui coûte 1 euro la minute, plus _____ plus _____. Surtout que t'attends des plombes avant qu'on te réponde !

4 **Pour communiquer. Remplacez les termes soulignés par des expressions familières, argotiques.**

1. Vous pensez que je suis un idiot parce que je ne comprends pas ce que signifie un menu !

2. Quand j'ai vu que cet ordinateur coûtait 800 euros, j'étais écœuré.

3. Tu ne pourras plus gagner d'argent si tu continues d'utiliser ce logiciel défectueux.

5 **Pour communiquer. Jouez avec les mots en suivant les indications entre parenthèses.**

1. (propre / fig.) Oscar, le standardiste, s'est cassé _____ au ski ; à cause de cela, il _____ aux clients pour se venger.

2. (polysémie) Mon voisin de Corbeil-Essonnes est allé faire ses courses avec son panier d'osier pour acheter des plantes afin de garnir sa _____ de fleurs devant l'entrée de sa maison, puis il s'est précipité à l'Opéra retrouver sa place en _____ n° 22 auprès de sa Lucia préférée.

3. (polysémie) Tu veux une _____ ? – Non, merci, j'en ai déjà 50 sur mon bouquet. – Non, pas celles de la télé. – Ah, tu parles de la _____ de mon vélo parce que je viens de dérailler ? – Mais non, mon chéri, je voulais te mettre une _____ autour du cou.

4. (homonymie) J'ai dû sortir ma bécane de mon _____ car je devais aller voir un match de _____. Depuis que ma _____ est en panne, je ne regarde plus la petite lucarne.

6 **À vous ! Racontez avec humour un problème technique lié à l'informatique que vous avez rencontré. Publiez-le sur le forum *www.reclamations.box.fr*.**

7a Opposer des pratiques liées aux réseaux sociaux

Les réseaux sociaux permettent de s'enrichir, de partager et de valoriser vos activités, profitez-en ! Tour d'horizon des 5 bonnes pratiques des pros de LinkedIn !

1/ Jetez-vous à l'eau (mais pas trop) : Comme bien souvent sur le plan professionnel, l'essentiel c'est de se lancer et d'ajouter ses relations professionnelles *via* son profil personnel. Toutefois, il est inutile de se lancer dans une course au réseau. Envoyer des requêtes à des inconnus dont le poste vous intéresse s'avérera bien souvent contre-productif, voire agaçant pour les personnes ciblées par vos demandes. Et de manière générale, on applique une règle basique : on accepte uniquement les demandes des personnes que l'on connaît et pas celle d'inconnus si ces dernières ne sont pas motivées.

2/ Réfléchissez à vos objectifs : Établissez la liste de ce que vous voulez dire et pourquoi. Être au clair sur vos buts est capital afin d'apporter une information de qualité à de potentiels recruteurs. Vous souhaitez faire valoir votre parcours pour décrocher un nouveau job ? Vous êtes satisfait de votre poste actuel, mais vous gardez l'œil ouvert pour repérer toute nouvelle opportunité ? Vous utilisez LinkedIn pour renforcer votre légitimité au sein de votre poste sur des sujets pointus ? Ces objectifs seront à prendre en considération lorsque vous mettrez à jour votre profil.

3/ Évitez l'autopromo trop visible : Vos contacts n'auront que faire de vos actualités si vous avez tendance à poster de manière abusive sur vos dernières réalisations. De même, spammer son réseau en taggant systématiquement la moitié de ses contacts à chaque nouvelle mise en ligne n'est pas une bonne solution. À l'inverse, si vous présentez intelligemment vos réalisations en mettant en avant l'intérêt de celles-ci pour votre réseau, il y a fort à parier que votre réputation professionnelle gagnera en sérieux et en intérêt pour de potentiels recruteurs.

4/ Nourrissez-vous ! Utiliser LinkedIn comme un outil de veille pour votre recherche d'emploi est la base, mais n'oubliez pas de vous servir du réseau pour vous alimenter en informations sur votre secteur.

5/ Venez comme vous êtes : Que les choses soient claires, mentir n'est pas une option, du moins pas une bonne option. Vous êtes le cofondateur d'une start-up qui n'emploie pas encore de salariés, et alors ? Cela ne vous discrédite pas pour autant. En revanche, afficher à tort 15 collaborateurs et un CA à 6 chiffres pourrait se retourner contre vous. Sur Internet, on ne ment pas… comme dans la vraie vie d'ailleurs ! Fort de ces quelques conseils, prenez-vous désormais au jeu de LinkedIn et de la communication en général.

Claire Duriez, fondatrice d'Origami, atelier de communication digitale, http://www.huffingtonpost.fr/claire-duriez/conseils-utilisation-linkedin/

▬ Vocabulaire

Le réseau numérique

- Un pro (*fam.*) de LinkedIn
- Se lancer dans une course au réseau
- Un outil de veille
- Mettre à jour son profil (personnel)
- Tagger, spammer
- Cibler un public

══ *Pour communiquer* ══

• ***Opposer :*** L'essentiel, c'est de se lancer… *Toutefois*, il est inutile d'envoyer des requêtes à des inconnus. / Vous êtes satisfait de qch…, *mais* vous gardez l'œil ouvert pour repérer qch. Spammer son réseau n'est pas une bonne solution… *À l'inverse*, si vous présentez intelligemment vos réalisations, il y a fort à parier que… / Utiliser LinkedIn est la base de votre travail…, *mais* n'oubliez pas de… Cela ne vous discrédite *pas pour autant*. *En revanche*, afficher à tort 15 collaborateurs pourrait se retourner contre vous.

• ***Conseiller :*** Fort de ces quelques conseils, prenez-vous au jeu de….
Ces objectifs seront à prendre en considération. / Gagner en sérieux et en intérêt
Être au clair sur ses buts, opinions, propos / Renforcer sa légitimité = son bon droit
Ne pas poster qch de manière abusive = excessive, outrancière ≠ juste, convenable

A C T I V I T É S

1 Compréhension. Vrai ou faux ? Si faux, justifiez votre réponse.

1. L'auteur conseille sur les bonnes pratiques d'un réseau social professionnel.
2. D'après l'article, nos activités pourraient être dévalorisées sur LinkedIn.
3. C'est un texte au registre châtié.

2 Vocabulaire. Trouvez dans le texte les équivalents des mots suivants.

1. Exaspérant : _____
2. Le renom : _____
3. Obtenir : _____
4. Se pourvoir, se fournir : _____

3 Vocabulaire. Reformulez les termes soulignés dans les phrases suivantes.

1. Paul a actualisé son « pedigree » (iron.) professionnel.
_____

2. Bob a inondé son réseau de messages indésirables.
_____

3. Grégoire n'est pas un dilettante.
_____

4. Ariane a pour but d'atteindre une large audience car son nouveau site est juste génial !
_____

5. Afin d'être toujours au courant de l'évolution du marché, il est utile d'installer une alerte sur son ordinateur.
_____

4 Pour communiquer. Complétez librement ces phrases en ajoutant une objection.

1. Vous n'avez pas encore de réseaux sociaux ? _____ pas pour _____ !
2. Camille est heureuse que son autoentreprise ait trouvé son public, _____ .
3. L'important, c'est de figurer sur les réseaux sociaux, _____ .
4. Donner son Facebook « à la Terre entière » n'est pas une bonne idée, _____ , si _____ .

5 Pour communiquer. Autoévaluation : quels conseils vous donneriez-vous dans ces cas-là ?

1. Vous mettez les photos de votre « saint Valentin » sur Twitter.
2. Votre présence sur Facebook est trop discrète. Dommage, car ce que vous proposez est excellent !
3. On ne comprend pas vraiment où vous voulez en venir.
4. Vous avez besoin d'aide car vous n'êtes pas à l'aise avec les réseaux sociaux.
5. Quand on voit votre profil, ça fait un peu amateur.
6. Tous ces buts à atteindre vous semblent anodins et pourtant…

6 À vous ! Formulez des conseils pour une bonne pratique des réseaux sociaux et indiquez en même temps les pièges à éviter sur le blog *jadorejedetestelesreseauxsociaux.fr*.

7b

Adopter « la tchat attitude »

La tchat attitude, c'est quoi ? Tout ce qu'il faut dire (et ne pas dire) pour le séduire en ligne à travers nos échanges écrits et lui donner envie de passer du virtuel au réel, de se rencontrer… Voici quelques trucs et astuces. […] **Impliquez-vous dans l'échange**, montrez-lui qu'il est le « seul qui vous intéresse ». […] Ne cherchez pas à faire du standard, gardez votre style et votre personnalité : que vous soyez littéraire ou non, pour ou contre le tutoiement, adepte ou non des « lol » et émoticônes, peu importe, l'essentiel est d'être vous-même et de marquer votre singularité. Faites tout de même attention à l'orthographe, et à ne pas faire de l'humour ou des jeux de mots qui risqueraient, par écrit et sans intonation, d'être mal interprétés. **Soyez courte**, ne vous laissez pas emporter par votre clavier. Envoyez une phrase après l'autre, attendez la réponse de l'autre. […] **Montrez-vous curieuse,** intéressée par lui. Essayez de trouver au moins trois passions ou centres d'intérêt communs, et sachez saisir l'occasion de lui dire « moi aussi », ce qui revient à lui envoyer un signe de proximité de vos personnalités… **Ouvrez la conversation** avec des questions qui commencent par qui, que, pourquoi, où, quand, comment… et invitent à l'échange. Les phrases fermées (« Êtes-vous… », « Avez-vous… »), incitant à répondre par oui ou par non, coupent court à la conversation. Parlez de vous, **dévoilez-vous peu à peu**. Cela lui permettra de mieux vous connaître, et ce, sans avoir à faire des hypothèses parfois hasardeuses. Ne vous découvrez pas en une fois, appliquez le principe de rareté. Un peu de mystère ne nuit jamais à une relation amoureuse. Sachez vous faire désirer. […] **Sachez rester à l'écoute** de l'autre, ne parlez pas que de vous ! Incitez votre interlocuteur à se raconter, posez-lui des questions, attendez ses réponses et tenez-en compte dans la suite de l'échange. Apprenez à rebondir sur les signaux qu'il vous envoie sur lui, sa vie, son état d'esprit… **Ne pas aborder d'emblée les sujets qui fâchent** : votre vie amoureuse passée, […] vos défauts (on en a tous, il aura bien le temps de les découvrir), vos complexes (*idem*), votre envie de créer un couple à tout prix : si vous pouvez le suggérer, n'insistez pas, au risque de le faire fuir. Attention à ne pas dériver tout de suite vers des échanges connotés sexe : si vous arriverez à capter plus rapidement son intérêt, pas sûr que ce soit un bon point pour le futur. **Ne devenez pas accro des sites de rencontre** : sachez décrocher de votre clavier certains soirs. Si Internet est un bon moyen de faire des rencontres, un excès peut vous couper de la réalité et vous entraîner dans un monde nourri par vos propres fantasmes.

http://www.femmeactuelle.fr/amour/couple/journee-de-la-rencontre-internet-conseils-pour-que-ca-marche-1727380/, 2012, La rédaction, « Femme actuelle » © Prisma Média.

▬ Grammaire ▬

Si (la concession)

- **Si** vous pouvez le suggérer, n'insistez pas, au risque de le faire fuir.
- **Si** vous arriverez à capter plus rapidement son intérêt, pas sûr que ce soit un bon point pour le futur.

*Ne pas confondre avec **Si** (condition).*

▬ Vocabulaire ▬

Le tchat

- La tchat attitude
- Adepte de qch ou de qqn ≠ détracteur de
- Un « lol » : acronyme symbolisant l'amusement
- Une émoticône
- Couper court à qch
- *Idem* (*adv.*) = de même, comme

▬ Pour communiquer ▬

- *Ce qu'il faut dire ou faire :* Montrez-lui qu'il est le seul qui…

Marquer sa singularité / Savoir saisir l'occasion = saisir la balle au bond

Appliquer le principe de rareté / Apprendre à rebondir sur les signaux envoyés

Inciter votre interlocuteur à… / Savoir décrocher de son clavier

- *Ce qu'il ne faut pas dire ou ne pas faire :* Faire des hypothèses parfois hasardeuses

Ne pas se laisser emporter par son clavier = ne pas écrire des textes longs et inutiles

- *À faire ou à dire progressivement :* Se dévoiler peu à peu = se dévoiler petit à petit

Ne pas aborder d'emblée les sujets qui fâchent / Ne pas dériver tout de suite vers…

ACTIVITÉS

1 **Compréhension. Répondez aux questions suivantes.**

1. Quel genre de conseils donne ce document ?

2. À qui sont destinées ces recommandations ?

3. Le registre de ce texte est-il familier ?

2 **Vocabulaire. Indiquez le mot ou l'expression correspondant à ces définitions.**

1. Stopper immédiatement : _____

2. Vous pouvez utiliser ce petit dessin dans vos messages privés pour exprimer vos états d'âme : _____

3. C'est une interjection symbolisant le rire : _____

4. « Itou » en est la forme populaire : _____

5. On utilise souvent ce mot pour désigner les membres d'une secte : _____

3 **Grammaire. Concession ou condition ? Faites le bon choix pour chacune des phrases suivantes.**

1. Si cela vous fera plaisir, les autres ne penseront peut-être pas comme vous. _____

2. Si de prime abord vous parlez de sexe, tous les « chauds lapins » vous répondront. _____

3. S'il me demanda de me rencontrer, ce fut avec discrétion. _____

4 **Pour communiquer. Reformulez les phrases suivantes.**

1. Henri dit n'importe quoi, sans avoir vérifié la véracité de ses propos.

_____

2. Profitez de cette opportunité formidable.

_____

3. Tu racontes les choses sur toi au fur et à mesure.

_____

4. Vif, Roland capte rapidement les sous-entendus.

_____

5. Romain vit sa différence.

_____

5 **Pour communiquer. Comment agissent ces personnes en situation de tchat attitude ?**

1. Nadège est peu présente sur les réseaux sociaux, afin de se faire désirer.

2. Erica revient toujours à son dada : l'argent.

3. Antonine se met en retrait lors de ses tchats pour qu'Antoine morde à l'hameçon.

4. Xavier, dans sa délicatesse, donne la parole à l'autre lors de leurs échanges de messages.

5. D'entrée de jeu, Xavière se plaît à étaler ses ennuis pécuniaires, mais aussi à parler de ses vieux parents impotents.

6. Iris ne se limitant pas à l'essentiel, ses courriels s'étalent à l'infini.

6 **À vous ! Envoyez vos conseils de « bonnes pratiques » au site *Rencontresplurielles.com* sur ce qu'il faudrait dire et faire (ou non). Soyez original(e), drôle et percutant(e).**

7c

Alerter sur la surutilisation des objets connectés

Faut-il dormir loin des objets connectés ? Entretien avec le docteur Thibaut Gentina, pneumologue et responsable du centre du sommeil de l'hôpital La Louvière à Lille.

Qu'appelle-t-on objets connectés ?

Les plus communs sont bien sûr nos smartphones et ordinateurs. On y ajoute désormais un florilège de nouvelles applications, *Wearable* et traqueurs d'activité. Ces applications ont pour fonction de recueillir et d'analyser les données biométriques d'une personne : l'activité physique, le temps de sommeil... Je compléterais par les *Smarthomes*, qui analysent les paramètres environnementaux d'une pièce, par exemple, pour moduler l'éclairage, la température, à des fins de confort, d'endormissement.

Êtes-vous sceptique face à leur multiplication ?

Je n'y suis pas très favorable, mais je ne fermerais pas la porte à tous ces objets. Certains sont utilisés, sous contrôle médical, pour accompagner le traitement des apnées du sommeil. Les traqueurs d'activité peuvent s'avérer utiles pour sensibiliser une personne à son hygiène de vie, mais seulement sur une période d'une semaine à un mois. Je reste critique sur la fiabilité de leurs données, qui n'est pas toujours établie. J'alerterais sur les risques à recourir toujours plus à ces objets. Trop de Français dorment avec leur smartphone...

Comment des lumières d'écran influent-elles sur le sommeil ?

Les écrans d'ordinateur, de tablette diffusent une lumière bleue froide, les ondes bleues du spectre de la lumière, qui retarde la sécrétion de mélatonine, l'hormone du sommeil. Deux heures d'iPad font chuter de 20 % le taux de mélatonine ; utiliser un écran dans son lit décale l'endormissement. Une lumière, même fugace, de portable la nuit fragmente le sommeil.

Un sommeil perturbé peut-il avoir des conséquences sur la santé ?

Un rythme biologique perturbé occasionne une dette de sommeil, dont l'accumulation peut altérer notre santé. Chez l'adulte, le besoin moyen de sommeil est estimé à 7 h 30/ 8 h. Dormir moins de 5 h par nuit sur une période de six mois et plus expose à des complications cardiovasculaires, au diabète, à des douleurs articulaires, à des troubles dépressifs, digestifs. Ce n'est donc pas anodin !

http://www.zonebourse.com/GENERALE-DE-SANTE-4694/actualite/Generale-de-Sante-Faut-il-dormir-loin-des-objets-connectes–24245512

Grammaire

Verbes exprimant la conséquence

- Deux heures d'iPad *font chuter* le taux de mélatonine.
- Un rythme biologique perturbé *occasionne* une dette de sommeil.
- Dormir moins de cinq heures par nuit *expose à* des complications cardiovasculaires.

Vocabulaire

Les objets connectés

- Un florilège de nouvelles applications
- Le « *Wearable* » = en français, technologie portable
- Un traqueur, capteur d'activité = un appareil connecté qui récolte / recueille vos données
- À des fins de confort = pour plus de confort
- Fugace = éphémère, évanescent ≠ immuable, pérenne

Pour communiquer

- ***Donner sa position :*** Je n'y suis pas très favorable, mais je ne fermerais pas la porte à...
Je suis sceptique face à... / Certains peuvent s'avérer utiles, mais seulement sur une période limitée... / Je reste critique sur la fiabilité de leurs données, qui n'est pas toujours établie.
J'alerterais sur les risques à recourir à ces objets. / Ce n'est pas anodin = insignifiant.
- ***Indiquer des faits négatifs :*** Utiliser un écran dans son lit décale l'endormissement.
Une lumière de portable la nuit fragmente le sommeil.
L'accumulation d'une dette de sommeil peut altérer notre santé.

1 Compréhension. Vrai ou faux ? Si faux, justifiez votre réponse.

1. Ce texte prône l'utilisation constante des objets connectés.

2. Il semblerait que la présence d'objets connectés n'ait aucune incidence sur notre santé.

3. Le discours du médecin est modérément alarmiste.

2 Vocabulaire. De quoi parle-t-on ?

1. C'est une tournure soutenue pour exprimer le but.

2. C'est un objet qui enregistre toutes vos « performances ». Oh, le curieux !

3. Ce n'est pas un bouquet, mais une multitude de nouveaux programmes.

4. C'est un qualificatif indiquant quelque chose qui dure.

5. Vos boucles d'oreilles connectées à l'ordinateur en font partie.

6. Vos rencontres, si elles ne durent qu'une soirée, risquent de l'être.

3 Grammaire. Exprimez la conséquence avec les verbes suivants : *avoir pour effet de, exposer, occasionner, susciter.*

1. Avaler son smartphone _____ une bonne constipation !

2. Le traqueur d'activités_____ nous faire courir nuit et jour !

3. L'insomnie _____ des vocations d'écrivains maudits.

4. Prendre un trop-plein de douches vous _____ à un surplus de rendez-vous chez le dermato.

4 Pour communiquer. Vous n'êtes pas du même avis. Indiquez le contraire de ces phrases.

1. Utiliser un smartphone synchronise votre réveil.

_____

2. Je vous signale qu'il n'y a aucun danger à utiliser ces objets-là !

_____

3. Je parviens à prouver par A + B que ces infos sont justes et crédibles.

_____

4. La lumière bleue des écrans favorise un « dodo » continu.

_____

5. De longues nuits sans sommeil n'affecteront pas votre humeur !

_____

5 Pour communiquer. Vous avez un esprit nuancé mais critique. Que diriez-vous dans ces cas-là ?

1. Le « *Wearable* » ne vous intéresse pas. Mais qui sait ? Un jour peut-être…

2. Vous avez des migraines liées à la surutilisation des objets connectés.

3. Connecter tous vos objets domestiques ? Pourquoi pas, mais attention à la durée…

4. Georges est incrédule à l'égard des discours érigeant le tout-technologique en valeur ultime.

6 À vous ! Quel est votre rapport aux objets connectés ? Réagissez à l'article en postant un commentaire sur le blog du Dr Gentina.

8a

Faire face à la montée de l'insécurité

Depuis les années 1960, la cité du Wiesberg a changé de visage. Mais pour Hakima, Brigitte et Sarina, il fait toujours bon vivre dans ce quartier classé sensible.

« *J'avais 14 ans quand je suis arrivée au Wiesberg, indique Brigitte Reisdorf. Avec mes parents, on venait de Nancy, où nous étions nettement moins bien logés. Ici, c'était le paradis et la liberté.* »
Aujourd'hui, Brigitte, 65 ans, parle avec toujours autant d'enthousiasme de son quartier. « *Je continue à habiter le même immeuble que dans ma jeunesse* », sourit-elle. […] Aux Glycines, Brigitte a pour voisine une de ses meilleures amies, Hakima Nebbache, 54 ans, installée dans la cité depuis 1982. […] À deux pas de là, aux Iris, vit Sarina Falvo, 66 ans, la troisième copine de la bande […]. « *Nous avons décidé d'organiser des mercredis récréatifs pour occuper nos propres enfants et ceux du quartier […]. Du coup, nous avons lancé à nous trois l'AJWH. […] Avec peu de moyens, nous avons réussi à monter des spectacles, des pièces de théâtre. On a travaillé dix ans pour notre Wiesberg* », se souvient Hakima, un brin nostalgique. « *Avec notre association, on coiffait tout le secteur sans l'aide d'aucune structure. On organisait des tournois de Scrabble le dimanche, tout cela dans un esprit familial, sans un sou et uniquement sur la base du bénévolat. À cette époque, je peux vous dire que les jeunes étaient bien encadrés. On éduquait nos enfants, ils ne traînaient pas dehors la nuit.* » Aujourd'hui, le quartier a beau disposer d'un beau centre social et d'éducateurs, l'image du Wiesberg s'est dégradée. Au grand regret des anciens. « *Nous, nous avons essayé de transmettre nos valeurs, en faisant les choses de bon cœur, mais le fric et les réseaux sociaux ont changé beaucoup de choses. La population aussi n'est plus la même. Ces dernières années, il y a eu beaucoup de nouveaux arrivants. Cela a créé certains problèmes, il faut bien l'admettre.* » La diversité culturelle, l'entraide, la solidarité qu'appréciait tellement le trio se sont peu à peu délitées. « *Il y a 20 ans, il n'y avait ni problème de races ni problème de religions. Hélas, maintenant tout se referme* », regrettent Hakima l'Algérienne, Sarina la Sicilienne et Brigitte la Vosgienne, pointant du doigt la montée du communautarisme. Les trafics au pied des tours, la délinquance, les problèmes sociaux, elles ne les nient pas, mais ne se sentent pas concernées par l'insécurité. « *On est conscientes qu'il y a des soucis, mais cela nous met en rage qu'on parle mal du Wiesberg.* » Pour Sarina comme pour ses deux amies, la cité « smarties » reste un endroit où il fait bon vivre. Hors de question d'en bouger.

Josette Briot, © « Source : *Le Républicain lorrain* », 26.07.2016

▰▰ Vocabulaire

Les quartiers sensibles

- La cité = une banlieue (classée) sensible
- Un centre social
- Le communautarisme
- La délinquance
- Un éducateur, une éducatrice
- L'entraide (*f.*) et la solidarité
- Les trafics (de drogues) au pied des tours
- Se dégrader, se détériorer, pourrir (*fam.*)

═══ *Pour communiquer* ═══

- *Témoigner d'une situation passée :* Nous étions nettement moins bien logés.
On coiffait tout le secteur sans l'aide d'aucune structure. / On éduquait nos enfants.
On organisait tout cela dans un esprit familial, sans un sou.
À cette époque, je peux vous dire que les jeunes étaient bien encadrés.
- *Réagir à une évolution sociétale :* Cela a créé certains problèmes, il faut bien l'admettre.
Nous avons essayé de transmettre nos valeurs, mais le fric et les réseaux sociaux ont tout changé.
Se déliter peu à peu / Hélas, maintenant tout se referme. / Pointer du doigt la montée de qch
Elles ne nient pas les problèmes, mais ne se sentent pas concernées.
On en est conscientes, mais cela nous met en rage que… / Hors de question d'en bouger (*fam.*).

1 Compréhension. **Ces assertions sont inexactes, reformulez-les.**

1. L'article est issu d'un quotidien national.

2. C'est un texte sur l'insécurité des transports.

3. Les intervenantes viennent de milieux aisés.

2 Vocabulaire. **Lisez la définition et trouvez dans le texte le mot qui correspond.**

1. On le nomme poétiquement l'éden.

2. Qui est relatif aux regrets mélancoliques.

3. C'est un travail non rémunéré.

4. Ce mot populaire désigne l'argent.

3 Vocabulaire. **Trouvez le synonyme ou l'antonyme de ces mots selon l'indication.**

1. S'améliorer ≠ _____

2. La périphérie urbaine = _____

3. L'individualisme ≠ _____

4. La criminalité = _____

5. Un(e) assistant(e) social(e) = _____

6. S'assainir ≠ _____

4 Pour communiquer. **Commentez les évolutions suivantes en abondant dans le même sens.**

1. L'ambiance n'est plus celle d'avant.

_____

2. Coûte que coûte, Darina ne veut pas changer de quartier.

_____

3. Nos parents ont finalement abandonné leurs convictions face à la domination technologique et matérielle.

_____

4. Corinne et Maria ont vu la situation se dégrader, sans forcément en ressentir les effets.

_____

5. Vous signalez avec force l'apparition du communautarisme.

_____

5 Pour communiquer. **Terminez les phrases suivantes en témoignant des situations passées.**

1. Avant, pour la garde de nos enfants, on se débrouillait sans faire de chichi, c'est-à-dire _____ .

2. Oui, nos ados recevaient alors un soutien sans faille, car _____ .

3. Dans le passé, on vivait presque dans des taudis, bref _____ .

4. Nos mômes étaient polis, ce n'est plus le cas aujourd'hui ; autrement dit _____ .

6 À vous ! **Témoignez d'une situation passée au regard de celle d'aujourd'hui, plus difficile. Envoyez votre article au forum « C'était mieux avant ! ».**

Réagir face au danger

8b

Formuler des consignes de sécurité

Avant de partir : S'équiper d'un appareil de recherche de victimes d'avalanches (Arva) et apprendre à s'en servir ; s'informer sur les conditions de neige existantes et prévues, ainsi que sur l'évolution des conditions météorologiques : bulletins de Météo France, professionnels de la neige et des secours, services des pistes des stations de ski […]; être autonome ! Ne pas oublier qu'en montagne, le temps change vite, et que les conditions météorologiques peuvent devenir rapidement hostiles (brouillard, tourmente de neige). Prévoir des vêtements chauds, couverture de survie, vivres de course et boissons ; signaler son itinéraire et l'heure approximative de son retour.

Si vous êtes pris dans une avalanche : Tout va généralement très vite et vous n'aurez certainement pas le temps de réfléchir. C'est d'abord votre instinct de survie qui vous dictera votre conduite. Voici cependant quelques conseils : essayer de garder son sang-froid ; tenter de se cramponner à tout obstacle ; essayer de rester en surface (se débarrasser des bâtons, des skis, éventuellement prendre appui sur des blocs de neige ou, si celle-ci est poudreuse, essayer de faire des mouvements de natation) ; se protéger les voies respiratoires (fermer la bouche) ; à l'arrêt de l'avalanche, essayer de se ménager une poche d'air devant le visage (elle sera une réserve d'air pour respirer), avec les mains et les bras repliés devant le visage.

Si vous êtes témoin d'un accident : Suivre des yeux la personne emportée et repérer le point où vous l'avez vue pour la dernière fois ; si vous disposez d'un téléphone portable, appeler le centre de traitement d'alerte ; chercher les victimes à l'aval de leur point de disparition, repérer les zones préférentielles comme replats, creux, bordures du dépôt de l'avalanche, amont de rochers, arbres, etc.

Lors de la recherche : Bien observer la zone pour y découvrir d'éventuels indices de surface, chercher avec l'Arva ; si aucun Arva n'est disponible, sonder la neige avec des bâtons, les skis, une branche, etc. ; si vous êtes suffisamment nombreux, envoyer immédiatement deux personnes chercher du secours, sinon chercher vivement pendant 15 minutes ; si les recherches restent infructueuses au bout de ce quart d'heure, partir donner l'alerte.

http://www.irma-grenoble.com/05documentation/03consignes_afficher.php?id_RSD=8

▇ Vocabulaire

La montagne

- Le bulletin de Météo France : des conditions météorologiques clémentes, hostiles…
- La neige : une avalanche, une tourmente, un bloc, des congères, la poudreuse
- Le ski : la station de ski, la piste, le bâton…
- Le relief : un replat, un creux, une bordure, un amont de rochers…
- L'instinct de survie : des vivres de course, une couverture de survie, dicter une conduite

Pour communiquer

- **Prévoir :** S'équiper de qch et apprendre à s'en servir / Signaler son itinéraire
- **Se protéger :** Essayer de garder son sang-froid / Tenter de se cramponner à qch, prendre appui sur qch / Se protéger les voies respiratoires, se ménager une poche d'air devant le visage
- **Être attentif :** Suivre des yeux qch ou qqn / Repérer un point (le point de disparition de la victime), une zone particulière
- **Porter secours dans des conditions données :** Si aucun Arva n'est disponible, sonder la neige / Si les recherches demeurent infructueuses, partir donner l'alerte

1 Compréhension. **Vrai ou faux ? Si faux, justifiez votre réponse.**

1. Ce sont des directives destinées aux sportifs amateurs de montagne.
2. Les instructions données sont inutiles pour les alpinistes d'été.
3. Ce texte se moque des montagnards imprudents.

2 Vocabulaire. **Charades. Devinez de quel mot il s'agit.**

1. Mon premier se met sur les jambes des femmes, mon second est une manière de parler, mon tout est utile à l'équilibre du skieur.
2. Mon premier se fait en manège, mon second se boit en tisane ou en thé, mon tout est un phénomène neigeux.
3. Mon premier se fait avec du savon et de l'air, mon second est une herbe aromatique, mon tout est une mini-émission météorologique.
4. Mon premier est le contraire d'amont, mon second est une articulation servant à faire bouger nos jambes, mon tout est une coulée de neige.

3 Vocabulaire. **Complétez ces phrases avec les termes manquants.**

1. Pas de problème, vous pouvez faire l'ascension du Mont-Blanc, les conditions météo sont_____.
2. Prenez avec vous une _____, au cas où vous tomberiez dans une crevasse !
3. Cette montagne est pleine de parois, de précipices, de creux, mais ne vous inquiétez pas : vous y trouverez aussi des _____ consolateurs.
4. D'énormes _____ s'étaient formées sur la banquise suite aux tempêtes, c'était impressionnant !
5. J'adooore Megève ! C'est une _____ très chic.

4 Pour communiquer. **Ludovic part en expédition en haute montagne. Quels conseils lui donneriez-vous dans les situations suivantes ?**

1. Il s'apprête à gravir le Cervin.

_____

2. Il sent une avalanche se déclencher sous ses pieds.

_____

3. Il est pris dans une avalanche.

_____

4. Il soupçonne qu'un skieur est enseveli sous la neige et aucun secours n'est en vue.

_____

5. Il voit disparaître une personne sous une coulée de neige à un endroit précis.

_____

6. Les recherches pour retrouver ses compagnons disparus n'ont rien donné.

_____

5 À vous ! **Vous travaillez à l'Office de la sécurité publique. Afin d'aider les touristes, que ce soit à la mer, à la montagne ou à la campagne, établissez une fiche de sécurité en tenant également compte des aspects préventifs.**

8c

Faire la critique d'un jeu en réalité virtuelle

Damien Leloup, pour : c'est un rêve éveillé. On en rêvait, le jeu vidéo l'a (enfin) fait. […] Ne plus diriger un Batman de cinq centimètres de haut sur l'écran du téléviseur, mais être Batman, le vrai, et s'écrier « Je suis la justice ! », seul dans son salon. Casque de réalité virtuelle sur les yeux et les oreilles, on se retrouve projeté dans un décor à 360 degrés. Oubliée, la grisaille du quotidien […]. Perdu dans l'espace ou au fond d'une grotte sous-marine, on en revient à l'essence du jeu vidéo : l'immersion dans un monde de pixels où l'on peut être tout ce qu'on ne peut – ou n'ose – être dans la vie : superhéros, pilote de course, soldat d'élite, astronaute…Tout n'est pas forcément plus beau en réalité virtuelle, mais les expériences y sont plus fortes. On y renoue avec des sensations primales – la peur, l'émerveillement – que bien peu de jeux en 2D peuvent faire éprouver avec une telle intensité. On en ressort parfois un peu secoué, mais heureux. On appelle ça l'« effet waouh ». […] Bien sûr, personne n'est dupe : on n'oublie jamais vraiment qu'on a les pieds sur le plancher ou les fesses sur le canapé. Mais, comme dans un tour d'illusionniste, ce n'est pas parce qu'on sait qu'il y a un truc que cela empêche de profiter du spectacle.

William Audureau, contre : c'est la nausée assurée. […] Entendons-nous bien : il y a mille raisons de vouloir se plonger dans des univers fictifs. Mais pourquoi de cette manière ? Pourquoi se coiffer d'un serre-tête lourd, moche et grossier […] ? Et pourquoi diable aller pousser son cerveau dans des retranchements absurdes, à le convaincre qu'il a la tête en bas quand vous êtes assis sur un fauteuil ? Votre oreille interne n'est pas née de la dernière pluie. Quand on lui ment, elle sait envoyer un message assez fort pour vous rappeler à l'ordre : nausées, maux de tête, vomissements. […] Inconfort, isolement, claustrophobie, voire haut-le-cœur… Le nouveau gadget fétiche de la Silicon Valley est aussi sexy qu'un rendez-vous chez le dentiste, et il faudra des trésors de communication et de publicité pour réussir à faire gober au quidam tout l'intérêt qu'il a à dépenser 500 euros pour faire ce qu'il pourrait tout aussi bien réaliser avec un seul doigt au fond de la gorge. […] Après plusieurs heures de torture mentale, et d'expériences même pas folichonnes, on n'espère qu'une chose : que la Silicon Valley passe à une nouvelle lubie, de préférence moins absurde.

http://www.lemonde.fr/m-perso/article/2016/10/28/

▌ Grammaire

Les pronoms *En* et *Y*

• On **en** rêvait, on **y** est parvenu.
• On s'**y** retrouve projeté avec force, sans **en** subir les désagréments **y** afférents.

▌ Vocabulaire

Le jeu vidéo

• Un simulateur
• Un casque de réalité virtuelle
• L'immersion dans un monde de pixels
• Une sensation primale
• Un serre-tête (moche et grossier)
• Un gadget fétiche ≠ une lubie

Pour communiquer

• ***Faire part de sa satisfaction :*** On en rêvait, le jeu vidéo l'a fait. / On se retrouve projeté dans… / Oubliée, la grisaille du quotidien. / On en revient à l'essence même de qch. / On y renoue avec qch. / On en ressort parfois un peu secoué, mais heureux.

• ***Signaler son insatisfaction :*** Pourquoi diable pousser qqn/qch dans des retranchements absurdes ? / Rappeler qqn à l'ordre / Il faut des trésors de publicité pour faire gober au quidam qch… / Après des heures de tortures mentales et d'expériences même pas folichonnes, on n'espère qu'une chose : …

1 Compréhension. **Ces assertions sont inexactes. Reformulez-les.**

1. Cet article est tiré d'un mensuel sportif.

2. Les auteurs se répandent en louanges à propos d'un jeu vidéo.

3. Le ton des commentaires est sérieux et compassé.

2 Vocabulaire. **Devinettes : de quoi parle-t-on ?**

1. Vous vous prenez pour un chevalier, c'est pourquoi vous en portez un.

2. C'est une coiffe qui enserre les cheveux.

3. C'est un ressenti digne d'un animal.

4. C'est un appareil qui transpose vos activités de plein air dans votre salon.

5. C'est un caprice, une tocade…

3 Grammaire. **Reformulez les phrases suivantes en utilisant *y* ou *en*.**

1. Pourriez-vous nous faire la démonstration de ce jeu ?

_____

2. Tu rêvais de créer ton jeu vidéo, tu es parvenu(e) à le commercialiser.

_____

3. Je regrette de ne pas m'être lancé(e) plus tôt dans cette aventure virtuelle.

_____

4 Pour communiquer. **Dans ces situations, faites part de votre satisfaction.**

1. Ce jeu vidéo procure des sensations incroyables, _____ dans la 5ᵉ dimension !

2. Le superflu est oublié, c'est génial : _____ du divertissement.

3. Ma vie est morose, mais dès que je mets mon casque, _____, je suis un autre moi !

4. De ce film troublant mais fort réussi, on _____.

5. C'était une sensation oubliée, mais en réécoutant cette chanson, _____ avec mon doux passé.

5 Pour communiquer. **Exprimez autrement votre insatisfaction.**

1. J'ai dû subir ce jeu idiot jusqu'à en devenir cinglé(e), et je ne me suis même pas amusé(e). Une seule envie : que cela cesse au plus vite.

2. Pour faire adhérer « monsieur tout le monde » à ce jeu crétin, les vendeurs sont capables de ruses hypersophistiquées.

3. Ça ne va plus du tout : calmez-vous !

4. Pourquoi diantre enfermer les consommateurs dans des espaces extrêmes sans queue ni tête !

6 À vous ! DALF **Adepte ou, au contraire, détracteur d'un jeu virtuel, faites-en la critique lors d'un débat en répondant à Damien et à William sur le blog du Monde.fr.**

9a Débattre sur la télé-réalité

La télé-réalité existe depuis plus de dix ans en France. A-t-elle évolué ?

Nathalie Nadaud-Albertini, sociologue des médias : Oui, notamment du point de vue de la gestion de la critique. Dans un premier temps, au moment de « Loft Story », M6 et la production ont essayé de contrer les critiques en jouant la carte de la transparence et de l'authenticité. Ça n'a fait que faire enfler la critique. Les concepteurs des émissions ont donc changé de stratégie. Les critiques ont été alors assumées. On les a intégrées directement dans les concepts. Cela s'est fait en deux temps. Tout d'abord, on a essayé de pondérer la critique revendiquée par un objectif altruiste. Par exemple, « La Ferme célébrités » ou « Première compagnie » revendiquaient un certain sadisme envers les candidats, mais pour servir une bonne cause, puisque, pour chaque participant, chaque semaine passée dans l'émission rapportait à une association caritative une certaine somme d'argent. Ensuite, on a assumé pleinement la critique. Par exemple, « Secret Story » fait reposer ouvertement son concept sur le mensonge et la manipulation. C'est même la règle du jeu et les candidats sont sanctionnés s'ils l'enfreignent. Depuis, la télé-réalité s'est apaisée. […]

Tout de même, n'est-il pas pernicieux de voir la bêtise s'étaler à longueur d'émissions ?

Ces émissions semblent bêtes, surtout lorsqu'on n'en regarde qu'un petit bout décontextualisé. […]

Ces programmes rencontrent un énorme succès. Quels sont les risques d'un tel engouement ?

Jacques Henno, journaliste : La mort dramatique d'un candidat dans une émission de télé-réalité a brutalement rappelé aux adultes et aux enfants une réalité souvent refoulée, car gênante : les candidats endurent des souffrances physiques et psychologiques. Cette réalité niée peut amener certains enfants à croire que « faire mal » (harcèlement moral, bagarre…) ne fait, finalement, pas si mal. D'autre part, ces émissions renforcent un travers de l'enseignement français, et ce, à tous les échelons (écoles, collèges, lycées) : le culte de la performance et de l'individualisme. Le comble étant sans doute « Koh-Lanta », où les candidats, pour être vainqueurs, doivent trahir leurs coéquipiers. Or, ce culte de la performance individuelle va à l'encontre des qualités recherchées par les entreprises, qui veulent plutôt des salariés capables de changer régulièrement d'équipe et de travailler sur des projets différents.

Propos recueillis par Olivier Dumons, http://www.lemonde.fr/culture/article/2013/04/12

Vocabulaire

La télé-réalité

- La gestion de la critique, gérer une critique
- La règle du jeu, enfreindre une règle
- Un engouement, un objectif altruiste, l'authenticité
- Le harcèlement moral, le sadisme, une bagarre
- Les vainqueurs, les triomphateurs ≠ les vaincus, les perdants
- Un concept emblématique
- Une sanction, sanctionner
- Trahir ses coéquipiers, la trahison
- Endurer des souffrances

Pour communiquer

• *Désamorcer les critiques :* Dans un premier temps, contrer la critique en jouant la carte de la transparence. / Cela s'est fait en deux temps : tout d'abord, pondérer la critique revendiquée par un objectif altruiste. / Ensuite, assumer pleinement la critique.
Revendiquer un certain sadisme, mais pour servir une bonne cause.
Faire reposer ouvertement un concept sur le mensonge et la manipulation : c'est même la règle du jeu !

• *Abonder dans le sens des critiques :* N'est-il pas pernicieux de voir la bêtise s'étaler à longueur d'émission ? / (D'une part) Cette réalité niée peut amener certains à croire que… / (D'autre part) Ces émissions renforcent un travers : le culte de la performance et de l'individualisme.
Or, ce culte (de la performance) va à l'encontre de qch… / Le comble étant sans doute…

ACTIVITÉS

1 Compréhension. **Vrai ou faux ? Si faux, justifiez votre réponse.**

1. Les intervenants dans ce débat n'ont pas d'avis tranché.

2. Pour certains, ce genre d'émissions abêtit le téléspectateur.

3. La violence fait partie intégrante du concept des jeux de télé-réalité.

2 Vocabulaire. **Ces termes sont-ils de sens équivalent ou différent ?**

1. Trahir ses coéquipiers = tromper son équipe

2. Endurer des souffrances = en voir de toutes les couleurs

3. Gérer une critique = encaisser un jugement

4. Enfreindre une règle = observer une règle

5. Dans un but altruiste = à des fins philanthropiques

3 Vocabulaire. **Complétez les phrases suivantes avec les mots correspondants.**

1. Pauvre Loana, pas bien forte dans sa tête, elle a subi un _____ et, depuis, elle est en dépression.

2. Depuis que Thomas a triomphé au jeu « Je suis une star de 3ᵉ zone », il y a un véritable _____ dans la presse. Étrange, non ?

3. C'est bien fait pour toi, Juliane, tu as triché, donc tu as été _____. Par conséquent, tu ne participeras pas à la finale ! Contrairement à moi !

4. Dans une compétition, il y a toujours des _____ et des _____. C'est le jeu de la vie !

5. « Dansons dans la baignoire » est devenu le _____ de la télé-réalité « newgroove ».

4 Pour communiquer. **Participant à un débat sur la télé-réalité, reformulez les prises de position suivantes.**

1. Par ailleurs, ce genre de programmes glorifie les défauts des candidats.

_____

2. C'est malsain de montrer sans discontinuer à la télévision les bas instincts de l'être humain.

_____

3. Le pompon, c'est quand les candidats, sous couvert de bienfaisance, se mettent à exploiter la population locale !

_____

4. On prône les comportements diaboliques dans ces jeux, mais cela ne correspond pas aux valeurs souhaitées par la société.

_____

5. Je comprends parfaitement les coups de corne qui me sont adressés.

_____

6. Face à vos détracteurs, faites semblant d'être ouvert à la critique.

_____

7. Attaqué de toutes parts, vous modérez la critique sous prétexte de faire acte de charité. Quel culot !

_____

5 À vous ! DALF **La télé-réalité a mauvaise presse. Écrivez au *Monde* en en renforçant les critiques ou en les pondérant. Soyez mordant pour les détracteurs, habile pour les défenseurs.**

9b

Faire part de ses pratiques d'écoute radiophonique

france culture (11)

Marc Voinchet : À 7 h 13 minutes, c'est la séquence « Pixel » du vendredi. Et aujourd'hui, elle est consacrée aux passionnés de radio. […] **Renaud Candelier :** En France, les auditeurs, Marc Voinchet, n'ont jamais été aussi nombreux, huit Français sur dix écoutent chaque jour la radio pendant près de 3 heures en moyenne. « Pixel » ne pouvait pas échapper à ce regard sur l'audible, celui des auditeurs passionnés. Voici donc une version radio du reportage multimédia que vous pouvez retrouver dès maintenant sur franceculture.fr.

Isabelle Lassalle : Si la radio séduit autant, c'est d'abord parce qu'elle permet de cumuler les activités. De nombreux auditeurs, par exemple, écoutent la radio en voiture : c'est le cas d'Éric Schultess, grand amateur de radio dans ses déplacements. **E.S. :** La radio, c'est merveilleux, c'est instantané, c'est proche, ça fait appel à la fois à l'émotion comme à la réflexion. La radio, c'est un créateur d'images, un créateur de souvenirs. La radio m'ouvre sur le monde, sur les gens, sur les problèmes, mais pas seulement : elle m'ouvre sur les émerveillements des gens, m'ouvre sur leurs passions. La radio, c'est aussi un média qui active la curiosité.

I.L. : Comme Éric Schultess, vous avez été très nombreux à raconter votre pratique de la radio sur le compte Twitter de « Pixel » et vous appréciez beaucoup les podcasts, dont le nombre de téléchargements ne cesse d'augmenter, mais reste à relativiser. Pour comparaison, Radio France compte en moyenne 12 millions de téléchargements par mois, quand les antennes du groupe rassemblent 14 millions d'auditeurs par jour. Le direct reste donc le moyen d'écoute le plus utilisé et il est d'ailleurs très apprécié par le documentariste Étienne Noiseau, auteur d'un blog sur la critique de l'art radiophonique. **É.N. :** Je reste très sensible à la radio qui se fait en direct, qui est peut-être ce sentiment de découvrir quelque chose qui n'existe pas encore, qui se fait seconde après seconde, et de le découvrir en même temps que des milliers d'auditeurs invisibles, mais pourtant se trouvent tous reliés par la même écoute, et ça c'est quelque chose de magique, qui n'existe pas dans le podcast.

I.L. : Un autre blogueur passionné, Fanch Langouet, explique sur notre site son goût pour les histoires que la radio raconte. […] – **R.C. :** Et voilà, « Pixel », vous l'aurez compris, c'est un reportage multimédia à retrouver d'abord sur franceculture.fr.

Chronique « Pixel » de Isabelle Lassalle, extraite de « Les Matins » de France Culture, diffusée le 8 février 2013, https://www.franceculture.fr/emissions/pixel-13-14/des-passionnes-de-radio

Grammaire

Quand (opposition)

Pour comparaison, Radio France compte 12 millions de téléchargements par mois, *quand* (= *alors que*) les antennes du groupe rassemblent 14 millions d'auditeurs par jour.

Vocabulaire

La radio

- L'audible (*nom*) = l'ensemble des sons perceptibles
- Un pixel = unité de base d'une image numérique
- Un podcast, podcasting (*Québec,* baladodiffusion)
- Le direct = la diffusion en direct ≠ la rediffusion
- Un reportage multimédia : versions radio, télé…
- Un indicatif musical = le générique radiophonique

Pour communiquer

- ***Décrire les points positifs de l'écoute radiophonique :*** Ça fait appel à la fois à l'émotion et à la réflexion. / C'est un créateur d'images, de souvenirs. / C'est un média qui active la curiosité. Si la radio séduit autant…, c'est parce qu'elle permet de cumuler les activités.

- ***Exprimer sa passion de la radio :*** La radio, c'est merveilleux, c'est instantané, c'est proche. La radio m'ouvre sur le monde, sur les émerveillements des gens.
Des milliers d'auditeurs invisibles se trouvent tous reliés par la même écoute, et ça, c'est quelque chose de magique. / Je reste très sensible à la radio qui se fait en direct, seconde après seconde.

1 Compréhension. **Vrai ou faux ? Si faux, justifiez votre réponse.**

1. Ce document audio a été diffusé sur une station de radio publique.

2. L'aspect de la radio que les auditeurs apprécient le plus, c'est le direct.

3. C'est un auto-hommage radiophonique.

2 Vocabulaire. **Pour ces mots familiers, trouvez dans le document l'équivalent en français courant.**

1. Mordus = _____

2. Kiffé = _____

3. Coups de cœur = _____

4. C'est épatant = _____

5. En bagnole = _____

3 Vocabulaire. **De quoi parle-t-on ?**

1. On peut le réécouter après sa première radiodiffusion.

_____

2. On l'entend au début d'une émission radiophonique.

_____

3. Le sonore et l'intelligible en sont des synonymes possibles.

_____

4. C'est une émission combinant plusieurs modes de diffusion.

_____

4 Grammaire. **Remplacez** *quand* **par** *alors que* **(opposition) ou par** *lorsque* **(temps).**

1. Pourquoi choisir la télévision et ses programmes abêtissants quand les émissions les plus intéressantes sont diffusées à la radio !

_____

2. La station Radio-Vacances nous propose des podcasts quand nous espérions du direct.

_____

3. Elle veut toujours écouter France Musique quand il veut écouter France Culture et *vice versa*…

_____

5 Pour communiquer. **Participant à une émission sur les « fous de la radio », reformulez les idées suivantes.**

1. Cette émission sensibilise aux questions affectives et philosophiques.

2. Les gens préfèrent écouter la radio, car ils peuvent cuisiner, conduire, courir en même temps.

3. Quand tu écoutes la radio, tu voyages ; de plus, tu prends part au bonheur des autres !

4. Pour une personne qui est à l'affût de découvertes, c'est le moyen médiatique idéal.

5. Vous aimez l'immédiateté, le présent qui rend l'émotion palpable.

6. Grâce à ce média, on sent une solidarité fantastique entre les passionnés qui se confient simultanément.

6 À vous ! **Spécialiste de la radio sous ses multiples facettes, vous êtes invité(e) dans une émission radiophonique pour présenter ses points forts et parler de votre expérience.**

9c

Témoigner d'un plagiat

Yves Carignan, président-directeur général de Dessins Drummond, en a assez de se faire plagier : il vient d'entreprendre une poursuite judiciaire contre huit différentes entreprises québécoises. « *Le droit sur la propriété intellectuelle, ça va pour les films, les livres, les chansons et ça s'applique aussi aux dessins. La loi canadienne protège la création artistique et l'architecture fait partie de cette création. Moi, je paye des gens pour créer ces dessins et je constate que d'autres en profitent pour se créer un "business" en les copiant* », lance-t-il avec l'assurance d'un homme d'affaires convaincu de défendre l'avenir de son entreprise. Dessins Drummond offre de nombreux plans de maison sur son site, lesquels sont à l'évidence, même pour un néophyte, recopiés avec quelques toutes petites modifications, comme il a été démontré au journaliste de *L'Express*, documents à l'appui.

« *Toute entreprise a ses menaces, les miennes concernent le plagiat*, dit Yves Carignan. *Je dois surveiller ça de près. Au début de l'hiver dernier, on s'est aperçu que plusieurs entreprises plagiaient nos dessins et nous présentaient du même coup une compétition déloyale. J'ai contacté certaines de ces entreprises et j'ai tenté de négocier pour en arriver à une entente d'affaires. La réponse a été "non". Pourtant, dans plusieurs cas, il serait revenu moins cher à ces entrepreneurs d'acheter une de nos licences, plutôt que de payer un dessinateur pour travailler sur des altérations. Je n'ai que le choix de foncer et de me défendre.* » Le P-DG de Dessins Drummond n'est pas sans savoir que le processus judiciaire peut être long et onéreux. « *Ce n'est pas la première fois que je prends ce moyen pour obtenir justice. C'est arrivé trois fois et, à chaque fois, ça s'est réglé hors cour. Mais là, c'est la première fois que je dépose huit poursuites en même temps. Ça démontre le sérieux de l'affaire. J'ai donné des avertissements, mais je ne donnerai pas de deuxième chance* », tranche-t-il. Le consommateur, selon lui, ne peut savoir si le plan de maison qu'il achète est une copie ou pas, mais le dessinateur, celui qui a fait les petites modifications à partir de l'œuvre originale, lui le sait. « *Devant un juge, en bout de course, j'aurai à prouver que mon dessin a été mis sur Internet avant la copie. J'ignore si une des entreprises voudra se rendre jusqu'au bout, car je m'attends à des règlements hors cour, mais moi je suis prêt à me battre.* »

http://www.journalexpress.ca/actualites/2017/5/23/dessins-drummond-poursuit-huit-entreprises-pour-plagiat.html, journal *L'Express*, Drummondville, Québec, Canada

---

▮▮ **Grammaire** ─────────

Lequel sujet

- Il y a de nombreux plans sur le site, **lesquels** sont recopiés = **qui** (*explicatif, registre soutenu*)
- Olga s'est acheté la voiture qu'elle désirait tant et **qui** coûtait si cher. (et laquelle coûtait si cher = *faux*)

▮▮ **Vocabulaire** ─────────

Le plagiat

- Plagier, (re)copier, pomper (*fam.*)
- Une contrefaçon, un faux, une imitation
- Le droit de la propriété intellectuelle
- Une modification, une altération
- Une compétition déloyale
- Une licence, un brevet, une patente (Canada)

Pour communiquer

- *Décrire le procédé d'un plagiat :* On s'est aperçu que X plagiait nos plans d'architecture.
Les dessins sont à l'évidence, même pour un néophyte, contrefaits avec quelques modifications.
Je constate que d'autres en profitent pour se créer « un business » en les imitant.
- *Agir contre le plagiat :* Il vient d'entreprendre une poursuite judiciaire contre X.
Il a démontré / prouvé qch, documents à l'appui.
J'ai tenté de négocier pour arriver à une entente d'affaires (Canada), une transaction (France).
J'utilise ce moyen pour obtenir justice. / Ça s'est réglé hors cour ≠ devant le tribunal.

1 Compréhension. **Ces assertions sont fausses. Rétablissez la vérité.**

1. C'est le témoignage d'un dessinateur.
2. Le texte expose un cas de fraude fiscale.
3. On sent dans cet article la proximité de l'aire linguistique hispanophone.

2 Vocabulaire. **Indiquez le terme qui correspond aux explications suivantes.**

1. C'est une notion juridique étroitement liée à un créateur.
2. C'est du simili saisi par les douaniers.
3. C'est ce que nous avons tous fait au collège, subrepticement, pour avoir de bons résultats.
4. Vous concourez pour une épreuve d'endurance le ventre vide et votre concurrent, lui, a avalé dix bananes.
5. On en a besoin pour ouvrir un café-tabac en France.
6. C'est quand on s'éloigne de quelque chose pour en dégrader le sens premier.

3 Grammaire. **Complétez ce fait divers par** *qui* **ou** *lequel* **(attention à l'accord).**

Plus de 5 000 livres de CPF Perfectionnement ont été saisis à la douane. Des contrefaçons __ étaient presque parfaites et __ étaient destinées à la vente en vue des prochains examens DALF C1 / C2, eux aussi, étaient contrefaits. C'est un scandale __ n'a pas de précédent dans le monde de l'édition. L'éditeur et les auteurs en sont très fâchés, ___ demandent réparation du préjudice subi. Une certaine W.I. a été arrêtée, ___ est soupçonnée d'être à l'origine de ce trafic clandestin juteux.

4 Pour communiquer. **En cas de contrefaçon évidente, que dites-vous ou que faites-vous dans les situations suivantes ?**

1. Vous visitez un nouveau complexe architectural. Choc ! Vous reconnaissez tout votre travail.

2. Vous achetez un nouveau service de table peu cher en porcelaine de Sèvres, sans être dupe.

3. Vous essayez de convaincre le juge que vous n'êtes pas le contrefacteur.

4. Vous vous adressez à un avocat pour réparer un préjudice subi.

5. Prêt(e) au compromis, vous rencontrez la personne que vous accusez de plagiat.

6. Vous sortez du bureau du P-DG plagiaire, vous êtes satisfait(e).

7. Vous êtes joaillier place Vendôme, et vous avez constaté que certains de vos employés étaient en fait des faussaires.

5 À vous ! **Victime d'un plagiat (invention, œuvre…), faites part à** *L'Express* **de votre situation et des moyens mis en œuvre afin de vous défendre. Soyez combatif et diplomate.**

10a Rendre compte d'une table ronde sur la presse

Menacée par les NTI, la presse écrite cherche à se repositionner. La presse écrite est confrontée à d'énormes difficultés depuis l'apparition des nouvelles technologies de l'information (NTI). Il est vrai que les réseaux sociaux et la presse en ligne ont fini par occuper le terrain de façon quotidienne. C'est pour trouver des issues à cette problématique que l'Association guinéenne des éditeurs de la presse indépendante (AGEPI) a organisé les 7 et 8 mars une table ronde sur la presse écrite, dont l'objectif était de faire l'état des lieux et de trouver des pistes de solution. À l'entame de son intervention, le président de l'AGEPI, Moussa Iboun Conté, a dépeint la situation actuelle de la presse papier : « *Aujourd'hui, plus de 113 entreprises de presse ont disparu. Il n'y a que 87 journaux qui survivent encore, tant bien que mal.* » Cette situation, selon lui, est causée par divers facteurs : « *La cherté des intrants entrant dans la fabrication du journal, le manque d'intérêt du secteur privé dans le capital des entreprises de presse écrite, l'arrivée massive de la presse en ligne, sont les causes de cette hécatombe de la presse écrite.* » Parlant des pistes de solution, le président de l'AGEPI a dit que des actions de plaidoyer pour l'application de la convention de Florence seront initiées. Cette convention concerne la détaxe des intrants entrant dans la fabrication du journal. « *Notre pays est en retard par rapport aux autres pays du monde,* a-t-il regretté. *Nous allons monter un projet pour la création de points de vente aussi bien à Conakry qu'à l'intérieur du pays. Nous allons aussi solliciter l'appui des partenaires du secteur pour la mise en place d'une imprimerie et d'une centrale de papiers* », a-t-il expliqué avant d'ajouter qu'ils chercheront à mettre en place un fonds de soutien pour le développement de la presse, comme cela se passe en Côte d'Ivoire. L'autre point évoqué par M. Conté, c'est la formation des journalistes, notamment en investigation. Pour sa part, Dominique Weerts, partenaire européen de l'AGEPI, a déclaré qu'il faut que la presse écrite survive : « *Qui peut mieux que la presse écrite faire son vrai travail d'investigation, de recherche, de recoupage des sources et d'analyse ? Un travail dans lequel on n'est ni dans l'immédiat, ni dans l'urgence ? Finalement, sait-on si l'info divulguée est exacte, correcte et fiable ? La presse écrite joue un rôle essentiel dans la vérification des informations ; je pense qu'il faut absolument sauver le secteur de la presse écrite. C'est donc pour ça qu'on a voulu soutenir cette initiative* », a-t-il conclu.

Alhassane Bah, *Guinée news, Dernières nouvelles de la Guinée par les Guinéens,* 7 mars 2017, http://guineenews.org/medias-menacee-par-les-nti-la-presse-ecrite-cherche-a-se-repositionner

▮▮ Vocabulaire

La presse papier

- La presse écrite (imprimée) ≠ la presse en ligne
- Une centrale de papiers, une imprimerie
- Une investigation, un recoupage de sources, une analyse
- Un intrant = élément entrant dans la production (financier, publicitaire…)
- Un point de vente, un kiosque
- La cherté = le coût élevé ≠ la détaxe

Pour communiquer

- *Présenter la table ronde :* Il est vrai que les réseaux sociaux ont fini par occuper le terrain…
L'objectif est de faire l'état des lieux et de trouver des pistes de solution.
- *Rapporter les paroles des intervenants :* À l'entame de son intervention, il a déclaré que…
Cette situation, selon lui, est causée par divers facteurs.
Et… sont les causes de cette hécatombe, a-t-il regretté.
En parlant de…, il a dit que des actions de plaidoyer seront initiées.
Nous allons solliciter l'appui de… / Nous chercherons à mettre en place…, a-t-il expliqué.
L'autre point évoqué, c'est… / Et pour sa part, X a déclaré que…
Il faut absolument sauver le secteur, a-t-il conclu.

1 Compréhension. **Vrai ou faux ? Si faux, justifiez votre réponse.**

1. Ce document est un témoignage pour défendre la presse écrite guinéenne.

2. La presse écrite fait aisément le poids face à la presse en ligne.

3. Le style du texte appartient au registre littéraire.

2 Vocabulaire. **De quoi parle-t-on ?**

1. C'est un édicule où l'on vend des journaux. _____

2. *Le Figaro* et *Le Monde* en font partie. _____

3. C'est le fait d'être onéreux. _____

4. C'est une recherche suivie et systématique sur une thématique précise. _____

5. Cela peut être une déduction ou une suppression d'impôts indirects. _____

6. C'est le travail de vérification des informations et d'explication effectué par les journalistes de la presse écrite.

3 Vocabulaire en communication. **Reformulez les phrases suivantes dans le cadre d'une rencontre au sujet de la presse écrite.**

1. Sans conteste, les réseaux sociaux sont désormais omniprésents.

2. Il serait insensé d'abandonner cette partie importante de l'économie guinéenne.

3. L'arrivée de la presse en ligne a fait disparaître l'ensemble des points de vente du pays, c'est un vrai désastre.

4. D'après Elsa, une multitude de paramètres sont à l'origine de ce nouveau contexte.

5. Faire le point de la situation et découvrir des issues favorables sont les raisons de notre présence ici.

4 Pour communiquer. **Suite à la table ronde, complétez ces phrases en suivant les indications entre parenthèses, puis reformulez-les en vue d'un compte-rendu.**

1. Paul a dit, de son côté, que _____ (Côte d'Ivoire, fonds de soutien).

2. Au sujet de _____ (gouvernement, mesures), il a affirmé que _____ (convaincre, sensibilisation du public).

3. M. Berkoff a commencé par dire que _____ (recherche de partenariats).

4. Nous _____ (retard dans l'innovation, stratégies de vente), a-t-il déploré.

5. Nous allons procéder _____ (installation d'une centrale de papiers), a-t-il précisé.

6. Mme Rosario a dit à la fin que _____ (nécessité d'une investigation de qualité).

7. En second lieu, il est question de _____ (professionnalisation, journalistes).

5 À vous ! **DALF Vous avez assisté à une table ronde sur la situation de la presse écrite dans votre pays. Rédigez-en le compte-rendu et envoyez-le à un journal de la presse régionale.**

10b Débattre sur les caricatures

Philippe Geluck, *Peut-on rire de tout ?* Pourquoi ce livre ? Parce qu'il est urgent de dire que la liberté d'expression, parfois par l'humour, est un des fondements de notre démocratie. Et chez nous, elle a tendance à se restreindre. Je suis arrivé dans le métier d'humoriste quand la liberté était absolue, grâce à mes prédécesseurs. Je dis « était ». Aujourd'hui, je tire la sonnette d'alarme.

Qui met à mal la liberté d'expression ? Il y a un raidissement, à la fois communautaire, religieux et politique. […] La période de Desproges et Coluche était de grande liberté, conquise après une période de cadenassement. Aujourd'hui, le balancier va de nouveau vers la censure. C'est pire : quand il y a autocensure, l'ordre ne doit plus être donné, il devient implicite.

Ne craignez-vous pas qu'en poussant le bouchon, on vous accuse d'irrespect, d'insultes ou d'appels à la haine ? Appel à la haine, je réfute totalement. Foutage de gueule, oui. Manque de respect, évidemment. […] Ce n'est pas parce qu'on traite un sujet à travers l'humour qu'on devient méprisant ou insultant. Certains rires peuvent être dégradants si on se moque au détriment de. Mais je suis persuadé que le rire peut être utilisé pour réfléchir sur des sujets graves de façon détendue, sans front plissé et moue boudeuse. […] On ne peut pas niveler par le bas la pensée sous prétexte qu'on doit plaire à tout le monde. À force de ne pas oser un mot plus haut que l'autre pour être sûr de ne choquer aucun groupe ou communauté, on ne dit plus rien. […]

Tommy Bui, en écho au nouveau pamphlet de Philippe Geluck, « peut-on rire de tout » ? Oui, dans l'absolu. Cela fait partie de la liberté d'expression, encadrée par des lois qui font en sorte que cela ne vire au racisme et à la haine […]. Or, actuellement, il y a un développement dans deux sens différents. À la fois, l'espace d'expression est de plus en plus étriqué. On vous attend au tournant à chaque fois que vous dites quelque chose. Et à la fois, il y a un autre penchant qui prend le pari de tout dire. Au nom du droit à la liberté d'expression. Le véritable danger, c'est que certains se disent défenseurs de cette liberté d'expression, alors qu'ils en sont les pourfendeurs. […]

Entretien de Philippe Geluck, humoriste, auteur de *Peut-on rire de tout ?* et *La Bible selon le chat*, et de Tommy Bui, président du Mrax, le Mouvement contre le racisme, l'antisémitisme et la xénophobie, http://www.lalibre.be/debats/opinions/peut-on-rire-de-tout-des-dieux-des-noirs-des-handicapes-524280923570bed7db9dcffc

Vocabulaire

L'humour

- Implicite ≠ explicite
- Se moquer au détriment de qqn
- Mettre à mal la liberté d'expression
- Un cadenassement (*fam.*) = un musellement

- Pousser le bouchon (*fam.*)
- Le front plissé, la moue boudeuse
- Un foutage de gueule, se foutre de la gueule de qn (*fam.*)

Pour communiquer

- **Défendre la liberté d'expression :** …est un des fondements de notre démocratie.
Elle a tendance à se restreindre…, je tire la sonnette d'alarme.
Aujourd'hui, le balancier va de nouveau vers la censure.
Ce n'est pas parce que… qu'on devient méprisant, insultant…
On ne peut pas niveler par le bas la pensée sous prétexte que…
À force de ne pas oser un mot plus haut que l'autre, on ne dit plus rien…
- **Relativiser des propos entendus :** Oui, dans l'absolu…, mais…
Il y a un développement dans les deux sens : à la fois, on vous attend au tournant…, à la fois, il y a un autre penchant qui prend le pari de tout dire.
Certains se disent défenseurs de cette liberté, alors qu'ils en sont les pourfendeurs.

1 Compréhension. Vrai ou faux ? Si faux, justifiez votre réponse.

1. C'est un extrait de journal satirique.

2. Les intervenants évoquent les fluctuations actuelles dans la mise en œuvre de la liberté d'expression.

3. Les deux prises de position ne sont guère optimistes.

2 Vocabulaire. Trouvez dans le texte les termes répondant à ces définitions.

1. C'est le contraire d'un successeur. _____

2. C'est une attitude de crispation, de durcissement. _____

3. Il critique tout vigoureusement. _____

4. Son synonyme est se resserrer ou devenir moins étendu. _____

3 Vocabulaire en communication. Reformulez les termes soulignés de manière plus familière.

1. Étienne a vraiment exagéré lorsqu'il a parlé de censure.

2. Ce journaliste nous a dupés avec ses roueries.

3. Il faut regarder les caricatures sans se froisser ou être soucieux.

4. On constate de nos jours une vraie mise à l'écart de l'opposition.

4 Pour communiquer. À propos de la liberté d'expression, que diriez-vous dans les situations suivantes ?

1. Je constate avec inquiétude qu'avant on osait tout dire, alors qu'aujourd'hui c'est le retour du bâton pour les libertés intellectuelles.

2. Pouvoir s'exprimer librement fait partie de notre culture politique.

3. Même si j'adore critiquer les défauts de la société en étant parfois un peu « peau de vache », je ne le fais jamais avec des intentions agressives ou dégradantes.

4. Il est terrible que l'on doive s'abaisser au degré zéro de l'intelligence pour la simple raison qu'il ne faudrait froisser personne.

5. Si l'on n'a de cesse de se conformer au politiquement correct, on finira par se museler soi-même.

6. Sous prétexte de défendre la liberté d'expression, certains la mettent à mal.

5 À vous ! Préparez un discours où vous défendrez la liberté d'expression, ainsi que le droit à l'humour et à la caricature, tout en tenant compte des arguments qui pourraient aller à l'encontre de votre prise de position.

10c

Publier un manifeste contre la censure

Rebonds : **Contre la censure, aux actes !**

[…] Il y a les pressions exercées par des mouvements extrémistes, sur les bibliothèques pour censurer tel ou tel ouvrage, jugé par eux immoral ou scandaleux. Il y a les mêmes anathèmes, lancés sur les manuels et les bibliothèques scolaires, les enseignants et les éducateurs, au nom d'un ordre moral qui ne s'autorise que de lui-même. […] Cette fois, sont rassemblés les fondamentalistes de toutes les religions. Ces faits devenus réguliers ont plusieurs caractéristiques communes alarmantes. Quelques groupes, actifs et organisés, s'érigent en arbitres et en gardiens des bonnes mœurs et de la religion. Ils s'attaquent à l'art et tentent d'empêcher la diffusion des œuvres qui leur déplaisent par tous moyens. Tous les lieux publics de culture et de connaissance sont devenus leur cible. Or, nous vivons dans une république démocratique et laïque. Il est temps de rappeler que la culture et l'éducation fondent notre pacte républicain, autour des valeurs de diversité, de tolérance et de dialogue. Si le débat sur les œuvres est légitime et sain, aucune censure ne peut être dictée par des minorités agissant au nom de principes communautaristes, ou d'arguments idéologiques, religieux ou moraux. Est en cause, ici, le jugement que chacun peut faire librement des œuvres qui lui sont données à voir ou à entendre. Ce n'est pas seulement la liberté des créateurs que nous défendons, mais aussi celle du spectateur. Si l'œuvre est polémique, elle requiert un débat démocratique, pas une interdiction. Il est très préoccupant que l'Observatoire de la liberté de création ait à rappeler ces évidences. Il dénonce, depuis plus de dix ans, le dispositif légal fort mal rédigé, et qui promet des sanctions pénales contre les œuvres pour des motifs touchant à la morale. […] Il est temps de passer aux actes. Nous en appelons solennellement au président de la République, au gouvernement et aux parlementaires pour procéder aux modifications législatives qui s'imposent. Nous en appelons aussi aux élus locaux pour protéger, autant de fois qu'il sera nécessaire, les œuvres, les artistes et les lieux de connaissance et de culture, par la garantie réaffirmée de la liberté de création et de diffusion des œuvres.

(23 mars 2014, par l'Observatoire de la liberté de création)

Manifeste consultable sur ldh-france.org, http://next.liberation.fr/culture/2014/03/23/contre-la-censure-aux-actes_989316

■ **Grammaire**

Verbe en début de phrase
Est en cause, ici, le jugement des spectateurs.

■ **Vocabulaire**

La censure

- Les pressions exercées
- Indécent(e), malsain(e), subversif(-ve), immoral(e)
- Un anathème, une réprobation, un opprobre (*litt.*)
- Les gardiens des bonnes mœurs   • Devenir une cible de la censure

Pour communiquer

• *Signaler les cas de censure :*

Censurer au nom d'un ordre moral qui ne s'autorise que de lui-même.

Des groupes s'érigent en arbitres. / Ils tentent d'empêcher qch par tous moyens.

Aucune censure ne peut être dictée par … au nom de principes communautaristes.

L'œuvre d'art requiert un débat démocratique et non une interdiction.

Il est très préoccupant que nous ayons à rappeler ces évidences.

• *Interpeller les pouvoirs publics :* Il est temps de passer aux actes.

Nous en appelons solennellement à … (aux élus locaux) pour…

1 Compréhension. **Répondez aux questions.**

1. S'agit-il d'un extrait littéraire ?

2. Quelles instances politiques les auteurs souhaitent-ils alerter ?

3. Quels travers de la société le texte dénonce-t-il ?

2 Vocabulaire. **Choisissez le qualificatif qui convient :** *indécent, immoral, malsain, subversif.*

1. C'est un esprit _____ : il a renversé l'ordre établi à travers ses écrits.

2. Ce film _____ fait offense aux bonnes mœurs.

3. Il est très _____ de rire lors d'un enterrement, quoique…

4. Filons d'ici ! Cette maison est _____, j'y sens de mauvaises ondes.

3 Vocabulaire. **Complétez ces phrases par les termes manquants.**

1. Suite aux _____, le scientifique a dû abandonner ses recherches sur ce sujet délicat.

2. Il est inadmissible qu'une famille jette _____ sur l'un des siens sous prétexte que ce dernier les aurait critiqués à travers une œuvre de fiction.

3. Ce pauvre écrivain _____ depuis qu'il a osé critiquer ouvertement les politiques.

4. Ces groupes sectaires s'érigent en _____ et veulent imposer leur loi. Ça suffit !

4 Grammaire. **Pour insister de façon informelle, transformez ces phrases en mettant le verbe en début de phrase.**

1. À travers ces problèmes de communautarisme, c'est le pacte républicain qui est en cause ici.

_____

2. Ce sont les œuvres artistiques, subversives ou non, qui sont concernées par la censure.

_____

5 Pour communiquer. **Indignez-vous et réagissez aux situations de censure suivantes.**

1. L'œuvre de Courbet *L'Origine du monde* a été retirée du musée, c'est inadmissible !

2. Nous le répétons une fois de plus : le créateur ne doit pas subir d'entraves.

3. Il n'est pas normal qu'une vision réactionnaire qui se croit infaillible puisse museler les opinions.

4. Ces groupes s'opposent à l'adoption de cette nouvelle loi et ils l'expriment dans la rue, à travers les médias et en exerçant des pressions sur les législateurs.

5. Maintenant, ras la casquette ! Agissons !

6. Ces grenouilles de bénitier se mêlent de tout et se croient détentrices de la vérité absolue.

7. Les députés et les sénateurs trop laxistes se laissent influencer par des groupes voulant interdire des œuvres dérangeantes, c'en est assez !

8. Gênées dans leurs convictions, certaines minorités ont tout fait pour interdire la sortie de ce film, ceci étant absolument contraire aux lois de la République.

6 À vous ! DALF **Publiez un manifeste contre une censure de votre choix. Interpellez les pouvoirs publics.**

1 Choisissez la ou les bonne(s) réponse(s) possible(s).

1. Je le touche avec mes doigts, c'est un écran | factice | tactile | | manuel |.

2. Le soir, quand Tania est épuisée, elle | se débranche | | se décharge | | se déconnecte |.

3. J'en ai marre de ce gros relou : maintenant, je | trie | | filtre | | coupe | mes messages.

4. Fabian, notre informaticien, a fait | une intervention | | une opération | | un déplacement | pour venir réparer notre | vieille bécane | | vieil ordinateur | | vieille corbeille |.

5. Steve est nul en informatique, il cherche sur son PC | son marteau | | sa barre d'outils | | sa souris | pour fermer | sa fenêtre | | ses volets | | son écran de veille |.

6. Grâce à un réseautage efficace, Paloma a pu | cibler | | attendre | | générer | son public.

7. Liliane est | adepte | | détractrice | | génératrice | de la « tchat attitude ».

8. David a | coupé court | | fait barrage | | été pris de court | aux discours qui le bassinaient.

9. | Afin de confort | | À des fins de confort | | À défaut de confort |, Mauricio a branché sur son ordinateur un *Wearable* qui | récolte | | recueille | | retrace | des données pour son régime.

10. Les informations diffusées par voie numérique sont | fluorescentes | | évanescentes | | phosphorescentes | dans notre mémoire.

2 De quoi parle-t-on ?

1. « Pourrir » est l'expression familière de ce verbe.

2. On utilise ce mot pour désigner un quartier d'ouvriers ou d'étudiants…, mais aussi la ville chez les Grecs anciens. Désormais, ce mot peut avoir une connotation péjorative.

3. Ce mot polysémique indique à la fois un trouble profond et une tempête violente.

4. C'est l'antonyme de l'adjectif « hostile » en termes de conditions météorologiques.

5. C'est quelque chose qui ne sert à rien, mais que l'on idolâtre.

6. Il peut être moral ou sexuel, le subir sur son lieu de travail est une souffrance.

7. C'est le contraire de « respecter » un réglement.

8. C'est un enthousiasme absolu pour une mode, un objet ou un artiste.

9. Vous l'entendez comme un refrain au début de votre émission favorite à la radio.

10. Si vous désirez piloter un avion de tourisme en France, vous devez en posséder un.

3 Complétez librement ces phrases.

1. Ces journalistes maliens se donnent les moyens d'être très performants en poursuivant _____.

2. En censurant ces caricatures, cet organe de presse _____ : c'est affligeant.

3. Franchement, Ludovic _____ en taxant sa mère de « marâtre », car elle peut aussi être sympa !

4. _____ obligent les hommes politiques à faire le contraire de ce qu'ils avaient promis.

5. Sylvie, sa rivale, ayant chuté dans les escaliers, Amanda n'a pu s'empêcher de _____.

4 **Trouvez une autre manière de dire, plus familière.**

1. Christophe est saturé des spams qu'il reçoit.

2. Je suis très ennuyé(e) de vous importuner, mais souhaitez-vous un spritz ou un mojito ?

3. Marcel a saisi l'occasion de converser avec Ginette sur le forum « Tchat Attitude seniors ».

4. Gaëlle et Eva ont bien conscience du problème, cependant elles ne décolèrent pas !

5. Les citoyens ont attiré l'attention sur l'émergence de l'insécurité dans leur quartier.

6. Il faut beaucoup d'habileté publicitaire pour laisser accroire au simple consommateur que ce produit est un bienfait pour la santé.

7. Les caricaturistes risquent de se raréfier, c'est la raison pour laquelle je joue les Cassandre.

5 **Reformulez ces phrases dans un style plus élégant.**

1. Bon, maintenant, mettons la main à la pâte !

2. Y'en a qui pensent défendre la liberté en bavassant, c'est archifaux : ils la critiquent à mort.

3. On va demander des sous au dirlo de *Capital Magazine* : eux, ils ont du fric.

4. Il est clair comme de l'eau de roche, même pour un quidam qui n'y connaît rien, que ces dessins sont pompés sur Sempé.

5. C'est pas à gerber, toutes ces conneries qui passent sans arrêt à la téloche ?

6. Surtout, tu paniques pas !

7. Si tu pionces avec ton iPhone, c'est sûr que tu vas pas fermer l'œil avant 4 heures du mat' !

8. T'as pas d'employés ? Pff, c'est pas pour ça que t'es un nul.

9. C'est pas bientôt fini, ce cirque !

10. Ce Peter, quel ringard, avec son nez collé sur son écran à longueur de journée !

6 **Racontez à vos amis vos expériences réelles ou imaginaires dans les situations suivantes.**

1. Pendant trois ans, vous avez été lié(e) corps et âme à votre smartphone.

2. Vous arrivez dans une maison où tous les objets sont connectés.

3. Vous êtes témoin d'une dégradation de la sécurité dans votre ville.

4. Vous avez participé à un jeu de télé-réalité.

5. Votre journal préféré a été censuré par le gouvernement.

7 **Vous êtes journaliste spécialiste du « Web ». Faites un commentaire critique en quelques lignes en vous inspirant de cette photo.**

1   **Le savoir-vivre « à la française ».** Parmi ces recommandations, choisissez celles qui respectent les codes français pour ne pas « mettre les pieds dans le plat ».

1. Si vous êtes invité(e) à 20 heures pour un dîner, prenez soin d'arriver vers 20 h 20.

2. Quand vous franchissez le seuil du domicile de vos hôtes, n'oubliez pas de vous déchausser.

3. Une fois à table, servez-vous allègrement de vin et surtout videz le verre d'un seul trait.

4. N'hésitez pas à vous mettre torse nu en cas de canicule !

5. Pour déguster une salade, utilisez une fourchette et un petit morceau de pain. Ne coupez jamais les feuilles avec un couteau.

2   **Littérature.** Cochez les bonnes réponses.

1. Parmi ces trois écrivains, deux seulement sont connus pour leurs écrits au coloris « exotique » :
☐ Colette ☐ Pierre Loti ☐ Victor Segalen

2. L'Indochine a souvent été le cadre de célèbres romans. Pour lesquels est-ce le cas ?
☐ *Sud lointain*, E. Bergot ☐ *Au Tonkin*, P. Bonnetain ☐ *Un barrage contre le Pacifique*, M. Duras
☐ *La Vallée des rubis*, J. Kessel

3. Lequel de ces auteurs n'est pas considéré comme écrivain créole ?
☐ Patrick Chamoiseau ☐ Dany Laferrière ☐ Léopold S. Senghor

4. Lesquels de ces écrivains français ne sont pas nés en métropole ?
☐ Albert Camus ☐ Marguerite Duras ☐ J.M.G. Le Clézio ☐ Pierre Loti ☐ André Malraux
☐ Daniel Pennac ☐ Bernard-Henri Lévy ☐ Régine Deforges

3   **L'exotisme dans les expressions.** Associez ces expressions à leur signification.

1. Un pays de cocagne
2. Une auberge espagnole
3. Des querelles byzantines
4. C'est autant que les Prussiens n'auront pas.

a. C'est toujours ça de pris.
b. Endroit où l'on trouve tout en abondance
c. Un lieu où l'on trouve de tout et où l'on peut rencontrer n'importe qui
d. Des subtilités raffinées mais sans fin

4   **Les jeux de mots dans la pub.** Associez ces jeux de mots à un produit.

1. Êtes-vous ravi au lit ?
2. Souriez, on n'est pas pressé !
3. Avec votre forfait, arrêtez de vous faire plumer.
4. Que tous vos rêves céréalisent.

a. Publicité pour un aliment du petit déjeuner
b. Publicité pour un opérateur de téléphonie
c. Publicité pour un jus d'oranges
d. Publicité pour des pâtes italiennes

5 **Brillez en société.** Parmi les humoristes suivants, qui a dit quoi ? *Guy Bedos, Coluche, Pierre Desproges, Florence Foresti.*

1. « On peut rire de tout, mais pas avec tout le monde. »

2. « Il y a des journalistes qui ont appris leur métier à l'école hôtelière. Ils posent les questions comme on passe les plats. »

3. « Les politiciens, il y en a, pour briller en société, ils mangeraient du cirage. »

4. « Les moustiques, ça sert à rien. Ça pourrit les vacances des riches et ça tue les pauvres ! »

6 **Culture générale.** Attribuez ces villes, ces spécialités et ces artistes aux pays correspondants.

Villes : Namur, Trois-Rivières, Fribourg / *Artistes :* Xavier Dolan, Georges-Émile Lebacq, Nicolas Bouvier
Spécialités : le papet vaudois, le boulet sauce chasseur, les bines (fèves au lard)

la Belgique : _____   **la Suisse :** _____   **le Québec :**_____

7 **Le monde francophone.** Vrai ou faux ? Si faux, justifiez.

1. Pointe-à-Pitre est la ville capitale de la Martinique.

2. La Guinée a des frontières communes avec le Mali, le Sénégal et la Côte d'Ivoire.

3. Les langues officielles du Grand-Duché du Luxembourg sont l'allemand, le français, le luxembourgeois et le néerlandais.

4. Tahiti est une île faisant partie de la Polynésie française, une COM (collectivité d'outre-mer) qui a beaucoup inspiré Paul Gauguin.

5. Au Liban, dont la capitale est Beyrouth, 68 % de l'enseignement primaire est dispensé en français.

8 **La presse francophone.** Associez un titre de presse à un pays.

L'Algérie   •   • *Le Courrier du Vietnam*

La Belgique   •   • *La Meuse*

Le Gabon   •   • *Le Devoir*

Le Laos   •   • *Le Canard libéré*

Madagascar   •   • *La Gazette de la grande île*

Le Maroc   •   • *Le Chien bleu*

La Nouvelle-Calédonie •   • *L'Union*

Le Québec   •   • *Le Rénovateur*

Le Vietnam   •   • *Le Quotidien d'Oran*

9 **Architecture.** À quelle époque cet opéra a-t-il été construit ? Quel en est le modèle ?

L'Opéra de Hanoï

11a

Valoriser son parcours universitaire

(13)

L'humoriste Anne Roumanoff [A.R.] se confie à Michel Drucker [M.D.] en compagnie de ses anciens condisciples.

M.D. : Racontez-moi, où vous êtes-vous rencontrés ? – **A.R. :** En fait, on était à Sciences Po ensemble. Isabelle [Giordiano, I.G.] et moi, on était vraiment copines. Elle connaît plein de secrets sur moi, et moi j'en connais sur elle, donc elle se taira… Jean-François [Copé], on se connaissait un petit peu et avec David [Pujadas, D.P.], on s'est presque pas vus. – **D.P. :** Je pense qu'on a dû se croiser, il y a beaucoup de monde à Sciences Po.

M.D. : Isabelle, quel souvenir vous gardez d'Anne ? Est-ce qu'à l'époque, elle avait déjà un pied à Sciences Po et l'autre sur les scènes de théâtre ? – **I.G. :** On a pris beaucoup de cafés ensemble […], et moi, cela me fascinait de voir qu'elle était capable d'être bonne élève à Sciences Po […] et, en plus, elle passait je ne sais plus combien d'heures en cours de théâtre […]. Je trouvais cela formidable d'être capable de faire les deux exercices à la fois. – **A.R. :** En tout cas, […] c'était la seule qui ne se foutait pas de ma gueule quand je disais que je voulais être actrice, parce que tous les autres me disaient « *actrice, oh, tu ne veux pas intégrer le conservatoire ?* » – **I.G. :** Ils étaient tous très durs, […] il faut dire qu'il y avait une ambiance un peu snob…

M.D. : Qu'est-ce que cela vous inspire, le parcours étonnant de cette jeune fille qui était à Sciences Po et qui se retrouve maintenant tête d'affiche au music-hall […] ? – **D.P. :** C'est vrai que c'est assez étonnant. Mais c'est vrai en même temps que quand on l'entend, tous les dimanches, […] on ne peut pas s'empêcher de se dire que sa formation à Sciences Po a beaucoup contribué à son regard et à sa connaissance des choses. Parce que c'est pratiquement une revue de presse ou un petit édito qu'elle fait tous les dimanches. Donc on se dit, voilà, il y a quelque chose des bancs de Sciences Po dans ce billet qu'elle fait chaque semaine. […]

M.D. : Pourquoi tu n'as pas fait l'ENA ? – **A.R. :** Oh là là, parce que c'était trop long… – **M.D. :** Je sais à quoi tu as échappé, car mon frère qui a fait l'ENA, je l'ai vu préparer le concours d'entrée à l'ENA… C'était l'Everest.

Réalisation : Dominique Colonna, Productions DMD, https://www.youtube.com/watch?v=ObQgb0lPYLo

▮ Grammaire

Deux emplois de *devoir*

- On a *dû* se croiser. (hypothèse)
- On a *dû* passer par un concours d'entrée. (obligation)

▮ Vocabulaire

Les grandes écoles

- Être à Sciences Po(litiques)
- Faire l'ENA (École nationale d'administration)
- Être sur les bancs de Polytechnique = étudier à
- Préparer un concours d'entrée
- Un parcours étonnant, atypique, brillant

Pour communiquer

- *Signaler des difficultés :*

Il y avait une ambiance un peu snob / Ils étaient tous très durs = sévères, critiques
C'était la seule qui ne se foutait pas de ma gueule (*fam.*).
Savoir à quoi on a échappé = ce que l'on a évité (l'avoir échappé belle)
Je l'ai vu préparer le concours, c'était l'Everest.

- *Souligner les performances de qqn :*

Avoir un pied ici, l'autre là = courir deux lièvres à la fois = être au four et au moulin
Être bonne élève et en plus passer 8 heures sur les scènes de théâtre
Cela me fascinait de voir qu'elle était capable de faire les deux exercices à la fois.
On ne peut s'empêcher de se dire que sa formation à Sciences Po a contribué à…
Elle se retrouve tête d'affiche au music-hall !

1 Compréhension. **Vrai ou faux ? Si faux, justifiez votre réponse.**

1. C'est l'extrait d'un divertissement télévisé.
2. Les invités du plateau télévisé ont terminé leurs études à bac +2.
3. Le ton des échanges est léger et au discours direct.

2 Vocabulaire. **Complétez cette mini-biographie avec le vocabulaire correspondant.**

Manuel Valls a eu un parcours assez _____. En effet, son cheminement politique ne ressemble guère à celui de ses pairs : il a étudié _____ l'université de la Sorbonne où il a obtenu une licence d'histoire. En cohérence avec sa trajectoire, il n'a jamais _____ aux _____, que ce soit à _____comme Emmanuel Macron ou à_____ comme Jean-François Copé.

3 Vocabulaire en communication. **Reformulez les phrases suivantes.**

1. Cette chanteuse, sans le vouloir, s'est retrouvée grande vedette à l'Olympia et au Casino de Paris.
2. Ces condisciples quelque peu snobs le rejetaient pour son soi-disant mauvais goût.
3. Stéphane B. s'est toujours engagé dans deux domaines : la politique et l'art.
4. Quel chemin éblouissant tu as parcouru depuis notre dernière rencontre !

4 Grammaire. **Hypothèse ou obligation ? Faites le bon choix pour chacune de ces phrases.**

1. Nous avons dû abandonner nos prétentions à faire l'ENA, nos résultats n'étant pas assez brillants.
2. Au vu de sa brillante carrière politique, cet ancien ambassadeur a dû passer par Polytechnique.
3. Dans sa famille, la tradition veut qu'on fasse l'ENA, le petit dernier a dû l'intégrer à son tour.

5 Pour communiquer. **Dites le contraire de ces phrases pour signaler des difficultés.**

1. Je suis tellement brillant que l'entrée à hypokhâgne, je l'ai passée les doigts dans le nez.
2. Tout le monde t'admirait et t'encourageait lorsque tu déclarais vouloir devenir poétesse.
3. L'atmosphère était très collégiale, décontractée et, surtout, personne ne se prenait la tête !
4. Le ministre a dû faire une interview avec Maïzena, la journaliste la plus désagréable de la télé. Quelle déveine !

6 Pour communiquer. **Complétez les commentaires suivants en soulignant les performances.**

1. Cet ancien politicien fut élu à l'Académie française pour ses romans historiques, _____.
2. Bettina, cette humoriste reconnue, _____. C'est incroyable de voir comment elle a géré son temps.
3. Olivier sait être un grand chef tout en étant un éditeur reconnu, _____.
4. Bien que l'on dise qu'il ne faut pas _____, Brigitte a réussi sa carrière d'écrivain et de nageuse.

7 À vous ! **Faites le portrait d'une personne que vous admirez et qui a fait un parcours hors norme. Échangez-le avec vos anciens condisciples.**

11b Débattre de la dévalorisation des diplômes

Animateur : [...] La perte de valeur des diplômes, est-ce, selon vous, une réalité sociale ?

Louis Chauvel, sociologue : Je pense que le débat mérite d'être posé parce que ce n'est pas évident, cela met en jeu des questions assez complexes de la mesure des phénomènes sociaux [...]. Il y a effectivement deux zones de débats avec Éric, c'est d'une part sur l'évolution de la valeur des diplômes et d'autre part sur le déclassement : est-il périphérique, marginal ou secondaire dans la société, ou est-il central ? En fait, mon argument est – je pense qu'au bout du compte, Éric en sera d'accord –, c'est le fait que certains diplômes dans la société française ont connu une dévalorisation forte, profonde, brutale à l'horizon d'une trentaine d'années, et cela touche en particulier le baccalauréat. Cela commence à toucher maintenant, depuis une quinzaine d'années, bac +2, dont la valeur relative par rapport au même diplôme obtenu par les parents a connu un profond effondrement. [...] Mais le problème, c'est que le baccalauréat est devenu le diplôme médian des générations qui ont moins de quarante ans aujourd'hui. Dans le regard de leurs parents, de leurs voisins, ils sont du point de vue de leurs diplômes membres des classes moyennes, mais du point de vue de leur statut social réel, existentiel, ils sont en dessous. Nous avons créé une nouvelle génération mieux éduquée que celle de leurs parents, mais située en dessous de leurs parents du point de vue de leur statut social. Et c'est un sentiment d'injustice, cela a un risque potentiel, à la fois social et politique, de déstabilisation du monde social, où le déclassement scolaire touche maintenant les gens qui sont au milieu et non pas à la périphérie inférieure de la société. [...]

Éric Maurin, économiste : La valeur des diplômes..., il y a trente ans que la littérature en économie, en sociologie discute, définit la valeur des diplômes, mais je suis au regret de le dire, c'est pas comme Louis Chauvel la définit. La valeur des diplômes, il y a deux façons de l'appréhender : il y a la valeur privée, pour les individus, pour les familles, et la valeur sociale, pour la société. Si on parle de la valeur privée, tout le corpus sur la valeur des diplômes, c'est quoi ? C'est au sein d'une génération donnée, pour vous, individu : qu'est-ce que ça va vous apporter de faire l'effort de vous diplômer plutôt que de rester non diplômé ? C'est ça, la valeur des diplômes. C'est pas ce que dit Louis Chauvel, ce n'est pas de comparer les diplômes aujourd'hui et il y a quarante ans. [...] Je veux bien qu'on parle de déclassement mais ça n'a rien à voir avec la valeur des diplômes.

D'après : http://www.mediapart.fr, http://www.dailymotion.com/video/xaz6xl_la-valeur-des-diplomes-debat-maurin_news

Vocabulaire

La sociologie

- L'évolution, la perte de la valeur des diplômes • Un diplôme médian
- Un déclassement (scolaire, social) ≠ une ascension (élévation) sociale
- Connaître une dévalorisation forte, profonde, brutale
- Une nouvelle génération mieux éduquée ≠ moins diplômée
- Une déstabilisation, un effondrement
- Périphérique, marginal(e), secondaire ≠ central(e)

Pour communiquer

• ***Poser le débat :*** Je pense que le débat mérite d'être posé parce que...

Cela met en jeu des questions assez complexes de qch

Il y a effectivement deux zones de débat, c'est d'une part sur ... et d'autre part sur...

La valeur des diplômes, il y a deux façons de l'appréhender : ...

• ***Impliquer l'adversaire dans son discours :***

En fait, mon argument est – je pense qu'au bout du compte, Éric en sera d'accord – ... :

et mon adversaire, j'en suis convaincu, sera sans doute sensible à mon argumentaire...

• ***Réfuter une argumentation :*** Mais je suis au regret de le dire, ce n'est pas comme X le définit.

Je veux bien que l'on parle de cela, mais ça n'a rien à voir avec...

1 Compréhension. **Répondez aux questions suivantes.**

1. De quelle sorte d'échange s'agit-il ?

2. Quel est le thème de la rencontre ?

3. Les deux avis concordent-ils ?

2 Vocabulaire. **Indiquez le contraire des termes suivants.**

1. La conservation de la valeur des diplômes ≠ _____

2. Le boom des bacs +2 ≠ _____

3. Un phénomène fondamental ≠ _____

4. Un déclin social ≠ _____

5. Une revalorisation constante ≠ _____

3 Vocabulaire. **Reformulez les termes soulignés.**

1. Les formations diplômantes <u>ne sont pas centrales</u> aux yeux des ministres.

2. La licence I est <u>obtenue par 50 % des étudiants</u> à l'université.

3. La dévalorisation des diplômes a provoqué <u>une régression dans la société</u> de la classe moyenne.

4. Aujourd'hui, les jeunes sont <u>mieux formés</u>, mais le chômage de masse empêche toute <u>promotion</u> sociale.

4 Pour communiquer. **Pour lancer un débat, trouvez les formules introductives des sujets suivants.**

1. _____ : il y a la valeur individuelle et la valeur sociétale.

2. _____ la façon d'appréhender la conception de l'enseignement.

3. _____ le devenir des diplômes _____ l'intégration des diplômés sur le marché du travail.

4. _____, il s'agit d'un enjeu crucial pour la société.

5 Pour communiquer. **Lors d'un débat, avancez vos arguments en reformulant les phrases suivantes.**

1. Je suis d'accord d'aborder ce sujet avec vous bien qu'à mes yeux cela n'ait aucun rapport…

2. Mon contradicteur, j'en suis certain, suivra mon raisonnement.

3. Désolé de le faire remarquer, mais mon opposant part d'un principe erroné.

4. Voilà ce que je pense de la chose, et j'imagine qu'au final Edwin partagera mes convictions.

6 À vous ! DALF **L'objectif du gouvernement de votre pays est d'atteindre 80 % de réussite au baccalauréat (ou à son équivalent) pour les promotions à venir. Débattez de cette idée de façon structurée en soulignant, d'un côté, le risque de dévalorisation de ce diplôme et, de l'autre, la possibilité de le rendre accessible au plus grand nombre.**

11c Relater ses expériences d'études à l'international

Bonjour Clovis, peux-tu nous en dire plus sur toi ? Bonjour, j'ai 24 ans. Originaire d'Angoulême, je suis parti étudier après le bac à l'université de Poitiers. Celle-ci propose un cursus en cinq ans orienté vers l'international afin d'obtenir un diplôme bac +5 visé par le MEN* et revêtu du grade de master. C'est cette dimension vers l'international qui m'a attiré dès le début et qui m'a permis de partir à deux reprises à l'étranger. La première fois, c'était en 3e année lors d'un semestre Erasmus en Hollande. J'avais aussi candidaté à un programme de double diplôme entre mon université d'origine et l'université Saint-Clément d'Ohrid basée à Sofia. Cela m'a permis de passer une année en Bulgarie, dans la continuité de mon semestre Erasmus.

Qu'est-ce qui t'a donné envie d'aller étudier à Sofia ? Pour être honnête, effectuer en Bulgarie un master en francophonie, plurilinguisme et médiation interculturelle (FPMI) ne faisait pas partie de mes priorités. Mais, lorsque j'ai vu l'offre de double diplôme de l'université de Poitiers en partenariat avec l'université bulgare, j'ai sauté sur l'occasion et n'avais pas idée à quel point l'expérience se révélerait extraordinaire !

Que peux-tu nous dire sur ton université d'accueil ? L'université de Sofia est la plus ancienne et la plus prestigieuse université publique de Bulgarie et propose des filières entièrement en français. C'est incroyable de pouvoir faire des études en français de l'autre côté du continent européen, en plein cœur de la culture slave ! Fondée en 1888, l'université ne possède pas de campus mais est répartie sur huit sites historiques à travers la ville, ce qui permet de créer des liens étroits avec les habitants. Et si, avant les examens de fin d'année, le tohu-bohu de la capitale vous empêche d'étudier, vous avez tout loisir de vous retirer dans un endroit idyllique à la campagne où vous n'avez plus aucune excuse pour ne pas travailler ! Pour ce qui est du programme d'études à proprement parler, l'étudiant étranger a la possibilité de choisir ses propres cours et son propre emploi du temps. Les cours sont généralement moins structurés qu'en France mais offrent plus de possibilités d'interagir et de communiquer avec les professeurs.

Que peux-tu nous dire sur la Bulgarie et sur ses habitants ? Il faut, bien évidemment, éviter de vouloir expliquer à un Bulgare que l'écriture cyrillique est compliquée, surtout avant d'avoir fait quelques efforts pour l'apprendre. Mais la chose la plus importante à souligner, c'est que les Bulgares sont des gens très chaleureux et très accueillants.

Finalement, que t'a apporté ton échange universitaire à Sofia ? Cet échange m'a vraiment permis de découvrir une culture différente et de rencontrer de nombreuses personnes de tous horizons. C'est en tout cas une expérience très enrichissante que je recommande à tous.

*Ministère de l'Éducation nationale

D'après : http://www.jeunes-a-l-etranger.com

Vocabulaire

Les universités

- Un cursus = cycles universitaires sanctionnés par une série de diplômes
- Le grade de licence (bac +3), master (bac +5)
- Un campus universitaire, un resto U
- La thèse de doctorat
- Un cours magistral, un TD (travaux dirigés), un séminaire

Pour communiquer

- **Décrire son parcours universitaire :** J'avais candidaté à un programme de double diplôme.
Cela m'a permis de passer une année à …, dans la continuité de mon semestre Erasmus.
L'étudiant a la possibilité de choisir ses propres cours et son propre emploi du temps.
Les cours sont moins structurés, mais offrent plus de possibilités d'interagir avec les professeurs.
- **Souligner son enthousiasme :**
C'est cette dimension vers l'international qui m'a attiré dès le début.
J'ai sauté sur l'occasion et n'avais pas idée à quel point l'expérience se révélerait extraordinaire.
C'est en tout cas une expérience très enrichissante que je recommanderais à tous.

1 Compréhension. Vrai ou faux ? Si faux, justifiez votre réponse.

1. C'est le témoignage d'un stagiaire en Roumanie.
2. Ce fut une expérience très enrichissante pour Clovis parce qu'il s'est constitué un réseau professionnel.
3. L'étudiant a pu faire ce séjour grâce à un partenariat interuniversitaire.

2 Vocabulaire. Trouvez dans le document les termes correspondant aux indications suivantes.

1. C'est le contraire de cauchemardesque.
2. C'est mettre sur un diplôme les signes officiels de sa validité.
3. C'est une expression plus élégante que « deux fois ».
4. On utilise souvent cette tournure précédée de « Trop poli… ».

3 Vocabulaire. Complétez le parcours universitaire suivant avec les termes appropriés.

Charlotte a accompli un _____ universitaire sans faute. Après son _____, elle a passé une _____ d'histoire puis, à la fin du deuxième _____, elle a obtenu son diplôme de _____ en histoire contemporaine. Chose d'autant plus étonnante qu'au lieu de suivre les _____, les _____ et les _____, elle passait le plus clair de son temps en dehors du _____ ou au _____ à bavasser, à rêvasser et à refaire le monde avec son copain Manuel. Malgré tout, elle a décroché un _____ sur l'image des Grecs dans l'UE, et ce, avec les félicitations du jury. Bravo Charlotte !

4 Pour communiquer. Vous rentrez d'un séjour universitaire à l'étranger. Quels commentaires feriez-vous dans les situations suivantes ?

1. Vous avez voulu suivre vos études dans des universités jumelées afin d'obtenir un diplôme reconnu dans deux pays.
2. L'expérience est formidable parce qu'on s'organise comme on l'entend et on n'a aucune contrainte quant au programme universitaire.
3. C'est la volonté de découvrir le monde qui a guidé votre choix.
4. Vous êtes allé(e) étudier au Japon pendant deux semestres suite à un double trimestre passé en Italie dans le cadre d'un échange universitaire européen.
5. Votre passage à l'université de Phnom Penh était vraiment inattendu, mais ô combien concluant…
6. Si, à l'étranger, on emploie des méthodes de travail différentes des nôtres, on se sent plus libre et le rapport avec le corps enseignant est plus décontracté.
7. Quelle que soit votre situation, vous n'hésiteriez pas à vous relancer dans une pareille aventure !

5 À vous ! La revue *l'étudiant.com* souhaite recueillir votre témoignage à propos de vos expériences universitaires à l'étranger. Relatez votre expérience en apportant des éléments concrets.

12a Sensibiliser à l'évolution des conditions de travail

Philippe Contassot, chargé de mission à l'ARACT*, répond au journaliste de l'émission « Midi-Pyrénées-Languedoc-Roussillon-Matin ».

Alors, la thématique de la 13ᵉ édition de « La semaine de la qualité de vie au travail », je le disais, c'est le numérique, le numérique qu'on voit de plus en plus dans votre travail. C'est un plus pour l'amélioration des conditions de travail ?
Alors, [...] pour nous, c'est l'occasion de mettre en avant les pratiques et des questions aussi, c'est-à-dire : est-ce un plus ou pas un plus. L'objet de la semaine, c'est d'instruire cette question, de travailler avec des entreprises, des partenaires…

Et vous ? Votre regard et le regard de ces partenaires ? Parce que vous avez déjà échangé ?
Alors, on sait qu'aujourd'hui le numérique est là. On est à l'ère du numérique depuis quarante ans. On ne consomme plus de la même manière, on ne voyage plus de la même manière, et on sait que ça a un impact sur les métiers et le travail. Il y a des évolutions dans les métiers dans… et sur les conditions de travail, naturellement. C'est-à-dire qu'on est tous avec des smartphones, l'informatique est partout dans nos organisations…

Donc plus de productivité ? Plus rapide ?
Alors cela permet…, ça peut être un formidable outil de liberté : parce qu'avec mon smartphone, je peux travailler en étant dans une salle d'attente, installé dans mon canapé ou derrière mon bureau, et peut-être faire la même chose. Mais ça pose aussi un…, ça peut être aussi un fil à la patte : parce qu'on contrôle mon activité, c'est-à-dire qu'on peut mesurer, on peut tracer les activités des personnes.

Et on peut se laisser déborder par le travail, y compris chez soi ?
Et on peut se laisser déborder par le travail, d'où la question de la déconnexion, qui est aujourd'hui évoquée au niveau réglementaire. Il y a des entreprises qui ont expérimenté ce droit-là, à la déconnexion parce qu'il y a une porosité entre vie au travail et vie hors travail aujourd'hui. Les lieux changent… [...] On est des convaincus, on essaie de démontrer au travers de nos expériences [...] que les conditions de travail, c'est une variable stratégique dans l'efficacité des organisations, c'est-à-dire qu'on connaît le coût du mal-travail, de la difficulté au travail, des problèmes de santé au travail. [...] On voit bien que les entreprises qui ont des politiques actives en matière de qualité de vie au travail, c'est des éléments favorables à l'engagement et à l'efficacité des organisations.

*Association régionale pour l'amélioration des conditions de travail
http://midact.aract.fr/DETAIL/SWAM_24_PORTAIL/VIDEO?p_thingIdToShow=45995746

▇ Vocabulaire

Les conditions de travail

- Un impact sur…
- Un règlement intérieur, réglementaire
- La qualité de vie au travail
- Une amélioration, améliorer ≠ une détérioration, détériorer

- Mesurer, tracer les activités de qqn
- Le « mal-travail » = le mal-être au travail
- Favorable à ≠ défavorable à

Pour communiquer

• *Présenter une action :*
Pour nous, c'est l'occasion de mettre en avant les pratiques…
L'objet de la semaine, c'est d'instruire cette question.
On essaie de démontrer au travers de nos expériences que…

• *Justifier une action :*
Ça peut être un formidable outil de liberté…, mais aussi un fil à la patte.
On peut se laisser déborder, submerger par le travail.
Il y a une porosité entre vie au travail et vie hors travail.
On est des convaincus (*fam.*).

ACTIVITÉS

1 Compréhension. **Répondez aux questions suivantes.**

1. À quelle occasion cette interview a-t-elle été réalisée ?
2. Quel est le thème principal de l'émission ?
3. En quoi le discours de Philippe Contassot est-il contrasté ?

2 Vocabulaire. **Devinettes. De quoi parle-t-on ?**

1. C'est suivre à la loupe ce que fait un employé et, quoi qu'on en pense, c'est un peu sournois.
2. C'est un effet positif ou négatif ressenti ou constaté.
3. C'est un synonyme du mot « propice ».
4. C'est là où sont consignées, entre autres, les instructions en cas d'incendie.
5. C'est un des synonymes du mot « déliquescence ».

3 Vocabulaire en communication. **Reformulez les termes soulignés.**

1. La thématique que nous aborderons au prochain colloque sera l'impact du travail nocturne sur la joie de vivre.
2. Les conditions d'emploi et de travail des salariés sont à surveiller de près dans les entreprises.
3. Georges Feydeau a des obligations fâcheuses tant dans son ménage que sur les planches.
4. Marianne ressent un sentiment d'oppression au travail.
5. La perméabilité entre vie privée et vie professionnelle est sûrement, et de loin, la meilleure façon de rendre invivable le quotidien de chacun.

4 Pour communiquer. **Expert en qualité de vie au travail, répondez aux questions suivantes.**

1. Quels sont les objectifs de votre action en faveur des chaises longues dans les bureaux ?
2. Comment faites-vous la promotion de ce nouveau système de « télétravail » ?
3. Est-ce que les gens arrivent toujours à gérer leur travail sans problème, y compris à domicile ?
4. N'y a-t-il que des avantages à être sans cesse connecté(e) ? Ne serait-ce pas également un piège ?
5. Vous semblez absolument certain(e) de vos arguments…
6. Comment définiriez-vous le rapport entre la vie familiale et la vie professionnelle depuis l'arrivée du numérique ?
7. Votre congrès annuel parlera-t-il du « *burnout* » au travail ?

5 À vous ! **Vous vous engagez aux côtés de Philippe Contassot afin de promouvoir la sieste au travail après la pause déjeuner. Apportez votre expertise au débat pour l'amélioration des conditions de travail.**

12b

Expliquer à un(e) collègue sa mission de travail

Deux employés municipaux discutent ; l'un explique à l'autre son devenir professionnel.
A. Eh voilà, maintenant, mon petit, tu peux le dire : tu fais partie de la grande famille des employés municipaux. – B. Enfin, ç'a quand même pas été facile. – A. Oh, c'est pas facile ! – B. Parce qu'il faut voir le concours d'entrée quand même : 30 postes pour 30 candidats, il faut pas se rater quand même !
A. Eh oui, te voilà employé municipal, maintenant. Maintenant, attention, tu vas être critiqué, tu vas être jalousé ! – B. Ah, bon ? – A. Oui, même insulté ! L'insulte la plus fréquente qu'on entend dans la rue, c'est « feignant ». On ne sait pas d'où ça vient… Mais toi, il faudra pas y répondre parce qu'un employé municipal, ça a une mission, un objectif ; un employé municipal, ça regarde loin, ça regarde ailleurs […]. B. Plus je bois, plus je réfléchis, et je me dis : si les gens nous critiquent, c'est qu'ils ne nous aiment pas. – A. C'est pas vrai, les gens nous aiment. De toute façon, ils n'ont pas le choix. […] Putain, où tu vas, là ? – B. Je vais chercher la brouette. – A. Qu'est-ce qu'il y a écrit sur ton ordre de mission ? – B. Eh ben, « râteau ». – A. Alors, tu penses « râteau », tu vis « râteau », ta vie est un râteau… et un jour peut-être tu seras brouette… Mais le chemin est long, parsemé d'embûches… Je te comprends : moi aussi, j'ai été débutant. […] Tu sais, un employé municipal, c'est pas un métier ! Employé municipal, c'est une pensée, une philosophie ! Un employé municipal, c'est un félin : on ne le voit pas arriver, on ne l'entend pas repartir… – B. Un peu comme s'il n'était pas venu, quoi…
A. Voilà !… Tu vois, moi je fais toujours le même rêve : je rêve que la France entière serait employée municipale… Tout le pays ne serait qu'un ballet de blouses aux couleurs multicolores… onze heures moins le quart : l'heure de l'embauche… je suis devant mon casier, l'heure du choix est posée : blouse verte ou blouse bleue ?… Le temps de se décider, midi vient de sonner… Alors, c'est les grilles du loto, les réunions syndicales… Il est déjà quinze heures trente, l'heure de s'y remettre…
B. … Alors, le soir, harassés, mais le cœur léger, nous rentrons dans nos foyers… – A. Mais tu pleures, petit ! – B. Mais oui, chef ! Ce monde sera-t-il un jour réalité ? – A. Il le sera un jour, mon petit ! Alors, pour récompenser notre ténacité, nous pourrons chanter ce chant si beau, le chant des employés municipaux : « feuilles, râteaux, c'est le chant des municipaux – feuilles, râteaux, c'est bientôt l'heure de l'apéro ! »

Les Chevaliers du fiel, https://www.youtube.com/watch?v=StAUd7U3lio

Vocabulaire

Le cadre professionnel

- Un employé municipal = un fonctionnaire de la mairie
- Une embauche
- Une réunion syndicale
- Un ordre de mission
- Une blouse, un bleu de travail
- Un casier
- Se remettre au travail
- Un râteau, une brouette

Pour communiquer

- ***Se plaindre exagérément de difficultés au travail :*** Ç'a quand même pas été facile ! 30 postes pour 30 candidats, il faut pas se rater quand même ! Maintenant, tu vas être critiqué, jalousé ! Même insulté ! L'insulte la plus fréquente, c'est « feignant », on ne sait pas d'où ça vient…
Mais le chemin est long, parsemé d'embûches… Je te comprends, moi aussi j'ai été débutant.
- ***Glorifier un exploit professionnel :*** Tu fais partie de la grande famille des employés municipaux.
Un employé municipal, ça a une mission, un objectif, ça regarde loin, ça regarde ailleurs.
Employé municipal, c'est pas un métier, c'est une pensée, une philosophie.
Un employé municipal, c'est un félin : on ne le voit pas arriver, on ne l'entend pas repartir… un peu comme s'il n'était pas venu…
Alors, le soir, harassés mais le cœur léger, nous rentrons dans nos foyers. (= mission accomplie)
Alors, pour récompenser notre ténacité…

A C T I V I T É S

1 Compréhension. **Vrai ou faux ? Si faux, justifiez votre réponse.**

1. C'est un sketch satirique sur les employés municipaux.

2. Les personnages sont des acharnés du travail.

3. À certains moments, le ton de cet échange devient exagérément lyrique.

2 Vocabulaire. **Devinettes : de quoi parle-t-on ?**

1. On la portait à l'école primaire jusqu'en 1968.

2. En France, on adore en faire, cela permet de programmer des jours de grève.

3. Dans le pire des cas, il est également judiciaire.

4. C'est le contraire d'un licenciement.

5. Il peut être éclusier et donc travailler aux Voies navigables de France.

6. C'est un document utile, si vous êtes en déplacement professionnel.

7. Ce sont les outils de travail des balayeurs municipaux.

3 Vocabulaire en communication. **Reformulez ces phrases en langue soutenue.**

1. C'est vrai qu'à la fin de la journée, on est raide.

2. Quelle galère, mon boulot est bourré de pépins.

3. Il est temps de réattaquer le taf.

4 Vocabulaire en communication. **Transposez ces phrases dans un registre familier.**

1. Désormais, tu appartiens au sérail des ronds-de-cuir.

2. Souvent, j'entends à mon propos : « il n'est guère laborieux ».

3. Prenez soin de ne pas échouer au concours.

5 Pour communiquer. **Plaignez-vous selon la situation présentée.**

1. Vous travaillez depuis longtemps au sein de votre entreprise, vous consolez un nouvel arrivant.

2. Votre collègue venant d'être titularisé, vous le prévenez des réactions de ses collègues.

3. Vous êtes jugé comme si vous aviez un poil dans la main, chose étrange…

6 Pour communiquer. **Afin de valoriser votre métier, parlez-en de façon lyrique au travers des idées suivantes.**

1. Vous souhaitez donner une dimension plus profonde à votre métier.

2. Vous rentrez fatigué mais heureux de votre journée de travail…

3. Vous faites un travail indispensable quoique peu visible…

4. Vous tenez à souligner l'importance de votre fonction.

7 À vous ! **Vous rencontrez le grand P-DG de votre entreprise. Parlez-lui de votre mission en vantant vos exploits malgré les difficultés que vous rencontrez, et ceci afin d'obtenir une augmentation.**

12c

Rédiger une lettre de non-motivation

Objet : poste de coupeur de verre

Madame, Monsieur, Je vous écris suite à votre annonce parue dans *Le Parisien*. J'ai déjà vu des métiers dont la désuétude frôlait l'indécence, mais là, vous dépassez les bornes : vous cherchez… un coupeur de verre ! On a changé d'époque, Monsieur ! Vous devez absolument vous moderniser et proposer des métiers qui correspondent à votre temps. Le XXIe siècle est largement entamé, apprenez que les taillandiers, les poinçonneurs, les troubadours, les schlitteurs, les drapiers, les cochers, les bourreliers, les crieurs et autres montreurs d'ours ont disparu. Aujourd'hui, nous sommes en plein boom des télécoms et de l'informatique ; sans être novateur, proposez au moins des postes d'ingénieur réseaux. Nous avons besoin de managers, d'experts en veille stratégique, de consultants, de truqueurs d'images, d'ingénieurs bio-tech… Notre société est postindustrielle, le sciage peut attendre, pas les produits financiers. Vous êtes un frein à l'innovation, aussi je me vois dans l'obligation de refuser le métier rétrograde que propose votre entreprise. Dans l'attente d'une réponse de votre part, je vous prie d'agréer, Madame, Monsieur, l'expression de mes sentiments distingués.

Réf. : votre courrier en date du…

Monsieur, Si votre lettre de *non-candidature* ne manque pas d'humour, j'ai toutefois peu apprécié que vous puissiez vous permettre de tourner en dérision un des métiers les plus reconnus de notre profession. À mon tour de vous faire remarquer que le verre qui vous entoure a été façonné puis posé par des hommes après avoir été produit au cours d'un process de haute technologie. À vous lire, permettez-moi également de vous inviter à cultiver l'humilité (mais gardez votre sens de l'humour) ; les savoir-faire professionnels les plus nobles s'accommodent mal de titres ronflants, souvent aussi creux qu'éphémères. Puisque le secteur de notre industrie n'est manifestement pas pour vous séduire, je vous souhaite tout simplement de trouver un métier qui vous corresponde. Veuillez agréer, Monsieur, l'expression de mes sentiments distingués. (Directeur des ressources humaines)

Julien Prévieux, *Lettres de non-motivation*, Paris, Éditions Zones / La Découverte, 2007

▨ Vocabulaire

Les métiers

• *Hier :* un coupeur de verre, un poinçonneur, un drapier, un cocher, un crieur, un montreur d'ours, un troubadour
Un taillandier : artisan qui fabriquait des outils et fers tranchants utilisés par les cultivateurs
Un schlitteur : conducteur de traîneau des neiges dans la région des Vosges/Alsace
Un bourrelier : il travaille la bourre et le cuir (la peau tannée des animaux de ferme)
• *Ère postindustrielle :* un ingénieur réseaux, un manager, un expert en veille stratégique, un consultant, un truqueur d'images, un DRH, un ingénieur bio-tech

Pour communiquer

• *Refuser une candidature en tournant l'offre en dérision :*
J'ai déjà vu des métiers dont la désuétude frôlait l'indécence, mais là, vous dépassez les bornes.
Le XXIe siècle est largement entamé, apprenez que…
Sans être novateur, proposez au moins des postes…
Vous êtes un frein à l'innovation, aussi me vois-je dans l'obligation de refuser…

• *Accuser réception en ironisant :*
Si votre lettre ne manque pas d'humour, j'ai toutefois peu apprécié que…
À vous lire, permettez-moi également de vous inviter à cultiver l'humilité.
Les savoir-faire les plus nobles s'accommodent mal de titres ronflants (= grandiloquents), souvent aussi creux qu'éphémères. / À mon tour de vous faire remarquer que…
Puisque le secteur de notre industrie n'est manifestement pas pour vous séduire, je vous souhaite…

1 Compréhension. **Ces affirmations sont fausses. Reformulez-les correctement.**

1. C'est une lettre de motivation, suivie d'une lettre d'engagement.
2. L'auteur de la missive exerce un métier d'antan.
3. La réponse du DRH est farfelue et pleine d'humour.

2 Vocabulaire. **Voici des objets, associez-les à une profession d'autrefois.**

1. Une tôle ou un ticket de métro
2. Un grand carnivore plantigrade
3. Une faucheuse
4. Une immense luge
5. Des lustres de cristal
6. Une selle de cheval
7. Une lyre
8. Du linge de maison
9. Un fouet
10. Un journal

a. Un bourrelier
b. Un cocher
c. Un crieur
d. Un coupeur de verre
e. Un drapier
f. Un montreur d'ours
g. Un poinçonneur
h. Un schlitteur
i. Un taillandier
j. Un troubadour

3 Vocabulaire. **Indiquez la profession qui correspond aux fonctions suivantes.**

1. Il s'occupe de l'infrastructure informatique de l'entreprise.
2. Il informe régulièrement la direction de l'entreprise sur l'évolution du marché.
3. Il supervise les expérimentations dans le domaine de la santé et de l'alimentation.
4. Il retouche et anamorphose des documents iconographiques.

4 Pour communiquer. **Reformulez ces phrases dans un registre formel afin de signaler au recruteur que l'offre ne vous intéresse pas.**

1. Vous êtes encroûté, je dis non à votre poste.
2. Vous êtes au courant qu'on est en 2020 ?
3. J'ai déjà vu des boulots ringards, mais là, franchement, vous vous payez ma tête !
4. On vous demande pas d'être champion de high-tech, mais recrutez des mecs du Web !

5 Pour communiquer. **Répondez à cette lettre de candidature truffée de remarques présomptueuses.**

1. Moi, je suis ingénieur supérieur en imagerie anamorphosée socio-bio-génétique.
2. C'est rigolo, mais franchement ! Devenir schlitteur, je ne vois pas où cela peut nous mener.
3. Je n'ai aucune envie de travailler dans la ferblanterie artisanale. J'ai mieux à faire !
4. De toute façon, je sais tout cela et je suis, et de loin, le meilleur rédacteur de lettres de motivation.

6 À vous ! DALF **Vous postulez à un poste de montreur d'ours ou de troubadour (au choix) par une lettre formelle de non-motivation. Rédigez également une réponse. Soyez ironique et élégant à la fois.**

Organiser une réunion de travail

> Des réunions matin, midi, ou soir, on passe nos journées à se réunir pour prévoir comment on va organiser notre travail. Un boulot quasiment à temps plein qui laisse en général peu de temps pour faire autre chose…

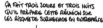

Pour atteindre les objectifs fixés pour votre réunion, un ensemble de bonnes pratiques sont à maîtriser. Tout commence avant la rencontre, avec une préparation hors pair : fixation des objectifs, sélection des participants, compilation des documents utiles pour les débats, vérification du matériel… Puis vient le temps de la réunion, avec les différentes phases qui la caractérise : 1. l'introduction : rappel du contexte, des objectifs et des règles de fonctionnement ; 2. la phase de production à proprement parler : le temps de travail collectif ; 3. la conclusion, où l'animateur clôt les débats par une synthèse de ce qui s'est dit et décidé ; 4. après la réunion, avec la formalisation du compte-rendu à partir des informations récoltées pendant les échanges, et sa diffusion auprès de l'ensemble des participants et autres parties prenantes. → Bannissez la réunionite !! Bien préparer vos rencontres permet d'éviter de faire des réunions à tour de bras pour un oui ou pour un non !

▮ Vocabulaire

La réunion de travail

- Atteindre un objectif fixé (la fixation, *fam.*)
- Un contexte = un cadre
- L'animateur de la réunion
- La réunionite = une boulimie de réunions
- Une compilation de documents utiles
- Des règles de fonctionnement
- La formalisation d'un compte-rendu (CR)

Pour communiquer

- **S'interroger sur l'efficacité d'une réunion :**
On passe nos journées à se réunir, un boulot quasiment à plein-temps…
Est-ce qu'on pourrait entrer dans le vif du sujet ?
Quel est l'objet de cette réunion, déjà… ? / Ce n'était pas l'objet de notre dernière réunion ?
- **Formuler des conseils :**
Un ensemble de bonnes pratiques sont à maîtriser.
Tout commence avant la rencontre, avec une préparation hors pair.
Formalisez un CR à partir des informations récoltées.
Diffusez les informations auprès des participants et autres parties prenantes.
Bannissez la réunionite. / Évitez de faire des réunions à tour de bras.
N'organisez pas de réunions pour un oui ou pour un non !

ACTIVITÉS

1 Compréhension. **Répondez librement aux questions suivantes.**

1. Quelle est la marque ironique du dessin du haut ?

2. En quoi sommes-nous dans une situation absurde dans le dessin de gauche ?

3. Quel aspect de la réunion le dessin de droite tourne-t-il en dérision ?

4. Que faut-il absolument proscrire selon le texte ?

2 Vocabulaire. **Complétez ces phrases avec les termes appropriés.**

1. Afin d'_____, je vous propose de nous mettre au travail toutes affaires cessantes !

2. Il ne me semble guère utile, au vu du _____ actuel, de faire 37 réunions par semaine.

3. Édith, notre réunion ayant été annulée, _____ ne vous prendra pas beaucoup de temps.

4. Bruno, afin d'être plus efficace, merci de venir cette fois à la réunion avec _____ et non superflus !

5. Notre directeur adore s'écouter parler et nous montrer des graphiques abscons. Il nous convoque tous les jours, si bien que le médecin du travail dit qu'il est atteint de _____ aiguë.

6. Jeanine, tu sais ce qui est arrivé ce matin ? _____ s'est endormi sur sa chaise ! Incroyable, non ?

7. Pour une meilleure efficience de nos réunions, j'ai établi un protocole de _____. Ce _____ nous permettra désormais de ne plus nous égarer dans une _____.

3 Pour communiquer. **Soyez votre propre conseiller. Que faire pour renforcer l'efficacité de vos réunions ?**

1. Il ne reste plus que dix minutes et vous n'avez toujours pas abordé l'objet principal de la réunion.

2. Ce n'est pas donné à tout le monde de tout contrôler, avant, pendant et après la réunion.

3. Trois semaines après la réunion, plus personne ne se souvient de ce qui avait été décidé.

4. Chaque fois qu'un membre du personnel souhaite obtenir une information, se plaindre ou proposer une nouvelle idée, vous vous sentez obligé(e) de rassembler tout le monde.

5. Nous savons que vous êtes fort et musclé, mais franchement une réunion toutes les après-midi !

6. Vous envoyez l'ordre du jour le matin même de la réunion, puis vous vous plaignez que les sujets les plus urgents n'aient pu être traités.

7. Vous êtes atteint(e) de troubles obsessionnels compulsifs (TOC) : cette manie de convoquer vos collègues pour des broutilles !

8. Vous transmettez les informations à chacun des membres du personnel en bavardant entre deux portes ; de ce fait, vous oubliez que d'autres seraient également concernés par celles-ci.

4 À vous ! **Au regard de cette réunion chaotique, donnez des conseils pour la rendre plus efficace.**

*Voilà... Il n'y a plus qu'à synthétiser tout ça,
et je vous libère...*

13b

Apaiser des conflits professionnels

Médiatrice : Je peux voir qu'il y a des tensions entre vous et c'est justement pour ça qu'on est là, pour améliorer la situation. Je vais vous suivre durant ce processus pour trouver des accords et des solutions. Pour cela, je vais vous demander de respecter quelques règles de base pour que chacun puisse s'exprimer. Alors, première règle, c'est de ne pas utiliser d'insultes et de mots dénigrants ou peu respectueux. Je vais vous offrir la possibilité d'exprimer vos plaintes et tout cela doit se faire dans un cadre professionnel et avec respect. Deuxième règle : c'est de ne pas vous couper la parole. Je vais vous écouter chacun votre tour, vous aurez tout le temps de réagir par rapport à ce que l'autre dit. Est-ce qu'on peut se mettre d'accord sur cela ? Aussi je vais vous demander de ne vous lancer ni menace ni ultimatum. On va surtout se concentrer sur le futur, quel accord on pourrait trouver. Comme cela, tout ceci ne va plus se reproduire, aussi votre relation professionnelle deviendra plus constructive. D'accord ? Alors, tu peux commencer par m'expliquer ton point de vue. – **A. :** D'accord, je m'explique. Au début, tout allait bien, je lui faisais confiance mais, petit à petit, j'ai constaté qu'il n'était pas compétent, qu'il ne suivait pas les instructions et qu'il n'en faisait qu'à sa tête. J'ai donc décidé d'aller le signaler à la direction. – **B. :** Mais c'est toi qui as commencé. Tu as trouvé l'occasion de parler derrière mon dos. **M. :** Attendez ! Tu vas avoir l'occasion après d'expliquer ton point de vue. D'accord ? – **B. :** Désolé. – **A. :** Comme je vous l'expliquais tout à l'heure, j'ai été obligé de le signaler au proviseur, qui lui a donné un avertissement. Puis il a commencé à venir en retard, il ne m'écoutait plus et, dans le bureau, c'était insupportable. Vraiment, je vous assure, moi, je n'en peux plus, je ne peux plus le supporter. **M. :** Merci d'avoir partagé ton point de vue avec nous. D'après ce que j'ai compris, tu as l'impression qu'avec ton collègue tout allait bien, puis tu as perdu confiance en lui et tu t'es senti obligé d'aller en parler à ton supérieur et c'est ce qui a empiré les choses. Entendu. À toi maintenant. Tu peux partager ton point de vue avec lui. – **B. :** C'est vrai qu'il est plus ancien que moi et qu'il connaît la boîte mieux que moi, mais moi, j'étais réputé pour mes expériences et mes idées. Tout ce que j'essaie de créer, il l'empêche. Il essaie de garder les choses telles qu'elles sont. Il contrôle toujours tout, il ne me consulte jamais. Je le soupçonne même de voler mes idées en les faisant passer pour siennes. Voilà. **M. :** Si je comprends bien, tu te sens inutile, tu sens que tu n'as pas assez de marge de manœuvre pour être créatif et pour prendre des initiatives. Tu mentionnes aussi le fait qu'il ne te traite pas comme un collègue, mais comme s'il était ton supérieur. – **B. :** En effet, c'est ça que je ressens. **M. :** Je comprends que cela doit être stressant et nous allons essayer de trouver une alternative.

D'après https://www.youtube.com/watch?v=RhAe6pf8hf0 Vidéo SFCG Maroc

▤▤▤▤ Vocabulaire

La médiation

- Des tensions
- (Donner) un avertissement
- Dénigrant(e), irrespectueux(-se)
- Une marge de manœuvre

- Une menace, un ultimatum
- (Trouver) une alternative, un accord
- Un processus de médiation, de conciliation

Pour communiquer

- *Mettre en place la médiation :* On est là pour trouver des solutions.
Je vais essayer de vous suivre. (= accompagner) / Ne pas utiliser d'insultes, de mots insultants.
Je vais vous offrir la possibilité d'exprimer vos plaintes. / Ne pas se couper la parole.
- *Exprimer ses griefs :* Il n'en faisait qu'à sa tête. / Je vous assure, moi je n'en peux plus.
Tu as trouvé l'occasion de parler derrière mon dos.
Je le soupçonne de voler mes idées pour les faire siennes. / Je ne peux plus le supporter.
- *Apaiser en reformulant :* Si je comprends bien, tu te sens inutile, non reconnu dans ton travail.
D'après ce que j'ai compris, tu as l'impression que…
Tu t'es senti obligé de… et c'est ce qui a empiré les choses.
Tu sens que tu n'as pas assez de… / Tu mentionnes aussi le fait que…

1 Compréhension. **Vrai ou faux ? Si faux, justifiez votre réponse.**

1. Il s'agit d'une réunion pour gérer un conflit en entreprise.

2. Les deux parties trouvent un terrain d'entente sans l'intervention d'un tiers.

3. Les rapports sont très tendus entre les deux collègues.

2 Vocabulaire. **Charades. Devinez de quels mots il s'agit.**

1. Mon premier est un objet qui sert à muscler vos beaux biceps, Messieurs ; mon second indique où vous naissez en ce bas monde, Mesdames. Mon tout est ce qui présente un choix.

2. Mon premier est une interjection ; mon deuxième est un lombric ; mon troisième c'est ce que fait l'araignée avec sa toile ; mon quatrième c'est quand tu ne dis pas la vérité. Mon tout est une sanction professionnelle.

3. Mon premier est le pronom COD de la personne qui parle ; mon second est un panier d'osier pour capturer des poissons. Mon tout est une intimidation.

3 Vocabulaire. **Complétez avec les termes manquants.**

1. La faiblesse économique réduit _____ de cette entreprise familiale.

2. Monsieur R. était autrefois moins dur et moins ____ qu'aujourd'hui à l'égard de ses collègues.

3. Pour régler le litige qui nous oppose à l'un de nos clients, nous avons mis en place _____.

4. Un bon directeur sait détecter les _____ interpersonnelles au sein de son entreprise.

5. Je vous lance un _____ ! Accordez vos violons, ou dehors !

4 Pour communiquer. **Formulez vos griefs par rapport aux situations suivantes.**

1. Hector est allé se plaindre à mon propos auprès de Carla, la directrice. Il n'a pas osé m'affronter.

2. Tiens, tout ce que dit Sonia ressemble étrangement aux propos de Christophe.

3. Mon créancier est toujours sur mon dos, il me harcèle sans cesse.

4. La collégialité, Ursule ne connaissait pas. Je suis bien content de ne plus voir sa binette !

5 Pour communiquer. **Intervenez en bon médiateur pour réagir à ces plaintes.**

1. « Mon collègue ne me laisse pas de marge de manœuvre et je lui ai dit aussi qu'il n'était pas assez coopératif. »

2. « Léon me veut du mal et il m'épie, j'en suis sûr. »

3. « Je lui ai dit qu'il ne faisait pas son boulot et, depuis, on ne s'adresse plus la parole. »

4. « J'en ai vraiment assez : quoi que je fasse, quoi que je dise, c'est toujours nul. »

6 À vous ! DALF **Vos collègues Caïn(e) et Abel(le) n'arrivent pas à collaborer. Réunissez-les pour une séance de médiation afin de trouver une issue au conflit dans l'intérêt de l'entreprise. Imaginez la scène. Si vous êtes plusieurs, jouez-la comme au théâtre.**

13c

Rédiger un compte-rendu de réunion

Réunion de l'équipe de refonte du site intranet, salle 2, le 7 avril à 14 h 30 – Sont présents : Mmes Karine A., Hélène C. (animatrice), Manon M. (rédactrice) et MM. Martin L., Éric L. – Est absente : Mme Josée M.

Ordre du jour	Résumé des discussions	Suite à donner
1. Adoption de l'ordre du jour	L'ordre du jour est adopté en tenant compte de la modification proposée par K.A. : ajout du point « Information pour le personnel de l'entreprise ».	
2. Refonte du site	H.C., au lieu de parler de refonte, préfère parler de réorganisation du site : son contenu restera sensiblement le même. Il y aura ajout d'une foire aux questions. On fait remarquer qu'on ne pourra pas mettre toutes les questions des employé(e)s dans la FAQ. On ne retiendra que les plus courantes.	
3. Rôle des membres de l'équipe	H.C. propose la répartition suivante : J.M., E.L. et M.L. s'occuperont de la réorganisation de l'information ; K.A. se joindra à M.M. pour la rédaction des Q./R. de la FAQ. Au préalable, K.A. rencontrera quelques membres du personnel pour recenser leurs questions sur le site intranet.	J.M., E.L. : réorganisation / K.A., M.M. : tri questions, FAQ
4. Calendrier de travail et étapes à venir	H.C. propose un tableau d'étapes à plusieurs volets qui comprendrait les tâches, les responsables et les dates. La fin des travaux est fixée à juillet ; le lancement officiel du site refondu devrait se faire en septembre.	H.C. : tableau des tâches, **Délai :** 18 avril
5. Informations pour le personnel	M.M. se charge d'envoyer une note aux membres du personnel pour les aviser de la composition de l'équipe qui participe à ce projet, ainsi que des responsabilités de chaque membre.	M.M. : note, **Délai :** 14 avril
6. Clôture séance	La prochaine réunion est fixée au 12 mai. La séance est levée à 16 heures.	

http://bdl.oqlf.gouv.qc.ca/bdl/gabarit_bdl.asp?id=3300

Grammaire

La nominalisation

- ajouter → un ajout
- refondre → une refonte
- clore → une clôture

Vocabulaire

Le compte-rendu (CR)

- L'ordre du jour
- Une suite à donner
- Un calendrier de travail
- La répartition des tâches

Pour communiquer

- *Fixer des échéances :* La prochaine réunion est fixée à… / devrait se faire en octobre / d'ici fin juillet / dans les plus brefs délais. / Au préalable (= préalablement), elle rencontrera…
- *Rapporter les propos des participants :* L'ordre du jour est adopté, la séance est levée.
On fait remarquer / signale / attire l'attention sur le fait que…
Celui-ci restera sensiblement le même. (*adv : prise de position*)
- *Indiquer la marche à suivre :* H.C. propose (de faire) qch, se charge de…
K.A. se joindra à M.M. pour… / M.M. avisera l'équipe que… / fera savoir à ses collègues que…

1 Compréhension. **Ces affirmations sont fausses. Reformulez-les.**

1. Ce tableau présente un projet de réunion de travail.

2. Les échanges lors de la réunion font part de la difficulté du personnel face au numérique.

3. C'est un texte au discours direct.

4. La séance est close à 17 heures.

2 Vocabulaire. **Devinettes : de quoi parle-t-on ?**

1. C'est une manière d'organiser le travail dans un groupe.

2. C'est un document qui visualise, dans un laps de temps déterminé, les tâches à accomplir.

3. Ce sont les tâches que chacun devra réaliser.

4. Ce sont les sujets qui doivent être abordés et traités lors de la réunion.

3 Grammaire. **Transformez le verbe en nom ou le nom en verbe, selon le cas.**

1. Le compte-rendu : _____   2. Envoyer : _____

3. La responsabilité : _____   4. Ajouter : _____

5. Recenser : _____   6. La refonte : _____

4 Grammaire en communication. **Rédigez l'«ordre du jour » à partir des points suivants.**

1. Il faut adopter l'ordre du jour.

2. Il faut que nous réorganisions notre site.

3. Il sera nécessaire d'aviser le personnel quant aux changements à venir.

4. Il faudra lancer notre nouvelle offre de cours à partir d'octobre.

5 Pour communiquer. **Complétez ce CR par les expressions qui conviennent.**

L'_____ est _____. X _____ nous devons réactualiser notre site de vente par correspondance

dans _____ afin que nous soyons aux normes européennes, comme le _____ notre collègue

luxembourgeois. Z _____ s'occuper de la supervision. Y _____ d'aviser l'équipe, F _____ à L

pour finaliser le projet. Selon B, le site _____, sauf en ce qui concerne la sécurisation de paiement.

La _____ 25 février. _____, notre délégué, aura rencontré les partenaires qui nous aideront à

financer ce projet. N _____ l'ensemble du personnel quand le nouveau site sera opérationnel.

La _____ à 23 h 30, ouf !!

6 À vous ! DALF **Vous venez de suivre un séminaire sur l'apprentissage du français à travers**
Communication progressive du français Perfectionnement. **Imaginez un échange entre
les apprenants et faites-en un CR en suivant le modèle ci-contre.**

14a Présenter son entreprise / association

Bonjour Gilles Petit-Gats, vous êtes le directeur général du CASP, une grande association parisienne. Merci de répondre aux questions de Léo Magazine *: Qu'est-ce qu'une association ? À quoi sert-elle ? Et la vôtre plus précisément ?*

Une association est une initiative privée à but non lucratif régie par la loi 1901 et quelquefois reconnue d'utilité publique. Elle sert à couvrir des besoins identifiés mais non couverts par les pouvoirs publics. Plus précisément, la nôtre s'occupe de l'insertion sociale des personnes en difficulté.

Quels sont les principaux pôles d'activité de votre association ?

Nous travaillons essentiellement dans trois domaines : l'insertion par l'hébergement pour les personnes socialement fragiles (par exemple, les sortants de prison), l'accès aux droits pour les familles de demandeurs d'asile et, enfin, l'accompagnement d'urgence des personnes à la rue.

Quels sont les projets sur lesquels vous travaillez actuellement ?

Afin de nous adapter à la nouvelle réalité des difficultés sociales, nous sommes en train de restructurer notre association en profondeur, après avoir fusionné avec deux autres associations. De ce fait, l'association est passée de 260 à 520 salariés et d'un budget annuel de 24 M à 40 M d'euros. Imaginez le boulot de dingue pour notre DRH et… pour moi !

Quels sont les moyens que vous mettez en œuvre pour réussir votre mission ?

Pour atteindre notre objectif, à savoir l'insertion durable des personnes en difficulté, il est de mon devoir d'ajuster les subventions allouées par l'État à l'efficience des activités dont je suis responsable. La qualité des services offerts au nom des deniers publics demeure la priorité absolue de notre association.

À votre avis, quelles sont les qualités essentielles pour réussir une mission telle que la vôtre ?

Être toujours force de proposition, ne pas être un simple exécutant, être rigoureux sur la qualité du travail et, bien entendu, faire preuve d'humanisme.

Enfin, quels sont les éléments essentiels à la bonne marche d'une entreprise associative ?

Mon credo : concerter pour faire adhérer, autrement dit, une démarche participative qui permet aux salariés et bénévoles de s'impliquer pleinement et activement dans l'association à travers leurs missions.

Un très chaleureux merci, cher Gilles, et bonne chance pour tous vos projets à venir !

■ Vocabulaire

Le monde associatif

- À but non lucratif
- Une insertion sociale, professionnelle
- Les deniers publics
- Activement, intensivement ≠ nonchalamment
- Reconnu(e) d'utilité publique
- Une subvention allouée (par l'État)
- Une démarche participative
- Un boulot de dingue (*fam.*)

Pour communiquer

• *Présenter la structure et les activités :*
Elle sert à couvrir des besoins (non) identifiés.
La nôtre s'occupe des personnes en difficulté.
Nous travaillons essentiellement dans les domaines suivants.

• *Expliquer les moyens mis en œuvre :*
Il est de mon devoir d'ajuster les subventions allouées par l'État à l'efficience des activités.
La qualité demeure notre priorité absolue.
Être force de proposition = prendre des initiatives concrètes
Faire preuve d'humanisme / Concerter pour faire adhérer
S'impliquer, s'engager pleinement dans qch

1 Compréhension. **Vrai ou faux ? Si faux, justifiez votre réponse.**

1. Cette interview aborde les problèmes d'un DRH en entreprise.

2. Les pôles d'activités répondent aux questions d'ordre politique.

3. Le discours adopté est clair et pédagogique.

2 Vocabulaire. **Trouvez le terme adéquat, selon l'indication.**

1. C'est un synonyme de mollement, paresseusement.

2. C'est une dotation publique.

3. C'est le processus d'intégration d'une personne étrangère au sein d'un système économique.

4. C'est un terme « à la mode » qui indique une manière collégiale de travailler.

3 Vocabulaire. **Proposez pour ces phrases une tournure plus formelle et plus technique.**

1. C'est le blé de notre État chéri !

2. C'est une activité qui permet de se faire de la thune sans s'en mettre plein les poches.

3. C'est un boulot de dingue !

4. C'est une association qui visiblement fait du bien à tout un quartier.

4 Pour communiquer. **Complétez cette présentation avec les termes manquants.**

L'IFJ de Fukuoka est une association à but non lucratif. Elle permet de _____ , qui sont ceux des apprenants japonais désirant étudier la langue française en dehors de l'école publique. Cet institut _____ intéressées par la culture française quels que soient leur âge et leur niveau. Nous _____ : gastronomie, œnologie, chanson, philosophie et prononciation.

5 Pour communiquer. **Vous êtes responsable d'une association. Répondez aux questions du journaliste.**

1. Quel est votre principal objectif relatif aux prestations de votre association ?

2. Quelle est votre attitude face aux vagues migratoires ?

3. En tant que directeur(-trice), à quoi veillez-vous tout particulièrement ?

4. Quel est votre slogan en interne ?

5. Que demandez-vous à vos collaborateurs bénévoles ?

6. Concrètement, quelle est votre qualité première ?

6 À vous ! **Vous êtes directeur(-trice) d'une entreprise ou d'une association. Présentez-la devant un public international en mentionnant sa structure, ses activités, les moyens mis en œuvre, ainsi que son esprit. Concluez par un slogan percutant qui résume votre démarche.**

14b

Gérer des malentendus interculturels en entreprise

La langue, c'est le premier obstacle pour se comprendre. Cet obstacle n'est-il pas sous-estimé ?

Benjamin Pelletier : La langue, pas tant que cela, car derrière cet enjeu de la langue se cache l'interprétation. Ce n'est pas parce qu'on utilise le même mot dans la même langue qu'on a forcément le même langage professionnel. […] Quand on n'a pas conscience d'un possible différend sur la compréhension et la « pratique » très différente d'un même terme, c'est là, au moment où l'on se met à travailler ensemble, que commence un conflit de pratique qui vient justement de ces problèmes-là de différences que l'on n'a pas réussi à mettre sur la table avant, en anticipant. C'est très important d'anticiper ! […]

Comment faire lorsqu'on est confronté dans une entreprise multiculturelle à des cultures très différentes ?

B.P. : […] Ce qui est très récurrent, c'est quand notre partenaire lance une suggestion pour un projet et que les Français disent non à ce projet, que ce n'est pas réaliste. Ce non frontal et direct, […] c'est parce qu'en France, on a un usage du mode contradictoire pour faire émerger de nouvelles idées. […] Nous nous en servons d'ailleurs parce c'est l'usage qu'on en fait avec la famille et les amis, on le fait aussi avec des collègues. Pour faire envisager des idées, on a tendance à voir le verre moitié vide plutôt que moitié plein. C'est un réflexe de l'école, c'est le négatif qui s'exprime en premier lieu de la part des Français.

Olga Ouédraogo : […] Oui, et ces réponses très tranchées de ce type-là, surtout si elles sont négatives, sont très mal perçues dans le continent africain par exemple. Pour les interlocuteurs, elles sont blessantes car considérées comme trop sèches, trop directes, trop prétentieuses. […] Il faudrait utiliser des expressions comme « ce sera difficile ». […]

Est-ce qu'il y a d'autres points qui systématiquement froissent nos partenaires étrangers ?

O.O. : […] Dans la culture française, quelques traits dominent, comme le manque d'implication sociale de son dirigeant. […] Car, pour les Français, le mélange vie privée-vie professionnelle est très mal perçu, comme une intrusion, alors que c'est une implication vertueuse pour les étrangers, notamment en Afrique. Et, surtout, le collègue se sentira plus performant dans son travail si son collègue français ouvre les parenthèses sociales en se rendant aux invitations familiales, comme un mariage… […]

Alors, pour conclure, quels conseils donneriez-vous pour prévenir les malentendus culturels ? […]

O.O. et B.P. : […] Observez, ne jugez pas ! Collectez des informations culturelles et, inversement, explicitez vos pratiques aux autres, faites-en un objet de discussion décomplexé, dédramatisé […].

D'après : interview avec Benjamin Pelletier, spécialiste de la formation interculturelle, et Olga Ouédraogo, experte franco-burkinabée en management interculturel, http://www.rfi.fr/emission/20160314-gerer-conflits-interculturels-entreprise-une-utopie

▌ Grammaire

Alors que

- **Opposition :** c'est très mal perçu pour les uns, *alors que* c'est vertueux pour les autres.
- **Concession :** *alors (même) qu*'on m'en prierait, je ne le ferais pas.

▌ Vocabulaire

Les antagonismes

- Un obstacle, une entrave, un os (*fam.*), un écueil (*litt.*)
- Un différend, un conflit ≠ une concorde, une entente
- Un problème récurrent ≠ unique
- Une réponse tranchée, sèche, directe, prétentieuse
- Le mode contradictoire
- Froisser qqn = offusquer, chiffonner (*fam.*) ≠ prendre des gants

Pour communiquer

- *Détecter des malentendus :* Derrière (cet enjeu de) la langue se cache l'interprétation.
Ce n'est pas parce que … qu'on a forcément le même langage…
C'est parce qu'en France on a un usage de qch pour faire émerger de nouvelles idées.
- *Réagir :* Collectez des informations culturelles.
Pour faire envisager des idées, … on a tendance à voir le verre moitié vide plutôt que moitié plein.
Cela sera difficile = cela s'avère compliqué / Ouvrir les parenthèses sociales
Explicitez vos pratiques et faites-en un objet de discussion décomplexé, dédramatisé.

1 Compréhension. **Vrai ou faux ? Si faux, justifiez votre réponse.**

1. Il s'agit d'un reportage en entreprise.

2. Les façons de « manager » une équipe en entreprise sont équivalentes en France et dans le reste du monde.

3. Les intervenants donnent des conseils en adoptant un langage courant.

2 Vocabulaire. **Trouvez le contraire des mots soulignés.**

1. Il y a une entente extraordinaire entre ces deux entreprises étrangères.

2. Jérôme a donné une réponse évasive à sa collègue italienne.

3. Il est une vraie harmonie culturelle dans les rapports entre Français et Espagnols.

4. À l'étranger, l'unique problème est la façon dont on doit gérer les malentendus culturels !

3 Vocabulaire. **Reformulez ces situations de communication de manière plus formelle.**

1. Lavina est tombée sur un os en voulant à tout prix éviter un conflit avec Malvina.

2. Mon manager me prend la tête, il me parle toujours d'une façon bêcheuse !

3. Marcellin, le DRH, écoute « à la française » tous les points de vue, même les plus opposés.

4. Chimène chiffonne Chouchou en lui parlant des chichis qu'elle fait tout le temps !

4 Grammaire. **Opposition ou concession ? Indiquez l'emploi des conjonctions soulignées.**

1. Alors que tu m'offrirais ce poste de délégué, je le refuserais car trop lourd à assumer !

2. C'est fou : c'est l'horreur pour les stagiaires, alors que c'est le paradis pour les employés.

3. Quand bien même j'aurais les moyens, je ne rachèterais jamais cette entreprise internationale.

5 Pour communiquer. **Commentez les situations suivantes en détectant les malentendus.**

1. On a beau parler la même langue, la signification d'un mot diffère d'une personne à l'autre.

2. Dire non en France, c'est souvent un moteur pour engager un échange productif.

3. Moi, quand je dis blanc, c'est blanc. Mais le tout est de savoir si quand tu dis blanc, tu penses noir ou non !

6 Pour communiquer. **Que faudrait-il faire ou dire explicitement pour éviter des conflits interculturels en entreprise ?**

1. Vous respectez trop les cloisonnements sociaux.

2. Vous ne connaissez pas les us et coutumes d'un de vos confrères étrangers.

3. Vos habitudes managériales sont blessantes pour les membres du personnel.

4. Vous êtes face à une proposition irréaliste. Par principe, vous dites « non ».

5. En tant que Français, culturellement, vous partez d'hypothèses plutôt négatives que positives.

7 À vous ! **Vous allez prendre part à une discussion sur la gestion des malentendus interculturels en entreprise. Avancez vos arguments en soulignant le rôle de la langue et l'importance des réflexes culturels, puis proposez des pistes de solution.**

14c

Promouvoir l'artisanat d'une région

Fête du chouchou* organisée par la mairie de Salazie à l'île de La Réunion.

Journaliste : Quel est l'objectif de cet événement ?

Virginie : C'est une façon de plus pour les touristes de venir découvrir les paysages, mais aussi de découvrir les spécialités locales et le chouchou sous toutes ses formes.

Patricia : Je tiens, encore une fois, à défendre les produits locaux. On doit mettre en avant l'artisanat local et faire en sorte que le touriste qui repart de La Réunion, reparte avec un coin de La Réunion. Et Salazie est un petit coin de La Réunion, encore plus qu'un bourg, qui représente un savoir-faire, la créolité, la tradition, et je souhaite à tous les touristes du monde entier de venir connaître Salazie et surtout à tous les Réunionnais de faire un petit passage vers Salazie pour voir sa beauté et les objets qui y sont fabriqués.

Stéphane F. (maire) : Cette fête du chouchou est la fête traditionnelle de Salazie. On en est à la 8e édition de la fête du chouchou. On met en avant le savoir-faire, à la fois de l'agriculture de Salazie, et du savoir culinaire de Salazie ; on met en valeur notre patrimoine bâti ; on met en avant notre patrimoine culturel, et on met surtout en avant notre patrimoine touristique, nos atouts touristiques lors de cette fête du chouchou. C'est un événement important, nous sommes accompagnés dans cet événement par des financements de la région et qui nous permettent ainsi de mettre en avant cet artisanat local, qui est aussi un des fleurons de Salazie. C'est l'artisanat du bambou, de la paille chouchou et de l'artisanat des objets donjons (objets légendaires et mythiques), et c'est cela qui fait toute la beauté, toute la magie de notre magnifique cirque.

* Le chouchou est un légume-fruit appelé communément chayote ; le nom donné en France est la coloquinte. L'adage du maire de Salazie est : « *Tout est bon dans le chouchou, de la racine à la plus haute tige.* »
http://legacy.regionreunion.com/fr/spip/La-fete-du-chouchou-une-valeur.html

---

▌ **Grammaire**

De sorte que

- **Conséquence (+ *ind.*) :** La Réunion est une île magique, *de sorte que* le tourisme y *est* en hausse.
- **Finalité (+ *subj.*) :** Accueillez le touriste, *de sorte qu'il reparte* le cœur en fête.
- *Faire en sorte que* le touriste reparte (*tjs subj.*) content.

▌ **Vocabulaire**

Le tourisme régional

- L'artisanat local
- Un petit coin = un bourg, une bourgade
- Un atout (touristique)
- Le patrimoine bâti, culturel, naturel
- Le plus beau fleuron = l'élément le plus précieux
- Un savoir-faire (des savoir-faire)
- Un adage = bon mot pour attirer le chaland
- Un cirque = une formation orographique

Pour communiquer

- *Valoriser un événement touristique :* Je tiens à défendre les produits locaux.
Je souhaite à tous les touristes du monde entier de faire un petit passage vers … pour voir…
On met en avant, en évidence, en valeur / On valorise
On promeut / On fait la promotion / On souligne la beauté de qch
C'est cela qui fait toute la beauté, toute la magie de…

A C T I V I T É S

1   Compréhension. Ces affirmations sont fausses. Reformulez-les.

1. C'est un reportage faisant état d'un effort promotionnel pour le tourisme aux Seychelles.
2. Les intervenants promeuvent la culture artistique de leur pays.
3. La fête du chouchou est une tradition remontant à l'époque des plantations de la canne à sucre.

2   Vocabulaire. Éliminez l'intrus dans les phrases suivantes.

1. Une fête de l'artisanat local sert à promouvoir des produits | régionaux | internationaux | bio |.
2. Un atout, c'est | une carte géographique | un avantage | un plus |.
3. Un savoir-faire, c'est | une dextérité | une gaucherie | un art |.
4. Un patrimoine peut être | historique | spontané | génétique | bâti |.

3   Vocabulaire. Reformulez les termes soulignés.

1. Le bourg grec que Thomas adore se nomme Hora et se trouve à Patmos !
2. L'élément le plus prestigieux de notre village, ce sont les tours médiévales.
3. Pour attirer le chaland, à Gérardmer, le slogan des Vosgiens c'est : Je vois la vie en Vosges.
4. Le Creux du Van près de Neuchâtel est une combe due à l'érosion progressive des rochers.

4   Grammaire. Complétez les phrases suivantes en choisissant entre la conséquence et la finalité.

1. Kaysersberg, en Alsace, est un bourg à maisons à colombages, de sorte que beaucoup de touristes _____ s'y promener. (*vouloir*)
2. Choyez le touriste à Bonnieux, de sorte qu'il _____ avec le cœur provençal. (*repartir*)
3. Yvelinois, faites en sorte qu'à Montchauvet le voyageur en _____ plein les mirettes. (*prendre*)
4. Gargilesse-Dampierre est un village extrêmement beau dans le Berry, de sorte qu'il _____ tous les romantiques inspirés par les écrits de George Sand. (*séduire*)

5   Pour communiquer. Familières ou soutenues ? Indiquez le registre de ces phrases puis, reformulez-les en langage courant.

1. Ce qu'on fabrique dans le coin, c'est trop bon, j'adore !!
2. Tout cela rend ce pays féerique et d'un esthétisme inégalé.
3. Les voyageurs des deux hémisphères se doivent de faire une brève halte sous nos contrées.
4. J'ai toujours fait de la pub pour mon joli patelin.
5. Tu insistes sur la somptuosité de la région.
6. Les métiers manuels d'ici, on les expose à tout-va.

6   À vous ! Vous êtes le maire de votre commune. Choisissez un événement typique lié à l'artisanat régional et faites-en la promotion en termes mélioratifs.

15a Réagir face aux changements au sein de l'entreprise

Ah, y'en a marre : tout part à vau-l'eau à la moindre annonce de changement ! 50 % des gens déraillent dès qu'il s'agit de changer leur entreprise. Vous vous rendez compte ! Alors moi, je dis non, ça suffit ! D'abord, il y a ceux qui sont contre : **les réfractaires**. « *Ça fait 20 ans qu'on bosse comme ça, ça veut dire quoi ? Qu'on bossait mal avant ? Ça, non, parce qu'on la connaît la musique ! Il y a 5 ans, ils ont tout changé : les postes, les procédures dans les normes. Tout. Bon, on a vu le résultat : ça a été le bordel général et ça a coûté bonbon.* » Et ensuite, vous avez **les égoïstes** : ceux qui sont contre tout ce qui touche leur petit confort personnel. Les égoïstes : « *Ah ! Ben voilà, t'as vu le plan des nouveaux bureaux ? Je n'ai plus qu'une seule fenêtre, alors qu'avant j'en avais deux. Ah non, moi, je ne passe pas de deux fenêtres à une. Et pourquoi pas rendre ma place de parking pendant qu'on y est ! Ah non, ah non !* » Et vous avez ceux qui sont pour. **Les nettoyeurs** : ceux qui sont prêts à tout changer, à faire table rase du passé sans dire pourquoi, ni quand, ni comment, et ça vous tombe dessus comme un couperet. Faut pas s'étonner après si les gens sont démotivés. Et il y a aussi **les faux-culs** : ceux qui sont à fond pour le changement...enfin, tant que ça ne les concerne pas. « *Faut s'adapter, les mecs. Le changement, ça fait du bien !* » […] Vous avez aussi **les enfumeurs** : surtout, ne pas affoler la ruche, ne pas dire que ça va changer ou alors le changement, on l'annonce à peine. « *Il y aurait une éventualité plus ou moins certaine d'un changement global, mais sur des points ciblés. C'est un changement en profondeur, mais qui ne changera rien.* » Mais le pompon, ce sont **les craintifs** : ceux qui ont peur de dire que ça va changer, qui ne disent rien, qui laissent fuser des bruits de couloir. « *Il paraît qu'ils vont tout réorganiser… Allô Nadine, tu as des infos ?… Y paraît qu'on fusionne…Allô Jean-Pierre, c'est confirmé, il y a fusion… Quoi, on fusionne ?… C'est Chinechawa qui nous rachète…* » […] Alors, pour réussir le changement et impliquer vos équipes, communiquez clairement, formez les managers à la conduite du changement et rappelons-nous : une entreprise ne dure pas si elle n'évolue pas. Vive le changement !

Production : agence Peter Franklin / Auteur : Agnès Doolaeghe / Comédien : Christophe Bouisse, https://www.youtube.com/watch?v=dD4ozgKnPlo

▮▮▮ Vocabulaire

Les profils

- Les réfractaires
- Les nettoyeurs
- Les enfumeurs

- Les égoïstes
- Les faux-culs
- Les craintifs

Pour communiquer

- **Exprimer son dépit (fam.) :**

Y'en a marre, tout part à vau-l'eau = tout se dégrade (partir en sucette, partir en eau de boudin, partir en vrille, partir en couille [*vulg.*])

50 % des gens déraillent = la moitié des gens déraisonne

On la connaît la musique, la chanson = avoir beaucoup d'expérience dans un domaine

Ça a été le bordel général = c'est la pagaille, c'est le boxon

Ça a coûté bonbon = cela a coûté très cher, un prix fou, la peau des fesses, les yeux de la tête

Ça tombe dessus comme un couperet = arriver brusquement par surprise, avec des conséquences désagréables (*référence au couperet de la guillotine*)

- **Commenter les réactions :**

Ceux qui sont prêts à faire table rase du passé

Ne pas affoler la ruche = ne pas angoisser ou faire peur au personnel

Mais le pompon (= le bouquet, *fam.*), ce sont ceux qui laissent fuser des bruits de couloir

ACTIVITÉS

1 Compréhension. **Vrai ou faux ? Si faux, justifiez votre réponse.**

1. C'est à la fois un monologue et une imitation du discours des différents employés.

2. L'humoriste s'exprime contre tout changement au sein de l'entreprise.

3. Le sketch emploie un langage courant.

2 Vocabulaire. **Attribuez à chacun de ces propos le profil qui correspond (voir tableau ci-contre).**

1. Il est hors de question que je déplace ma plante verte d'un centimètre, j'en ai besoin pour mon équilibre émotionnel. Le vert me rend zen !

2. Mais non ! Pourquoi tu t'inquiètes ? Y'a pas de quoi s'affoler, il s'agit d'un changement structurel qui n'aura pour conséquence que des modifications ponctuelles.

3. Je trouve formidable que notre entreprise prenne un virage à 99 degrés ! Mais je ne vois pas vraiment en quoi ça te concerne, planqué que tu es !!

4. Ça suffit, j'en ai plus qu'assez : un plan de restructuration tous les 4 ans et on voit où ça nous mène. On travaille toujours plus et on gagne toujours moins. Moi, je dis *Nein* !

5. C'est vrai ce qui se dit ? On va tous bosser 10 heures de plus ? Il paraît qu'il existe un plan social pour ceux qui se sont absentés plus de 5 minutes pour aller cloper.

6. Enfin un bon coup de fouet, ça fera pas de mal à tous ces encroûtés !

3 Pour communiquer. **Voici des phrases au registre soutenu. Reformulez-les au registre familier.**

1. Il est vrai que la plupart des employés perdent la raison dès que l'on touche à leurs acquis.

2. Ce fut onéreux de poser une moquette épaisse dans le bureau du RH pour ses séances de yoga. En revanche, installer un percolateur guère fonctionnel pour nous ne dut pas leur coûter bien cher !

3. Ces bouleversements dans nos espaces ouverts… Quel capharnaüm !

4. Ce plan de licenciement est arrivé à brûle-pourpoint et aura de fâcheuses répercussions.

5. Il suffit ! L'état des choses empire.

6. Habitués aux réformes, nous ne nous étonnons plus de rien.

4 Pour communiquer. **Vous n'êtes pas d'accord. Réagissez en donnant le contraire de ces phrases.**

1. En tant que directeur, j'adopte la manière franche et directe pour signaler au personnel de vente que, désormais, ils devront travailler le dimanche.

2. Quitte à choisir, je préfère les réfractaires aux changements…

3. Pour moi, le bouquet, ce sont les collègues qui sont à l'affût des ragots et qui y croient.

5 À vous ! **Sous prétexte d'aider les plus démunis de votre ville, votre entreprise a l'intention de doubler les heures de travail de chaque salarié le jour de son anniversaire. Dressez le portrait de vos collègues (vous y compris !) en imaginant leurs réactions.**

15b Gérer le travail en équipe

Oh, y' en a marre (× 2) de tous ceux qui disent qu'ils ont l'esprit d'équipe alors qu'en fait ils bossent dans leur coin sans se soucier de leur voisin. Alors moi, je dis stop, ça suffit ! L'esprit d'équipe, c'est pas parce qu'on dit qu'on l'a, qu'on l'a vraiment. Eh oui !

D'abord, vous avez ceux qui pensent que l'esprit d'équipe, c'est juste un moment de « team-building ». C'est fou ! « Tout le monde est prêt ? C'est parti ! Tous ensemble, on est plus fort. Ah, on va plus loin. Ah, on va gagner. Ah, ça, c'est une équipe ! »

A. Eh, tiens, tu peux jeter un œil sur mon dossier Tavex ? J'ai un souci sur la marge.

B. Oh là, attends ! C'est ton dossier ! Moi, je ne suis pas sur le coup. Désolé !

C. Allez, sois sympa ! on est une équipe (× 2) ! On est une équipe… [dépité]

Et y en a pour qui jouer en équipe, c'est s'occuper uniquement de sa propre équipe. C'est fou !

A. Eh bien, j'étais en réunion avec le marketing. Mais c'est n'importe quoi ! Mais qu'est-ce qu'il fait, leur manager ? Tu devrais aller le voir parce que là, ils vont droit dans le mur !

B. Que j'aille voir Geoffroy ? Hop, hop (× 5) ! Malheur à celui qui montre le grain de sable dans l'engrenage : ça lui retombe toujours dessus. Et puis moi, Geoffroy, ça va, c'est bon ! Toute l'année il a fait le coq avec ses résultats, il a un melon comme ça ! Alors, qu'il se plante un peu, ça va le remettre dans ses baskets. Et entre nous, ça ne peut pas lui faire de mal… et puis tu sais quoi : on n'est pas concerné. Ils font bien ce qu'ils veulent.

Et puis, vous avez ceux qui ne voient pas plus loin que leur petit périmètre et qui ont oublié que toutes les équipes sont toutes reliées comme dans une cordée.

A. Quoi ? T'as pas transmis les documents aux clients ? Mais on va être dans les choux !

B. Ben quoi ? C'est à la gestion de le faire ! Nous, on a juste vérifié le contenu, le reste…

C. Comment ça ? C'est à la gestion de le faire ? Nous, on attend le « go » des commerciaux.

D. Ah oui ? Mais nous, sans le retour du « labo », on ne peut rien faire !

E. Le labo, le labo, il a bon dos, le labo ! Nous, on a fait ce qu'on devait faire. Mais qui a prévenu le client ?

F. Le client ? Mais oui ! Qui a prévenu le client ? Parce que là, on court à la cata !

Alors moi, je dis stop, ça suffit ! Pour bien travailler ensemble, créons une dynamique de collaboration, dans les équipes et entre les équipes. Restons solidaires face à l'objectif. Pensons plus large, plus grand, pensons collectif. « Un pour tous et tous pour un, et vive les Mousquetaires ! »

Production : agence Peter Franklin / Auteur : Agnès Doolaeghe / Comédien : Christophe Bouisse, https://www.youtube.com/watch?v=0lJVIOVNU1k

---

▮ Vocabulaire

Une équipe de travail

- Un esprit d'équipe = un esprit collectif
- Les commerciaux, les administratifs, les financiers…
- Un périmètre (de travail)
- Une dynamique de collaboration

Pour communiquer

• ***Décrire le travail d'équipe :***
Se soucier du voisin / « Un pour tous, tous pour un et vive les Mousquetaires »
Ça va le remettre dans ses baskets / Être relié (comme) dans une cordée
• ***Annoncer un probable échec pour se déresponsabiliser :***
Aller droit dans le mur / Se planter / Être dans les choux / Courir à la cata
Être ou montrer le grain de sable dans l'engrenage (*positif ou négatif*)
• ***Se désolidariser :***
Bosser dans son coin / Faire le coq / Avoir un melon comme ça = avoir la grosse tête

1 Compréhension. **Vrai ou faux ? Si faux, justifiez votre réponse.**

1. Ce document fait référence au travail en équipe.

2. D'après le sketch, le travail en équipe se fait sans encombre.

3. Le discours de l'humoriste est élégant et chic.

2 Vocabulaire. **Complétez cette histoire avec les mots manquants.**

La journée de d'Artagnan, un as du travail en équipe : moi, le matin, quand j'arrive au bureau, je salue tout le monde, que ce soit le directeur, le RH, les secrétaires, _____, les financiers et même le personnel d'entretien. Je trouve que l'on doit avoir ____ sans faille, sinon on court à la catastrophe. Puis j'aime quand s'instaure entre nous une _____. On apprend à mieux se connaître et quelquefois il arrive même qu'on aille boire un verre ensemble après le boulot. Si chacun d'entre nous reste dans son _____ sans avoir une vue d'ensemble, rien n'avancera ni n'évoluera. Ayons alors un _____ et demain tout ira bien au sein de notre entreprise.

3 Pour communiquer. **Trouvez les expressions correspondantes aux situations suivantes.**

1. Ce célèbre adage d'Alexandre Dumas est utilisé quand des copains font corps ensemble en situation de concours ou de jeux.

2. Sur le Mont-Blanc et en général en haute montagne, c'est quand des alpinistes sont attachés les uns aux autres pour des raisons de sécurité.

3. Se dit lorsqu'un(e) collègue a eu tendance à se sentir supérieur(e) aux autres et qu'une faille vient ébranler sa superbe.

4. C'est lorsque vous faites attention à ceux et à celles qui sont proches de vous géographiquement, au bureau ou à votre domicile.

4 Pour communiquer. **Reformulez les phrases suivantes d'une manière plus familière.**

1. Nous allons vers une situation désastreuse avec notre retard.

2. Porthos a tort : il travaille toujours tout seul, enfermé dans son bureau.

3. C'est fou ! L'intervention d'Aramis a bloqué tout un processus important.

4. Sur ce produit, nous nous sommes totalement trompés : on croyait gagner et on a tout perdu.

5. Stéphanette est d'une prétention et d'une arrogance depuis qu'elle est directrice de ce pôle !

6. Éric se prend pour le roi de France et pourtant il ne voit pas qu'il programme son échec !

7. Depuis qu'elle a insulté son collègue Athos, Isabelle est laissée pour compte.

5 À vous ! **Racontez, dans un registre familier et comique, une expérience de travail positive ou négative que vous avez vécue au sein d'une équipe.**

15c Comprendre les clauses d'un contrat de travail

Contrat de travail à durée déterminée (Suisse)

Entre … (employeur) et… (employé n° 1) et… (employé n° 2), il est conclu le contrat de *job sharing* suivant :

I. Domaine d'activité et fonction

L'employé est engagé dans l'entreprise pour accomplir les tâches suivantes : … Il occupera le poste de travail suivant : … Le cas échéant, il pourra être fait appel à lui hors tâches susnommées. Le supérieur direct de l'employé est : … L'employé aura sous ses ordres les collaborateurs suivants : … Il aura au sein de l'entreprise le titre de : …

II. Début et durée de l'activité

La date d'entrée est fixée au : (date) à … heures pour l'employé n° 1 et à … heures pour l'employé n° 2. Le rapport de travail est établi pour une durée déterminée et prendra fin pour les deux employés le … (date), sans notification de licenciement.

III. Temps d'essai et fin de contrat

Le temps d'essai est fixé à … mois (3 au maximum). Durant cette période, chacune des parties est habilitée à mettre un terme au rapport de travail dans un délai de congé de sept jours à compter de la fin de semaine. À la fin du temps d'essai, le délai de congé est porté à un mois pour la première année de service et à deux mois après deux ans de service. L'avis de congé devra faire l'objet d'une notification écrite et, à la demande de la partie congédiée, il conviendra d'en indiquer le motif. L'employé reconnaît expressément avoir pris connaissance du fait que le congé de l'un des employés peut avoir pour conséquence le congé du second, si l'employeur ne trouve pas de remplaçant adéquat. Lors du choix d'un nouveau collaborateur, l'employé qui conserve son poste a le droit d'émettre un avis. (Le présent contrat de travail peut être conclu avec chacun des salariés à titre individuel, mais il est recommandé de mentionner également le second salarié, car certains droits et obligations concernent les deux personnes.)

http://www.contrats-suisses.ch/theme/Contrats+de+travail/148-Contrat+de+travail+%C3%A0+dur%C3%A9e+d%C3%A9termin%C3%A9e

▨▨ Vocabulaire

Le contrat de travail (Suisse)

- Un contrat de *job sharing* = un partage de poste
- Un temps d'essai = une période d'essai
- Les droits et les obligations
- Congédier, licencier, mettre à la porte (*fam.*), foutre dehors (*vulg.*)

- Un rapport de travail (entre employeur et salarié)
- Un avis de congé = une rupture de contrat (lettre)
- Le licenciement ≠ la démission

Pour communiquer

• ***Indiquer le cadre de travail :*** L'employé est engagé pour accomplir qch
Il occupera le poste de travail suivant : / L'employé aura sous ses ordres les collaborateurs suivants : / Il aura au sein de l'entreprise le titre de :

• ***Expliquer le fonctionnement du contrat :***
Le rapport de travail est établi pour une durée indéterminée/déterminée (= CDI/CDD).
Chacune des parties est habilitée à mettre un terme au rapport de travail.
L'avis de congé devra faire l'objet d'une notification écrite.
Il conviendra d'en indiquer le motif. / Le rapport de travail prendra fin le (date).

1 Compréhension. **Ces affirmations sont fausses. Reformulez-les correctement.**

1. Ce document est un contrat pour un CDI.
2. Le contrat de l'un des deux employés ne peut être modifié sans l'aval de l'autre.
3. C'est un écrit à teneur économique.

2 Vocabulaire. **Devinettes. De quoi parle-t-on ?**

1. C'est un contrat professionnel non explicite.
2. C'est ce que fixe un contrat de travail pour les parties contractantes.
3. Si vous quittez votre emploi de votre propre chef, vous devez la donner.
4. C'est une place qui n'est pas occupée que par une seule personne.
5. C'est ce que va faire votre DRH si l'entreprise veut se débarrasser de vous !
6. C'est une mise à l'épreuve temporaire pour vérifier si vous êtes capable d'effectuer le travail qui vous est confié.
7. C'est un courrier que vous pouvez recevoir et qui, en Suisse, n'est pas forcément motivé.
8. Il peut être abusif, auquel cas vous avez droit à des indemnités.

3 Pour communiquer. **Complétez le contrat de travail suivant.**

Contrat à durée perpétuelle

L'_____ les tâches suivantes : apporter le café, cirer les chaussures du P-DG et repasser les chemisiers de la DRH. Il/Elle _____ : cafetier(-tière), valet(te) de bureau et homme/femme de fer. L'_____ : M. Lasoutasse, Mme Lachiffonnette et Mlle Laplanche. Il/Elle _____ : Grand Chevalier de l'ordre de la godasse, de la fripe et de la caféine.

4 Pour communiquer. **Reformulez ces phrases de façon plus formelle pour la rédaction d'un contrat.**

1. Il faut envoyer une lettre officielle de licenciement.

_____

2. L'employé(e) et l'employeur peuvent rompre le contrat.

_____

3. Il faudra justifier le renvoi.

_____

4. Nous travaillons ensemble sans fixer une limite dans le temps.

_____

5. Nous arrêtons notre collaboration professionnelle à partir du 30 août.

_____

5 À vous ! **On parle d'introduire le contrat de partage de poste dans votre pays. Qu'en pensez-vous ? Argumentez en faveur ou en défaveur de ce genre de contrat. (Production libre)**

1 Remplacez les termes soulignés par des synonymes.

1. Baptiste a fait une carrière peu banale, passant des pompes funèbres à la politique.

2. Grâce à sa culture et à ses relations, Albertine a pu s'élever dans la société.

3. Connaître la mention d'un diplôme n'est finalement qu'accessoire.

4. Suite à ses incessantes querelles avec ses collègues, Bénédicte a reçu un blâme.

5. Tout fonctionnaire se doit de ne pas détourner les fonds de l'État pour son propre compte.

6. La médiation tente de mettre un terme au désaccord entre deux collaborateurs.

7. Louis est rebelle à toute forme d'autorité.

2 Devinettes : de quoi parle-t-on ?

1. Ils ont peur de tout changement, y compris en entreprise.

2. C'est un acte par lequel on se démet d'une fonction.

3. C'est un gros village où se tiennent ordinairement les marchés.

4. Ce mot au féminin signifie « harmonie » mais, au masculin, c'est un célèbre avion français.

5. C'est ce qui est adopté au début d'une réunion.

6. C'est une certaine liberté dans l'application des règles.

7. Cette réponse l'est quand elle ne tergiverse pas.

8. En langue familière, c'est un hypocrite.

9. Lorsque vous êtes étudiant, vous pouvez y déjeuner, cependant ne vous attendez pas à une gastronomie haut de gamme !

3 Indiquez le contraire des termes soulignés.

1. Le personnel s'est lancé activement dans ce nouveau projet.

2. Hélas, ce n'est pas un problème unique.

3. Il ne s'est pas gêné pour répondre à son partenaire étranger sur ce malentendu culturel.

4. L'énarque Gilda a effectué un parcours médiocre.

5. Le management de notre entreprise se signale par une totale absence de réunions.

6. Aline, la responsable du pôle « finance », est très déférente envers ses subordonnés.

4 Choisissez la bonne réponse.

1. La séance est levée : il s'agit d'une ⬚chlorure⬚ ⬚closerie⬚ ⬚clôture⬚ de séance.

2. ⬚Alors même que⬚ ⬚même si vraiment⬚ je le voudrais, je ne pourrais jamais m'expatrier.

3. Chers étudiants, apprenez bien le subjonctif, de sorte que les auteurs de ce livre ⬚seraient⬚ ⬚sont⬚ ⬚soient⬚ contents de vous !

5 Transposez ces phrases dans un style familier.

1. Tout le monde se moquait de moi, quand je disais que je voulais devenir ramoneuse !

2. Nous sommes certains de la justesse de nos actes.

3. Paule et Jacques, agents du fisc, sont souvent insultés : on les dit peu enclins au travail.

4. En écrivant ce livre, Jean-Charles et Romain ont effectué un travail faramineux.

5. Depuis la fusion, cette entreprise n'a de cesse de se délabrer.

6. La création de ce site d'opticiens en ligne fut terriblement onéreuse pour les investisseurs.

7. C'est un comble, il paraît que le personnel offre des fleurs au mari de la directrice !

8. Armande est à bout de nerfs, son conseiller capillaire lui a brûlé le cuir chevelu.

6 Reformulez ces phrases dans un registre standard.

1. Valérie a failli être virée de l'ENA, elle l'a échappé belle.

2. Pour ces feignants d'employés municipaux, six heures, c'est l'heure de l'apéro !

3. On n'a pas déjà abordé ça à la dernière réunion ?

4. J'ai quand même pas aimé que vous critiquiez notre boulot.

5. Dans l'entreprise, on l'appellera le patron.

7 Exprimez autrement les phrases suivantes.

1. Il y a deux manières de concevoir la valeur des diplômes.

2. Ce qui m'a intéressé au premier abord, c'était cette ouverture vers un cursus international.

3. C'est un moyen pour être plus libre mais, paradoxalement, c'est aussi une contrainte.

4. Vous étouffez toute création, c'est la raison pour laquelle je décline votre offre.

5. Vous devriez faire preuve d'un peu plus de modestie dans votre missive.

6. Serait-il possible d'en venir à l'essentiel ?

7. Le médiateur veille à ce que les participants ne s'interrompent pas sans cesse.

8. Martin informera l'équipe le plus rapidement possible.

9. On attend de Christelle qu'elle prenne des initiatives concrètes dans le secteur éducatif.

10. Quelques-uns des membres du personnel sont enclins à oublier tout ce qui a été accompli.

8 Vous êtes représentant(e) du personnel dans l'entreprise où postule le jeune homme de la caricature. Dénoncez ces mauvaises conditions de travail et sensibilisez le directeur à cette problématique.

Caricature :
Vous êtes jeune diplômé ?
– oui !
...mobile ? – oui !
...flexible ? – oui !
...jetable ? – oui !

16a

Formuler des recettes de longévité

105 ans, presque bon pied, presque bon œil. « *Pour les journaux, j'ai un appareil qui agrandit les lettres.* » La curiosité, elle, est intacte. Joseph Malahieude écoute France Info et, les mercredis après-midi, suit sur France 3 les « Questions au gouvernement ». Le sport, il n'en pratique plus. « *J'ai joué au golf jusqu'à 90 ans, mais j'ai dû arrêter car mon partenaire est mort.* » L'homme rit. « *Mon docteur a dit : pour que vous mouriez, il faudra vous donner de la mort-aux-rats et y mettre le paquet !* » Joseph vit toujours dans la rue qui l'a vu naître. Il faut croire que l'endroit est vivifiant. « *Dans un rayon de 500 mètres, il y avait quatre centenaires ici !* » pose le vieil homme. Il raconte même être allé remonter le moral à l'un d'eux, une dame placée en institution. Pas facile de vivre si longtemps même si l'on vieillit sans souffrir. « *Mon docteur n'y comprend rien !* » souffle Monsieur M. avec malice. « *De ma vie, je n'ai pas pris un seul jour de congé maladie. Il ne faut pas s'écouter ; parfois on se croit malade, mais en réalité on ne l'est pas !* » La vie au grand air serait une des explications de sa forme. Comme son père, Joseph était entrepreneur en bâtiment. « *J'étais constamment dehors et dans les courants d'air.* » Il a toujours travaillé aussi. « *J'ai pris ma retraite à 75 ans, je n'ai jamais considéré ma profession comme une charge, mais comme un plaisir. Mes ouvriers étaient ma seconde famille. Si on a du travail et pas de souci à côté, alors c'est presque du repos.* » Sport et travail sont les mots préférés du centenaire. « *Je me suis toujours levé tôt et couché tard. Sept heures de sommeil par jour sont largement suffisantes.* » […] Le secret ? La sœur aînée de Joseph est décédée à 104 ans ½. Selon toute vraisemblance, la longévité est dans les gènes de la famille. L'homme en paraît assez fier. De belle allure, souriant, il plante son regard bleu dans les yeux des visiteurs : « *Vous vous attendiez à quoi en venant me voir ?* » Il rit encore. Quand d'aucuns lui demandent son secret, il hausse les épaules : « *Je me laisse vivre. Je prends les choses comme elles viennent et j'abandonne les mauvais souvenirs sur le côté.* » Pour le reste il s'esclaffe : « *Dans ma vie, j'ai bien mangé, j'ai bien bu, merci petit Jésus !* » Il a quand même arrêté de fumer il y a deux ans. Pour faire plaisir à ses enfants, il a aussi accepté l'an dernier qu'une veilleuse de nuit reste avec lui. « *Je ne souhaite à personne d'être centenaire. On finit par être dépendant !* »

Marie-Pierre Griffon, *L'Écho du Pas-de-Calais*, n° 72, mars 2006, www.echo62.com/article1845e

---

▶ Grammaire

D'aucuns

D'aucuns lui demandent comment bien vieillir = *certains, des gens*

▶ Vocabulaire

Bien vieillir

- Avoir bon pied, bon œil
- Un air vivifiant
- Un gène
- Remonter le moral à quelqu'un

- Une curiosité intacte
- La malice
- De belle allure

Pour communiquer

- Pour que vous mouriez, il faudra vous donner de la mort-aux-rats et y mettre le paquet.
- De ma vie, je n'ai jamais pris un seul jour de congé maladie.
- Il ne faut pas s'écouter.
- Je n'ai jamais considéré ma profession comme une charge mais comme un plaisir.
- Je me laisse vivre.
- Sept heures de sommeil sont largement suffisantes.
- Prendre les choses comme elles viennent.
- J'abandonne les mauvais souvenirs sur le côté.
- J'ai bien mangé, j'ai bien bu, merci petit Jésus !

1 Compréhension. **Vrai ou faux ? Si faux, justifiez votre réponse.**

1. Il s'agit d'un reportage sur un nonagénaire.

2. Joseph a « bon pied, bon œil » et ne se plaint pas de maux physiques.

3. Joseph est joyeux et disert.

2 Vocabulaire. **Devinette du bon centenaire : de quoi parle-t-on ?**

1. C'est l' « habitacle » de l'ADN.

2. C'est avoir une allure vive et alerte.

3. Son synonyme est l'espièglerie.

4. C'est une personne qui a un port d'Apollon.

5. C'est la capacité d'avoir les yeux ouverts sur le monde, quel que soit l'âge.

6. Quand votre ami(e) se trouve au fond du gouffre, vous le faites si vous êtes chic…

7. C'est le bon vent qui vous fouette le visage à la mer comme à la montagne.

3 Grammaire/Vocabulaire. **Passez du style standard au style littéraire en transformant ces phrases.**

1. Quelques-uns pensent que la durée de vie ne dépend que des gènes.

2. Des gens, jaloux, voudraient même vous voir en mauvaise santé.

3. Certains disent que, pour vivre vieux, il ne faut ni boire ni fumer. Foutaises ! Regardez Joseph !

4 Pour communiquer. **Reformulez ces phrases relatives à la longévité.**

1. Je ne garde en mémoire que les moments heureux.

2. Surtout, si vous avez des bobos, oubliez-les !

3. Passer sa vie au lit n'est pas salutaire.

4. Pour qu'un jour vous quittiez cette Terre, on devrait vous empoisonner à l'arsenic, et encore, 900 mg n'y suffiraient pas !

5. Je profite de l'existence.

6. Je ne me suis jamais absenté(e) de mon travail pour des raisons de santé.

7. Je ne me suis jamais privé(e) d'aucun plaisir de la table. J'en rends grâce aux cieux.

8. J'allais toujours de gaieté de cœur à mon boulot.

9. Mon credo : ne pas se prendre la tête, ni le chou.

5 À vous ! **Vous avez atteint l'âge de Mathusalem, c'est-à-dire 969 ans. Vous échangez avec de jeunes centenaires, interloqués par votre longévité et votre santé inoxydable. Racontez avec humour vos recettes miraculeuses.**

16b
Analyser le phénomène du vieillissement démographique

La France va prendre un coup de vieux, selon l'Insee. **Journaliste :** Aujourd'hui, 25 % de la population a plus de 60 ans. En 2060, ils seront 32 %, soit un Français sur trois. Fini le baby-boom, place au papy-boom.

Hervé Sauzey, Institut français des seniors : « *Ce qui est particulièrement notable, c'est que c'est la partie des plus âgés qui va, elle, complètement exploser. Parce que le nombre des plus de 75 ans va être multiplié par deux, et celui des plus de 85 ans par quatre. Donc, quels que soient les scénarios démographiques, [...] c'est écrit : on va vers une société dont un tiers de la population sera âgé.* » Un vrai changement de société auquel la France devra s'adapter. Le monde du travail sera fortement impacté. Aujourd'hui, 2,5 actifs cotisent pour 1 retraité contre 1,5 d'ici 44 ans.

Serge Guérin, sociologue, spécialiste des seniors : « *Bien évidemment, la problématique du financement des retraites se pose. Puisque, finalement, on aura de plus en plus de personnes qui seront de plus en plus longtemps en retraite. Et on aura en face le risque qu'il y ait de moins en moins de personnes qui cotisent.* » Le vieillissement de la population soulève de vrais défis économiques, mais il présente aussi des avantages : un nouveau marché voit le jour. [...]

Anne-Christine Rahal, conceptrice de produits BMP-Voyages : « *La niche des seniors, elle est porteuse parce que les seniors, il y en a tout autour de nous, ils ont quand même de plus en plus les moyens de voyager, et l'envie de découvrir d'autres cultures, d'autres pays, voilà pourquoi nous, on s'est aussi spécialisés là-dedans.* » Au-delà des traditionnels clubs de vacances, Anne-Christine propose des produits sur mesure pour les seniors : des circuits bien-être en Asie, la découverte d'un pays associée à une cure de soins. [...]

Voyages, santé, habitat, le business surfe sur la vague des seniors. Pour les plus de 80 ans, cette tendance a même un nom : la « silver économie ». Un marché de plus de 130 milliards d'euros. Loin de nous tirer vers le bas, nos aînés pourraient donc être les moteurs d'une nouvelle France à inventer.

S. G. : « *Quand on est capable de valoriser l'expérience, on s'aperçoit aussi qu'il y a énormément de gens qui continuent de créer, de développer, d'inventer à tous les âges de la vie. Donc on aura peut-être une France avec des rides, mais une France qui ne sera pas ridée dans sa tête, on aura une France qui peut, avec des gens y compris de plus de 80 ans, continuer à inventer son avenir.* »

http://www.bfmtv.com/mediaplayer/video/2060-la-france-va-prendre-un-coup-de-vieux-selon-l-insee-769830.html

Grammaire

Accord du verbe (les pourcentages)

- 32 % de la population *aura* plus de 60 ans.
- 10 % des retraités *seront* centenaires en 2060.
- 20 % de la population seront des septuagénaires.

Vocabulaire

Les seniors

- Le papy-boom
- Le financement des retraites
- Surfer sur la vague des seniors (*fam.*)
- Cotiser, les cotisations

Pour communiquer

- ***Commenter une évolution démographique :*** Prendre un coup de vieux
La partie des plus âgés va complètement exploser. / Quels que soient les scénarios démographiques...
C'est écrit : on va vers une société dont un tiers... / Un nouveau marché voit le jour.
La niche des seniors est porteuse. / Le vieillissement soulève de vrais défis socio-économiques.
- ***Faire des projections :***
Un vrai changement de société auquel la France devra s'adapter.
Le monde du travail sera fortement impacté.
Loin de nous tirer vers le bas, nos aînés pourraient être les moteurs de qch.
On aura une France avec des rides, mais pas ridée dans sa tête.

1 Compréhension. Vrai ou faux ? Si faux, justifiez votre réponse.

1. Il s'agit de témoignages sur le tourisme de masse.

2. Dans la seconde moitié du XXIe siècle, un Français sur trois sera au minimum sexagénaire.

3. Le reportage voit cette évolution d'un œil critique.

2 Vocabulaire. Complétez ces phrases avec les termes manquants.

1. Le système de retraite fondé sur la solidarité implique que les actifs _____ pour la retraite des aînés. Au vu de l'évolution démographique, cela signifie fatalement une augmentation _____.

2. Les citoyens suisses se prononceront le 24 septembre prochain sur un vaste projet de loi visant à consolider _____ des futures _____.

3. Les maisons de retraite se frottent les mains : elles voient dans l'émergence du _____ un bon moyen de se faire un maximum de blé.

4. L'âge moyen des adhérents du club nautique de Biarritz a fait un bond : désormais, 30 % d'entre eux ont dépassé les 75 ans. On peut vraiment dire que ce club _____.

3 Grammaire. Complétez les phrases suivantes en conjuguant les verbes entre parenthèses.

1. 1 % des centenaires _____ (*voyager*) encore autour du monde.

2. 10 % de la population _____ (*être*) des vieillards et 10 % _____ (*avoir*) moins de 15 ans.

3. Selon les chiffres publiés, un tiers des plus de 90 ans _____ (*porter*) des couches comme leurs arrière-petits-enfants.

4 Pour communiquer. Reformulez ces commentaires relatifs au vieillissement.

1. Il est inévitable que 33 % de la population ait plus de 70 ans en 2070.

2. Ça faisait longtemps que je n'avais pas vu ma voisine, Dieu qu'elle est ratatinée !

3. Notre société va devoir affronter la sénescence de sa population à plusieurs niveaux.

4. Les vétérinaires sont ravis car leur clientèle du 4e âge ne cesse d'augmenter !

5. Peu importent les hypothèses, la population des aînés va connaître une croissance exponentielle.

5 Pour communiquer. Faites des projections en fonction des situations suivantes.

1. Demain, dans l'Hexagone, tous nos arrière-grands-parents feront de la planche à voile à Guéthary, s'habilleront chez Gaultier et liront T'choupi et Doudou.

2. L'équilibre entre actifs et retraités sera bouleversé.

3. Les seniors ne sont pas un poids pour la société, au contraire, ils y apporteront sans doute un nouveau souffle.

6 À vous ! Votre pays est-il, ou non, touché par le vieillissement de la société ? Commentez librement ce phénomène démographique.

16c

Se positionner face à une controverse sociétale

Pour ou contre la légalisation de l'euthanasie ?

Bernard-Marie Dupont, généticien et diplômé de philosophie : Je pense que l'on ne peut pas répondre à une question philosophique de façon technique, sous le couvert de la loi. Il existe un principe moral dans notre culture, qui n'admet aucun permis de tuer. Si l'on brise cet interdit absolu, en se servant de la loi, on déstabilise l'essence même de notre droit positif. Comme tout le monde le sait, les médecins prêtent serment de ne jamais provoquer la mort délibérément. Cette règle ne doit pas souffrir d'exception. Certes, d'autres pays, tels les Pays-Bas, ont pris la décision, au nom de la dignité humaine, d'autoriser l'euthanasie pour les personnes démentes. Mais, qui de droit peut décider qu'une personne est moins digne qu'une autre, qu'un malade souffre plus qu'un autre ? Je ne vois pas pourquoi, au nom de quoi on exigerait des médecins qu'ils administrent la mort. Il faut parfois accepter que l'on ne puisse pas tout maîtriser, qu'il n'y ait pas de solution. En toute humilité. Vouloir légiférer sur l'euthanasie détourne notre attention du vrai problème : comment pallier la souffrance des patients ?

Nicole Boucheton, vice-présidente de l'Association pour le droit à mourir dans la dignité (ADMD) : Nous pensons, à l'ADMD, qu'une telle loi permettrait aux patients et à leurs familles d'appréhender une fin de vie avec plus de sérénité. Contrairement à ce que prétendent les détracteurs de ce projet de loi, l'euthanasie n'est pas un homicide assisté ou légalisé, mais c'est aider un malade incurable à partir au moment où il le souhaite. Savoir que l'euthanasie est une alternative possible, c'est un soutien décisif dans la préparation à la mort. Une telle loi pourrait s'appliquer à des patients qui craignent de devenir paralysés ou atteints d'Alzheimer. Ce qui est important, en revanche, c'est qu'on instaure au moins trois mécanismes de contrôle : premièrement, le malade doit être épaulé par une personne de confiance ; deuxièmement, on doit veiller à ce que sa volonté soit respectée et enfin, le dispositif doit être réversible jusqu'au dernier instant. Dans tous les cas, et si doute il y a, la décision finale devra revenir à une commission de contrôle et être validée par deux médecins spécialisés. En Belgique, un tel dispositif semble déjà avoir fait ses preuves.

D'après http://www.francetvinfo.fr/societe/euthanasie/pour-ou-contre-la-legalisation-de-l-euthanasie_154181.html

---

▌▌ Vocabulaire

La fin de vie

- La légalisation de l'euthanasie
- L'interdit (≠ le permis) de tuer
- Les médecins prêtent serment
- Les personnes démentes
- Un principe moral
- Briser un interdit
- Provoquer la mort délibérément
- Une maladie incurable

Pour communiquer

- **S'exprimer contre un nouveau dispositif légal :**
Je pense qu'on ne peut pas y répondre sous le couvert de la loi.
On déstabilise l'essence même de notre droit positif.
Par ailleurs, je ne vois pas pourquoi et au nom de quoi…
Cette règle ne doit pas souffrir d'exception.
Qui de droit peut décider qu'une personne est moins digne qu'une autre ?
Il faut accepter que l'on ne puisse pas tout maîtriser.
- **S'engager pour une nouvelle loi :**
Savoir que l'euthanasie est une alternative possible c'est…
Être épaulé par une personne de confiance. / Veiller à ce que la volonté du malade soit respectée.
Le dispositif doit être réversible jusqu'au dernier instant.
Une telle loi pourrait s'appliquer aux patients qui craignent de…

1   Compréhension. Répondez aux questions suivantes.

1. La législation en France en matière d'euthanasie est-elle identique à celle des Pays-Bas ?

2. Pourquoi y a-t-il controverse en France au sujet de l'euthanasie ?

3. Que représente la faucheuse sur la caricature ?

2   Vocabulaire. La collocation : choisissez la (les) bonne(s) réponse(s).

1. Les médecins donnent font prêtent serment.

2. L'euthanasie, c'est provoquer causer se donner la mort heureusement délibérément librement .

3. Il faut enfin rompre briser casser cet interdit.

4. Les gestes principes préceptes moraux sont bons pour se faire de la pub.

5. La législation répartition légitimation de l'euthanasie.

6. Il a une maladie curative inguérissable incurable .

7. Les personnes aliénées démentes clémentes n'aiment pas les piqûres !

8. James Bond a obtenu haut la main son permis de conduire navigation de plaisance tuer .

3   Pour communiquer. Vous n'êtes pas d'accord avec ces propositions. Répondez selon la situation.

1. Cet homme politique veut légiférer sur tout : les naissances, les mariages, les fourmis…

2. L'amour et la sexualité des citoyens sont discutés à l'Assemblée nationale.

3. Le ministre de l'Éducation a décidé de supprimer les cahiers et les stylos à l'école…

4. Le garde des Sceaux propose de faire emprisonner tous ceux qui rêvent de tuer quelqu'un.

5. La ministre du Travail a le projet d'écarter les personnes improductives des zones urbaines.

6. La maire veut installer des places de stationnement dans la zone piétonne du centre-ville.

4   Pour communiquer. Reformulez ces phrases pour souligner votre engagement.

1. Il est fort agréable que l'on puisse choisir entre se marier et se pacser.

2. Il faut être vigilant à ce qu'un malade condamné puisse choisir de mourir dans la dignité.

3. Lors de grands chagrins, on aime se sentir entouré et soutenu par ses proches.

4. Ce dispositif légal serait utile aux personnes démunies qui risquent de perdre leur logement.

5. Il faudrait que, jusqu'à la dernière étape de la procédure, on puisse revenir en arrière.

5   À vous ! DALF Dans votre pays, on souhaite légiférer en matière d'euthanasie. Lors d'un débat entre spécialistes, vous prenez position, en incluant dans votre argumentation les idées de vos adversaires.

17a Exprimer ses maux physiques

Je ne suis pas bien portant 25

Depuis que je suis militaire, ce n'est pas rigolo. Entre nous, je suis d'une santé précaire, et je me fais un mauvais sang fou. J'ai beau vouloir me remonter, je souffre de tous les côtés. […] Afin de guérir au plus vite, un matin tout dernièrement, je suis allé à la visite voir le major du régiment. D'où souffrez-vous ? qu'il m'a demandé. C'est bien simple, que j'y ai répliqué. J'ai la rate qui se dilate, j'ai le foie qu'est pas droit […], et puis j'ai ajouté, voyez-vous, ce n'est pas tout : j'ai les genoux qui sont mous, j'ai le fémur qu'est trop dur,	j'ai les cuisses qui se raidissent, les guibolles qui flageolent, j'ai les chevilles qui se tortillent, les rotules qui ondulent, les tibias raplapla, les mollets trop épais, les orteils pas pareils, j'ai le cœur en largeur, les poumons tout en long, l'occiput qui chahute, j'ai les coudes qui se dessoudent,	j'ai les seins sous le bassin et le bassin qu'est pas sain […] J'ai le nez tout bouché, le trou du cou qui se découd, et du coup, voyez-vous, je suis gêné pour parler c'est vexant car maintenant je suis forcé de m'arrêter. Ah bon Dieu ! Que c'est embêtant D'être toujours patraque, Ah bon Dieu ! Que c'est embêtant Je ne suis pas bien portant. […] REFRAIN

Récitatif chanté (extrait), interprété par Ouvrard, paroles : Géo Koger, musique : Vincent Scotto, Gaston Ouvrard, 1932, https://www.youtube.com/watch?v=mluu9VIGifQ

Stylistique

La rime

- *Rime pauvre (1 voyelle)* : gen*oux*-m*ous* ; moll*ets*-ép*ais*
- *Rime suffisante (1 voyelle + 1 consonne)* : cu*isses*-raid*issent* ; c*oudes*-dess*oudent* ; *seins*-bassin

Vocabulaire

Les petits bobos corporels

- La rate qui se dilate
- Le fémur qu'est trop dur
- Les rotules qui ondulent
- Les orteils pas pareils
- Le bassin qu'est pas sain
- Le foie qu'est pas droit
- Les guibolles qui flageolent
- Les tibias raplapla
- L'occiput qui chahute

Pour communiquer

- ***Geindre sur ses petits maux :***

Je suis d'une santé précaire et toujours patraque = je ne suis pas bien portant
Je me fais un mauvais sang fou.
J'ai beau vouloir me remonter (= me soigner), je souffre de tous les côtés.

A C T I V I T É S

1 Compréhension. Vrai ou faux ? Si faux, justifiez votre réponse.

1. Ce document est une ordonnance médicale.

2. L'interprète possède une santé de fer.

3. Le fond de cette chanson est tragique.

4. C'est une ritournelle qui pourrait continuer à l'infini.

2 Vocabulaire. Devinettes : de quelle partie du corps s'agit-il ?

1. C'est aussi un réceptacle pour récupérer les eaux de pluie.

2. C'est l'os le plus long et le plus résistant du corps humain.

3. Quand vous êtes totalement épuisé(e), vous êtes dessus.

4. Vous vous la mettez au court-bouillon quand vous vous faites un sang d'encre.

5. Vous les avez en éventail quand vous êtes en état de béatitude extrême.

6. C'est le synonyme familier du mot « jambe ».

7. Il permet de soutenir le crâne sur la colonne vertébrale.

8. Il forme un couple avec le péroné.

9. Lorsqu'il est bien gras, c'est une merveille : à déguster accompagné d'un jurançon.

3 Vocabulaire. Complétez ces phrases avec des verbes exprimant un mouvement.

1. Ce cancre passe tout son temps à dormir ou à _____ en classe.

2. Pour la circulation du sang dans le corps, le cœur se _____ et se contracte.

3. Devant une montagne de difficultés, nous ressentons parfois le courage _____.

4. Le vent faisait _____ l'eau de ce lac.

4 Stylistique. Relevez les rimes dans ce début de fable de La Fontaine, puis indiquez si elles sont pauvres ou suffisantes.

1. La cigale, ayant chanté / Tout l'été,

2. Se trouva fort dépourvue / Quand la bise fut venue.

3. Pas un seul petit morceau / De mouche ou de vermisseau.

4. Elle alla crier famine / Chez la fourmi sa voisine…

5 Pour communiquer. Pour parler de votre santé fragile, reformulez ces phrases de façon familière.

1. Malgré des soins constants, rien n'y fait : des douleurs m'assaillent de toutes parts.

2. Je m'alarme excessivement au sujet de ma santé.

3. Mon corps est souffreteux et languissant, je ne suis donc jamais au mieux de ma forme.

6 À vous ! Vous êtes raplapla. Ajoutez une strophe à la chanson en faisant des rimes (« J'ai... ... »).

17b Exagérer un diagnostic de santé

Argan, le malade imaginaire ; Toinette, servante d'Argan travestie en médecin

T. : Je suis médecin passager, qui vais de ville en ville, […] pour trouver des malades dignes de m'occuper […]. Je dédaigne de m'amuser à ce menu fatras de maladies ordinaires, à ces bagatelles de rhumatisme et de fiévrottes, à ces vapeurs et à ces migraines. Je veux des maladies d'importance : de bonnes fièvres continues, avec des transports au cerveau, de bonnes fièvres pourprées, de bonnes pestes, de bonnes hydropisies formées, de bonnes pleurésies avec des inflammations de poitrine : c'est là que je me plais, c'est là que je triomphe ; et je voudrais, Monsieur, que vous eussiez toutes les maladies que je viens de dire, que vous fussiez abandonné de tous les médecins, désespéré, à l'agonie, pour vous montrer l'excellence de mes remèdes et l'envie que j'aurais de vous rendre service. – *A. : Je vous suis obligé, Monsieur, des bontés que vous avez pour moi.* – T. : Donnez-moi votre pouls. […] Hoy, ce pouls-là fait l'impertinent […]. C'est du poumon que vous êtes malade. – *A. : Du poumon ?* – T. : Oui. Que sentez-vous ? […] – *A. : Il me semble parfois que j'ai un voile devant les yeux.* – T. : Le poumon. […] – *A. : Et quelquefois il me prend des douleurs dans le ventre, comme si c'était des coliques.* – T. : Le poumon. […] Il vous prend un petit sommeil après le repas, et vous êtes bien aise de dormir ? – *A. : Oui, Monsieur.* – T. : Le poumon, le poumon, vous dis-je. […] Il faut boire votre vin pur ; et pour épaissir votre sang, qui est trop subtil, il faut manger du bon gros bœuf, […] de bon fromage de Hollande ; du gruau et du riz […] pour coller et conglutiner. […] Que diantre faites-vous de ce bras-là ? – *A. : Comment ?* – T. : Voilà un bras que je me ferais couper tout à l'heure, si j'étais que de vous. – *A. : Et pourquoi ?* – T. : Ne voyez-vous pas qu'il tire à soi toute la nourriture et qu'il empêche ce côté-là de profiter ? – *A. : Oui ; mais j'ai besoin de mon bras.* – T. : Vous avez là aussi un œil droit que je me ferais crever, si j'étais à votre place. – *A. : Crever un œil ?* – T. : Ne voyez-vous pas qu'il incommode l'autre et lui dérobe sa nourriture ? Croyez-moi, faites-vous-le crever au plus tôt, vous en verrez plus clair de l'œil gauche. – *A. : Cela n'est pas pressé.* – T. : Adieu. Je suis fâché de vous quitter si tôt ; mais il faut que je me trouve à une grande consultation qui doit se faire pour un homme qui mourut hier. […] – *A. : La belle opération, de me rendre borgne et manchot !*

Molière, *Le Malade imaginaire*, in *Théâtre complet de Molière*, t. V, Paris, Bibliothèque Hachette, Acte III, scène 10, p. 296-299

▋ Grammaire

L'imparfait du subjonctif

Je voudrais que vous *eussiez* toutes les maladies, que vous *fussiez* à l'agonie.

▋ Vocabulaire

Les maladies

- Un rhumatisme, une migraine
- Des fiévrottes (petites fièvres, *fam.*)
- Borgne et manchot
- Une pleurésie = inflammation aiguë de la plèvre
- Avoir un voile devant les yeux = voir trouble
- Une colique = une diarrhée = une chiasse (*vulg.*)

- Des vapeurs = un malaise
- Une hydropisie = rétention d'eau dans les tissus corporels
- Des inflammations de poitrine (= des poumons)

Pour communiquer

- **Faire un diagnostic :** Ce pouls-là fait l'impertinent.
Votre sang est trop subtil = trop fluide. / C'est du poumon que vous êtes malade.
- **Prescrire un remède :** Il faut boire du vin pur pour épaissir votre sang.
Il faut manger du bon gros bœuf, du gruau.
Voilà un bras que je me ferais couper, si j'étais que de vous.
Faites-vous-le crever, vous en verrez plus clair de l'œil gauche.

ACTIVITÉS

1 Compréhension. Vrai ou faux ? Si faux, justifiez votre réponse.

1. Le diagnostic correspond aux pathologies.
2. Le registre de langue est littéraire.
3. Le travestissement et la crédulité du patient contribuent à rendre la scène pathétique.

2 Vocabulaire. Indiquez à quel mot ou à quelle expression ces phrases font allusion.

1. Au sens figuré, cela veut dire : être aveuglé par ses certitudes, ses préjugés.
2. Ce peut être à la fois une personne peu dégourdie et un animal de l'Antarctique.
3. C'est un mode de cuisson sain pour la cuisine et le hammam en est rempli.
4. Au royaume des aveugles, ils sont rois !
5. On peut dire également que vous souffrez de céphalées.

3 Vocabulaire. Devinez de quelle maladie ces personnes sont atteintes.

1. La Dame aux camélias en souffrait.
2. John Travolta avait celle du samedi soir, mais en plus intense.
3. Marivaux, Courbet et Liszt en sont décédés. De nos jours, on dirait œdème généralisé.
4. C'est une inflammation de la membrane qui entoure les poumons de Georges et Thomas.
5. Votre grand-mère s'en plaignait, votre mère s'en plaint et vous vous en plaindrez bientôt !
6. Le touriste saura exactement de quoi nous voulons parler.

4 Grammaire. Passez du style courant (*subj. prés.*) au style littéraire (*impf. du subj.*).

Ex. : Je ne doutais pas que le grand chirurgien *puisse* nous venir en aide. → *pût*
1. Il aurait été nécessaire que le médecin *fasse* un diagnostic plus complet. → _____
2. Je n'imaginais pas qu'il *soit* souffrant. → _____
3. On ne pensait pas que la marquise de Merteuil *ait* la petite vérole. → _____

5 Pour communiquer. Faites un diagnostic pour ces patients.

1. Je fume 99 cigarettes par jour et ne cesse de tousser comme un perdu, est-ce normal ?
2. Docteur, je souffre de palpitations nocturnes !
3. À la moindre éraflure, je saigne abondamment. Qu'est-ce, toubib ?

6 Pour communiquer. En « bon médecin », prescrivez un remède pour ces symptômes.

1. Mon globe oculaire droit me gêne, je vois des papillons.
2. Je suis frêle et anémique, je crois manquer de protéines !
3. Je ne peux pas m'empêcher de voler des biscuits la nuit dans le haut du buffet !
4. Je perds la mémoire, il paraît qu'il y a des antioxydants dans les grappes de raisin ?

7 À vous ! Votre ami(e) est hypocondriaque. Pour lui faire peur, établissez un diagnostic exagéré et prescrivez-lui des remèdes hallucinants. Utilisez des termes médicaux et jouez la scène.

17c

Rédiger une notice de médicament

UN BON VIEUX MÉDOC : L'HOMME. Lisez attentivement la notice de l'utilisateur !

En général, l'homme est recommandé pour toutes les femmes. Il est très efficace dans la plupart des cas de mélancolie, de découragement, d'anxiété, d'irritabilité, de mauvaise humeur et d'insomnie.

DOSAGE ET POSOLOGIE : L'homme peut être utilisé facilement, deux ou trois fois par semaine, et même plus. Si les symptômes ne disparaissent pas rapidement, la dose peut être augmentée à volonté. L'homme peut aussi être utilisé de manière externe ou interne, selon les besoins.

PRÉSENTATION : L'homme est offert en plusieurs formats, destinés à répondre aux différents besoins et goûts : Mini, Midi, Maxi, et même Méga.

PRÉCAUTIONS IMPORTANTES : Conserver l'homme hors de portée des amies, sœurs, voisines, collègues et autres personnes souriantes et bien intentionnées qui pourraient endommager le produit. […]

EFFETS SECONDAIRES : L'utilisation inappropriée de l'homme peut entraîner la grossesse ou un excès de jalousie. L'utilisation concomitante d'autres produits de la même espèce peut aussi provoquer des vertiges, de la fatigue chronique et, dans les cas extrêmes, des crises de nerfs. […]

DATE D'EXPIRATION : Le numéro de lot et la date de fabrication apparaissent sur la carte d'identité et la carte de crédit. […]

INSTRUCTIONS GÉNÉRALES : Lors de l'ouverture du paquet, dans tous les cas, ne jamais afficher un air déçu. Cela va immédiatement influencer très négativement sa qualité et son efficacité. Au contraire, un air très heureux, ébloui ou apeuré, produit à chaque fois un impact très positif sur son bon fonctionnement.

ACTIVATION : Pour l'activer, le port d'un décolleté, une petite remarque suggestive, des petits bisous sur le cou ou de légers mouvements lascifs du buste ou du postérieur, suffisent généralement. […]

GARANTIE : L'homme n'a pas de garanties. Tous les modèles sont sujets à des défauts d'usine comme critiquer, se plaindre, boire beaucoup, laisser des serviettes humides sur le lit et des chaussettes sales sous le lit, manger de l'ail et des oignons, oublier les dates d'anniversaire, ronfler. Il peut être avantageux de renouveler le modèle lorsque le fonctionnement est trop altéré. (LaboratoiresVigousse.com)

http://www.chezmaya.com/cartesvirtuelles/justepourrire/lebonvieuxmedicament/lhomme.html

---

▬▬▬ **Vocabulaire**

Le médicament

- Un médoc (*fam.*)
- La posologie (le dosage)
- Les précautions d'emploi
- Le numéro de lot
- Les effets secondaires : vertige, irritabilité, insomnie
- Une contre-indication

▬▬▬ *Pour communiquer* ▬▬▬

- *Formuler des indications thérapeutiques :*

L'homme est recommandé pour… / Il est très efficace dans la plupart des cas de…
Il peut être utilisé de manière externe ou interne, selon les besoins, en cas de…
La dose peut être augmentée à volonté. / L'homme est offert (existe) en plusieurs formats.
Conserver l'homme hors de portée de qqn

- *Signaler les effets indésirables :*

L'utilisation inappropriée de l'homme peut entraîner…
L'utilisation concomitante d'autres produits de la même espèce peut provoquer…
Lors de l'ouverture du paquet, ne jamais afficher un air déçu.
D'autres personnes bien intentionnées pourraient endommager le produit.

1 Compréhension et communication. **Ces affirmations sont fausses. Reformulez-les correctement.**

1. Il s'agit d'une véritable notice de médicament.

2. L'homme est un remède inopérant en cas de déprime.

3. Le style du texte appartient au registre poétique.

4. L'effet du médicament est garanti.

2 Vocabulaire. **Devinettes : de quoi s'agit-il ?**

1. C'est un code attribué par le producteur pour identifier de manière unique le produit.

2. Dans ce contexte, ils sont indésirables... paradoxalement !

3. Si vous êtes allergique aux hommes, soyez-y attentive(-if).

4. Moins vous la respectez en augmentant la dose, plus vous serez satisfait(e) !

5. C'est également un grand cru de bordeaux.

6. Si votre médicament a dépassé les 90 ans, suivez-les de préférence...

3 Vocabulaire. **De quel effet secondaire s'agit-il ?**

1. C'est lorsque la nuit est bien noire et que vous passez une nuit blanche.

2. C'est une propension à la colère.

3. En langue familière, c'est le tournis. En langue médicale, c'est l'acrophobie.

4 Pour communiquer. **Complétez les indications thérapeutiques suivantes.**

1. Il vous faut prendre 3 comprimés par jour ou plus, mais _____ en cas de besoin.

2. Le millepertuis _____ de mélancolie ou de dépression.

3. _____ la mort-aux-rats _____ des belles-mères : elle peut être fatale en cas d'ingestion.

4. Cet anti-inflammatoire _____ : en boîte de 12 ou 24 comprimés, en gel ou en compresse.

5. Le magnésium _____ tous ceux qui souffrent de crises de tétanie ou de spasmophilie.

6. L'arnica des montagnes _____ d'entorses, de bleus ou de contusions.

5 Pour communiquer. **Reformulez ces phrases ironiques de façon plus technique.**

1. Vos copines jalouses ont l'œil rivé sur votre petit chéri et feront tout pour vous le voler.

2. Si vous avez plusieurs amants à la fois, cela pourrait déclencher des scènes de ménage.

3. Si vous l'utilisez mal, vous risquez de tomber enceinte. Et là... bonjour l'angoisse !

4. Si l'homme, à la première approche, ne correspond pas à vos désirs, continuez à sourire...

6 À vous ! **En suivant le modèle ci-contre, rédigez une notice de médicament sur un mode humoristique. Remplacez l'homme par une personne ou un objet de votre choix : femme, chat, chien, patron, ennemi juré, concierge...**

18a Mesurer ses douleurs morales

Le questionnaire : dix items indiquant les principaux symptômes associés à la dépression et, pour chaque item, quatre réponses possibles couvrant tout le spectre d'intensité des troubles.

I. **0** Je ne me sens pas triste. **1** Je suis souvent cafardeux ou maussade. **2** Je me sens tout le temps sombre ou mélancolique et je n'arrive pas à m'en sortir. **3** Je suis si morose et si malheureux que je ne peux le supporter.

II. **0** Je ne suis pas particulièrement découragé ni pessimiste quant à l'avenir. **1** Je suis découragé face à l'avenir. **2** Concernant mon avenir, je suis très anxieux. **3** Je sens qu'il n'y a aucun espoir pour demain et que la situation ne peut s'améliorer.

III. **0** De ma vie, je n'ai jamais éprouvé un sentiment d'échec. **1** J'ai l'impression d'avoir connu plus d'échecs dans ma vie que la plupart des gens. **2** Si je fais le bilan de ma vie, tout me semble ratage et déconfiture. **3** Ma vie relationnelle est un naufrage total.

IV. **0** Je ne me sens pas particulièrement insatisfait. **1** Je ne sais pas profiter des bons moments de la vie. **2** Je ne tire plus aucune satisfaction de quoi que ce soit. **3** Je suis complètement désabusé.

V. **0** Je ne me déteste pas. **1** Je me déçois parfois. **2** Je me dégoûte. **3** Je me hais profondément.

VI. **0** Je ne suis pas masochiste. **1** Je pense que la mort est une délivrance. **2** J'ai des envies suicidaires. **3** Je compte mettre fin à mes jours.

VII. **0** Je ne suis pas indifférent aux autres. **1** Je m'intéresse moins à autrui qu'autrefois. **2** J'ai peu d'attachement pour les autres. **3** Les autres m'indiffèrent au plus haut point.

VIII. **0** Il ne m'est pas impossible de prendre des décisions. **1** J'essaie d'éviter la prise de décision. **2** J'ai de grandes difficultés à prendre des décisions. **3** Je suis incapable de prendre la moindre décision.

IX. **0** Je ne crois pas être disgracieux. **1** J'ai peur de ne pas paraître avenant. **2** J'ai l'impression d'avoir un physique ingrat. **3** Je me sens laid et repoussant.

X. **0** J'ai bon appétit. **1** Mon appétit a diminué. **2** Je dois me forcer pour avaler quelque chose. **3** Je n'ai plus aucun appétit.

Résultat : **0** à **1** : tout va bien : vous êtes détendu et équilibré. **2** à **6** : attention, la déprime vous guette ! **7** à **12** : vous êtes un dépressif « modéré » : cessez de regarder la série *Derrick* ! **13** et plus : téléphonez au plus vite à votre psy, qu'il vous prescrive au moins 52 boîtes d'antidépresseur.

▐ Grammaire

Forme négative sans « pas »

- La situation *ne* peut s'améliorer (*style plus élégant*).
- → même construction avec les verbes *devoir, pouvoir, oser, cesser, daigner, savoir.*

▐ Vocabulaire

Les états d'âme

- Cafardeux(-se), morose, sinistre ≠ gai(e), enthousiaste
- Avoir le moral à zéro, dans les chaussettes, le bourdon (*fam.*), broyer du noir, être au 36ᵉ dessous
- Découragé(e), démoralisé(e), abattu(e) ≠ confiant(e), euphorique
- Préoccupé(e), anxieux(-se), angoissé(e), tourmenté(e) ≠ calme, serein(e)
- Insatisfait(e), désabusé(e), désappointé(e), dépité(e) ≠ ravi(e), comblé(e), être aux anges
- Disgracieux(-se), repoussant(e), vilain(e), hideux(-se) ≠ avenant(e), plaisant(e), gracieux(-se)
- C'est une beauté ! C'est une bombe ! ≠ Quel laideron ! Mocheté !

Pour communiquer

- J'éprouve un sentiment d'échec, de l'anxiété et de la tristesse.
- Si je fais le bilan de ma vie, tout n'est que ratage, déconfiture, naufrage, fiasco (*fam.*).
- Je me déçois parfois, je me dégoûte, je me hais profondément.
- J'ai des envies suicidaires, je compte mettre fin à mes jours.
- Les autres m'indiffèrent au plus haut point.
- Je ne tire plus aucune satisfaction de qch.

1 Compréhension. **Vrai ou faux ? Si faux, justifiez votre réponse.**

1. Ce document est un test sur la base de questions à choix multiple (QCM).

2. Le but de ce questionnaire est de savoir repérer vos douleurs psychiques.

3. La formulation des questions est pleine d'humour et de double sens.

4. Le résultat du questionnaire est amusant et ironique.

2 Vocabulaire. **Complétez ces portraits avec les termes manquants (plusieurs réponses possibles).**

Portrait de Jeanne Laveinarde : c'est une jeune femme d'humeur _____ et au physique _____. Quoi qu'il arrive, elle est ____ face aux événements de la vie. Et surtout, le soir, quand elle retrouve son amant cuisinier Paul Beaucul et son chihuahua Hector, elle ___ ! Elle est souvent ____ après une petite coupette de Roederer et c'est pourquoi elle fait rire tout le monde. Elle n'est rien moins que _____. Bien au contraire, ____ ! Tous les hommes sont ____ quand elle leur fait un sourire.

Portrait de Marie Lapoisse : Quelle déveine pour cette pauvre Marie. Rien qu'à la regarder, on devine qu'elle est _____ et qu'elle a toujours le moral _____. Chaque fois qu'elle entreprend quelque chose, elle est ____ par avance par manque de confiance et reste _____ des semaines durant. Comme elle est toujours _____, son physique ingrat s'en ressent et l'on dit d'elle qu'elle n'est point_____. D'autres, plus méchants, la traitent de _____ ! Pauvre Marie.

3 Grammaire. **Pour obtenir un style plus soutenu, supprimez le « pas » quand cela est possible.**

1. Baptiste n'ose pas dire qu'il est tourmenté car tout le monde le croit heureux.

2. Du fait de sa bipolarité, Zélie ne sait pas comment distinguer les moments de cafard des moments euphoriques.

3. Gaston est dépité, il n'imagine pas pouvoir faire son analyse par téléphone.

4 Pour communiquer. **Voici des états de bien-être moral. Indiquez le contraire.**

1. J'ai l'impression de tout réussir, de vivre dans la béatitude et l'allégresse.

2. Tout m'enchante.

3. Je dois reconnaître que je suis quelqu'un de formidable, il m'arrive même de me dire que si je me rencontrais, je crois que je me plairais, voire que je m'adorerais.

4. Tout compte fait, pour moi tout est succès, triomphe et victoire.

5. J'adore les gens et me passionne pour leur existence.

6. Comme Sandra K. et Vicky L., j'aime la vie et, plus que jamais, je croque la vie à pleines dents.

5 À vous ! **Créez un court questionnaire (5 items avec 3 degrés) qui permet de mesurer votre propension à l'optimisme. N'oubliez pas de le conclure par un résultat amusant.**

18b Témoigner sur les conséquences d'une dépendance

Bonjour à tous,

Pour ceux qui ont demandé de mes nouvelles, je suis désolé d'être resté silencieux aussi longtemps. Je n'avais ni l'envie ni le courage de communiquer avec qui que ce soit. J'ai consulté un médecin spécialisé, mon état est jugé bénin, bien qu'aucun médecin ne soit en mesure de me diagnostiquer exactement ce dont je souffre. Mes symptômes sont ceux de la grippe ou ceux d'une mononucléose. En gros, je suis constamment épuisé et cela me handicape énormément dans ma vie quotidienne. Imaginez un gros légume, voilà ce que je suis actuellement. Mon état est stationnaire depuis plus de 4 mois, donc je prends mon mal en patience. En effet, j'ai le sentiment profond que je paye mes erreurs du passé. À cause de mon obsession pour le culte du corps, je me suis infligé des sévices qui, à l'époque, me paraissaient indispensables. J'avais choisi la voie du bodybuilding avec son lot quotidien de surentraînement perpétuel, de régimes de plus en plus sévères et de produits dopants. Cette pratique, autodestructrice, qui prône « le toujours plus » sans connaître de limite, j'y ai eu recours durant bien des années. Comment n'aurait-elle pas eu raison de moi ? Assez rapidement, j'ai éprouvé une fatigue quasi systématique, subi l'affaiblissement de mon organisme, au point de ne plus pouvoir lutter efficacement contre les agressions bactériennes et virales. Des kystes se sont formés ici et là et je n'ai cessé de me blesser partout. Et à long terme, je ne mesure pas encore les mauvaises surprises qui m'attendent... Pourtant je sentais que j'étais dans l'erreur. Ma passion me rendait aveugle et j'estimais que mon hygiène de vie était exemplaire, alors qu'elle ne faisait que me détruire. Les excès du passé m'ont rattrapé car le corps ne sait se mentir à lui-même éternellement. La prise de conscience est d'autant plus évidente lorsque l'on se retrouve au pied du mur. Pour ma part, la plus grande avancée de ces derniers temps n'aura pas été d'avoir pris quelques centimètres aux bras ou aux pectoraux, mais d'avoir évolué sur le plan psychologique. Celui qui a déclaré « la guerre à la fonte » (moi-même !) est en train de faire la paix avec lui-même. À ce titre, je remercie mon psychothérapeute d'avoir contribué à ce que ma révolution intérieure soit la plus sereine possible.
Anatole

D'après http://methode.lafay.free.fr/index.php?Temoignages

▆ Grammaire

Le futur antérieur (*la supposition*)

Pour exprimer un événement commencé au passé et risquant de se poursuivre :
La plus grande avancée de ces derniers temps aura été de...

▆ Vocabulaire

Les troubles obsessionnels

- Une obsession, être obsédé par le culte du corps
- Un surentraînement
- Une pratique autodestructrice
- S'infliger des sévices
- Un produit dopant
- Un régime sévère

▆ *Pour communiquer*

- ***Indiquer des symptômes :*** Je suis un gros légume = je suis dans un état végétatif
Mon état est stationnaire. / J'ai éprouvé une fatigue quasi systématique.
J'ai subi l'affaiblissement de mon organisme. / Des kystes se sont formés ici et là.
- ***Exprimer une prise de conscience :*** À long terme, je ne mesure pas encore...
Je sentais que j'étais dans l'erreur, ma passion me rendait aveugle.
J'estimais mon hygiène de vie exemplaire, alors qu'elle ne faisait que me détruire.
C'est d'autant plus évident lorsque l'on se trouve au pied du mur.
Celui qui a déclaré la guerre « à la fonte » est en train de faire la paix avec lui-même.

1 Compréhension. **Vrai ou faux ? Si faux, justifiez votre réponse.**

1. C'est le témoignage d'un jeune homme posté sur un forum.

2. Il s'agit d'une dépendance comportementale liée à la cocaïne.

3. Anatole donne un ton amusé et détaché à son témoignage.

4. Le ressenti à la lecture du témoignage est ridicule tant le ton est pathétique.

2 Vocabulaire. **Devinettes : de quoi s'agit-il ?**

1. Il s'agit d'une activité sportive que vous faites exagérément de jour comme de nuit.

2. C'est le contraire du fait de faire bombance, de gueuletonner ou de ripailler.

3. C'est surtout ne pas se donner du plaisir.

4. Ce peut être une manie ou une phobie qui peut tourner au cauchemar.

5. C'est un penchant qui vise à vous nuire profondément.

6. Certains sportifs de haut niveau en raffolent.

7. Si vous vous lavez les mains cent fois par jour, vous en êtes atteint(e).

3 Grammaire. **Complétez librement ces phrases en exprimant une supposition.**

1. Le produit dopant ne fait plus aucun effet ? La molécule _____.

2. Mes symptômes ont disparu ? Les médicaments _____ par miracle.

3. Mon corps a été en partie détruit ? Il _____ par des régimes trop sévères.

4 Pour communiquer. **Indiquez vos symptômes d'après ces descriptions.**

1. Votre corps, suite à une intervention chirurgicale, n'a plus de sève…

2. C'est horrible, vous avez des boules qui poussent sur votre front…

3. Vous êtes toujours souffrant et la maladie n'évolue ni en bien ni en mal.

4. Vous ressemblez à une grosse courgette molle dépourvue de toute énergie.

5. Pendant votre traitement, vous avez été constamment las(se) et fourbu(e).

5 Pour communiquer. **Suite à une prise de conscience, qu'exprimeriez-vous par rapport aux pratiques suivantes ?**

1. Vous pensiez que faire un régime amincissant allait prolonger votre vie.

2. Vous étiez dingue des matchs de tennis qui passaient à la télé toutes les nuits et maintenant – chose logique – votre vie de couple est partie en eau de boudin.

3. Vous ne vous rendez toujours pas compte des conséquences de votre régime vegan.

4. Vous vous érigez contre les pratiques dangereuses du bodybuilding, tout en vous libérant désormais de cette dépendance.

6 À vous ! **Parlez d'une dépendance avérée ou supposée (sans gravité et amusante) dont vous êtes victime. Faites-en le portrait exagéré et comique, puis postez-le sur le forum *stopdépendances.fr*.**

18c Raconter et expliquer un rêve

C'était la fin d'un dîner [...]. On vint à parler du magnétisme [...]. Alors chacun apporta un fait, des pressentiments fantastiques, des communications d'âmes à travers de longs espaces, des influences secrètes d'un être sur un autre. Et on affirmait, on déclarait les faits indiscutables, tandis que le nieur acharné répétait : « Des blagues ! Des blagues ! Des blagues ! » À la fin il se leva, jeta son cigare, et les mains dans les poches : « Eh bien, moi aussi, je vais vous raconter deux histoires, et puis je vous les expliquerai. Les voici : Dans le petit village d'Étretat, les hommes, tous matelots, vont chaque année au banc de Terre-Neuve pêcher la morue. Or, une nuit, l'enfant d'un de ces marins se réveilla en sursaut en criant que son *pé était mort à lamé*. On calma le mioche, qui se réveilla de nouveau en hurlant que son *pé était neyé*. Un mois après on apprenait en effet la mort du père, enlevé du pont par un coup de mer. La veuve se rappela les réveils de l'enfant. On cria au miracle, tout le monde s'émut, on rapprocha les dates, et il se trouva que l'accident et le rêve avaient coïncidé à peu près ; d'où l'on conclut qu'ils étaient arrivés la même nuit, à la même heure. Et voilà un mystère du magnétisme. »
Le conteur s'interrompit. Alors un des auditeurs, fort ému, demanda : « Et vous expliquez ça, vous ?
– Parfaitement, Monsieur, j'ai trouvé le secret. Le fait m'avait surpris et même vivement embarrassé ; mais moi, voyez-vous, je ne crois pas par principe. De même que d'autres commencent par croire, je commence par douter ; et quand je ne comprends nullement, je continue à nier toute communication télépathique des âmes, sûr que ma pénétration seule est suffisante. Eh bien, j'ai cherché, cherché, et j'ai fini, à force d'interroger toutes les femmes des matelots absents, par me convaincre qu'il ne se passait pas huit jours sans que l'une d'elles ou l'un des enfants rêvât et annonçât à son réveil que le *pé était mort à la mé*. La crainte horrible et constante de cet accident fait qu'ils en parlent toujours, y pensent sans cesse. Or, si une de ces fréquentes prédictions coïncide par un hasard très simple, avec une mort, on crie aussitôt au miracle, car on oublie soudain tous les autres songes, tous les autres présages, toutes les autres prophéties de malheurs demeurés sans confirmation. J'en ai pour ma part considéré plus de cinquante dont les auteurs, huit jours plus tard, ne se souvenaient même plus. Mais si l'homme, en effet, était mort, la mémoire se serait immédiatement réveillée, et l'on aurait célébré l'intervention de Dieu, selon les uns, du magnétisme, selon les autres. »

Guy de Maupassant, *Contes et nouvelles, 1875-1884, et Une Vie*, Paris, Robert Laffont, 1988, p. 369-372

Grammaire

Passé simple / Imparfait

On *vint* à parler de, on *s'émut*, on *calma* le mioche, on *déclarait* les faits indiscutables, le conteur *s'interrompit*

Vocabulaire

Le songe

- Le magnétisme, un magnétiseur
- Coïncider, une coïncidence
- Un présage, présager
- Un pressentiment, pressentir
- Une prédiction, prédire
- Une prophétie (de malheur), prophétiser

Pour communiquer

- **Démystifier un fait inexplicable :**
Le fait m'avait surpris, mais moi, voyez-vous, je ne crois pas par principe.
De même que d'autres commencent par croire, je commence par douter.
Quand je ne comprends nullement, je continue à nier, sûr que ma pénétration seule est suffisante.
J'ai fini, à force d'interroger les gens, par me convaincre que…
- **Expliquer un phénomène fantastique :**
La crainte fait qu'ils y pensent sans cesse… *Or*, si les dires coïncident avec les faits, on crie au miracle, *car* on oublie soudain ce qui a été proféré. *Mais si* l'homme avait en effet disparu, la mémoire se serait réveillée…

1 Compréhension. **Ces affirmations sont fausses. Reformulez-les correctement.**

1. C'est un passage d'un roman épistolaire.

2. Le conteur principal croit en l'existence de phénomènes surnaturels.

3. Le récit est empreint de lyrisme.

2 Vocabulaire. **Complétez les phrases suivantes avec les termes manquants.**

1. Si vous maîtrisez bien le contenu de ce livre, nous vous _____ un brillant avenir. Alors, au boulot !

2. Cet oiseau de mauvais augure _____ de grands malheurs pour vos futures fiançailles !

3. En négociant avec ce marchand de tapis (trop poli pour être honnête), je _____ l'arnaque.

4. La prêtresse Cassandre _____ que la chute de Troie serait imminente.

5. À la sortie du métro, je me suis retrouvé(e) nez à nez avec mon ennemi juré, pure _____ !

6. _____, c'est aussi savoir faire tourner les tables pour interroger vos ancêtres.

3 Grammaire. **Complétez ce conte en conjuguant les verbes aux temps qui conviennent.**

Il était une fois un bûcheron et une bûcheronne qui (*avoir*) sept enfants, tous garçons ; l'aîné n'(*avoir*) que dix ans, et le plus jeune n'en (*avoir*) que sept. Il (*être*) fort petit, et, quand il (*venir*) au monde, il n'(*être*) guère plus gros que le pouce, ce qui (*faire*) qu'on l'(*appeler*) le Petit Poucet. Cependant il (*être*) le plus fin et le plus avisé de tous ses frères, et, s'il (*parler*) peu, il (*écouter*) beaucoup. Il (*venir*) une année très fâcheuse, et la famine (*être*) si grande que ces pauvres gens (*résoudre*) de se défaire de leurs enfants…

4 Pour communiquer. **Affirmez vos principes en reformulant les phrases suivantes.**

1. À peine certains témoignent-ils d'une attitude positive au sujet d'un phénomène surnaturel, que moi je prends des distances.

2. Après avoir recoupé tous les témoignages, je suis parvenu au constat que tout un chacun possède une fibre sensible encline à croire à ce genre de phénomènes paranormaux.

3. Certes le phénomène est peu habituel, mais dans tous les cas je me méfie.

4. Peu importe la complexité des faits, mon intelligence finira par trouver une explication rationnelle.

5 Pour communiquer. **Remettez en ordre ce texte de façon logique et ajoutez :** *mais si, car, or*.

Le mirage de la télépathie amoureuse : ____ ils oublient que chacun d'eux développe des milliers de pensées semblables par jour. / ____, de plus, un de leurs gestes concorde, ils sont absolument certains d'être destinés l'un à l'autre. / ____, si par hasard une de leurs pensées coïncide avec celle du bien-aimé, ils se l'expliquent comme un miracle de la télépathie. / Alors qu'en réalité tout ceci n'est que pure coïncidence. / Le désir des amants fait qu'ils pensent sans cesse à l'être aimé.

6 À vous ! **Racontez librement un rêve que vous avez fait et tentez de l'expliquer rationnellement.**

19a Décrire un phénomène naturel

8 juin 1783 : éruption du volcan Laki en Islande. « Volcan de la Révolution », c'est ainsi qu'on le nomma en France après la prise de la Bastille. Le Laki appartient à la même chaîne de volcans que l'Eyjafjöll, entré en éruption en 2010, paralysant l'espace aérien durant 5 jours.

Journaliste : Il sommeille tranquillement et pourtant il y a un peu plus de deux siècles, il a grondé autrement plus fort que le volcan dont on parle aujourd'hui. 1783, c'était déjà en Islande, l'éruption du Laki déverse alors 15 kilomètres cubes de lave et de gaz.

Vincent Courtillot[1] : Quinze fois 1 km de côté, je ne sais pas si les gens arrivent à s'imaginer ça ! Les éruptions ont atteint la stratosphère, elle a modifié le climat de pratiquement tout l'hémisphère Nord, elle a entraîné la disparition du quart de la population islandaise et trois quarts du cheptel sont morts.

J. : Et comme aujourd'hui, les vents poussent ses fumées vers l'Europe. En France, des brumes noires recouvrent les paysages pendant des semaines. […]

Emmanuel Garnier[2] : C'est la panique en France puisqu'on a une présence de brouillard très, très épais ; on se pose des questions, les gens s'inquiètent, on parle même de fin du monde.

J. : Les registres révèlent aussi une surmortalité de 30 % [de la population] due à des détresses pulmonaires ; le climat est bouleversé, l'hiver qui suit sera exceptionnellement rigoureux. Depuis, il y a eu d'autres éruptions en Islande, une tous les 4 ans environ, un rythme qui pourrait s'accroître, selon certains scientifiques, avec la fonte des glaciers. Moins de glace sur la croûte terrestre augmenterait l'activité volcanique, mais une éruption aussi forte que celle de 1783 ne surviendrait que tous les siècles.

1. Directeur de l'Institut de physique du globe de Paris 2. Auteur de *Les Dérangements du temps*, Paris, Éditions Plon, 2010, http://www.dailymotion.com/video/xd1514_volcan-scenario-catastrophe_news

> **Volcan de la Révolution** : À partir de 1783, la France connaît des hivers terriblement froids, des printemps catastrophiques, avec orages, pluies diluviennes, grêles, toujours au moment où les récoltes à venir sont sur pied. […] La situation des paysans est désespérée, la Révolution éclate en 1789. […] Certes, ce n'est pas à cause des colères d'un petit volcan que Louis XVI fut conduit à l'échafaud, mais tous les ingrédients qui façonnèrent la Révolution furent distribués par les caprices de ce volcan, que les habitants de l'île surnommèrent le « volcan de la Révolution ».
>
> http://www.lepoint.fr/culture/les-mysteres-de-l-histoire-le-volcan-de-la-revolution-09-07-2013-1702139_3.php

Vocabulaire

Le volcan et le climat

- Une éruption volcanique, un cratère
- Un magma, un geyser
- Des brumes noires
- La fonte des glaciers
- Déverser de la lave, une coulée de lave
- Les gaz, les fumerolles
- Un orage, une pluie diluvienne, la grêle

Pour communiquer

- *Décrire un phénomène géophysique :*
L'éruption a atteint la stratosphère, modifié le climat de tout l'hémisphère Nord.
Les vents poussent ses fumées vers l'Europe. / Le volcan sommeille tranquillement. / Il a grondé.
- *Décrire des conséquences (possibles) :*
L'éruption a entraîné la disparition de la population et du cheptel.
Les registres révèlent une surmortalité due à des détresses pulmonaires.
Le climat est bouleversé, l'hiver qui suit sera exceptionnellement rigoureux.
Moins de glace sur la couche terrestre augmenterait l'activité volcanique.
Les caprices de ce volcan furent à l'origine de la Révolution française.

1 Compréhension. Vrai ou faux ? Si faux, justifiez votre réponse.

1. Il s'agit d'un entretien sur une éruption volcanique européenne au XVIIIe siècle.
2. Ce volcan de la « Révolution » fait référence aux événements de Mai 68.
3. Les deux spécialistes discutent de vulcanologie et de climatologie.
4. L'extrait de presse relate une anecdote historique.

2 Vocabulaire. Trouvez le terme volcanologique adéquat, à partir des définitions suivantes.

1. Dépression située à la partie supérieure d'un volcan, d'où s'échappent des matières en fusion.
2. Roche, en fusion ou solidifiée, émise par un volcan lors d'une éruption.
3. Petit panache de vapeur sortant de terre sur une zone volcanique.
4. Surgissement de matières volcaniques.
5. Source d'eau chaude jaillissant par intermittence.
6. Roche fondue située dans la terre.

3 Vocabulaire. Devinettes : de quel terme climatique s'agit-il ?

1. Elle peut être torrentielle, surtout aux yeux de Noé.
2. Dans les Alpes, elle s'accélère plus vite que prévu à cause du réchauffement climatique !
3. Elle se forme dans les nuages de type cumulonimbus à partir de gouttelettes d'eau glacée.
4. Il peut y en avoir dans l'air quand l'atmosphère est à la dispute.
5. En Écosse, elles sont nombreuses, et parfois elles sont mélancoliques.

4 Pour communiquer. Reformulez ce phénomène géophysique en des termes scientifiques.

1. Le mont Fuji a été en activité il y a quelques décennies.
2. Éole emporte les particules éjectées par le Vésuve vers le nord du vieux continent.
3. Des gaz du Popocatepetl à 40 km d'altitude ! Du coup, climat chamboulé au nord du globe...
4. Le Kilimandjaro est endormi depuis des siècles.

5 Pour communiquer. D'après ces phénomènes naturels, indiquez les conséquences (possibles).

1. Le soleil est caché depuis des mois par des brumes noires.
2. En 1789, il y eut une forte toxicité dans l'air.
3. Des inondations meurtrières ont eu lieu sur une presqu'île au sud du continent asiatique.
4. Il semblerait que le réchauffement climatique touche particulièrement le Groenland !
5. Les frivolités et les tempêtes de Marie-Antoinette agacèrent le peuple français.

6 À vous ! Décrivez cette éruption et imaginez-en les conséquences géophysiques et historiques.

19b

Dénoncer une catastrophe écologique

Le président de SOS Truite ne décolère pas : c'est la « vidange de trop ». Vincent Rieuté en a fait part dans un courrier adressé au préfet du département en charge de coordonner la future mise en place du parc national. Il y dénonce qu'après la vidange du Grand-Lac, la pêche annoncée comme miraculeuse s'est transformée en hécatombe, offrant le spectacle désolant de tonnes de poissons morts gisant sur les berges, et ce après plusieurs vidanges inutiles. « *Réaliser une telle opération à cette période de l'année ne pouvait que conduire à un massacre* », déplore Vincent Rieuté, poursuivant : « *Dans ce lieu emblématique du futur parc naturel, on s'attendait à ce que le préfet prenne toutes les mesures pour effectuer des vidanges dans les règles de l'art, c'est-à-dire conformément aux recommandations des professionnels de la pisciculture. C'est donc un triste constat d'échec.* »
Sans remettre en cause le travail réalisé par les pêcheurs agréés, le président de l'association SOS Truite pointe du doigt des responsabilités : « *De quel droit pouvez-vous conduire ce type d'opération pour finir par un carnage ? Comment le préfet départemental a-t-il pu laisser faire cela ?* »
Interpellant directement les autorités compétentes : « *Vous aviez des professionnels de la pêche à votre disposition par l'intermédiaire de la fédération des pêcheurs de notre région. Vous avez retoqué systématiquement leurs propositions que nous approuvions aussi au sein de la mouvance SOS Truite.* »
Pour lui, « *une pêche de décompression aurait dû être organisée en amont, afin de sauver plusieurs bancs de poissons vivant dans ce magnifique lac, ainsi que la construction d'un batardeau provisoire* ».
Et de conclure : « *Les nombreux visiteurs de ces derniers jours ont pu voir la négligence et le non-respect que vos institutions ont su témoigner à ces milliers de poissons qui constituaient la richesse halieutique dans ce futur parc national. Vos institutions ont enfanté une catastrophe écologique.* »

Commentaire de bibilebrochet : « *À vouloir sans cesse faire bêtement des économies de bouts d'chandelles, on finit par provoquer des catastrophes naturelles ! Un grand BRAVO une fois de plus M. le Préfet : "on ne fera jamais d'un âne un cheval de course" !!* »

▮ Grammaire

Et de + infinitif

Il dénonce… Il argumente en faveur de… *Et de* conclure :…

▮ Vocabulaire

La pêche

- Pêcher, un pêcheur(-euse), la surpêche, un garde-pêche
- Un appât, un hameçon, un asticot
- Une carpe, un brochet, une truite
- Un batardeau = un barrage provisoire ≠ la vidange
- Un filet, une épuisette
- La pisciculture, l'alevinage, l'aquaculture
- Une pêche de décompression = un sauvetage piscicole
- La richesse halieutique = relative à la pêche

═══ *Pour communiquer* ═══

- ● ***Établir un constat d'échec :*** La pêche annoncée comme miraculeuse s'est transformée en hécatombe. Offrir le spectacle désolant de tonnes de poissons morts gisant sur les berges.
Réaliser une telle opération ne pouvait que conduire à un massacre.
- ● ***Pointer du doigt des responsabilités :*** De quel droit pouvez-vous conduire ce type d'opération pour finir par un carnage ?
Comment le préfet départemental a-t-il pu laisser faire cela ?
Vous avez retoqué systématiquement les propositions des professionnels.
Les visiteurs ont pu voir la négligence de vos institutions.
Vos institutions ont enfanté une catastrophe écologique.

1 Compréhension. **Vrai ou faux ? Si faux, justifiez votre réponse.**

1. Le président de SOS Truite interpelle les pouvoirs publics.

2. Le document dénonce une catastrophe sanitaire.

3. Le commentaire final soutient l'interpellation en y ajoutant une remarque cynique.

2 Vocabulaire. **Vous voulez vous adonner à la pêche, devinez de quoi il s'agit.**

1. C'est l'héroïne de Franz Schubert dans un petit ruisseau clair.

2. Il vous empêche de pécher sur toute la ligne quand vous pêchez à la ligne.

3. On en trouve dans les bouses de vache.

4. On peut aussi l'utiliser pour tromper ou séduire.

5. Il semblerait qu'elle soit muette.

6. Avec cet objet, vous pouvez pêcher des crevettes, même si vous êtes très fatigué(e).

7. En quenelles, accompagné d'une sauce Nantua, c'est délicieux.

8. Si vous y mordez, vous êtes piégé(e).

3 Vocabulaire. **Trouvez les termes scientifiques d'après les définitions suivantes.**

1. Élevage et production d'espèces aquatiques (huîtres, coquillages…).

2. Ensemble de disciplines ayant trait aux techniques de la pêche (en mer).

3. (Re)peuplement des eaux douces (lacs, rivières, étangs) en poissons.

4. L'une des branches de l'aquaculture (uniquement les poissons).

4 Grammaire. **Transformez ces phrases en utilisant** *et de* + *infinitif* **pour renforcer la narration.**

1. Le pêcheur lance la ligne avec l'appât, il attrape une truite, finalement chacun applaudit.

2. Les militants arrivent, ils brandissent des poissons morts et s'écrient « Stop à la surpêche ! ».

5 Pour communiquer. **Reformulez ces constats d'échecs.**

1. Quelle misère que de voir cette poiscaille crevée sur les rives du lac !

2. On nous avait dit que ce serait une pêche prodigieuse et, au final, que voit-on ? Un carnage !

3. C'était couru d'avance qu'accomplir un tel acte aurait pour résultat un désastre absolu.

6 Pour communiquer. **Interpellez les pouvoirs publics pour pointer leurs responsabilités.**

1. Les autorités locales ont abattu tous les serpents sous prétexte qu'un touriste aurait été mordu !

2. Une marée noire a dévasté les côtes bretonnes. En cause : l'absence de contrôle des pétroliers.

3. Des promoteurs immobiliers ont défiguré le patrimoine naturel en construisant des HLM n'importe où.

4. Les entomologistes vous l'ont fait savoir à maintes reprises ! Vous avez fait la sourde oreille !

7 À vous ! **Toutes les araignées de votre ville ont été tuées sur décision du maire. Dénoncez cette catastrophe écologique en interpellant, avec emphase (et humour), les pouvoirs publics.**

19c Rédiger une pétition

PÉTITION : POUR QUE VIVE LE LOUP ET VIVE LE PASTORALISME

La France s'est lancée dans la chasse aux loups, espèce protégée, alors que 75 % des Français trouvent inacceptable qu'on abatte cette espèce. Nous interpellons madame la ministre du Développement durable et de l'Énergie, afin qu'elle écoute la demande de la majorité des citoyens, et qu'elle mette fin à cette campagne de haine contre les loups et ceux qui les protègent.

NOUS DEMANDONS À MME LA MINISTRE DE L'ÉCOLOGIE :

• **De mettre fin à la politique des tirs et de faire appliquer une véritable protection du loup.** Il faut réaffirmer clairement son statut d'espèce protégée. La destruction systématique de loups ne doit plus être envisagée comme un mode de gestion. Les tirs ne résolvent en rien les difficultés des éleveurs et torpillent la cohabitation entre le pastoralisme et le loup.

• **De favoriser un élevage responsable et compatible avec la conservation de la biodiversité.** Aimer le loup n'est pas délaisser le berger ! Les aides financières liées au loup permettent leur embauche et la réfection des cabanes : le loup crée de l'emploi et fait revivre les alpages, ne l'oublions pas. L'État doit encore mieux accompagner les éleveurs volontaires pour développer des techniques pastorales alternatives aux tirs, en accord avec les enjeux écologiques et les attentes de la société.

• **De ne plus indemniser les éleveurs qui ne protègent pas suffisamment leurs troupeaux.** Les très grands troupeaux mal gardés entraînent une dégradation écologique de nos montagnes et concentrent l'essentiel des difficultés de cohabitation avec le loup. D'autre part, l'élevage ovin ne survit que grâce aux subventions publiques et reçoit chaque année plusieurs centaines de millions d'euros. Les contribuables sont en droit de demander des comptes sur ce que l'on fait de leurs deniers.

• **De faire cesser la haine qui sévit autour du loup et de ses protecteurs.** Des (ir)responsables politiques n'hésitent pas à mentir au sujet du loup pour s'attirer les faveurs d'un public sensible. Nous demandons à ce que cesse cette désinformation malhonnête, et nous sommes à la disposition des médias pour une information plus objective sur ce dossier.

PROTÉGER LES LOUPS, C'EST PROTÉGER LE PATRIMOINE NATUREL DE TOUS LES FRANÇAIS !

Nom, prénom	Adresse	Signature

Toutes les infos sur : www.cap-loup.fr – Pétition à retourner aux associations CAP Loup – BP505 – 26401 CREST CEDEX

Vocabulaire

Le pastoralisme

- Un berger, une bergère
- Un éleveur, un élevage ovin
- Un troupeau de moutons, de brebis
- Un alpage, une transhumance
- Les techniques pastorales alternatives
- Un pâturage

Pour communiquer

• *Annoncer l'objet de l'interpellation :*
Les Français trouvent inacceptable qu'on abatte cette espèce.
Nous interpellons X afin qu'elle/il mette fin à qch.

• *Formuler des revendications :*
Nous demandons de faire appliquer une véritable protection des loups.
Il faut réaffirmer clairement son statut d'espèce protégée.
Nous exigeons de ne plus indemniser les éleveurs qui…
Les contribuables sont en droit de demander des comptes sur…
Nous demandons à ce que cesse cette désinformation malhonnête.

• *Conclure dans l'intérêt de tous :*
Le loup crée de l'emploi et fait revivre les alpages, ne l'oublions pas !
Protéger les loups, c'est protéger le patrimoine naturel de la France.

ACTIVITÉS

1   **Compréhension. Ces affirmations sont fausses. Reformulez-les correctement.**

1. Ce document est une revendication.
2. Le loup est un animal sauvage protégé, aimé de tous.
3. La langue employée est très sobre.

2   **Vocabulaire. Vous faites un stage de pastoralisme. De quel terme s'agit-il ?**

1. La petite héroïne Heidi y vit la moitié de l'année avec son grand-père et ses chèvres.
2. Les ruminants bovins y paissent, le chevreuil y paît en paix.
3. C'est grâce à cette activité que vous dégustez du roquefort et que, l'hiver, vous avez bien chaud dans vos pulls de laine.
4. Les loups adorent le suivre et en faire un bon festin.
5. C'est la migration du bétail (bovidés, cervidés, équidés et ovins) de la plaine vers la montagne ou de la montagne vers la plaine, en fonction de la saison.
6. De façon élégante, on peut aussi s'y asseoir confortablement.

3   **Pour communiquer. Complétez ce texte avec les éléments introductifs et conclusifs adéquats.**

Le lynx menacé en France : malgré leur réintroduction dans les Vosges en 1983, plusieurs d'entre eux ont été retrouvés morts de façon suspecte. Les _____. Que font les pouvoirs publics pour protéger efficacement le lynx ? _____ le conseil régional des Vosges _____ cette persécution. [...]
Veillons à sa protection, qui d'ailleurs a des impacts réels sur les activités humaines : _____ et contribue à l'écosystème des montagnes _____ ! Enfin, il faut continuer le travail d'information sur le lynx boréal, car _____ !

4   **Pour communiquer. Formulez des revendications face aux situations suivantes.**

1. La presse colporte des contrevérités au sujet du lynx.
2. L'État subventionne des agriculteurs qui ne jouent pas le jeu de la protection des espèces en voie de disparition.
3. Chasseurs et randonneurs bruyants pénètrent dans des zones montagneuses très reculées.
4. La réintroduction des lynx a coûté très cher aux finances publiques et, maintenant, ces pauvres bêtes sont abattues par des braconniers irresponsables !
5. Nous négligeons trop souvent ce beau félin, si mal connu et si passionnant.

5   **À vous ! DALF Lancez une pétition pour la protection des abeilles, en tenant compte du dessin.**

Elles font notre miel. Sauvez les abeilles !
– Et nous, comment on va faire notre beurre ?

20a

Faire des hypothèses sur l'homme du futur

Comment l'être humain s'adapterait-il aux changements climatiques sur le long terme ? Des scientifiques se sont posé la question et imaginent trois évolutions possibles. [...]

1. La vie sous-marine : Le réchauffement de la planète provoque la fonte des glaces et a pour conséquence l'élévation du niveau de la mer. [...] Pour les scientifiques, l'être humain pourrait développer des branchies afin de capter l'oxygène présent dans l'eau et le faire passer directement dans le sang. L'homme devra également apprendre à se déplacer dans un environnement sous-marin, avec des pieds et des mains qui s'allongeront et se palmeront. Les poils pourraient également disparaître pour permettre à l'homme une meilleure pénétration dans l'eau, et ses poumons pourraient rétrécir. Les yeux pourraient ressembler à ceux des chats afin d'avoir une meilleure vision dans les zones sous-marines sombres, ainsi que des paupières translucides pour protéger les yeux.

2. Le retour de la période glaciaire : Si une météorite frappe la Terre, le climat de la glaciation réapparaîtrait. Les scientifiques pensent que l'homme pourrait s'y adapter en ayant une peau très pâle, afin que le corps produise plus de vitamine D à partir d'une exposition réduite aux rayons du soleil. [...] Les poils, contrairement à la théorie précédente, seraient plus nombreux, chez les hommes comme chez les femmes. Le nez serait plus grand, ainsi que le visage, afin que l'air froid inspiré soit plus rapidement et plus facilement réchauffé.

3. La vie dans l'espace : Une démarche simiesque. Et si l'Homme devait vivre sur une autre planète ? Pour ce faire, les scientifiques présument que le corps humain devrait subir de très nombreux changements [...]. Les bras et les jambes se développeraient et seraient de la même longueur que chez les orangs-outans. À cela s'ajouteraient de gros orteils opposables, puisque nos pieds seraient utilisés pour saisir des choses dans une zone de faible gravité. Au niveau du visage, la perte complète des dents serait possible, ainsi qu'une réduction de la mâchoire [...], la bouche ne servant plus qu'à avaler. La taille corporelle diminuerait aussi, vu le manque de prédateurs naturels [...].

Ces profils de « l'homme du futur » paraissent utopiques, voire complètement irrationnels. Pourtant, certains changements imaginés pourraient même arriver plus vite que prévu, selon Matthew Skinner, paléoanthropologue à l'université de Kent, à l'origine de ces trois scénarios.

http://www.levif.be/actualite/sciences/trois-evolutions-possibles-pour-l-humain-du-futur-video/article-normal-452459.html

Grammaire

L'hypothèse potentielle

- *Si* une météorite frappe la Terre, le climat de la glaciation réapparaîtrait.
- *Si* l'homme devait vivre sur une autre planète, les chercheurs présument que le corps humain devrait…

Vocabulaire

L'homme-animal

- Une branchie (poisson)
- Une paupière translucide (chat)
- Un gros orteil opposable (singe)
- Un prédateur (fauve)

- Une patte palmée (canard)
- Une pilosité, des poils (gorille)
- Une taille corporelle diminuée (fourmi)

Pour communiquer

- *Indiquer des conséquences possibles :*
Le réchauffement de la planète provoque la fonte des glaces.
Cela a pour conséquence l'élévation du niveau de la mer.
L'être humain pourrait … afin de capter l'oxygène dans l'eau et le faire passer dans le sang.
L'homme devra également apprendre à se déplacer dans un environnement sous-marin.
L'homme pourrait s'adapter à qch, en ayant… afin que le corps produise plus de vitamine D.

1 Compréhension. **Vrai ou faux ? Si faux, justifiez votre réponse.**

1. Il s'agit de témoignages d'extraterrestres.

2. L'homme du futur se métamorphoserait physiquement.

3. La vision des scientifiques est plutôt sceptique face à l'évolution de l'être humain.

2 Vocabulaire. **Devinettes. De quoi parle-t-on ?**

1. C'est l'organe de respiration des animaux aquatiques.

2. Vos matous en ont et les leurs sont le contraire d'opaque.

3. Les Lilliputiens en sont fiers, selon Gulliver.

4. Le pouce l'est par rapport à l'index, le majeur, l'annulaire et l'auriculaire.

5. Si vous marchez comme une canne, on dirait que vous en avez, tellement votre démarche est maladroite.

6. On suppose que l'homme préhistorique, vivant de chasse et de cueillette, l'était.

7. Si elle est excessive, c'est inesthétique, notamment sur les gambettes des dames et sur le dos des messieurs… du moins dans l'œil des Français !

3 Grammaire. **Avec ces éléments, construisez une hypothèse cohérente pour l'homme du futur.**

1. Si/vivre dans les fonds sous-marins/devoir // supposer/naître/les enfants/dans les coquillages/les scientifiques.

2. Si/de la Terre/se rapprocher/le Soleil // en dépit des saisons/toute l'année/être bronzé.

3. Si/à la période glaciaire/retourner // autant que/la plupart des enfants/des Esquimaux/penser/vouloir/pouvoir/déguster.

4 Pour communiquer. **Imaginez les scénarios suivants. Indiquez une conséquence (hypothétique) pour chacun d'entre eux.**

1. L'homme devra vivre dans les abysses océaniques, comme le calmar colossal et le requin-lézard.

2. La température ne cesse d'augmenter depuis un siècle.

3. L'homme est condamné à vivre dans un froid polaire et dans la nuit noire.

4. La totalité de la surface terrestre sera recouverte par les océans, les continents auront disparu.

5. Les calottes glaciaires sont en train de fondre.

5 À vous ! **Imaginez l'homme du futur !**
Si vous le souhaitez, inspirez-vous du dessin ci-contre.

20b

Défendre la robotisation

C'est un chirurgien main dans la main avec les machines. Ardent défenseur des quelque 80 robots Da Vinci qui opèrent en France cancers de la prostate et affections gynécologiques, l'urologue Guy Vallancien vient de signer un ouvrage* dans lequel il imagine l'hôpital de demain. « *Nous entrons dans l'ère de la média-médecine, où l'homme et l'automate travailleront en symbiose pour soulager la souffrance* », prophétise-t-il. À côté des robots chirurgiens, le futurologue prédit l'arrivée de « robots anesthésistes ». [...] Toute la chaîne de soins sera, selon lui, concernée : « *Personne ne discute du bien-fondé du pilotage automatique en aviation.* » [...] Au Japon, plusieurs équipes planchent depuis une dizaine d'années sur les moyens de pallier la pénurie d'infirmières au moyen de machines. Dans ce pays où la population vieillit, plusieurs ont passé les phases de test. *Hospi*, un engin courtaud, 1,30 m pour 120 kg, est capable de distribuer les médicaments et de laver les cheveux des patients. Avec sa bouille souriante d'ourson, *Robear*, 140 kg sur la balance, peut soulever un malade de son lit et le déposer en douceur sur un fauteuil roulant ou tout simplement l'aider à se lever. Présenté au printemps, *Terapio* suit pas à pas l'infirmière dans les couloirs de l'hôpital, il lui délivre des seringues, il collecte les données médicales. Ce petit format vert pomme fixe la soignante de ses deux grands yeux ronds. Les billes noires se voilent de tristesse quand le contact visuel avec l'humain est rompu. En Europe, le CHU de Liège a investi 2,6 M d'euros pour acheter deux robots chargés de préparer les médicaments. Ces automates, certes plus pharmaciens que nurses, permettent, en bout de chaîne, de faciliter le travail des infirmières. [...] Les robots remplaceront-ils un jour les infirmières ? [...] Pour Jocelyne Troccaz, chercheuse au CNRS, « *remplacer les infirmières par les machines n'est pas une bonne idée. À l'hôpital, où tout le monde est pris par le temps, l'infirmière est celle à qui le malade peut encore parler un peu.* » Quand elle conçoit un projet de robot médical avec les médecins du CHU de Grenoble, cette scientifique vise avant tout à « *aider les soignants à faire mieux* » et non à les « *remplacer* ». « *La machine n'intervient que si le geste devient meilleur d'un point de vue médical* », nuance-t-elle. Un point de vue partagé par Guy Vallancien, pour qui « *les innovations technologiques vont recentrer le rôle du médecin sur la prise de décision et la relation avec le patient* ».

* *La Médecine sans médecin ? Le numérique au service du malade*, Paris, Gallimard,
http://www.lejdd.fr/Societe/Sante/Quand-les-robots-remplaceront-les-infirmieres-758703

Grammaire

Celui / celle + complément

- L'infirmière est *celle à qui* le malade peut encore parler un peu.
- Les robots chirurgiens et *ceux se rapportant* à l'anesthésie.

Vocabulaire

Le robot médecin

- La média-médecine
- Un(e) aide-soignant(e)
- Une seringue

- Un(e) anesthésiste, un urologue
- Un fauteuil roulant
- Des données médicales

Pour communiquer

- *Souligner les bienfaits :*
L'homme et l'automate travailleront en symbiose pour soulager sa souffrance.
On planche sur les moyens de pallier la pénurie d'infirmières au moyen de machines.
Ces automates permettent, en bout de chaîne, de faciliter le travail des infirmières.
La technologie va recentrer le rôle du médecin sur les aspects humains.
- *Contrer les arguments adverses :*
On vise à aider les soignants à faire mieux et non à les remplacer.
La machine n'intervient que si le geste devient meilleur d'un point de vue médical.
Personne ne discute du bien-fondé du pilotage automatique en aviation !

1 Compréhension. **Ces affirmations sont fausses. Corrigez-les.**

1. C'est un texte de science-fiction.

2. À l'avenir, il n'y aura plus de médecins, seulement de jolies infirmières et des robots.

3. Les intervenants sont pour la robotisation en milieu hospitalier sans aucune restriction.

2 Vocabulaire. **Devinettes. De qui ou de quoi s'agit-il ?**

1. Elles sont protégées par le secret professionnel (secret médical).

2. C'est l'irruption des technologies appliquées à la médecine.

3. C'est le spécialiste de la médecine des reins, des voies urinaires et des glandes surrénales.

4. On est terrorisé à sa vue. Par ailleurs, si vous chantez comme elle, vous chantez faux.

5. Ils sont parfois utilisés par les PMR (personnes à mobilité réduite).

6. Ils assurent l'hygiène et le confort des patients et distribuent les médicaments (loi 2002).

7. Il/elle vous (sur)veille avant, pendant et après l'opération.

3 Grammaire. **Complétez ces phrases avec** *celui/celle + complément.*

1. Passez-moi son dossier médical, _____ une chemise grise.

2. À la clinique, les médecins effectuent des visites auprès des patientes stationnaires et auprès de _____ (y séjourner) temporairement.

3. Les angiologues sont _____ peuvent s'adresser les patients ayant des varices.

4 Pour communiquer. **Ces gens sont pour la robotisation. Soutenez-les en soulignant ses bienfaits.**

1. Comme le personnel soignant qualifié a tendance à se raréfier, nous faisons des recherches sur des automates susceptibles de prendre en charge une partie de leurs tâches.

2. Le patient verra ses douleurs s'amenuiser quand l'homme et la machine travailleront main dans la main.

3. Grâce aux androïdes, le docteur pourra de nouveau s'occuper du bien-être de ses patients.

4. Tout bien considéré, c'est formidable les robots ! Ça va simplifier le boulot de celles qui sont heureuses le 12 mai, car c'est leur journée mondiale.

5 Pour communiquer. **Voici des arguments anti-robotisation. Tentez de les désamorcer.**

1. Les robots, c'est dangereux. Vous imaginez les conséquences s'ils tombent en panne !

2. Moi, je ne vois pas ce qu'une machine peut faire de plus dans les soins médicaux en général !

3. C'est horrible d'imaginer un monde sans nos adorables infirmières en blouse blanche !

6 À vous ! **Pensez-vous que les robots puissent à l'avenir remplacer certaines professions dans les hôpitaux ? Quels en seraient les bienfaits et les dangers ? Écrivez à Guy Vallancien.**

20c Ironiser sur un futur déshumanisé

— Tu choisiras quoi, chérie ? Embolie pulmonaire, infarctus du myocarde, accident vasculaire... — Arrête, tu me fais froid dans le dos ! — Personnellement, je préfère une mort rapide, continuait l'homme, penché sur l'écran implanté dans la paume de sa main. Quoi que..., réfléchissait-il, une maladie longue, un déclin progressif des facultés permet de se préparer en douceur, hum ? — Tu dis n'importe quoi, chéri, répondit sa compagne, une moue réprobatrice aux lèvres. — Non pas. Tu devrais y penser, réussir sa sortie, c'est important. […] — Quelle horreur ! cria la jeune femme. […] Son compagnon semblait beaucoup s'amuser à comparer les propositions et les prix des catalogues en ligne. Confortablement installé sur le canapé, l'idée de préparer son propre décès ne paraissait pas le perturber. […] Il avait l'air serein. — Bien entendu je choisirai ce qui me convient, reprit la fille, mais pas maintenant. — Il ne faut jamais remettre au lendemain, ... — Je sais ce qui ne peut pas attendre, enchaîna-t-elle en s'approchant de son compagnon, son ventre dénudé chaloupant à hauteur de ses yeux. Elle l'enlaça de ses bras dorés et dodus, puis tenta de l'embrasser, mais il brandit sa main-écran. — Regarde, tu peux même choisir la date, l'heure, le lieu ! Les prix varient en fonction de... La jeune femme s'éloigna, découragée par le manque d'enthousiasme de son compagnon. […] Il était encore parti dans l'un de ses voyages virtuels, dont aucune stimulation ne pouvait le tirer. […] Un juron de déception lui échappa, puis […] elle se dirigea à grands pas vers le balcon pour prendre l'air. — Chérie, chérie, chér... Eva, sur le balcon, n'entendait pas. L'homme […] tentait d'appeler sa compagne. Sa voix s'étranglait, il tenta de se lever, mais tomba sur les genoux. La bouche grande ouverte comme un poisson tiré de l'eau, il porta ses mains à sa mâchoire […], pas un son ne venait. Dans un dernier réflexe de lucidité, il balaya d'un geste la table du salon. Le bruit des objets renversés attira l'attention de sa compagne. — Qu'est-ce qui se passe, ici ? demanda-t-elle, irritée, en faisant irruption dans le salon. Elle se figea une fraction de seconde à la vue de son compagnon suffocant. Puis se jeta sur lui. Dans sa paume écran, qu'il brandissait vers elle, clignotait le message suivant : — Félicitations ! Vous avez choisi une mort courageuse ! Vous avez confirmé l'activation immédiate. Votre commande est en cours de livraison. *Mortenligne* vous remercie de votre confiance. Grâce à nos facilités de paiement, votre compte ne sera débité que le 5 du mois prochain. […]

Sophie Fédy, *Mort sur catalogue*, http://short-edition.com/oeuvre/tres-tres-court/mort-sur-catalogue, 2016

Grammaire

Participe présent ou adjectif verbal

- Sa compagne suffo**c**ante (*adjectif verbal*)
- Son compagnon suffo**qu**ant pendant des heures (*participe présent*)

Vocabulaire

Les mouvements

- Se pencher (sur)
- Brandir qch
- Se figer
- Chalouper
- Tomber sur les genoux
- Enlacer (de ses bras)
- Balayer qch (d'un geste)

Pour communiquer

- **Décrire une situation d'humour noir léger (jeu) :**
Tu choisiras quoi, chérie ? Embolie pulmonaire ou infarctus...
Réussir sa sortie (= sa mort), c'est important. – Quelle horreur !
- **Raconter une action inattendue :** Le bruit des objets renversés attira son attention.
La bouche grande ouverte comme un poisson tiré de l'eau, il porta ses mains à sa mâchoire.
- **Clore le récit avec une chute d'humour noir féroce (réalité) :**
Félicitations ! Vous avez choisi une mort courageuse !
Vous avez confirmé l'activation immédiate, votre commande est en cours de livraison.
Mortenligne vous remercie de votre confiance.

1 Compréhension. **Vrai ou faux ? Si faux, justifiez votre réponse.**

1. Il s'agit d'un extrait de roman.

2. C'est une histoire d'amour se terminant sur un trait d'humour noir.

3. Dans ce texte, les termes pudibonds sont légions.

2 Vocabulaire. **Indiquez le verbe correspondant à ces définitions (sens propre ou figuré).**

1. On le dit lorsque l'on s'occupe de quelque chose ou de quelqu'un avec sollicitude.

2. C'est quand vous étreignez quelqu'un que vous aimez.

3. C'est la réaction de votre corps quand vous êtes surpris ou désappointé.

4. Les insurgés le faisaient avec leurs étendards.

5. Vous le faites d'un revers de main pour exprimer un refus catégorique.

6. C'est quand vous bougez vos hanches sur de la musique cubaine en buvant des mojitos. Le substantif désigne un petit bateau de pêche.

3 Grammaire. **Adjectif verbal ou participe présent ? Choisissez la bonne réponse.**

1. L'argument de Cunégonde est peu convaincant | convainquant .

2. On voit de plus en plus de couples communicants | communiquant par textos.

3. Frédéric, émergeant | émergent de sa stupeur, recula, zigzaguant | zigzagant devant le précipice !

4. Joël et Annie sont devenus trafiquants | trafiquant d'organes, alors que leur père avait toujours été un honnête fabriquant | fabricant de cercueils.

4 Pour communiquer. **Reformulez les phrases suivantes dans une langue standard.**

1. Trésor, opterais-tu pour une thrombose ou un arrêt cardiaque lors de ton trépas ?

2. Mener à bien son dernier souffle, c'est vital. – Quel effroi !

3. Il a posé ses menottes autour de sa gorge, cherchant de l'air comme un alpiniste au Tibet.

4. Cette chute de bibelots, provoquant un léger tintamarre, suscita sa curiosité.

5 Pour communiquer. **Trouvez la chute/réponse correspondant à ces situations d'humour noir.**

1. Mince, j'ai tapé par mégarde sur la touche EXIT de mon ordinateur !

2. Entre mourir dans mon lit ou être massacré(e) par une tronçonneuse, je choisis la seconde solution.

3. Je suis vraiment un bon consommateur de sites en ligne... jusqu'au bout !!

6 À vous ! **Écrivez en quelques lignes une mini-nouvelle d'anticipation en la concluant par une chute imprégnée d'humour noir.**

1 Devinettes. De quoi parle-t-on ?

1. C'est verser une somme régulière à un organisme en échange d'avantages.

2. Son synonyme standard est « fou ». En style familier, il peut remplacer « c'est incroyable ».

3. C'est un os situé à la face antérieure du genou.

4. Se dit d'une personne qui a perdu un œil.

5. C'est une circonstance qui empêche d'appliquer un traitement.

6. Qualificatif qui caractérise une personne ayant perdu ses illusions.

7. Ce sont de mauvais traitements corporels exercés sur une personne.

8. C'est arriver ou se produire en même temps.

9. Il s'agit d'émanations de gaz, s'échappant du volcan.

10. C'est un crochet en métal qui, garni d'un appât, peut servir à pêcher.

2 Trouvez un synonyme pour les mots ou termes soulignés.

1. Bernadette s'occupe d'un élevage de moutons.

2. Claudius a très mal, il a un *hallux rigidus* à son gros doigt de pied.

3. Donatien a un maintien et une tenue impeccables.

4. C'est intentionnellement qu'Étiennette a poussé sa mémé dans les orties.

5. François a eu une diarrhée terrible due à de l'huile d'olive rance.

6. Gabriella s'est trompée dans le dosage de son somnifère, elle a dormi 12 heures de suite !

7. Franzo est très apaisé depuis qu'il vit en France, loin du régime corrompu de son pays.

8. Le célèbre footballeur Guillaume H., ayant abusé d'anabolisants et de stéroïdes, se retrouve derrière les barreaux.

9. L'Etna a répandu des flots de lave. Les Siciliens ont eu très peur !

10. L'écoulement du réservoir d'huile de sa Porsche étant impossible, Irène a dû prendre sa 2CV.

3 Parler de sa santé. Reformulez ces phrases dans un registre familier.

1. Zizi a les jambes qui tremblent avant de monter sur scène.

2. Claudine est d'une santé extrêmement fragile, son organisme est toujours indisposé.

3. Jacques s'angoisse atrocement dès qu'il doit se rendre chez son praticien.

4. Karina se sent à bout de forces, dans un état de harassement absolu.

4 Grammaire. Choisissez la bonne réponse.

1. J'aurais voulu que vous fussiez / étiez guéri.

2. Notre plus grande réussite aura été / aurait été de faire plaisir à tous les utilisateurs de *CPF perfectionnement*, et nous nous apercevons avec ravissement que tous sont comblés.

3. Ce scientifique a inventé un robot provocant / provoquant la colère du personnel hospitalier.

5 **Reformulez librement les phrases suivantes.**

1. Si vous utilisez mal ce médicament, vous risquez d'avoir de sérieuses complications.

2. Les gens autour de moi ne m'intéressent aucunement.

3. Je suis « un gros légume ».

4. Les habitants et les troupeaux de vaches ont été décimés par l'explosion du Piton de la Fournaise.

5. Ce désastre environnemental est dû aux mauvaises décisions de l'État.

6. Faire attention à la survie de l'espèce des canidés (dont le Petit Chaperon rouge a peur), c'est aussi une façon de sauvegarder notre nature, ici, dans les Vosges.

7. Nous ne souhaitons pas substituer des automates aux infirmières, mais que ces dernières perfectionnent leurs pratiques.

8. Joseph va très bien, il marche comme un jeune homme et il a des yeux de lynx.

9. Louise a drôlement vieilli depuis qu'elle ne vole plus les tirelires dans les maisons de retraite !

10. Mathias s'est senti soutenu par un ami véritable lors de son passage à vide.

6 **Les états d'âme. Ces phrases sont-elles de sens équivalent ou de sens différent ?**

1. Je ne me sens pas triste = je suis très gai(e).

2. Je suis cafardeux = j'ai le moral à zéro.

3. Ma vie relationnelle est un échec = j'ai de mauvaises relations avec mes collègues.

4. Je compte mettre fin à mes jours = j'envisage d'en finir avec l'existence.

5. Je ne crois pas être disgracieux(-se) = je pense que je suis plutôt attrayant(e).

6. J'ai l'impression d'avoir un physique ingrat = je suis doté(e) d'un physique repoussant.

7. Je suis aux anges = je suis ravi(e), très heureux(-se).

8. Je suis au 36e dessous = j'ai le moral dans les chaussettes.

7 **Le climat. Associez ces expressions et proverbes aux situations qui conviennent.**

1. Il y a de l'orage dans l'air.	**a.** Une difficulté initiale ne décourage pas celui qui veut parvenir à son but.
2. Faire la pluie et le beau temps.	
3. Ne pas être né(e) de la dernière pluie.	**b.** Ce puissant entrepreneur influe sur les décisions politiques.
4. Pluie du matin n'arrête pas le pèlerin.	
	c. C'est tendu entre Yvette et Guy.
	d. Je suis loin d'être idiot(e), j'ai compris le message !

8 **Production. Lancez une pétition pour la sauvegarde de cet élégant renard polaire en voie de disparition à cause du réchauffement climatique. Soyez convaincant(e).**

1 **Grandes écoles et universités.** Que signifient ces acronymes (EPFL, INALCO, ENAP, EHESS, UCL, ESIT) ? Associez et complétez.

1. École des hautes études en sciences _____ (Paris)

2. École supérieure d'interprètes et _____ (Paris)

3. Institut national des langues et civilisations _____ (Paris)

4. École polytechnique fédérale de _____ (Suisse)

5. Université catholique de _____ (Belgique)

6. École nationale d'administration _____ (Québec)

2 **Les 10 dates de l'histoire du travail en France.** Faites correspondre l'année et l'événement : *1841, 1906, 1919, 1936, 1950, 1958, 1969, 1982, 2000, 2016.*

1. La modification du Code du travail en vue de libéraliser le marché du travail (retour probable aux 48 heures/semaine et bientôt plus que 1 semaine de congés payés par an...).

2. L'interdiction du travail des enfants de moins de 8 ans.

3. La création du ministère du Travail et l'instauration d'un jour de repos légal de 24 heures (dimanche).

4. La création de l'assurance chômage.

5. La journée de 8 heures (8 h travail, 8 h loisirs, 8 h sommeil) et 48 heures de travail hebdomadaire.

6. La semaine de 39 heures de travail et l'instauration d'une cinquième semaine de congés payés.

7. Les premiers congés payés généralisés (14 jours) et la semaine de 40 heures.

8. Le passage aux 35 heures de travail hebdomadaire.

9. La loi sur l'augmentation du SMIC et la quatrième semaine de congés payés.

10. La création du SMIG (salaire minimum interprofessionnel garanti).

3 **Les expressions sur le travail.** Associez l'expression et son explication.

1. Un travail d'Hercule	a. *Tous les métiers se valent et sont dignes d'être pratiqués.*
2. Travailler du chapeau	b. *La prostitution masculine et féminine*
3. Le plus vieux métier du monde	c. *Une rude tâche*
4. Il n'y a pas de sot métier, il n'y a que de sottes gens.	d. *Quotidien des Parisiens, et plus généralement des citadins. Expression qui critique la monotonie et la robotisation de la vie.*
5. Métro, boulot, dodo	e. *Avoir des troubles psychiques, être préoccupé(e)*

4   **Associez ces grands psychiatres/psychanalystes à leur domaine de spécialité.**

1. Jean-Martin Charcot (1825-1893)
2. Sigmund Freud (1856-1939)
3. Gaëtan Gatian de Clérambault (1872-1934)
4. Jacques-Marie Lacan (1901-1981)
5. Jean-Bertrand Pontalis (1924-2013)

a. Fondateur de la psychanalyse (interprétation du rêve)

b. Analyste de l'inconscient qu'il considère comme un réseau de « signifiants »

c. Premier neurologue à s'occuper intensément des névroses dont l'hystérie ; Freud fut son élève.

d. Directeur de l'Infirmerie spéciale (« le quartier général des fous »), quai de l'Horloge, à Paris

e. Il est le célèbre auteur du *Vocabulaire de la psychanalyse.*

5   **Expressions sur la santé.** Complétez les phrases en utilisant les expressions suivantes : *avoir la berlue, reprendre du poil de la bête, tirer une épine du pied, virer sa cuti.*

1. Javier a été très abattu après la mort de son canari chéri ; depuis, il _____ .
2. Tatiana a eu de vrais problèmes financiers ; en lui payant son loyer, sa mère _____ .
3. Avant Valentin aimait Valentine, à présent il lui préfère Valentino : il _____ .
4. Toi ici ? Je te croyais au fin fond de Saint-Pierre-et-Miquelon ! C'est bien toi, je _____ ?

6   **Brillez en société.** Répliquez à votre interlocuteur en terminant les phrases suivantes.

1. « La jeunesse, c'est la passion…
2. « On a dit que je cours après ma jeunesse. Il est vrai…
3. « Mon Dieu ! Que la vieillesse…
4. « C'est merveilleux la vieillesse…
5. « Vieillir, c'est quand on dit "tu" à tout le monde et que…

a. …dommage que ça finisse si mal ! » (François Mauriac)

b. …tout le monde vous dit "vous" ». (Marcel Pagnol)

c. …pour l'inutile. » (Jean Giono)

d. …est donc un meuble inconfortable ! » (Colette)

e. …et pas seulement après la mienne. » (André Gide)

7   **La science.** D'après les images, identifiez les inventions des scientifiques suivants : *René Laënnec, Jean-Baptiste de Lamarck, Louis Lartet, Antoine Lavoisier, Blaise Pascal.*

1.
2.
3.
4.
5.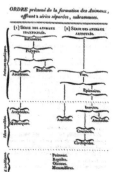

21a

Expliquer les valeurs républicaines

La France est **une République indivisible, laïque, démocratique et sociale**. Elle assure l'égalité devant la loi, sur l'ensemble de son territoire, de tous les citoyens.	La République laïque organise **la séparation des religions et de l'État**. L'État est neutre à l'égard des convictions religieuses ou spirituelles. Il n'y a pas de religion d'État.	La laïcité permet l'exercice de **la liberté d'expression** des élèves comme du respect des valeurs républicaines et du pluralisme des convictions.	La laïcité permet l'exercice de la citoyenneté, en conciliant **la liberté de chacun** avec **l'égalité et la fraternité de tous** dans le souci de l'intérêt général.

CHARTE DE LA LAÏCITÉ : la République est laïque, l'école est laïque		
Les enseignements sont laïques. Afin de garantir aux élèves l'ouverture la plus objective possible à la diversité des visions du monde ainsi qu'à l'étendue et à la précision des savoirs, **aucun sujet n'est *a priori* exclu du questionnement scientifique et pédagogique**. Aucun n'élève ne peut invoquer une conviction religieuse ou politique pour contester à un enseignant le droit de traiter une question au programme.	**Nul ne peut se prévaloir de son appartenance religieuse** pour refuser de se conformer aux règles applicables dans l'École de la République.	La laïcité implique **le rejet de toutes les violences et de toutes les discriminations**, garantit **l'égalité entre les filles et les garçons** et repose sur une culture du respect et de la compréhension de l'autre.
	La laïcité garantit **la liberté de conscience. Chacun est libre de croire ou de ne pas croire.** Elle permet la libre expression de ses convictions, dans le respect de celles d'autrui et dans les limites de l'ordre public.	
	Dans les établissements scolaires publics, les règles de vie, précisées dans le règlement intérieur, sont respectueuses de la laïcité. **Le port de signes ou tenues par lesquels les élèves manifestent ostensiblement une appartenance religieuse est interdit.**	
	La laïcité offre aux élèves les conditions pour forger leur personnalité, exercer leur libre arbitre et faire l'apprentissage de la citoyenneté. **Elle les protège de tout prosélytisme et de toute pression** qui les empêcheraient de faire leurs propres choix.	

Extrait de la charte de la laïcité, http://www.education.gouv.fr/cid95865/la-laicite-a-l-ecole.html

Vocabulaire

La République

- Indivisible, l'indivisibilité = l'unité
- La liberté (d'expression, de conscience)
- La fraternité, la solidarité ≠ le désaccord, la haine
- L'intérêt général
- Laïque, la laïcité ≠ la religion d'État
- L'égalité ≠ l'iniquité
- La non-discrimination, non discriminatoire
- Le pluralisme des convictions

Pour communiquer

- ***Les postulats :*** La RF assure l'égalité devant la loi.
Elle organise la séparation des religions et de l'État.
L'État est neutre à l'égard des convictions religieuses.
- ***Les garanties :*** La laïcité permet l'exercice de la liberté d'expression.
La laïcité offre aux élèves les conditions pour exercer leur libre arbitre.
Elle protège de tout prosélytisme et de toute pression.
Elle implique le rejet de toutes les violences et de toutes les discriminations.
Elle garantit l'égalité des sexes ; elle repose sur une culture de respect.
- ***Les interdictions :*** Le port de signes religieux ostentatoires est interdit.
Aucun élève ne peut invoquer une conviction religieuse ou politique pour…
Nul ne peut se prévaloir de son appartenance religieuse pour…

1 Compréhension. Vrai ou faux ? Si faux, justifiez votre réponse.

1. C'est un document narratif.

2. La laïcité permet le pluralisme des convictions et protège les citoyens de tout prosélytisme.

3. Le style du texte est proche de celui d'un texte de loi.

2 Vocabulaire. Indiquez le terme correspondant à la définition.

1. C'est quand on ne pratique aucune ségrégation fondée sur la race, l'identité du genre, l'orientation sexuelle, l'ethnie, les croyances ou les non-croyances spirituelles.

2. La partialité en est l'équivalent.

3. C'est le droit reconnu à l'individu de faire connaître sa manière de penser.

4. Sentiment violent qui pousse à vouloir du mal à autrui et à se réjouir du mal qui lui arrive.

5. Terme pour décrire la cohabitation entre les croyants et les athées et agnostiques.

6. Ensemble des actions initiées par les citoyens à travers des institutions, pour le profit de chacun.

7. C'est une religion officiellement adoptée par un État, dans sa législation et sa Constitution.

8. Le point l'est par rapport à la ligne.

3 Pour communiquer. Voici des situations concrètes. Trouvez le postulat républicain correspondant.

1. Le maire célèbre les mariages sans se préoccuper de la (non-)croyance des intéressés.

2. Que vous soyez tatoués, piercés ou non, les concours publics en France vous sont ouverts !

3. L'élu s'occupe de ses citoyens, alors que le curé s'occupe de ses ouailles. Chacun sa fonction.

4 Pour communiquer. Indiquez les garanties étatiques qui ont fait naître ces propos.

1. « Le Président, l'évêque, et les gamins, je n'en ai rien à faire ! »

2. « Professeur, je comprends, mais pourrait-on aborder la question aussi sous un autre angle ? »

3. « Allez les enfants, tous à la piscine ensemble, pour la couture et le foot il en sera de même ! »

4. « Non à l'antisémitisme et à l'homophobie à l'école ! »

5. « Pour la 10e fois : NON, tes palabres autour de Dieu ne m'intéressent pas ! »

5 Pour communiquer. Pour ces cas de non-respect de la laïcité, choisissez l'interdiction adéquate.

1. Cette élève refuse de serrer la main à son principal parce qu'il vote pour l'opposition.

2. Cet élève ne veut pas partager ses repas avec ses camarades pour des raisons confessionnelles.

3. Ce pion porte en évidence une médaille religieuse autour du cou.

6 À vous ! DALF Liberté, égalité, fraternité et laïcité ! Adressez au ministre de l'Éducation de votre pays un bref rapport dans lequel vous dressez le bilan des concordances et des divergences existant entre le système éducatif de la France et du vôtre.

Faire partager des valeurs

21b

Exprimer une opinion
à contre-courant

L'obscurantisme est-il de retour, selon vous qui avez consacré votre vie à l'étude des « Lumières » ? Vous appuyez là où ça fait mal. Je pense profondément que nous sommes dans une période de régression et que la philosophie des Lumières est de plus en plus battue en brèche. […] – *Pourquoi ce retour en arrière ? La faute aux circonstances économiques ?* Elles sont de fait la cause essentielle – quand on a peur, on est en état de régression. […] Mais la crise économique n'explique pas tout. Pour moi, la diffusion de plus en plus grande, dans le monde entier, du multiculturalisme, est un désastre. – *C'est-à-dire ?* Avec le multiculturalisme, on a grignoté peu à peu la raison universelle, qui veut qu'on pense d'abord à ce qui nous unit, avant ce qui nous distingue. Aujourd'hui, on considère que le droit à la différence est le summum de la liberté. La philosophie anglo-saxonne du « différentialisme » domine : chacun, dans sa communauté, fait ce qu'il veut. Cela revient à signer d'une certaine façon la mort de la philosophie des Lumières, qui a raisonné en termes tout à fait opposés. Elle proclame en effet que pour avancer, il faut considérer les essentielles ressemblances entre tous les êtres humains, quelles que soient nos différences. Ainsi, en votant le mariage pour tous, la France a enfin considéré les homosexuels comme identiques à nous, appartenant au même genre humain avec les mêmes droits. On a appliqué la philosophie de la ressemblance. C'est une victoire. Peut-être la dernière. – *Vous êtes pessimiste ?* Oui, parce que cette philosophie multiculturaliste séduit énormément les jeunes, qui trouvent qu'on appartient d'abord à sa communauté, avant d'appartenir à une collectivité plus large. Cet enfermement, cette fierté de la différence sont terribles. Au contraire de la philosophie qui met en exergue ce qui nous unit, et qui est, elle, un puissant facteur de paix entre les hommes. – *Que faut-il pour renverser cette tendance au repli ?* Il faut convaincre et tenir à certains principes. […] Ce qui me fait peur dans la régression actuelle, c'est le refus de l'enseignement, de la part d'enfants dans certaines écoles publiques. Car c'est à l'école qu'on apprend à exercer sa raison critique, à essayer de mettre un peu à distance ses préjugés et ses croyances. – *C'est l'école qui s'adapte à ces croyances ?* Exactement. On est passé du « cogito » au « credo ». Le mot d'ordre dans beaucoup d'écoles est : « Surtout ne choquez pas les croyances et les préjugés de vos élèves. » Si on ne peut plus apprendre l'esprit critique à l'école, où d'autre ? – *Une autre forme de repli sur soi, nationaliste et régionaliste, est très présente en Europe ?* C'est un repli identitaire et c'est affligeant. Que ce soit d'un côté (ma religion) ou de l'autre (ma région), c'est le triomphe du différentialisme.

Elisabeth Badinter, écrivain et professeur de philosophie, interviewée par B. Delvaux, *Le Soir* (Belgique), 30/09/13, https://blogs. mediapart.fr/victorayoli/blog/300913/elisabeth-badinter-la-soumission-au-religieux-est-un-desastre

▌ Vocabulaire

La philosophie

- La raison universelle ≠ le différentialisme
- Le credo = un préjugé, une croyance
- Mettre à distance qch

- Le cogito = un esprit critique
- Le summum de la liberté
- La régression, le repli identitaire

Pour communiquer

- *Déceler des dérives sociétales :* Que ce soit d'un côté ou de l'autre, c'est le triomphe de…
Vous appuyez là où ça fait mal ! Je pense profondément que…
La philosophie des Lumières est de plus en plus battue en brèche.
Avec le multiculturalisme, on a grignoté peu à peu… qui veut qu'on pense d'abord…, avant…
- *Réfuter des idées communément admises :*
Les circonstances économiques sont de fait la cause essentielle, mais cela n'explique pas tout.
Le différentialisme domine : cela revient à signer la mort des Lumières, qui ont raisonné en termes tout à fait opposés. / Il faut considérer les ressemblances, quelles que soient nos différences.
Cet enfermement est terrible ; au contraire de la philosophie qui met en exergue qch.
Si on ne peut plus apprendre l'esprit critique à l'école, où d'autre ?

1 Compréhension. **Vrai ou faux ? Si faux, justifiez votre réponse.**

1. C'est un entretien avec l'homme politique et essayiste Robert Badinter.

2. Spécialiste des Lumières, la philosophe argumente en faveur du multiculturalisme.

3. L'écrivain est optimiste quant à l'évolution actuelle.

2 Vocabulaire. **Complétez ces phrases avec les termes appropriés.**

1. Aujourd'hui, les gens pensent que pouvoir faire des achats un dimanche ou à 3 heures du matin, c'est
_____. Quelle sottise !

2. _____, cela signifie que l'on prend du recul face à soi-même.

3. L'école tente de développer chez l'élève _____, mais face à l'intrusion massive du visuel dans
l'enseignement au détriment de l'écrit, elle y parvient de moins en moins.

4. Depuis la Révolution française jusqu'il y a 20 ans, c'était _____ qui dominait, mais dès lors,
c'est _____ qui s'impose de plus en plus.

5. Les réseaux sociaux renforcent _____ car ils poussent inconsciemment les gens à ne plus côtoyer
que les personnes de leur propre communauté, quelle qu'elle soit.

6. Oh là là ! Pour toi, tous les riches sont comme ceci, tous les pauvres sont comme cela. Vraiment, tu es
rempli(e) de _____.

3 Pour communiquer. **Reformulez ces phrases qui pointent du doigt un problème sociétal.**

1. En effet, c'est là que gît le lièvre. Je suis convaincu(e) que le multiculturalisme nous a menés dans une
impasse.

2. En favorisant le communautarisme, nous avons progressivement démantelé la raison universelle qui,
avant de diviser, tente, elle, de rassembler.

3. Ce courant de pensée, né au XVIIIe siècle, a pris un coup de plomb dans l'aile ! (*fam.*)

4. Dans tous les cas, le « chacun pour soi » s'est imposé partout.

4 Pour communiquer. **Énoncez une opinion battant en brèche ces idées reçues.**

1. Si la situation actuelle est critique, c'est uniquement la faute à l'appauvrissement des masses laborieuses.

2. Rester entre nous, c'est génial. La liberté, c'est de pouvoir se distinguer des autres.

3. Dans l'enseignement, il faut ménager toutes les susceptibilités.

4. Faisons ressortir nos traits distinctifs coûte que coûte !

5. De nos jours, nous sommes d'accord pour que chacun, dans sa communauté, fasse ce que bon lui semble,
les principes universels étant une entrave à la liberté individuelle.

5 À vous ! **DALF Vous participez à un congrès de sociologie sur le multiculturalisme. Argumentez en
faveur du « différentialisme » ou en faveur de la « raison universelle ». Soyez philosophe.**

21c Rédiger un billet d'humeur sur un thème sociétal

L'autre matin, *Le JDD* nous apprenait que Bruno Le Maire allait commettre un livre. La veille, *L'Opinion* nous prévenait que Marine Le Pen avait sorti son porte-plume et son buvard et *Paris Match* nous révélait l'offensive d'hiver du Général Sarkozy. Ce à quoi Juppé répondit en se félicitant de « la grande production littéraire à droite ». Copé, entre-temps, avait lui aussi sévi, ainsi que Fillon, et on se demandait – avec effroi – qui serait le prochain nom de la liste. [...] Figés je ne sais où, [...] nos hommes politiques pensent encore que leur destin peut tourner en quelques coups de plume. Pour mémoire, ni Merkel, ni Cameron, ni Renzi ne se sont prêtés à cette mascarade ridicule qui rappelle – en beaucoup moins bien – les joutes guindées des courtisans posés dans de délicates bergères Louis XVI à la Cour ; cet éminent art de la conversation, cette « sociabilité orale » brillamment décrite par Marc Fumaroli qu'on pratiquait encore, en souriant et en souliers vernis, à la veille de la Révolution. [...] Mais revenons à nos moutons et quittons la bergerie de Marie-Antoinette. [...] Certes, on ose l'espérer, nul ne songe ici au Goncourt ou au Nobel [...]. D'abord parce que nombre d'entre eux n'en sont pas les auteurs. [...] Ensuite parce que ce déballage [...] est parfois aussi pauvre et ridicule qu'un Loft Story, aussi médiocre et avilissant qu'un Koh-Lanta. Enfin, parce que les Français [...] lisent peu, surtout nos millions de chômeurs [...]. À l'heure digitale, une version gratuite en téléchargement eût semblé d'évidence, mais il faut croire que la vanité des auteurs, ce besoin pressant d'être dûment référencé à la Bibliothèque nationale, l'ivresse des signatures dans les librairies sont plus forts [...]. Ce n'est pas tout. À force de vouloir déverser leur « part de vérité », [...] ils sont de moins en moins crédibles. Ils sont nus, et ce n'est pas forcément beau à voir. [...] Ces livres qu'on nous déverse en tombereau sont pour la plupart assez indigents. [...] Sur les idées, on ne pouvait évidemment espérer croiser à chaque ligne un Aron, un Marx ou un Montesquieu. [...] Quant au « changement » que certains revendiquent, on le cherchera en vain dans ce derby littéraire, tout installés qu'ils sont dans les pantoufles de leurs glorieux prédécesseurs, avec moufles et taille-crayon. [...] Par chance, aucun n'a encore publié recueil de poésie, roman ou essai de facture prétendument universitaire [...]. Tant mieux. C'eût été faire insulte à deux de nos récents disparus qui, eux, ont incarné la France dans ce qu'elle a de plus beau et de plus grand ; je pense évidemment à Michel Tournier et à René Girard.

D'après Jean-Paul Mulot, consultant stratégique, http://www.marianne.net/agora-koh-lanta-litteraire-politiques-100239550.html

Vocabulaire

La publication d'un livre

- Une plume, un buvard, un taille-crayon
- Des livres indigents = de mauvais livres
- Un essai de facture universitaire

- Référencé à la Bibliothèque nationale de France (la BNF)
- Déverser des livres en tombereau = produire des livres en masse

Pour communiquer

- **Énumérer des faits anodins :** *Le JDD* nous apprenait que X allait commettre un livre.
L'Opinion nous prévenait qu'Y avait sorti son porte-plume.
Paris Match nous révélait l'offensive d'hiver de Z.
- **Relever des paradoxes :**
À force de vouloir déverser « leur part de vérité », ils sont de moins en moins crédibles.
Ils sont nus et ce n'est pas forcément beau à voir.
- **Faire des comparaisons « décalées » :**
Mais revenons à nos moutons et quittons la bergerie de Marie-Antoinette.
Ce déballage est parfois aussi médiocre et avilissant qu'un Koh-Lanta.
Certes, on ose l'espérer, ici nul ne songe au Goncourt ou au Nobel...
Cette mascarade ridicule rappelle les joutes guindées des courtisans.

1   Compréhension. **Ces affirmations sont fausses. Reformulez-les correctement.**

1. Ce texte est un éditorial.
2. Les hommes politiques sont de grands écrivains récompensés par des prix littéraires.
3. Le ton donné à l'article est teinté de respect et d'admiration pour ceux qui nous gouvernent.

2   Vocabulaire. **Devinettes : de quoi s'agit-il ?**

1. Le livre que vous tenez entre vos mains y a fait l'objet d'un dépôt légal.
2. Ce papier poreux boit l'encre.
3. C'est aussi la parure des oiseaux, celles du paon sont de toute beauté.
4. C'est un ustensile pour l'écriture pourvu d'une cavité conique comportant une lame.

3   Vocabulaire. **Complétez cette brève avec les termes qui conviennent.**

À chaque rentrée, au mois de septembre, les éditeurs _____ sur le marché. C'est normal, me direz-vous, puisque c'est la rentrée littéraire ! Mais hélas, dans le lot il y a beaucoup _____ et surtout quand les hommes politiques s'essaient à pondre _____ tout en n'ayant ni le talent ni l'esprit pour le faire. Quoi qu'il en soit, tout le monde est content : les rayons sont bien remplis !

4   Pour communiquer. **Reformulez ces phrases en ironisant sur de « futures œuvres » littéraires.**

1. Ce journal qui ne sort que le dimanche nous a fait savoir que B allait accomplir non un meurtre, mais un livre, quelle horreur !
2. Ce célèbre et populaire hebdomadaire a dévoilé l'attaque littéraire saisonnière de M, qui avait déjà publié en été un pamphlet indigeste.
3. Ce média « nouvelle génération » nous a alertés que, depuis peu, D utilisait son Mont blanc non pour apposer sa signature partout, mais pour créer un événement littéraire. Au secours !

5   Pour communiquer. **Reformulez ces phrases afin de souligner une contradiction.**

1. Les politiciens se plaisent à dévoiler leurs pensées « profondes », mais cela se révèle toujours inintéressant au plus haut point.
2. Les politiques ont beau nous inonder de leurs beaux discours, personne n'y croit plus !

6   Pour communiquer. **Faites des comparaisons décalées... en reformulant ces phrases.**

1. On n'a de cesse de critiquer les émissions de télé-réalité, mais cet étalage de vulgarité ne vaut pas mieux.
2. Reprenons notre sujet et délaissons l'Autrichienne et son hameau.
3. Quand on voit ces pantalonnades, on pense aux flatteurs de la cour de Versailles.
4. Heureusement qu'aucun de ces politiques ne s'attend à recevoir un prix littéraire, quoique...

7   À vous ! DALF **Rédigez un billet d'humeur sur un fait sociétal (politique...) qui vous agace. Ayez de l'humour, du mordant et de la verve.**

22a Exprimer ses doutes sur la justice

De tout temps les tribunaux ont exercé sur moi une fascination irrésistible. [...] Mais à présent je sais par expérience que c'est une tout autre chose d'écouter rendre la justice, ou d'aider à la rendre soi-même. Quand on est parmi le public on peut y croire encore. Assis sur le banc des jurés, on se redit : *Ne jugez point*. Et certes je ne me persuade point qu'une société puisse se passer de tribunaux et de juges ; mais à quel point la justice humaine est chose douteuse et précaire, c'est ce que j'ai pu sentir jusqu'à l'angoisse [...]. Pourtant je tiens à dire ici [...] que ce qui m'a peut-être le plus frappé au cours de ces séances, c'est la conscience avec laquelle chacun, tant juges qu'avocats et jurés, s'acquittait de ses fonctions. J'ai vraiment admiré, à plus d'une reprise, la présence d'esprit du Président et sa connaissance de chaque affaire ; l'urgence de ses interrogatoires ; la fermeté et la modération de l'accusation ; la densité des plaidoiries, et l'absence de vaine éloquence ; enfin l'attention des jurés. Tout cela passait mon espérance, je l'avoue ; mais rendait d'autant plus affreux certains grincements de la machine. Sans doute quelques réformes, peu à peu, pourront être introduites, tant du côté du juge et de l'interrogatoire, que de celui des jurés. [...] Que parfois grincent certains rouages de la machine-à-rendre-la-justice, c'est ce qu'on ne saurait nier. Mais on semble croire aujourd'hui que les seuls grincements viennent du côté du jury. Du moins on ne parle aujourd'hui que de ceci ; j'ai dû pourtant me persuader, à plus d'une reprise – et non pas seulement à cette session où je siégeais comme juré –, que la machine grince souvent aussi du côté des interrogatoires. Le juge interrogateur arrive avec une opinion déjà formée sur l'affaire dont le juré ne connaît encore rien. La manière dont le président pose les questions, dont il aide et favorise tel témoignage, fût-ce inconsciemment, dont au contraire il gêne et bouscule tel autre, a vite fait d'apprendre aux jurés quelle est son opinion personnelle. Combien il est difficile aux jurés de ne pas tenir compte de l'opinion du président, soit (si le président leur est « sympathique ») pour y conformer la leur, soit pour en prendre tout à coup le contre-pied, c'est ce qui m'est nettement apparu. [...] Il m'a paru que les plaidoiries faisaient rarement, jamais peut-être (du moins dans les affaires que j'ai eues à juger), revenir les jurés sur leur impression première – de sorte qu'il serait à peine exagéré de dire qu'un juge habile peut faire du jury ce qu'il veut.

André Gide, *Souvenirs de la cour d'assises,* Paris, Gallimard, 2009, [1914], p.11-12 et 119-120

Vocabulaire

Le palais de justice

- Le président du tribunal, de la cour
- Le banc des jurés, des accusés
- Une accusation, une plaidoirie
- Siéger

- Le juge interrogateur
- Un interrogatoire
- L'éloquence, la modération, la fermeté
- S'acquitter de ses fonctions

Pour communiquer

- **Interroger le fonctionnement de la justice :**
Je sais par expérience que c'est une tout autre chose de faire... ou de faire...
Certes je ne me persuade point qu'une société puisse se passer de... ; mais à quel point la justice humaine est chose douteuse et précaire, c'est ce que j'ai pu sentir jusqu'à l'angoisse.
Tout cela passait mon espérance, je l'avoue ; mais rendait d'autant plus affreux qch.

- **Analyser un dysfonctionnement particulier :**
Que parfois grincent certains rouages de la machine-à-rendre-la-justice, c'est ce qu'on ne saurait nier.
Mais on semble croire aujourd'hui que le problème vient du côté du jury, j'ai dû pourtant me persuader, à plus d'une reprise, que ... souvent aussi du côté de...
Combien il est difficile de ne pas tenir compte de ..., soit pour ..., soit pour ..., c'est ce qui m'est apparu.
Il m'a paru que ... de sorte qu'il serait à peine exagéré de dire que...

1 Compréhension. **Répondez aux questions suivantes.**

1. Ce texte est-il un compte-rendu judiciaire d'un professionnel du barreau ?

2. Pourquoi le narrateur a-t-il des doutes sur la justice ?

3. Quel est le point de vue adopté dans ce texte ?

2 Vocabulaire. **Indiquez pour chaque définition la notion qui correspond.**

1. C'est le magistrat du siège qui préside l'audience.

2. Il s'agit de l'audition d'une personne mise en examen et consistant à recueillir les réponses de celle-ci aux questions posées.

3. Faire son devoir.

4. Mesure et pondération en sont des synonymes.

5. Tenir séance (magistrat, tribunal, institution...).

6. Ce sont deux sièges situés dans la salle d'audience d'une cour d'assises, où prennent place d'un côté l'accusé et de l'autre le jury.

7. Ensemble des arguments et preuves réunis pour demander la condamnation d'un malfaiteur.

8. Il abrite un tribunal ou une autre juridiction ainsi que divers services publics de la justice.

9. C'est la qualité d'une personne que rien n'ébranle et qui a de l'autorité sans brutalité.

10. Action d'exposer oralement à la barre d'un tribunal les faits utiles à la défense des intérêts d'une personne.

11. C'est l'art de toucher et de persuader par le discours.

3 Pour communiquer. **Reformulez ces doutes sur la justice.**

1. Sans doute les tribunaux sont-ils nécessaires et pourtant je fus effrayé de voir combien la justice est chose fragile entre les mains de l'homme.

2. Bien que l'ensemble du dispositif me surprît en bien, j'avais quand même le sentiment que les dysfonctionnements étaient nombreux.

3. Après des années de pratique, il me paraît désormais évident qu'assister aux audiences n'est pas à confondre avec le fait d'y participer.

4 Pour communiquer. **Répondez aux questions suivantes pour exprimer un dysfonctionnement.**

1. Qui du juge ou du jury est responsable de certains dysfonctionnements de la justice ?

2. Ne vous semble-t-il pas qu'il y ait quelques ratés dans le système judiciaire ?

3. Pensez-vous que le jury soit libre dans ses décisions ?

5 À vous ! DALF **En tant que juré(e), vous avez participé au procès de l'accusé présent sur le dessin de Daumier. Faites-en un bref compte-rendu informel qui souligne vos interrogations.**

GENS DE JUSTICE

Vous aviez faim ?...Ce n'est pas une raison !...
Moi aussi, presque tous les jours, j'ai faim...
Et je ne vole pas pour ça!...

— Vous aviez faim?... Ça n'est pas une raison !... Moi aussi, presque tous les jours, j'ai faim... Et je ne vole pas pour ça !...

Accuser un individu de crime

« Monsieur le Président, Madame et Monsieur de la cour, Mesdames et Messieurs les jurés, il m'incombe la lourde responsabilité de clore les voix des parties civiles qui, pendant dix-sept années, ont réclamé justice et réclamé d'être reconnues comme victimes des agissements criminels de Maurice Papon. D'ordinaire devant une cour d'assises, l'environnement du crime de droit commun est connu : un ou plusieurs morts, des pièces à conviction, des témoins directs, parfois indirects, des empreintes digitales ou génétiques. Or qu'avons-nous ici ? Au lieu de cadavres, nous avons des listes de noms, d'adresses, des listes de nationalités. Au lieu d'experts médecins légistes, nous avons des témoins historiens. Au lieu de pièces à conviction (couteaux, pistolets, haches, fusils, etc.), nous avons des rapports, des notes, des comptes rendus, des instructions administratives. Au lieu d'un accusé ordinaire, nous avons devant nous un homme qui a connu une carrière exceptionnelle. Lorsque vous jugez un crime ordinaire, le criminel va comparaître et on va l'interroger sur sa vie familiale, professionnelle, son environnement affectif. On va essayer de comprendre cet accusé, de trouver un lien entre sa vie privée et l'acte criminel qu'il a commis. Ce n'est plus le cas dans le crime contre l'humanité. [...] En conséquence, on va interroger l'environnement de Maurice Papon, non son environnement familial mais sa vie politique, sa vie publique, et c'est cela qui nous intéresse. C'est la raison pour laquelle [...] nous avons fait venir ces historiens pour nous parler de cette vie publique [...]. Car si vous l'enlevez du régime de Vichy, Maurice Papon n'est rien. Il est une huître sur une plage et rien d'autre. [...] Il y a d'autres différences entre le crime de droit commun et le crime administratif. En droit commun, c'est le criminel qui va vers sa victime. Par exemple, il va chez son voisin et lui tire dessus. Mais avec le crime contre l'humanité, c'est l'inverse. L'assassin ne va jamais vers les victimes. L'assassin de bureau va envoyer sa victime vers le lieu du meurtre, vers Drancy et plus loin encore. Avec le crime contre l'humanité, ce sont les victimes qui vont vers le lieu de leur anéantissement. Avec le crime administratif, le crime de bureau, les massacres sont anonymes, les victimes ne figurent que sur des listes. Les auteurs ne sont pas connus non plus, personne n'a tué, personne n'a de sang sur les mains. [...] Le crime contre l'humanité est ici un crime unique qui se décompose en une infinité d'actes criminels indissociables les uns des autres. [...] Maurice Papon, qu'il le veuille ou non, a participé à cette chaîne de mort où chaque maillon est d'égale importance. »

Michel Zaoui, avocat des parties civiles, le 16 mars 1998, devant la cour d'assises de la Gironde, in Matthieu Aron, *Les Grandes Plaidoiries des ténors du barreau*, Paris, Éditions Pocket, 2010, p. 136-139

Vocabulaire

La plaidoirie

- Un crime : un homicide, un meurtre, un assassinat
- Un crime contre l'humanité, de droit commun
- Une preuve, une pièce à conviction, une empreinte digitale
- Un accusé, une accusation ≠ une victime, la défense, la partie civile
- Comparaître, une comparution
- Une condamnation ≠ un acquittement

Pour communiquer

- ***Introduire la plaidoirie :*** Il m'incombe la lourde responsabilité de…
D'ordinaire, devant une cour d'assises, l'environnement est connu, or qu'avons-nous ici ?
Au lieu d'experts médecins légistes, nous avons des témoins historiens.
- ***Plaider :*** Ce n'est plus le cas dans le crime contre l'humanité.
En conséquence, on va interroger sa vie politique et publique, et c'est cela qui nous intéresse.
C'est la raison pour laquelle nous avons fait venir des historiens.
Car si vous enlevez Papon du régime de Vichy, il n'est rien, il est une huître sur une plage.
Ici, les auteurs ne sont pas connus, personne n'a tué, personne n'a de sang sur les mains.
- ***Conclure :***
C'est un crime unique qui se décompose en une infinité d'actes criminels indissociables.
Papon, qu'il le veuille ou non, a participé à cette chaîne de mort…

1 Compréhension. **Vrai ou faux ? Si faux, justifiez votre réponse.**

1. Ce discours est une plaidoirie.

2. On y démontre l'innocence de Papon, haut fonctionnaire du régime de Vichy.

3. Le discours de Mᵉ Zaoui est solennel.

2 Vocabulaire. **D'après ces définitions, trouvez les termes apparaissant dans une plaidoirie.**

1. Se présenter en personne devant un tribunal.

2. Décision d'une juridiction prononçant une sanction.

3. C'est le fait de tuer quelqu'un, involontairement ou non.

4. C'est une violation délibérée et ignominieuse des droits fondamentaux d'un individu ou d'un groupe d'individus, inspirée par des motifs politiques, idéologiques, raciaux ou religieux.

5. Action de faire valoir devant le juge ses droits ou ses intérêts.

6. L'un est un homicide volontaire, l'autre un meurtre avec préméditation.

7. Démonstration de l'existence d'un fait ou d'un acte ; elle peut être contraire ou accablante.

8. C'est un objet saisi, mis sous scellés, afin de servir de preuve dans un procès pénal.

9. Arrêt de la cour d'assises déclarant l'accusé non coupable.

10. Ce sont les marques laissées par les doigts, elles servent à l'identification des personnes.

11. Personne (groupe), lésé(e) par une infraction, se joignant à un procès pour obtenir réparation.

3 Pour communiquer. **Reformulez en langue juridique ces phrases introductives d'une plaidoirie.**

1. D'habitude, en matière de crime, tout est clair, alors que là... mystère et boule de gomme !

2. Nous avons entendu des récits détaillés, alors que nous devrions avoir des preuves matérielles.

3. Représentant de la partie civile, j'ai la difficile tâche de prendre la parole en dernier.

4 Pour communiquer. **Vous devez plaider sans élément concret. Comment argumenter dans ce cas ?**

1. Il n'existe plus de preuves tangibles pour ces événements tragiques appartenant au passé.

2. Les éléments de sa vie privée nous sont inconnus.

3. Aucune identification possible des responsables dans cette machinerie criminelle.

4. Normalement, nous avons un cadavre, une arme et un tueur.

5. Ce préfet s'est caché derrière ses fonctions, un « minable » agent de l'État.

5 Pour communiquer. **Reformulez ces phrases pour clore une plaidoirie.**

1. Il s'agit d'un système de destruction extraordinairement complexe et complètement inouï.

2. Il a été acteur, instigateur et complice de l'horreur, c'est indéniable !

6 À vous ! DALF **En tant qu'avocat à la cour, vous prononcez une plaidoirie en vue de défendre votre client, victime d'un crime contre l'humanité. Pour ce faire, choisissez un cas réel ou imaginaire (littéraire).**

22c Créer la morale d'une fable

La raison du plus fort est toujours la meilleure ;
  Nous l'allons montrer tout à l'heure.
  Un Agneau se désaltérait
  Dans le courant d'une onde pure.
Un Loup survient à jeun qui cherchait aventure,
  Et que la faim en ces lieux attirait.
« Qui te rend si hardi de troubler mon breuvage ?
  Dit cet animal plein de rage ;
Tu seras châtié de ta témérité.
– Sire, répond l'Agneau, que votre Majesté
  Ne se mette pas en colère ;
  Mais plutôt qu'elle considère
  Que je me vas désaltérant
    Dans le courant,
  Plus de vingt pas au-dessous d'Elle,
Et que par conséquent en aucune façon,
  Je ne puis troubler sa boisson.
– Tu la troubles, reprit cette bête cruelle,
Et je sais que de moi tu médis l'an passé.
– Comment l'aurais-je fait, si je n'étais pas né ?
  Reprit l'Agneau ; je tette encor ma mère.
– Si ce n'est toi, c'est donc ton frère.
– Je n'en ai point. – C'est donc quelqu'un des tiens :
  Car vous ne m'épargnez guère,
  Vous, vos Bergers, et vos Chiens.
On me l'a dit : il faut que je me venge. »

Là-dessus au fond des forêts
Le Loup l'emporte, et puis le mange
Sans autre forme de procès.

Jean de La Fontaine, « Le Loup et l'Agneau », in *Fables*, Livre premier, fable X, Paris, Gallimard, 1991 [1668], p. 62-63

Grammaire

Place du pronom

Nous **l'**allons montrer tout à l'heure (déplacement du pronom, *litt.*) = Nous allons **le** montrer

Vocabulaire

La vilenie

- Un châtiment, une punition, punir
- Une médisance, une calomnie, calomnier
- La hardiesse, l'impertinence, le culot/toupet *(fam.)*
- Téméraire ≠ prudent
- Cruel(le), une cruauté, une barbarie, barbare

Pour communiquer

- ***Accuser :*** Qui te rend si hardi de troubler mon breuvage ? / Tu seras châtié de ta témérité.
Et je sais que de moi tu médis l'an passé / Si ce n'est toi, c'est donc ton frère !
- ***Se défendre :*** Que votre Majesté ne se mette pas en colère, mais plutôt qu'elle considère que...
Et par conséquent, en aucune façon je ne puis troubler sa boisson.
Comment l'aurais-je fait puisque je n'étais pas né(e) ?
- ***En tirer une moralité :*** Le loup l'emporte, et puis le mange... sans autre forme de procès.
La raison du plus fort est toujours la meilleure.

1 Compréhension. **Ces affirmations sont fausses. Reformulez-les correctement.**

1. Ce texte est un conte.

2. Le loup dévore l'agneau et en éprouve une immense culpabilité.

3. L'histoire se présente sous la forme d'un monologue.

2 Vocabulaire. **De quel mot s'agit-il ?**

1. C'est une peine sévère qu'on inflige à une personne que l'on veut corriger. Il est corporel.

2. Une personne pourvue de cette qualité est audacieuse.

3. Qui montre de la prévoyance.

4. C'est un propos diffamatoire et le contraire de louange.

5. Se dit d'une personne qui prend plaisir à faire ou à voir souffrir.

6. C'est l'assurance effrontée que vous avez quand vous souhaitez obtenir quelque chose.

7. C'est quelqu'un qui ose l'aventure jusqu'à l'excès. Charles, duc de Bourgogne, l'était.

8. C'est tenter de discréditer quelqu'un ou de l'accuser injustement.

9. Se dit de quelqu'un qui, à nos yeux, n'est pas civilisé.

10. À l'école, on en a tous subi. Les retenues ou les 100 lignes à recopier en font partie.

3 Grammaire. **Déplacez les pronoms soulignés de façon à obtenir un effet littéraire.**

1. J'irai vous chercher : _____

2. Il va nous parler : _____

4 Pour communiquer. **Reformulez ces accusations familières dans un registre soutenu.**

1. Je suis au courant que, l'année dernière, tu n'as fait que cancaner sur mon compte.

2. Je vais te punir pour le toupet que tu as !

3. Tous pareils dans votre famille, ton frangin ou toi, c'est kif-kif !

4. Tu te prends pour qui ? Tu vois pas que je suis en train de me rincer la dalle !

5 Pour communiquer. **Défendez-vous de façon courtoise contre les accusations suivantes.**

1. Je me souviens qu'à l'époque vous m'aviez odieusement humilié.

2. Il suffit ! Je ne veux plus rien savoir, vous serez écartelé et roué en place publique pour m'avoir dérangé lors de ma cure de Vichy Célestins.

6 Pour communiquer. **Faites correspondre ces locutions et leurs contraires.**

1. La raison du plus fort est toujours la meilleure.

2. Sans autre forme de procès

a. Dans le respect des usages

b. Le roseau plie mais ne rompt pas.

7 À vous ! **Créez en quelques lignes une fable en prose dont l'histoire illustre la moralité (finale) suivante : « Le roseau plie mais ne rompt pas. »**

23a Analyser un discours politique

Suite au débat avant le deuxième tour de l'élection présidentielle, Damon Mayaffre nous a livré son analyse. Lui et ses collègues de l'observatoire s'accordent à dire que cet échange était « *désarçonnant* ». [...] Selon Damon Mayaffre, l'ex-présidente du FN aurait commis plusieurs erreurs dans sa stratégie de communication : « *Marine Le Pen a adopté trois lignes rhétoriques qui se sont révélées comme autant d'impasses.* » La première erreur de la candidate a été d'appliquer une rhétorique « *ad hominem* ». « *Elle a enchaîné les attaques personnelles à l'encontre d'Emmanuel Macron au lieu de présenter son programme. Elle a commencé cette stratégie dès les trois premières secondes et n'a pas lâché cette ligne jusqu'à la conclusion,* explique-t-il. *En se comportant de la sorte, elle a pu paraître agressive mais surtout, elle a "présidentialisé" Emmanuel Macron,* [...] poursuit-il. *Si Emmanuel Macron avait un déficit de crédibilité présidentielle, en raison de sa jeunesse et de son mouvement pas encore totalement constitué, Marine Le Pen semble lui en avoir donné en l'attaquant.* [...] *La deuxième erreur de communication de Marine Le Pen a été d'adopter un "discours tribunitien". Elle a avancé le discours de l'opposition, pas celui d'un gouvernant, alors que sa stratégie depuis le début de la campagne a été de sortir le FN de cette dimension protestataire* », confie Damon Mayaffre. « *Pour prétendre pouvoir incarner une alternance, elle avait comme stratégie politique, ces derniers mois, de se présidentialiser, mais hier elle s'est déprésidentialisée* », continue-t-il. Enfin, elle n'a pas assez parlé des mesures qu'elle souhaitait appliquer en cas de victoire, note-t-il. « *Le discours de Marine Le Pen est un discours nominal avec des noms forts, des noms significatifs. Elle est très identifiable quand vous l'écoutez. Les mots France, frontières, immigration, protection sont récurrents lors des meetings. Le discours d'Emmanuel Macron est plus pronominal avec des "je" un peu égocentriques, des "nous" rassembleurs ou encore des "vous". Il est basé sur le contact, l'interaction qui repose sur l'échange avec le public* », détaille le spécialiste du discours politique. Mais les propos des sortants du premier tour étaient plutôt inhabituels lors du débat. « *Le discours de Marine Le Pen est apparu vide et creux là où elle avait l'avantage de la clarté lors de ses meetings, alors qu'Emmanuel Macron, plutôt flou sur son programme pendant ses prises de parole, a pu le dérouler de manière assez complète.* »

▬▬ Vocabulaire ────────────

Le discours politique

- Un discours tribunitien
- Rassembleur(-euse) ≠ diviseur(-euse)
- Un échange désarçonnant

- Des mots récurrents, significatifs
- Une rhétorique « *ad hominem* »
- Une erreur de communication

═══ *Pour communiquer* ═══

- *Passer en revue des stratégies de discours électoral :*

Le discours de X est nominal, avec des noms forts, des noms significatifs, il est très identifiable.
Le discours de Y est pronominal, avec des « je » un peu égocentriques, des « nous » rassembleurs.
Il est basé sur le contact, l'interaction qui repose sur l'échange avec le public.
Le discours de X est apparu vide et creux, là où il avait l'avantage de la clarté lors des meetings, alors qu'Y, plutôt flou sur son programme pendant ses prises de parole, a pu le dérouler.

- *Relever des erreurs de communication :*

X a adopté trois lignes rhétoriques qui se sont révélées comme autant d'impasses.
X a enchaîné les attaques personnelles à l'encontre de Y, au lieu de présenter son programme.
En se comportant de la sorte, elle a pu paraître agressive mais, surtout, elle a « présidentialisé » Y.
Si Y avait un déficit de crédibilité, (en raison de…), X semble lui en avoir donné en l'attaquant.
X a avancé le discours de l'opposition, pas celui d'un gouvernant, alors que…
X avait comme stratégie politique ces derniers mois de…, mais hier elle s'est « déprésidentialisée ».

1 Compréhension. Répondez librement aux questions suivantes.

1. Est-ce un discours politique ?

2. Le chercheur nous fait-il part de son opinion politique ?

3. Qu'est-ce que le CNRS, pour lequel l'auteur travaille?

2 Vocabulaire. Trouvez le terme correspondant aux définitions suivantes.

1. C'est une conversation déroutante, déstabilisante.

2. C'est quand vous constatez que votre message n'a pas atteint son public.

3. Il/elle aime monter les gens les uns contre les autres pour mieux régner.

4. C'est une manière de discourir comme un orateur démagogue.

5. C'est un procédé oratoire qui consiste à attaquer un adversaire en lui opposant ses propres paroles ou ses propres actes.

6. On peut aussi appeler cela un *leitmotiv* (dans le discours).

3 Pour communiquer. Indiquez pour ces discours électoraux la stratégie correspondante.

1. « Je vous ai compris, chers citoyens, et serai toujours à votre écoute. »

2. « Je vous promets qu'avec moi vous n'aurez pas de regrets, nous allons gagner. »

3. « La France, la sécurité, le pouvoir d'achat, c'est ce pour quoi je me bats. »

4. MLP : « Je m'engage pour vous et pour votre pouvoir d'achat. » – EM : « En augmentant le SMIC et les cotisations vieillesse, le gouvernement tente d'améliorer votre quotidien et de sécuriser notre système de retraite. »

4 Pour communiquer. Commentez ces erreurs de communication.

1. X a attaqué le programme de son adversaire au lieu de parler de ce que les citoyens attendent d'un président.

2. À force de critiquer son adversaire Y, X a fini par lui fournir des arguments très convaincants.

3. Le discours de Z était si hargneux que, sans le vouloir, elle a permis à son concurrent P d'acquérir une carrure d'homme d'État.

4. N avait beau marteler les mêmes propos présentés de différentes façons, rien à faire : le public n'y a pas été sensible.

5. M aurait mieux fait de parler de ses ambitions en politique, au lieu de tout le temps faire allusion aux bruits de couloirs circulant sur la vie privée de S.

5 À vous ! Choisissez un(e) politicien(ne) de votre pays et commentez un de ses discours électoraux. Analysez sa stratégie de communication et relevez les erreurs qu'il/elle a commises.

23b

Influencer son public
par un procédé oratoire

Monsieur le président, Mesdames, Messieurs les députés, nous avons l'honneur et le privilège de vous présenter, au nom du Gouvernement, un projet de loi traduisant l'engagement du Président de la République d'ouvrir le mariage aux couples de même sexe. [...] Le mariage, accompagné du divorce, reconnaît donc la liberté, y compris celle de ne pas se marier, et c'est la raison pour laquelle la loi [va progressivement reconnaître] les familles en dehors du mariage [...]. Cette évolution du mariage et du divorce sera inscrite dans la loi parce que, depuis deux siècles, l'institution du mariage connaît une évolution vers l'égalité, et c'est bien ce que nous sommes en train de faire aujourd'hui : parachever l'évolution vers l'égalité de cette institution... née avec la laïcisation de la société et du mariage. [...] C'est bien cette institution que le Gouvernement a décidé d'ouvrir aux couples de même sexe. C'est un acte d'égalité. [...] Qu'est-ce que le mariage homosexuel va enlever aux couples hétérosexuels ? Nous posons les mots et nous parlons d'hypocrisie pour ceux qui refusent de voir ces familles homoparentales et ces enfants, exposés aux aléas de la vie. Nous posons les mots et nous parlons d'égoïsme pour ceux qui s'imaginent qu'une institution de la République pourrait être réservée à une catégorie de citoyens. [...] Nous disons que le mariage ouvert aux couples de même sexe illustre bien la devise de la République. Il illustre la liberté de se choisir, la liberté de décider de vivre ensemble. [...] Enfin, nous disons aussi qu'il y a dans cet acte une démarche de fraternité, parce qu'aucune différence ne peut servir de prétexte à des discriminations d'État. Nous avons donc décidé d'ouvrir le mariage aux couples de même sexe. Le mariage, comme je l'ai montré références historiques et juridiques à l'appui, a été une institution de propriété puisqu'il a d'abord servi à marier des patrimoines, des héritages et des lignées. [...] Il a été une institution d'exclusion, nous l'avons vu : le mariage civil a mis un terme à l'exclusion des croyants non catholiques et de certaines professions, donc de toute une série de citoyens. Ce mariage, qui a été une institution d'exclusion, va enfin devenir, par l'inclusion des couples de même sexe, une institution universelle. Enfin, le mariage devient une institution universelle ! Vous pouvez continuer à refuser de voir, à refuser de regarder autour de vous, à refuser de tolérer la présence, y compris près de vous, y compris, peut-être, dans vos familles, de couples homosexuels. [...] Vous avez choisi de protester contre la reconnaissance des droits de ces couples ; c'est votre affaire. Nous, nous sommes fiers de ce que nous faisons.

Mme Christiane Taubira, garde des Sceaux, ministre de la Justice, http://www.slate.fr/lien/67769/mariage-pour-tous-discours-christiane-taubira-assemblee-nationale

▗▖ Vocabulaire

Le mariage (pour tous)

- Un patrimoine
- Une lignée

- Un héritage
- Une inclusion

―――――― *Pour communiquer* ――――――

- *Légitimer un changement (1. présenter 2. confirmer) :*
1. Le mariage connaît une évolution vers l'égalité... Nous parachevons cette évolution.
C'est cette institution que le Gouvernement a décidé de... C'est un acte d'égalité.
2. Le mariage, comme je l'ai montré, a été une institution de propriété, d'inégalité.
Il a été une institution d'exclusion, nous l'avons vu.
Il va donc enfin devenir une institution universelle.
- *Réfuter les arguments des adversaires (1. blâmer 2. convaincre) :*
1. Nous posons les mots et parlons (2 x) d'hypocrisie, d'égoïsme pour ceux qui...
Vous pouvez continuer à refuser de...
Vous avez choisi de protester contre... C'est votre affaire.
2. Nous disons (2 x) que dans cet acte il y a une démarche de fraternité.
Nous, nous sommes fiers de ce que nous faisons.

ACTIVITÉS

1 Compréhension. **Vrai ou faux ? Si faux, justifiez votre réponse.**

1. Il s'agit d'un discours prononcé par le ministre de la justice au Sénat.

2. C'est un projet de loi pour l'instauration du PACS.

3. Le discours est emphatique et convaincant.

4. La loi qu'évoque la ministre a été finalement votée et acceptée.

2 Vocabulaire. **Voici des charades. Devinez de quel(s) mot(s) il s'agit.**

1. Mon premier se fait en marchant, mon deuxième est un geste écologique, mon troisième est un religieux vivant dans un monastère. Mon tout est ce que nous possédons par transmission.

2. Mon premier relie deux mots, mon deuxième est apprécié en Asie, mon troisième est un fleuve qui traverse l'Espagne et le Portugal. Mon tout est une succession.

3. Mon premier est un préfixe négatif, mon deuxième est une ville de Haute-Savoie à mi-chemin entre Genève et Chamonix, mon troisième est un atome. Mon tout est un synonyme d'implication.

4. Mon premier est ce que vous écrivez en grand nombre lors des activités « À vous ! », mon second est une interjection qui sert à attirer l'attention. Mon tout est la descendance d'un individu.

3 Pour communiquer. **Trouvez une autre manière plus solennelle de dire ces phrases.**

1. Pendant longtemps le mariage fut réservé à une partie de la population pour transmettre son patrimoine, vous l'avez bien compris.

2. Cette institution figée depuis la fin du Moyen Âge s'est progressivement ouverte à tous !

3. Ainsi à travers le mariage, la République a fait un geste pour tous les citoyens quels qu'ils soient.

4. Avant, seule une catégorie d'individus avait le droit de se marier en raison de son orientation sexuelle.

5. Tous les citoyens pourront se marier, les droits de l'homme seront ainsi respectés.

4 Pour communiquer. **Voici des arguments contre le mariage pour tous, réfutez-les dans un discours officiel.**

1. Nous sommes contre cette décision insensée cautionnant la destruction du mariage traditionnel.

2. Les couples homosexuels ont déjà le PACS. Ça suffit. Ils ne rencontrent plus aucune difficulté dans la vie quotidienne !

3. Pourquoi pas ? Mais chacun pour soi : les hétéros d'un côté, les homos de l'autre.

4. Ce que vous proposez ne sert à rien et ne fait en rien avancer la société !

5. Non, non et non, nous ne sommes pas d'accord avec cette loi.

5 À vous ! DALF **Vous êtes député(e) dans votre pays. Prononcez un discours en faveur d'un projet de loi relatif à un domaine sociétal, afin de garantir l'égalité entre les citoyens.**

23c Prononcer un discours politique

Chers électeurs, ce qui m'intéresse le plus c'est
assurément aujourd'hui de faire entendre bien fort
votre voix. Votre situation personnelle
m'obsède. Et toutes les considérations de pouvoir,
je n'en ai rien à faire. Une fois que je serai élu, je vous
consacrerai tout mon temps et les querelles, je les
oublierai aussitôt, vous pouvez en être sûr.
Il n'y a rien de plus noble qu'une fonction élective.
Si j'ai choisi de faire de la politique, c'est pour
améliorer le sort des gens et en aucun cas pour
le pouvoir que cela procure. Mais j'aime aussi
l'idée de pouvoir apporter aux pauvres de
l'argent, car il est indéniable que l'argent permet d'acheter
le minimum vital. Mais l'argent n'est pas tout : il y a aussi
les hommes, les hommes sur lesquels on peut compter.
Il faut faire disparaître impérativement les prébendes, car
la corruption est incontestablement ce qu'il y a de plus
détestable. Et pour cela, il faut un homme honnête et
efficace pour convaincre tout un chacun d'abandonner
ces méthodes d'un autre âge qui compromettent
toute forme d'honnêteté. Si vous souhaitez vous faire
représenter par quelqu'un de sérieux, qui a des idées à é-
mettre, alors votez pour moi.

http://humourpolitique.free.fr/marrant.htm

*Relisez ce discours de politicien **une ligne sur deux** pour découvrir ses vraies intentions !*

Vocabulaire

Les élections

- Un discours électoral
- Une prébende = un privilège matériel
- Un électeur, une électrice, un(e) élu(e)
- L'honnêteté = la probité

Pour communiquer

- **Faire part des intentions déclarées d'un politicien :**
Ce qui m'intéresse le plus, c'est faire entendre votre voix.
Une fois que je serai élu, je vous consacrerai tout mon temps.
Les querelles, je les oublierai, vous pouvez en être sûrs.
Si j'ai choisi de faire de la politique, c'est pour améliorer le sort des gens.
J'aime aussi l'idée de pouvoir apporter aux pauvres de l'argent.
La corruption est incontestablement ce qu'il y a de plus détestable.
Si vous souhaitez vous faire représenter par quelqu'un de sérieux, alors votez pour moi.

- **Révéler les intentions cachées d'un politicien :**
Votre situation personnelle, je n'en ai rien à faire. *(fam.)*
Si vous souhaitez vous faire mettre, alors votez pour moi ! *(vulg.)*
Si j'ai choisi de faire de la politique, c'est pour le pouvoir que cela procure.
Il est indéniable que l'argent permet d'acheter les hommes.
…efficace pour convaincre tout un chacun d'abandonner toute forme d'honnêteté.

1 Compréhension. Ces affirmations sont fausses, corrigez-les.

1. C'est un élu qui parle.

2. C'est un discours d'investiture après des élections.

3. Si on lit le texte une ligne sur deux, on découvre des propos respectueux.

4. Le dessin nous montre que les candidats et les électeurs se comprennent mutuellement.

2 Vocabulaire. Devinettes : de quel mot s'agit-il ?

1. Il est souvent pétri de bonnes intentions et ponctué de promesses rarement tenues.

2. Certains élus en ont beaucoup et la plupart en profitent allègrement.

3. Ils sont très nombreux à se rendre aux urnes, tous les cinq ans, les dimanches de mai.

4. Ils sont très nombreux à être dépités ces mêmes dimanches, mais dans la soirée.

5. On ne peut pas vraiment affirmer que cette qualité soit la plus répandue dans les milieux du pouvoir !

3 Pour communiquer. Répondez en « bon » politicien aux questions du journaliste.

1. Dites, Monsieur/Madame, pourquoi vous êtes-vous lancé(e) en politique ?

2. Les électeurs ont souvent l'impression que vous passez votre temps à régler vos comptes avec les autres membres de votre parti au lieu de faire de la politique. Qu'en dites-vous ?

3. Aura-t-on l'honneur de vous voir représenter notre région à l'Assemblée si vous êtes élu(e) ?

4. Il est une idée reçue comme quoi les politiciens sont souvent des guignols. Si je comprends bien, vous n'en faites pas partie ?

5. Que diriez-vous aux électeurs qui se sentent si délaissés et qui ne croient plus en vos promesses ?

6. Un grand nombre de Français vivent de plus en plus dans des situations très précaires, y êtes-vous sensible ?

7. Vous connaissez les magouilles politiciennes qui sont hélas très courantes. Quelle est votre position à ce propos ?

4 Pour communiquer. Quelle est la véritable pensée du politicien, cachée derrière ces phrases ?

1. J'aime la politique, je suis engagé et peu m'importe la gloire !

2. Je ne tolère aucune corruption, de la probité pour tous et envers tous !

3. Moi, en tant qu'élu, je m'occupe de tous les Français, quelles que soient leurs difficultés.

4. Si vous votez pour moi, vous serez comblés !

5. Notre politique menée est exemplaire à tous égards : que toute action scélérate soit punie !

5 À vous ! Vous êtes politicien(ne). Prononcez un discours « tout beau, tout joli » et dévoilez ensuite (sur le verso de la feuille) vos vraies intentions… moins jolies celles-là !

24a

Présenter les méfaits de la mondialisation

La guerre des matières premières en Inde est l'un des symboles de l'emprise des multinationales au détriment des populations et de l'environnement. Quelle est la situation aujourd'hui ? Après la création de l'OMC, en 1995, notre réglementation minière a été assouplie et les multinationales ont cherché à accaparer les ressources. Mais sur les terres convoitées vivent des tribus [...] qui ont obtenu que la loi indienne leur accorde le droit à l'autodétermination. Elles l'ont exercé pendant 3 ans. La démocratie a fonctionné, mais elle entravait l'économie de l'avidité. Quand on a violé leurs droits en leur imposant des mines, les villageois ont protesté pacifiquement, ils ont été jetés en prison. La mondialisation, c'est la loi des multinationales, elle modifie génétiquement l'État : il ne représente plus les intérêts des citoyens, mais ceux des sociétés mondialisées. [...] C'est la mort de la démocratie. [...] Les vingt premières années de mondialisation ont semé le désespoir parmi les paysans indiens, 300 000 se sont suicidés. Aujourd'hui, ils commencent à se soulever car ils ont réalisé que leur endettement n'était pas de leur faute, mais de celle du système. [...] Les tribus luttaient pour leurs droits inscrits dans la loi, elles ont été renommées terroristes. [...] J'ai participé à une manifestation en Allemagne en marge de l'AG de Bayer. Et vous ne le croirez pas : Bayer a tenté d'aller en justice pour tenter de faire qualifier les manifestants de terroristes ! Partout, les multinationales emploient les mêmes méthodes pour continuer leurs crimes en déclarant que chacun est un extrémiste. Une économie avide qui veut le dernier minerai, la dernière goutte d'eau, le dernier arbre veut donc ôter les dernières libertés de 99 % de la population, car elle n'est au service que d'1 % des gens. *Quelle est la solution alors ?* Aujourd'hui, l'empire des multinationales est soutenu par le consumérisme et l'ignorance des citoyens qui n'ont aucune idée du coût écologique et humain de leurs achats, de ce qu'implique de fabriquer un iPhone 5, remplacé par un 6, puis 7, etc. L'obsolescence programmée entraîne une demande continue pour les ressources. Notre consommation a un coût, le consumérisme n'est pas le progrès humain, mais une régression dans notre responsabilité de citoyens de la Terre. [...] On ne peut plus être un consommateur irréfléchi en connivence avec la violente machine à faire de l'argent. Il faut refuser de participer à cela, poser des limites démocratiques et écologiques à l'économie. [...] Agir est un impératif moral, écologique, démocratique.

Interview de Vandana Shiva, écologiste : « La mondialisation modifie génétiquement l'État », par Coralie Schaub, *Libération*, 11 juin 2017, http://www.liberation.fr/futurs/2017/06/11/vandana-shiva-la-mondialisation-modifie-genetiquement-l-etat_1576052

Vocabulaire

Le marché globalisé

- Les matières premières
- Un endettement
- L'emprise de...
- Un empire

- Une avidité, avide de
- Un coût écologique et humain
- Au détriment de
- Convoiter

Pour communiquer

- **Décrire l'aspect sournois de l'économie mondialisée :**
Les multinationales ont cherché à accaparer qch.
La démocratie a fonctionné, mais elle entravait l'économie.
La mondialisation a semé le désespoir parmi...
Elle veut ôter les dernières libertés de..., n'étant au service que de 1 % des gens.
L'obsolescence programmée entraîne une demande continue pour les ressources.

- **Provoquer une prise de conscience :**
Le consumérisme n'est pas le progrès humain, mais une régression.
Ne pas être un consommateur irréfléchi, en connivence avec la violente machine à faire de l'argent.
Il faut poser des limites démocratiques et écologiques à l'économie.
Agir est un impératif moral, écologique, démocratique.

1 Compréhension. Vrai ou faux. Si faux, justifiez votre réponse.

1. Il s'agit d'un discours prononcé lors d'un congrès.

2. L'écologiste soulève les méfaits de la mondialisation, notamment dans un pays asiatique.

3. L'article se veut à la fois informatif et polémique.

2 Vocabulaire. Devinettes : de quel terme s'agit-il ?

1. Si vous mettez un jour le doigt dans son engrenage, cela peut devenir un cercle vicieux.

2. Votre voisin a trois piscines et deux jets privés. Vous aspirez à posséder la même chose.

3. Comme elles peuvent rapporter gros, elles sont très convoitées par les chercheurs de pépites !

4. Vous pourriez l'être avec l'amour, la drogue ou une secte ; c'est une sorte de tyrannie.

5. On le dit lorsqu'une chose est faite en défaveur d'une personne.

6. C'est quand vous avez des envies démesurées.

7. C'est la mesure des effets négatifs sur l'homme et la nature.

8. Il peut être du milieu comme la Chine ou alors colonial, voire financier.

3 Pour communiquer. Trouvez une manière plus journalistique de parler de la mondialisation.

1. La politique participative, c'était formidable, mais elle empêchait de faire des affaires !

2. Les grandes entreprises convoitent la totalité des ressources en achetant tout et tout le monde...

3. Une infime partie des citoyens bénéficie de la mondialisation, la plupart se voient muselés.

4. Nos frigos et nos portables tombent en panne au bout de deux ans, et c'est fait exprès pour que l'on consomme toujours plus de matières premières.

5. Tant de malheurs chez les humains pour le bonheur du commerce mondial...

4 Pour communiquer. Voici des situations problématiques. Répondez-y pour provoquer une prise de conscience.

1. Les entreprises peuvent s'installer où elles veulent et comme elles veulent. Des conséquences sur les États, les citoyens et la nature, elles n'en ont cure.

2. Les gens passent leur temps à consommer et pensent que c'est le nirvana.

3. Les consommateurs achètent « tout » les yeux fermés, sans se soucier de la provenance des produits et participent ainsi à l'horreur économique.

4. Les gens sont, comme devant un serpent, totalement hypnotisés par le consumérisme, à tel point qu'ils en oublient la protection de leurs libertés, de la nature et des principes éthiques.

5 À vous ! DALF Mettez-vous à la place d'un(e) citoyen(ne) écologiste et dénoncez les effets de la mondialisation à travers une tribune offensive destinée à un quotidien de votre pays.

24b

Alerter sur la prolifération des normes

Alors que débute le salon de l'Agriculture, la journaliste Isabelle Saporta dénonce les normes parfois kafkaïennes que rencontrent au quotidien les agriculteurs. [...]

Figaro/vox. : Après Le Livre noir de l'Agriculture, *pourquoi sortez-vous maintenant* Foutez-nous la paix *?* Au moment de la sortie du *Livre noir*, un éleveur laitier de Rambouillet [...] m'a dit : « *C'est facile de taper sur les agriculteurs, mais si tu savais à quoi nous sommes confrontés en permanence, notamment en ce qui concerne les normes en tout genre, il y a de quoi devenir fou.* » J'ai commencé mon tour de France chez cet agriculteur et ai commencé à comprendre ce qu'il voulait dire.

Pourquoi ce titre ? Au pays des 400 000 normes et à force d'enquiquiner les agriculteurs, ils se débrouillent tout seuls en douce et disent aux technocrates qui ont pondu ces normes : « *Au secours, Kafka revient, foutez-nous la paix !* » [...]

Quels sont les exemples de normes les plus délirants ? Ils sont tous un peu fous. Je me souviens de l'un d'entre eux où un éleveur de moutons de prés-salés a dû choisir entre garder son âne ou enlever une dizaine de brebis du champ pour respecter la norme sur la densité d'animaux dans les champs car un âne équivalait à 8 brebis. Pourtant il protégeait les agneaux des chiens errants et des renards. Autre exemple, il a fallu deux ans à un éleveur pour obtenir l'agrément de son abattoir « *high-tech* » car, lors du contrôle, il y avait trop de bottes dans le vestiaire, un clou dépassait du mur et le ventilateur était à une mauvaise place. Les scolaires pouvaient visiter sa ferme, mais, à la cantine du village, ils ne pouvaient manger que du poulet brésilien, faute d'agréments pour son abattoir. Je reçois encore beaucoup de témoignages. Je pourrais faire un tome 2 et un tome 3 de *Foutez-nous la paix*. [...]

Comment expliquez-vous ces situations grotesques ? En France, rien ne part d'en bas, toutes les réglementations partent d'en haut, sans concertation avec les intéressés. L'État ne leur fait pas confiance. Il faudrait organiser un « Grenelle de la bonne chère », c'est-à-dire que l'on mette autour de la table, les grands chefs, les politiques, les agriculteurs et les représentants de la charcuterie, pour simplifier les normes. [...] Ce qui m'angoisse vraiment, c'est la détresse dans laquelle se trouve le monde paysan actuellement. Je suis catastrophée, on sent un désarroi qui est démentiel. Et, à côté de cela, on a un manque de vision politique pour un secteur qui est crucial pour la France.

Propos recueillis par Éric de La Chesnais, © Éric de La Chesnais, lefigaro.fr, 26.02.2016

Grammaire

Faute de, à force de

- *À force d*'enquiquiner les agriculteurs
- Consommer du poulet brésilien *faute d*'agréments

Vocabulaire

Les normes

- Kafkaïen(ne) = absurde, ubuesque, grotesque
- Taper sur les agriculteurs (*fam.*) = choisir comme bouc émissaire
- Pondre des normes (*fam.*) = inventer abusivement
- La densité de population au km^2
- Établir sans concertation
- Une réglementation

Pour communiquer

- ***Soulever l'absurdité des normes :*** Il lui a fallu 10 ans pour obtenir un feu vert.
Au pays des 400 000 normes, ils disent aux technocrates : Au secours, Kafka revient !
Les scolaires pouvaient visiter sa ferme, tandis qu'à la cantine on ne servait que du surgelé.
- ***Exprimer sa colère face à l'inertie :*** Il y a de quoi devenir fou. / Foutez-nous la paix !
Je suis catastrophée car on sent un désarroi qui est démentiel.
On a un manque de vision politique pour ce secteur crucial en France.
Ce qui m'angoisse vraiment, c'est la détresse des agriculteurs.

1 Compréhension. **Vrai ou faux ? Si faux, justifiez votre réponse.**

1. Il s'agit d'une interview publiée dans un grand quotidien français.
2. La journaliste défend les normes pour l'hygiène et le bien-être des animaux de ferme.
3. Dans cet entretien, l'auteur parle un français soutenu.

2 Vocabulaire. **Complétez ces phrases avec les termes manquants.**

1. C'est facile de _____ quand on est assis derrière son bureau. Eux, ils sont dans leurs champs à bosser et n'ont pas de temps à perdre à bavasser avec leurs collègues.
2. À défaut de pondre des œufs, les fonctionnaires en charge de l'agriculture _____.
3. À Shanghai, _____ est de 3 810 habitants. Hallucinant, non ?
4. Les décideurs _____ avec les éleveurs des normes totalement irréalistes.
5. Bien sûr qu'il faut dans ce domaine _____, mais tonnerre, qu'elles soient applicables !
6. Cette situation _____ des 400 000 normes à respecter est juste grotesque !

3 Grammaire. **Choisissez entre** à force de **et** faute de.

1. ____ multiplier les normes à l'infini, on finira par s'y perdre, comme Franz Kafka.
2. ____ argent, toutes ces normes ne pourront être appliquées, c'est ridicule !
3. ____ empoisonner la vie des citoyens par des normes absurdes, l'UE se les mettra à dos.

4 Pour communiquer. **Que diriez-vous dans ces situations pour résumer l'absurdité des normes ?**

1. Depuis 2005, Hector le maraîcher tentait d'ouvrir son magasin. Chaque fois, son initiative échouait en raison de nouvelles normes ubuesques qui lui étaient imposées. En 2015, la situation s'est enfin débloquée.
2. Quelle contradiction : on ne cessait de montrer aux élèves les bienfaits du bio local, mais, à la cantine, pas moyen de servir du fromage cru de la région, que du congelé importé !
3. Les confituriers ne peuvent plus travailler en paix, harcelés pour le moindre gramme de sucre en plus. Ces mesures sont un comble !

5 Pour communiquer. **Reformulez ces phrases qui expriment la colère.**

1. Quand je vois la situation désastreuse dans laquelle se débattent les cultivateurs, je prends peur.
2. Cette invasion de normes, c'est à se taper la tête contre les murs !
3. Le pouvoir en place n'a aucun projet pour ce pan important de notre économie.
4. Je vous en prie, laissez-nous vivre !
5. Quand je perçois cette profonde détresse, je suis consternée.

6 À vous ! **Les temps modernes voient proliférer des normes en tout genre (hygiène, sécurité, santé, école...). Tirez la sonnette d'alarme en expliquant à un journaliste en quoi cela peut poser problème, exemples à l'appui.**

Rédiger un manifeste

Manifeste pour le droit des hommes à faire le ménage !
Parce que nous pensons que le talent des hommes pour faire le ménage
n'est pas reconnu à sa juste valeur, nous réclamons le droit :

•

De nous vider la tête
voire de nous défouler, en récurant à fond la baignoire méchamment entartrée

•

De porter une casquette de chauffeur et un tablier
qui mettent notre port de tête et notre taille en valeur

•

D'avoir une excuse pour manier le plumeau
lorsque la conversation devient embarrassante

•

De ranger le service en porcelaine immaculé et de faire l'argenterie
car on n'est jamais mieux servi que par soi-même

•

De s'assurer que nos fils auront un succès indiscutable auprès
de la gent féminine (et masculine) en suivant notre exemple

•

De passer l'aspirateur en écoutant les pires chansons françaises
sans témoin gênant

•

D'étudier tranquillement la vie rêvée des araignées et des acariens
sans provoquer des cris d'orfraie de la part du beau sexe et des allergiques

•

D'avoir une monnaie d'échange
pour ne pas se voir attribuer les corvées du type « séance de yoga hebdomadaire »

•

Vive le ménage libre… Vive les hommes !

Signé : **L'union des hommes du XXIᵉ siècle**

Publicité pour un nouveau modèle d'aspirateur ultraperformant

Vocabulaire

Les enquiquinements (fam.)

- Récurer à fond une baignoire méchamment entartrée
- Un service en porcelaine maculé ≠ immaculé
- Une corvée
- Une conversation embarrassante
- Un témoin gênant

Pour communiquer

- ***Écrire un titre :*** Manifeste pour le droit de qqn à faire qch
- ***Indiquer le motif :*** parce que nous pensons que le talent de qqn n'est pas reconnu à sa juste valeur, nous réclamons le droit…
- ***Lister les revendications :*** De se vider la tête, de se défouler

De porter un tablier qui met notre taille en valeur

D'avoir une excuse pour (manier le plumeau) lorsque…

De faire ceci ou cela car on n'est jamais mieux servi que par soi-même

D'avoir une monnaie d'échange pour (ne pas) faire…

- ***Conclure par un slogan :*** Vive le ménage libre… Vive les hommes, vive la gent féminine !
- ***Signer :*** L'union des hommes du XXIᵉ siècle

1 Compréhension. Vrai ou faux ? Si faux, justifiez votre réponse.

1. Il s'agit d'une publicité influencée par un tract politique ou social.

2. Cette pub vante un produit cosmétique.

3. Le prétexte de cette réclame est l'égalité des sexes devant les tâches ménagères.

4. Le texte est formulé sur un ton agressif.

2 Vocabulaire. Trouvez une autre façon d'exprimer les termes soulignés.

1. Pauvre Harold ! Obligé de nettoyer à mort une robinetterie bouchée par un tartre tenace.

2. Pauvre Georges, il doit encore passer l'aspirateur ! Quelle fâcheuse besogne !

3. Pauvre Julien, il est cuisiné par sa femme lors d'un interrogatoire sur ses retards de plus en plus fréquents. Et pas moyen d'y échapper pour aller faire la vaisselle et la rendre étincelante !

4. Pauvre Marcel, son épouse néphaliste (= abstinente) est en train de le fixer, alors qu'il est en train d'écluser les bouteilles de pinard les unes derrière les autres.

5. Pauvre Léo ! Que voit-il sur l'évier ? Un monceau de soucoupes et de petites tasses à thé et à café bien cradingues qui n'attend plus que lui. Quelle charmante soirée il va passer ! Ce soir, no foot, nein Bier !

6. Vraiment ! Tous ces pauvres garçons n'ont que des embêtements !

3 Pour communiquer. Complétez les phrases suivantes par les termes manquants, puis remettez-les dans l'ordre afin de rendre ce manifeste cohérent.

1. _____ éviter la corvée du coucher des gamins et celle de la promenade dominicale de belle-maman.

2. _____ des hommes à faire le repassage !

3. De _____ quand les chemises valsent au rythme du repassage.

4. _____ en inhalant les vapeurs du fer à repasser, _____ en maniant le fer à toute vitesse.

5. _____ le repassage libre ! _____ !

6. De repasser ses propres chaussettes ou ses cravates car _____.

7. Parce que nous pensons que le talent des hommes _____ à sa juste valeur, nous _____ le droit :

8. L'_____ de fer et fiers de l'être.

9. _____ pour quitter les discussions politiques _____ le devoir nous appelle et que les robes de Madame sont froissées.

4 À vous ! DALF Écrivez un manifeste de votre choix pour la défense d'un sujet de la vie quotidienne qui vous tient à cœur. L'humour est une bonne arme pour ce faire, pensez-y !

25a Retracer une évolution sociétale

Après la récente joute électorale, l'heure est au bilan et [...] il serait également intéressant de faire une observation sur une subtile transformation sociétale quant au rapport du Mauricien à un sentiment très particulier : le bonheur. La quête du bonheur [...] est ce qui a permis à l'Homme – et dans le cas qui nous intéresse, aux Mauriciens – de faire une avancée économique considérable ces dernières décennies [...]. Mais il faut être capable d'identifier les nuances et reconnaître la dangereuse inflexion dans la définition du bonheur au niveau sociétal et l'impact, parfois malsain, que cela peut avoir. J'avance mes observations sur trois points qui marquent une rupture dans notre rapport au bonheur. D'abord, la consommation de masse. [...] Il faut reconnaître que la mondialisation apporte inéluctablement un train de vie à l'américaine. Le Mauricien se voit entraîner dans un rythme effréné de consommation [...]. Assimiler le bonheur à l'acquisition d'objets matériels constitue une première rupture, qui peut aisément être contrastée avec l'approche économe de nos aïeux. Deuxièmement, le Mauricien devient esclave malgré lui de cette nouvelle culture de l'immédiat et éprouve un besoin grandissant pour la gratification instantanée. Donc, non seulement il consomme plus, mais il veut gagner plus – pas par le travail qui est un processus long et requiert de l'effort, mais par des moyens plus rapides et moins coûteux en termes d'effort, comme les jeux de hasard. [...] Troisième signe annonciateur d'un profond changement sociétal : le croisement entre l'hédonisme et l'endettement. Le Mauricien, dans sa nouvelle quête du bonheur aux accents consuméristes [...], ne peut s'empêcher de s'endetter pour assouvir son besoin d'ostentation. Il devient socialement acceptable, voire nécessaire, de vivre au-dessus de ses moyens et l'endettement aveugle devient une norme qui était absente pour les générations passées. Le phénomène se répercute au plan national, avec le niveau d'endettement du gouvernement ayant connu une aggravation drastique au cours des dix dernières années. Au vu de ce qui précède, on pourrait s'étendre longuement sur les causes de ce changement comportemental du Mauricien [...]. Il serait peut-être plus sage de reconnaître le coupable dans nos miroirs et se rendre compte du danger qui nous guette...

Article paru dans *Le Mauricien*, 7 janvier 2015, par Akshaye Proag, citoyen et cadre dans la finance, http://www.lemauricien.com/article/evolution-societale-travestissement-du-bonheur

Vocabulaire

Le consumérisme

- La consommation de masse
- Un endettement, s'endetter
- Une ostentation, ostentatoire
- Une gratification instantanée

- Une approche économe ≠ dépensière
- Qch aux accents consuméristes
- L'hédonisme
- Une acquisition, acquérir

Pour communiquer

• **Circonscrire le sujet et annoncer le plan :**
Il serait intéressant de faire une observation sur une subtile transformation sociétale.
Il faut être capable d'identifier les nuances et reconnaître la dangereuse inflexion.
J'avance mes observations sur trois points.

• **Avancer ses arguments :**
D'abord, assimiler le bonheur à ... constitue une première vraie rupture dans notre rapport (au bonheur).
Deuxièmement, le Mauricien devient esclave malgré lui de cette nouvelle culture de l'immédiat.
Troisième signe annonciateur : il devient socialement acceptable de vivre au-dessus de ses moyens.

• **Conclure avec une pointe d'autocritique :**
Au vu de ce qui précède, on pourrait s'étendre longuement sur les causes de ce changement...
Il serait plus sage de reconnaître le coupable dans nos miroirs.

A C T I V I T É S

1 Compréhension. **Vrai ou faux ? Si faux, justifiez votre réponse.**

1. C'est un article de presse purement informatif.

2. L'auteur nous livre une analyse relative aux changements comportementaux des Mauriciens.

3. Le style du texte est familier, enjoué.

2 Vocabulaire. **Complétez ces phrases en choisissant les termes appropriés.**

1. Éric _____ à vie en s'achetant une maison avec piscine aux Seychelles.

2. Hector a érigé _____ en principe : il est toujours à la recherche de la satisfaction et du plaisir.

3. Nous avons fait _____ d'un terrain magnifique à Sainte-Marie, sous les cocotiers.

4. Avec _____, Jean-Christophe a précipité la faillite de son entreprise.

5. La _____ arrange bien les grands distributeurs pour vendre leur camelote.

6. Marion vient d'un milieu simple, or depuis son mariage avec un milliardaire, elle affiche sa richesse avec _____. Quelle vulgarité !

7. Le consommateur avide de reconnaissance a tellement besoin d'obtenir _____ qu'il devient esclave de ses pulsions aux _____.

3 Pour communiquer. **Complétez ces phrases avec des formules introductives et conclusives.**

1. _____, qui caractérisent notre société moderne : d'abord l'urgence (faire tout et tout de suite), deuxièmement la mobilité effrénée et, troisième aspect, le narcissisme érigé en norme (et moi, et moi, et moi !).

2. En fin de compte, si on était sincères avec nous-mêmes, _____ .

3. Certes, il est très agréable de vivre dans une société de plus en plus basée sur le confort matériel, mais _____ de cette évolution.

4. _____ dans notre façon de consommer, qui nous apaise matériellement mais qui – étrangement – dessèche notre esprit et notre cœur.

5. _____ relative aux habitudes de consommation de cette tribu amazonienne déconnectée du monde moderne.

4 Pour communiquer. **Reformulez de façon plus élégante les arguments suivants.**

1. Puis, l'instantané qui domine l'ère contemporaine a littéralement happé le consommateur, sans que celui-ci s'en rende vraiment compte.

2. Premièrement, confondre la consommation et le bonheur a déclenché un bouleversement dans notre vision du monde.

3. Enfin l'indice suivant : l'endettement est devenu la norme.

5 À vous ! DALF **En tant que citoyen engagé, rédigez un article argumenté sur les habitudes de consommation qui sont en train de changer dans votre pays. Envoyez-le au journal national.**

25b

Débattre sur une réforme

Chanson : … *Tous les cent ans les néographes/Font une réforme de l'orthographe/En rognant les tentacules/Des gardiens de nos virgules…*

Monsieur X : On ne sait pas quoi inventer. On va finir en format SMS.

I. de G. : On est quand même très forts pour des débats finalement assez symboliques. Je veux dire : c'était annoncé depuis très longtemps. Le français n'arrête pas de bouger depuis le Moyen Âge, et même le XVIIᵉ, le XVIIIᵉ, XIXᵉ siècles. Heureusement que ça bouge.

D. le G. : J'ai parlé avec un ami hier qui a 70 ans, qui me disait : « *Moi, ça me plaît pas trop parce que j'aime passionnément la langue française.* » Il côtoie beaucoup de jeunes donc il aime aussi le verlan, l'argot etc., mais il avait peur de cet appauvrissement. Moi, de mon côté, j'ai tendance à penser que trop simplifier les choses, c'est peut-être mettre la barre un peu trop bas. […]

A. B. : C'est au Québec qu'on essaie peut-être de faire le plus d'efforts pour faire attention à ce que les anglicismes ne règnent pas en maîtres, alors qu'en France on a adopté des noms anglais sans même en discuter.

A. S. : À l'automne, il y a un appel à la bombe. Ça a l'air drôle, parce que finalement il n'y a rien eu : c'était une fausse alerte. Mais quand même, un texte a été envoyé aux médias, qui était truffé de fautes d'orthographe. Donc, cet appel à la bombe dans plusieurs écoles du Québec et de l'Ontario a fait peur autant par son contenu que par sa forme.

S. A. : Les vrais enjeux pour la langue, c'est la construction syntaxique. Savoir que… où se trouvent le verbe, la subordonnée, etc., c'est ça, les vrais enjeux. Mais écrire « nénuphar » avec « f » ou avec « ph », si cela permet de « démocratiser » (entre guillemets) la langue, pourquoi pas.

A. B. : Je pense que j'aurais préféré, pour ma part, un vrai débat sur l'école, sur les moyens de l'école. […] On a vu une information, il y a quinze jours, sur l'état de certaines écoles primaires dans les quartiers Nord de Marseille qui sont absolument, qui sont dans un état déplorable, lamentable. Et puis là, on a effectivement…, on nous lance cette histoire de réforme de l'orthographe !

Intervenants : Isabelle de Gaulmyn de *La Croix*, Dani Legras de Globo News, Akram Belkaïd du *Quotidien d'Oran*, Alexandra Szacka de Radio-Canada et Seidik Abba de *Mondafrique*, 9 février 2016, d'après https://www.facebook.com/tv5mondekiosque/posts/10153369277471485

Vocabulaire

La langue

- Un(e) néographe = préconisateur(-trice) d'une nouvelle orthographe
- Le verlan (p. ex. la teuf = la fête)
- Truffé de fautes d'orthographe
- Une subordonnée, une principale
- L'argot (p. ex. la belle-doche = la belle-mère)
- Le contenu, le fond ≠ la forme
- Des guillemets

Pour communiquer

● *Prendre la parole :*
Moi, ça ne me plaît pas trop car … et j'ai peur d'un appauvrissement (de la langue).
Moi, de mon côté, j'ai tendance à penser que…, c'est peut-être mettre la barre trop bas.
J'aurais préféré, pour ma part, un vrai débat sur l'école.

● *Souligner un point important :*
C'est au Québec qu'on veille à ce que les anglicismes ne règnent pas en maître.
En France, on a adopté des mots en anglais sans même en discuter.
Les vrais enjeux pour la langue, c'est la construction syntaxique.

● *Minimiser l'importance de l'enjeu :*
On est quand même très forts pour des débats assez symboliques.
Écrire nénuphar avec « f » ou « ph » si cela permet de démocratiser la langue, pourquoi pas ?
….et puis là, on nous lance cette histoire de réforme de l'orthographe !

1 Compréhension. **Corrigez, si nécessaire, les assertions suivantes.**

1. Il s'agit d'un débat sur la grammaire française.

2. Les intervenants viennent tous de pays francophones et ils semblent tous francophiles.

3. Les participants sont unanimes quant à la nécessité d'une réforme de l'orthographe.

2 Vocabulaire. **Devinettes : de quel terme s'agit-il ?**

1. L'un exprime le sens du texte, l'autre c'est le procédé d'écriture utilisé.

2. L'une est importante et la seconde dépend de la première. Elles sont le cauchemar des élèves lors des cours de grammaire à l'école primaire ou au collège.

3. Il s'agit d'un procédé de codage lexical par inversion de syllabes.

4. Ils servent à encadrer les propos d'une personne afin de pouvoir la citer correctement.

5. C'est quelqu'un d'agaçant qui perturbe beaucoup les écrivains, les auteurs et les écoliers.

6. C'est un lexique qu'adopte un groupe social clos qui veut se distinguer du reste de la société.

7. Si j'écris cette phrase comme ceci, vous me direz qu'elle l'est : « J'adores fer les zactiviter de se livre, car j'amèliaure mon phrançais de jour en jours. »

3 Pour communiquer. **Voici les propos enflammés de trois pédagogues. Que pourraient-ils dire lors d'une prise de parole publique ? Reformulez plus modérément.**

1. Julie : une réforme de l'orthographe de plus, alors que tant de choses sont plus urgentes au collège !

2. Louis : Pourquoi toujours vouloir supprimer les subtilités ? On n'utilisera bientôt plus que 500 mots !

3. Célimène : Si on n'exige plus rien au collège au niveau de l'orthographe, ce n'est pas comme ça que nous allons préparer nos enfants à la vie professionnelle !

4 Pour communiquer. **Exprimez votre point de vue en reformulant ces phrases au registre standard.**

1. Dans la Belle Province, plus qu'ailleurs, des mots anglais, on n'en veut pas trop dans notre langue.

2. Du moment que ta phrase a un sujet, un verbe et un complément, le reste on s'en balance !

3. Les Gaulois y mettent plein de mots *english* quand ils causent et ça n'a pas l'air de les gêner.

5 Pour communiquer. **Reformulez ces phrases dans le but de relativiser le débat.**

1. On attache une importance extrême à des questions peu essentielles pour notre société.

2. Changer notre façon d'orthographier les mots, c'est ridicule face aux vrais problèmes actuels.

3. Ce n'est peut-être pas inintéressant de phonétiser l'écriture pour la rendre accessible à tous.

6 À vous ! DALF **Vous participez à un débat sur une énième réforme de l'orthographe. Argumentez en tenant compte du dessin ci-contre.**

Réforme orthografe :
Oui, les accents circonflexes sont importants
Moi, après les gros repas... je me fais un petit jeune !

Dénoncer un abus

Lettre ouverte d'une infirmière à la famille du Premier ministre :
Je suis infirmière depuis plus de 30 ans et j'ai reçu la paie de janvier, hier. Travaillant sur un roulement en 10 heures avec une amplitude de 12 heures et ayant fait 3 week-ends et 14 nuits en décembre, je touche 1 825 euros nets d'impôts.
« Dans la famille du Premier ministre, je voudrais le père. » Monsieur est payé depuis 1979 sur nos impôts. Selon son CV, que j'ai consulté ce matin à 5 heures avant de prendre mon service, entre député, sénateur, ministre et autres fonctions soi-disant publiques, Monsieur n'a jamais travaillé autrement que comme un parasite politicien qui voudrait maintenant présider la France pour mieux s'en mettre plein les poches. Hier soir, on apprenait que Monsieur aurait aussi trempé les mains dans la magouille côté Sénat pour divers financements occultes. Pourquoi je ne suis même plus étonnée ? Il y a quelques semaines, Monsieur, apparemment très bien renseigné, avait investi 5 000 euros dans une société cotée en Bourse qui lui a rapporté 150 000 euros en quelques mois.
« Dans la famille du Premier ministre, je voudrais la mère. » Madame, réputée femme au foyer, a été assistante parlementaire de Monsieur. À ce titre, elle a empoché des années durant entre 4 000 et 8 000 euros par mois. Avant que *Saint Canard enchaîné* n'ébruite l'affaire et ne rende ces combines publiques, tout le monde pensait que madame se tenait à distance de la vie politique de son époux. On apprend aussi que madame a été payée 50 000 euros par une maison d'édition politiquement proche du Premier ministre pour rédiger 3 ou 4 notes de lecture.
« Dans la famille du Premier ministre, je voudrais les enfants. » Les enfants, eux aussi, ont été employés dans la *holding* parlementaire du papa-gâteau. Encore étudiants en droit, ils gagnaient déjà plus que moi en tant qu'infirmière au bout de 30 ans de carrière.
Lors de sa campagne électorale pour la présidentielle, Monsieur le Premier ministre, rebaptisé « Monsieur Propre », a fait du nettoyage son cheval de bataille. Il a manifestement oublié de balayer devant sa porte. À lui, qui veut supprimer 500 000 fonctionnaires et nous faire bosser 39 heures payées 35, je dis que moi, citoyenne, décrète qu'il faut mettre hors d'état de nuire toute cette racaille mafieuse politicienne qui détourne l'argent du contribuable. Quand on fait la liste des familles Giscard, Mitterrand, Chirac, Sarkozy, Hollande qui ont conduit la France au désastre actuel avec 10 millions de chômeurs et autant de pauvres, il y a de quoi vomir. Quand on voit comment les gens se privent de soins parce que les mutuelles sont devenues trop chères, quand on voit comment les ministres de la Santé nous mentent en permanence afin de compresser le budget de l'État sur le dos du personnel, il y a de quoi gerber. Quand on fait la liste des scandales politiques et économiques, pour ne citer que ceux-là, il y a de quoi ne plus aller voter, car oui : ils sont tous pourris.

D'après : https://www.facebook.com/SanteIndignee/posts/1134778783287467:0

Vocabulaire

La corruption

- Un parasite politicien
- Une racaille mafieuse
- Ébruiter une affaire

- Une magouille
- Tous pourris !
- Détourner l'argent du contribuable

Pour communiquer

• *Ironiser :* Pourquoi je ne suis même plus étonnée ?
Dans le jeu des 7 familles, je voudrais le père, la mère, le fils, la fille.
Monsieur X. rebaptisé Monsieur Propre, a manifestement oublié de balayer devant sa porte.
Monsieur aimerait maintenant présider la France pour s'en mettre plein les poches.

• *Énumérer des faits contrastés :*
Madame, réputée femme au foyer, a empoché entre 4 000 et 8 000 € par mois.
On apprend que Madame a été payée 50 000 € pour rédiger 3 ou 4 notes de lecture.

• *Crier sa colère :*
À lui qui..., je dis que moi, citoyenne, décrète qu'il faut mettre qqn hors d'état de nuire.
Quand on fait la liste de..., il y a de quoi vomir.
Quand on voit comment les gens se privent de..., il y a de quoi gerber.
Quand on fait la liste des scandales politiques..., il y a de quoi ne plus aller voter.

1   Compréhension. **Ces affirmations sont-elles correctes ? Si non, justifiez.**

1. Cette lettre ouverte dénonce un abus politique.

2. L'auteur s'en prend à une famille politique.

3. La lettre est pondérée et rédigée dans une langue soutenue.

2   Vocabulaire. **Complétez ces phrases par les termes manquants.**

1. Thomas T. est l'archétype même du _____ vivant exclusivement des avantages liés à l'exercice de sa fonction en politique et minant durablement le pays par ses décisions clientélistes.

2. D'après le *Canard enchaîné*, qui le premier avait _____, le gouvernement a réagi comme d'habitude : en essayant de noyer le poisson…

3. Pour certains, les politiciens ne sont qu'une _____ qui s'octroie des privilèges. C'est pourquoi le gouvernement actuel, au nom de la vertu, réprimande toutes les _____ politico-financières.

4. Truquer les marchés publics pour toucher des commissions occultes, voilà ce que je reproche à ces politiciens qui, une fois de plus, _____.

5. _____ !, dénonce ce citoyen qui a définitivement renoncé à son engagement en politique.

3   Pour communiquer. **Répondez ironiquement à ces situations en relevant (si besoin) un paradoxe.**

1. Scandale sur scandale depuis des années et voilà encore une nouvelle affaire…

2. Ce type véreux brigue le plus haut poste de l'État.

3. Cette « brave dame » effacée et sans emploi touche un salaire élevé.

4. On a appris que cet homme politique faisait allègrement profiter sa famille au grand complet des privilèges dont il bénéficie en tant que ministre. C'est comme dans le jeu de société, la famille est bien soudée.

5. Ce monsieur fait la morale à tout le monde, mais on vient de découvrir ses manigances.

6. Le journal révèle qu'une maison d'édition a grassement rétribué la femme de X pour quelques petits résumés.

4   Pour communiquer. **Faites comme Colombe, criez votre colère… mais de façon plus familière.**

1. Il est vrai que lorsqu'on énumère le nombre de scandales politiques en lien avec le monde financier survenus sous la Vᵉ République, nous sommes ô combien amers !

2. Moi, ressortissante assujettie au paiement de l'impôt, je pense qu'il faudrait éloigner ces gaspilleurs de leur mandat afin de préserver l'argent public.

3. Au regard du catalogue des esclandres politiques, pas étonnant que plus personne ne se rende aux urnes.

4. D'imaginer ces pauvres gens renonçant au plus strict nécessaire, c'est atroce et intolérable !

5   À vous ! **À la manière de cette infirmière, criez votre indignation face un abus (en politique, au travail, etc.). Illustrez vos arguments avec des exemples et n'hésitez pas à être polémique !**

1   Trouvez un synonyme pour les mots soulignés.

1. Cet été, au palmarès des ventes, que de mauvais livres ! Ne lirions-nous donc que des navets sur la plage ?

2. Ce renard a encore déplumé toutes mes poules. Quel culot !

3. Encore un privilège matériel pour ce député, qui ne se gêne pas pour en profiter !

4. Le cogito de nos amis Badinter est très développé. Normal, ce sont des philosophes !

5. Choisir comme bouc émissaire les agriculteurs à longueur d'année, c'est petit !

6. Celui qui invente abusivement des normes ne se met pas forcément à la place des utilisateurs.

2   Devinettes. De quoi parle-t-on ?

1. C'est une combine pas très nette, nombre de politiciens en sont friands !

2. C'est un jargon particulier. Exemple : « bobard », qui veut dire mensonge.

3. C'est ce qui se passe quand on accumule des impayés.

4. Vous détestez l'être pour la vaisselle ou le ménage, surtout si vous avez mieux à faire !

5. C'est un ensemble de règles qui organise le fonctionnement d'un domaine particulier.

6. Ceux des Romains et des Byzantins l'ont été, et pas des moindres !

7. Vous l'êtes quand vous allez voter.

8. Si vous en recevez un de l'une de vos vieilles tantes, morte à 102 ans, vous êtes chanceux(-se).

9. On qualifie ces mots ainsi, s'ils reviennent régulièrement dans votre discours.

10. Par bassesse, vous pouvez vous y prêter, mais ce n'est pas très joli-joli à l'égard de vos collègues !

11. C'est ce qui sert à établir qu'une chose est vraie.

12. Si vous l'êtes devant la cour d'assises, on vous dira de vous lever. Un bien mauvais moment à passer !

13. C'est un bel objet qui s'utilise avec de l'encre, on dit que Mme de Sévigné en est une belle.

14. C'est un retour à un stade antérieur, par exemple au niveau social ou psychique.

15. C'est le principe de séparation de la société civile et des institutions religieuses.

3   La justice. Complétez par les termes manquants.

1. _____ a rendu son jugement.

2. Maître Bastien, avocat de la défense, a prononcé _____ qui a ému le jury.

3. Le Tribunal fédéral suisse _____ à Lausanne.

4. Henri-Désiré Landru a commis des _____ avec préméditation, ce sont donc des _____.

5. L'inculpé a été cité à _____ devant le tribunal correctionnel.

6. L'accusée M.B. a été _____ en première instance pour complicité d'assassinat, mais son avocat S. C. a obtenu _____ en appel.

4 Reformulez librement les phrases suivantes.

1. La République française ne se préoccupe pas de vos croyances ou de vos non-croyances.

2. Vous mettez le doigt sur le problème qui fâche !

3. Hélas ! Je suis en charge de vous informer que votre demande d'acquittement a été rejetée en appel.

4. Tu seras châtié de ta témérité.

5. Ces administrateurs nous ayant ennuyés des années durant, nous avons dû attendre 20 ans avant d'avoir la permission d'ouvrir notre ferme « Vive le lait cru ».

6. Après les pénibles tâches ménagères, les hommes ont besoin de penser à autre chose et de taper dans un ballon pour décompresser.

7. Mon analyse se fonde sur trois préceptes : il faut que, de nos jours, la consommation soit intelligente, écologique et éthique.

5 Voici des phrases du registre standard. Transformez-les en des phrases au registre familier.

1. Qu'il est triste de voir tous ces pauvres gens sans ressources. J'en ai la nausée.

2. Ma belle-mère fait sans cesse la fête !

3. La situation désespérante des cultivateurs me rend chagrin(e).

4. Je ne me préoccupe nullement de votre vie privée.

5. Chers électeurs, accordez-moi votre confiance si vous désirez voir votre situation se dégrader de toutes parts et perdre vos derniers acquis.

6 Le discours politique (analyse). Indiquez les erreurs de communication de ces politiciens.

1. Nadine : « Vous êtes un incapable, votre vie privée est douteuse et votre costume est moche. »

2. François : « Le bilan du gouvernement précédent est calamiteux, les citoyens sont à bout. »

3. Nicolas : « Vous dites n'importe quoi, arrêtez de prendre les gens pour des cons ! »

7 Le discours politique (à double sens). Que pense vraiment ce (cette) politicien(-ne) ?

1. « La politique, c'est pour se mettre au service du citoyen. »

2. « La transparence de mes financements est mon credo. »

3. « Citoyens adorés, sachez que tout ce qui vous concerne me va droit au cœur. »

8 Production. À l'aide de ce dessin, expliquez à votre entourage le fonctionnement de la laïcité en France. Parlez des postulats, des garanties et des interdictions s'y rapportant.

26a Évoquer un lieu merveilleux

Le soir, nous rejoignîmes notre grand-mère sur le petit balcon de son appartement. Couvert de fleurs, il semblait suspendu au-dessus de la brume chaude des steppes. Un soleil de cuivre brûlant frôla l'horizon, resta un moment indécis, puis plongea rapidement. Les premières étoiles frémirent dans le ciel. Des senteurs fortes, pénétrantes, montèrent jusqu'à nous avec la brise du soir. Nous nous taisions. […] N'osant pas rompre son silence, nous lui jetions de temps en temps des coups d'œil furtifs : allait-elle nous livrer une nouvelle confidence, encore plus secrète, ou bien, comme si de rien n'était, nous lire, en apportant sa lampe à l'abat-jour turquoise, quelques pages de Daudet ou de Jules Verne qui accompagnaient souvent nos longues soirées d'été ? […] Peu à peu ; nous nous abandonnâmes à ce silence. Penchés par-dessus la rampe, nous écarquillions les yeux en essayant de voir le plus de ciel possible. Le balcon tanguait légèrement, se dérobant sous nos pieds, se mettant à planer. L'horizon se rapprocha comme si nous nous élancions vers lui à travers le souffle de la nuit. C'est au-dessus de sa ligne que nous discernâmes ce miroitement pâle – on eût dit des paillettes de petites vagues sur la surface d'une rivière. Incrédules, nous scrutâmes l'obscurité qui déferlait sur notre balcon volant. Oui, une étendue d'eau sombre scintillait au fond des steppes, montait, répandait la fraîcheur âpre des grandes pluies. Sa nappe semblait s'éclaircir progressivement – d'une lumière mate, hivernale. Nous voyions maintenant sortir de cette marée fantastique les conglomérats noirs des immeubles, les flèches des cathédrales, les poteaux des réverbères – une ville ! Géante, harmonieuse, malgré les eaux qui inondaient ses avenues, une ville fantôme, émergeait sous notre regard… Soudain, nous nous rendîmes compte que quelqu'un nous parlait depuis déjà un moment. Notre grand-mère nous parlait ! – Je devais avoir à l'époque presque le même âge que vous. C'était en hiver 1910. La Seine s'était transformée en une vraie mer. Les Parisiens naviguaient en barque. Les rues ressemblaient à des rivières, les places – à de grands lacs. Et ce qui m'étonnait le plus, c'était le silence… Sur notre balcon, nous entendions ce silence sommeillant de Paris inondé. Quelques clapotis de vagues au passage d'une barque, une voix assourdie au bout d'une avenue noyée. La France de notre grand-mère, telle une Atlantide brumeuse, sortait des flots.

Andreï Makine, *Le Testament français,* Paris, Gallimard, Prix Goncourt 1995, p. 27-29

Grammaire

Les pronominaux (temps du passé)

- Nous nous taisions (*impf.*)
- Nous nous abandonnâmes au silence (*p.s.*)
- La Seine s'était transformée (*p.q.p.*)

Vocabulaire

Les lieux de vie

- Un abat-jour
- Une rampe (d'escalier)
- Un conglomérat d'immeubles
- Un poteau, un réverbère

Pour communiquer

- *Dépeindre une atmosphère favorable à la rêverie :*
Couvert de fleurs, le balcon semblait suspendu au-dessus de la brume chaude des steppes.
Les premières étoiles frémirent dans le ciel. / Des senteurs fortes, pénétrantes, montèrent jusqu'à nous… / Peu à peu, nous nous abandonnâmes à ce silence.
Le balcon tanguait légèrement, se dérobant sous nos pieds, se mettant à planer.
On eût dit des paillettes de petites vagues sur la surface d'une rivière.
- *Évoquer la naissance de l'imaginaire :* Une ville fantôme émergeait sous notre regard…
Nous voyions maintenant sortir de cette marée fantastique une ville !
Sur notre balcon, nous entendions ce silence sommeillant de Paris inondé.
Soudain, nous nous rendîmes compte que quelqu'un nous parlait.
La France de notre grand-mère, telle une Atlantide brumeuse, sortait des flots.

1 Compréhension. Vrai ou faux ? Si faux, justifiez votre réponse.

1. C'est l'extrait d'un roman couronné par un prix littéraire.

2. Le narrateur décrit un rêve de son enfance.

3. Le ton du texte est d'un lyrisme émouvant.

2 Vocabulaire. Trouvez le mot adéquat qui répond à ces définitions.

1. C'est un pilier en bois qui sert de support. Il servait, hélas aussi, à l'exécution par fusillade.

2. En langue familière, on dit d'elle qu'on s'y accroche pour vivre et qu'on la lâche pour mourir.

3. Ces appareils destinés à l'éclairage public sont de toute beauté à Paris.

4. C'est un réflecteur en papier ou en tissu placé sur les lampes pour en adoucir la lumière.

5. C'est un groupe hétéroclite de maisons.

3 Grammaire. Complétez ces phrases en conjuguant ces verbes aux temps qui conviennent.

1. Au temps de notre enfance, nous (*se réjouir*) lorsque notre grand-mère nous racontait une histoire merveilleuse.

2. Nous (*se rencontrer*) au parc Monceau sous la fontaine aux ormeaux. Quand, peu après, je te revis au jardin du Luxembourg, je sus que tu allais devenir l'amour de ma vie.

3. Lorsque nous (*se voir*), nos regards emplis de rêves (*s'enflammer*) et nos mains mues par le désir (*s'égarer*). Quelle douce volupté nous vécûmes à ce moment-là !

4 Pour communiquer. Un soir d'été, vous êtes installé(e) sur votre balcon fleuri. Exprimez ces sensations par une phrase « atmosphérique ».

1. Le mirage (comme une oasis) : _____

2. Le bercement (comme sur un bateau) : _____

3. Le calme absolu (comme au fond d'un ermitage) : _____

4. La brillance (comme des feuilles d'or) : _____

5. L'éternité (comme l'empire céleste) : _____

6. Des fragrances (comme « Habit Rouge » de Guerlain ou « Le 3e homme » de Caron) : _____
_____

5 Pour communiquer. Reformulez les termes soulignés de manière plus poétique.

1. Tout à coup, nous réalisâmes que quelqu'un nous parlait.

2. La France de notre grand-mère, comme un mythe lointain, surgissait de la mer.

3. Nous voyions maintenant sortir de cet océan fabuleux une ville !

4. Sur notre balcon, nous ne percevions pas le moindre bruit de Paris inondé.

5. Une cité imaginaire apparaissait sous notre regard…

6 À vous ! Évoquez un lieu féerique lié à un souvenir de votre enfance. Soyez poétique.

26b

Exprimer poétiquement les sensations de la nature

Mais comment exprimer cette foule de sensations fugitives que j'éprouvais dans mes promenades ? Les sons que rendent les passions dans le vide d'un cœur solitaire ressemblent au murmure que les vents et les eaux font entendre dans le silence d'un désert ; on en jouit, mais on ne peut les peindre. L'automne me surprit au milieu de ces incertitudes : j'entrai avec ravissement dans le mois des tempêtes. Tantôt j'aurais voulu être un de ces guerriers errant au milieu des vents, des nuages et des fantômes ; tantôt j'enviais jusqu'au sort du pâtre que je voyais réchauffer ses mains à l'humble feu de broussailles qu'il avait allumé au coin d'un bois. J'écoutais ses chants mélancoliques, qui me rappelaient que dans tout pays, le chant naturel de l'homme est triste, lors même qu'il exprime le bonheur. Notre cœur est un instrument incomplet, une lyre où il manque des cordes, et où nous sommes forcés de rendre les accents de la joie sur le ton consacré aux soupirs. Le jour, je m'égarais sur de grandes bruyères terminées par des forêts. Qu'il fallait peu de chose à ma rêverie ! Une feuille séchée que le vent chassait devant moi, une cabane dont la fumée s'élevait dans la cime dépouillée des arbres, la mousse qui tremblait au souffle du Nord sur le tronc d'un chêne, une roche écartée, un étang désert où le jonc flétri murmurait ! Le clocher solitaire s'élevant au loin dans la vallée a souvent attiré mes regards ; souvent j'ai suivi des yeux les oiseaux de passage qui volaient au-dessus de ma tête. Je me figurais les bords ignorés, les climats lointains où ils se rendent ; j'aurais voulu être sur leurs ailes. Un secret instinct me tourmentait : je sentais que je n'étais moi-même qu'un voyageur, mais une voix du ciel semblait me dire : « Homme, la saison de ta migration n'est pas encore venue ; attends que le vent de la mort se lève, alors tu déploieras ton vol vers ces régions inconnues que ton cœur demande. » Levez-vous vite, orages désirés qui devez emporter René dans les espaces d'une autre vie ! Ainsi disant, je marchais à grands pas, le visage enflammé, le vent sifflant dans ma chevelure, ne sentant ni pluie, ni frimas, enchanté, tourmenté, et comme possédé par le démon de mon cœur.

François-René de Chateaubriand, *René, ou les effets des passions*, [1802], Lausanne, Éditions Rencontre, 1968, p. 148-149

▰▰ **Grammaire**

Tantôt / autant

- **Alternance :** *Tantôt* j'aurais voulu être un guerrier, *tantôt* j'enviais jusqu'au sort du pâtre.
- **Opposition :** *Autant* l'automne était plein de charme, *autant* mon cœur était vide de passion.

▰▰ **Vocabulaire**

À la campagne

- Un feu de broussaille
- Un tronc, une cime dépouillée
- Une vallée, un vallon, une roche

- La bruyère, une mousse
- Un étang désert, un jonc flétri
- Les (premiers) frimas

Pour communiquer

- *Peindre ses sentiments :* On en jouit, mais on ne peut les peindre.
Un secret instinct me tourmentait. / J'entrai avec ravissement dans le mois des tempêtes.
Je marchais comme possédé par le démon de mon cœur.
- *S'abandonner à ses rêveries :* Qu'il fallait peu de choses à ma rêverie !
Le clocher solitaire a (souvent) attiré mes regards.
J'écoutais ses chants mélancoliques, qui me rappelaient qch.
Je me figurais les climats lointains où… / J'aurais voulu être sur leurs ailes.
Une voix du ciel semblait me dire.

1 Compréhension. **Répondez aux questions suivantes.**

1. À quel genre littéraire appartient ce texte ?

2. Quel genre de sensations l'auteur évoque-t-il ?

3. À qui le narrateur se compare-t-il ?

2 Vocabulaire. **Trouvez le mot manquant dans ces phrases.**

1. La plaine était entrecoupée par un étroit _____.

2. Un important _____ s'est déclaré samedi soir. Les pompiers ont été alertés.

3. En novembre, nous découvrons avec mélancolie les _____ des arbres.

4. Qu'elle est belle et vertueuse, l'héroïne de Balzac dans *Le Lys dans la* _____ !

5. Sur ce parterre recouvert de _____, je venais m'asseoir et rêver.

6. Le vent faisait plier ce _____ sur la surface de l'eau, ce miroitement était merveilleux.

7. Au Moyen Âge, _____ était utilisée comme antiseptique sous forme de miel.

8. Cette énorme _____ s'avance dangereusement en saillie par-dessus le sentier.

9. Dès _____ de l'automne, le feuillage des arbres s'habille de couleurs flamboyantes.

10. Les ___ des pins de la forêt de Vizzavona se dressent majestueusement dans ce paysage corse.

11. Sur cet _____, pas un canard, pas une poule d'eau, le silence, rien que le silence !

3 Grammaire. **Complétez ces phrases par *tantôt* (alternance) ou *autant* (opposition).**

1. Line voyait, _____ avec fierté amusée, _____ avec crainte, la construction de sa cabane au Canada.

2. _____ cette forêt est somptueuse, _____ les champignons qui y poussent sont vénéneux.

4 Pour communiquer. **Soyez poète. Reformulez ces phrases pour peindre vos sentiments.**

1. Je cheminais tel un fou, obsédé par le trop-plein de mes sentiments.

2. Trop content qu'on soit en automne !

3. Des chagrins me rongeaient sans que je sache pourquoi.

4. Ce sont des plaisirs que l'on éprouve même s'ils sont indescriptibles.

5 Pour communiquer. **Complétez ce texte avec des expressions appartenant au registre de la rêverie.**

___ durant mes tendres années ! Je m'imaginais mille destins merveilleux ! ___ : toi aussi, un jour, tu seras poète/poétesse… Je me souviens que, lors de mes balades dans mes vertes campagnes, ___ ; il ne sonnait plus depuis bien longtemps et semblait abandonné. Plongé dans ma rêverie, ____ où un soleil ardent réchaufferait mon âme troublée. À mon retour, tantôt j'entendais une chouette hululer et ____ les frayeurs de mon enfance ; tantôt je voyais passer dans le ciel des cigognes… ô combien ____ !

6 À vous ! **À l'instar de Chateaubriand, exprimez votre romantisme à travers des sensations éprouvées dans la nature. Inspirez-vous de la photo ci-dessus.**

26c Rédiger une page d'un guide touristique

LANGRES (52200) – 9 111 hab. – Carte Haute-Marne, C3

« Je puis tout pardonner excepté l'injustice,
l'ingratitude et l'inhumanité. » Denis Diderot

Huit kilomètres de fortifications, alors que Carcassonne en compte à peine deux ! Langres a plus de vingt siècles d'histoire et 1 000 ans de plus que Dijon, Chaumont ou Saint-Dizier. C'est l'une des plus vieilles villes de France et aussi l'une des plus belles, qui n'a pas été frappée par le modernisme ou le consumérisme à outrance, seulement caressée. La ville haut perchée sur son promontoire a gardé son patrimoine urbain intact (3,5 km de remparts enserrent la ville *intra-muros*, 7 portes et 12 tours défensives). Dans son style balzacien de province, elle a préservé son authenticité, maintenu son charme malgré son grand âge. Langres n'a pas vendu son âme au diable, et semble se tenir à distance de l'agitation du monde. C'est à la fois sa force et sa faiblesse. De physique et de caractère, cette ville possède une personnalité étonnante, mais elle ne détient aucun record sur les tableaux économiques contemporains. Comparée à Dijon, Langres reste une petite ville. On aime ou on n'aime pas. Nous adorons d'une certaine manière cette beauté discrète, loin du bling-bling à la mode. Le monde a changé autour de Langres au fil des siècles, mais la ville n'a pas ou peu changé avec le temps. N'en va-t-il pas parfois des villes comme des hommes ? Son secret serait-il écrit dans son histoire ? Le présent de Langres dépend à 95 % de son passé. C'est beau, mais cela peut parfois aussi être lourd à porter si l'homme recherche les ailes de la liberté… Et si Langres se métamorphosait en une héroïne balzacienne ? Ce serait une noble et jeune dame, tranquille, réservée, pudique même, mais ô combien attirante et séduisante ! […] Langres est une ville où la mémoire est longue, l'histoire s'y déroule à un autre rythme qu'ailleurs. Elle est intemporelle, d'où son charme ineffable, son côté de décor de film de cape et d'épée. Un chiffre à lui tout seul dit plus que tous les livres d'histoire : Langres compte aujourd'hui à peu près le même nombre d'habitants qu'à l'époque de Denis Diderot, et elle n'a pas beaucoup grossi depuis 2000 ans, c'est-à-dire depuis l'époque des Lingons alliés aux Romains. Quelle longévité !

© Hachette Tourisme, *Guide du Routard Champagne-Ardenne,* 2016, p. 332-333

▨ Vocabulaire

La ville historique

- Des fortifications
- Une tour (porte) défensive
- Une ville haut perchée

- Des remparts
- *Intra-muros ≠ extra-muros*
- Un promontoire

Pour communiquer

- **Souligner le caractère exceptionnel :** Langres n'a pas « vendu son âme au diable ».
C'est l'une des plus vieilles villes de France et l'une des plus belles.
Elle n'a pas été frappée par le modernisme à outrance, seulement caressée.
Elle est intemporelle, d'où son côté de décor de film de cape et d'épée.
Nous adorons cette beauté discrète, loin du bling-bling à la mode.
De physique et de caractère, cette ville possède une personnalité étonnante.
- **Personnifier une ville :** Et si Langres se métamorphosait en héroïne balzacienne ?
Ce serait une noble et jeune dame, tranquille, réservée, pudique même, mais ô combien attirante et séduisante ! Elle n'a pas beaucoup grossi depuis 2000 ans.
Elle semble se tenir à distance de l'agitation du monde, c'est à la fois sa force et sa faiblesse.
Elle a préservé son authenticité, maintenu son charme, malgré son grand âge.

1 Compréhension. **Ces affirmations sont erronées. Reformulez-les de façon correcte.**

1. Il s'agit d'un texte promotionnel publié par un office de tourisme.

2. On y parle d'une région dans le midi de la France.

3. C'est Denis Diderot qui est l'auteur de ce texte.

2 Vocabulaire. **Devinettes. De quoi parle-t-on ?**

1. Ils forment l'enceinte d'une ville historique.

2. Souvent au pluriel, c'est un ouvrage défensif destiné à la protection d'une place, d'une position.

3. Expressions qui indiquent ce qui est hors de la ville ou à l'intérieur de celle-ci.

4. C'est un éperon rocheux qui s'élève au-dessus d'une plaine.

5. Elles permettent de renforcer la défense de l'enceinte si l'ennemi frappe à votre porte !

6. Si Langres l'est, Machu Picchu, l'ancienne cité inca, l'est aussi à 2 430 m !

3 Pour communiquer. **D'après ces éléments clés, formulez des phrases pour valoriser une ville.**

1. Cité – très ancienne – resplendissante aussi !

2. Restée dans son jus – tradition – splendide cité – tranquille.

3. Pas de frénésie – juste frôlée.

4. Sans âge – *Fanfan la Tulipe* & *Les Trois Mousquetaires*.

5. Vrai tempérament – cachet surprenant.

6. Loin de Méphistophélès !

4 Pour communiquer. **Voici des descriptions de ville. Rendez-les plus vivantes et employez le procédé rhétorique de la personnification.**

1. Cette ville, quoique très ancienne, est toujours restée ce qu'elle était et a su garder ses atouts.

2. Cette cité si majestueuse, parfois un peu trop paisible, est toutefois attrayante.

3. En dehors du temps, cette ville est merveilleuse, mais on pourrait s'y ennuyer.

4. Il y a deux millénaires, il n'y avait ni plus ni moins d'habitants.

5. C'est une ville incroyable, dotée d'une personnalité romanesque.

5 À vous ! DALF **Choisissez une ville historique que vous aimez, loin des circuits touristiques. Faites-la découvrir aux autres utilisateurs de ce livre en rédigeant une page plaisante et expressive pour le guide *Les 200 plus belles villes secrètes dans le monde.***

Rédiger un scénario de film

46. EXT. JOUR. *Maurice Babin conduit, concentré et silencieux. Suzanne est à ses côtés, elle ne dit rien non plus. Inquiète et à la fois excitée. Elle le regarde discrètement. Suspense… La voiture se gare au bord de la route […]. Babin et Suzanne restent assis côte à côte, silencieux. Babin brise la glace.*

B. (ému) Votre mari est venu me voir à la mairie. Est-il vrai, Suzanne, que son fils est le mien ? Enfin que mon fils ne soit pas le sien… ? – **S. (riant)** Oh ! Mais dites-moi, on dirait que vous avez bien cancané derrière mon dos ! Qu'est-ce que c'est que ces embrouilles ? – **B.** La vérité ! Faites éclater la vérité, Suzanne ! D'un seul mot, vous pouvez me rendre le plus heureux des hommes. Laurent est-il mon… fils ? **Un temps. Suzanne sourit tristement.**

S. Comme j'aurais aimé, Monsieur le député-maire, vous faire ce plaisir, mais… – **B.** … mais si on se penche attentivement sur les dates… et ce médaillon avec ma photo que vous conserviez… Voyons… – **S.** Quoi ? Vous avez retrouvé mon médaillon, je le cherche depuis des mois ! – **B.** Oui, c'est votre mari qu'a dû vous le piquer ! Mais peu importe, Suzanne, dites-moi pour Laurent… – **S.** Je suis désolée, Maurice, il n'est pas de vous. **Babin reste un moment sous le choc.**

B. Ah bon ! Alors, finalement, il est de Pujol ? – **S.** Non, Maurice. Il n'est ni de vous, ni de lui ! – **B.** De qui est-il, alors ? – **S.** J'ai toutes les raisons de croire que Laurent serait le fils de… Maître Balestra ! – **B.** Le notaire ?

Suzanne se souvient : FLASH-BACK sur le canapé en cuir, le terrain de tennis… S. (voix off) Il n'était que clerc à cette époque… C'est surprenant n'est-ce pas ? Surtout quand on le voit aujourd'hui ! Mais j'ai passé de longues heures à l'étude pour régler la succession de papa. Il était jeune, charmant et il y avait dans son bureau un canapé en cuir… Tout me porte donc à croire que Laurent est le fils de maître Balestra… quoique… si je me fiais aux seules ressemblances, il est le portrait craché de Gunnar. Vous vous souvenez, Maurice… Ce joyeux Suédois qui donnait des cours de tennis au club des enfants… Un grand blond, assez baraqué… **B. (sous le choc)** Et… Il y en a eu beaucoup d'autres ? – **S.** Non, pas d'autres en mai 1952… – **B.** Ce pauvre Pujol a donc épousé une bourgeoise nymphomane ! – **S.** Vous n'avez pas le droit de juger mes écarts de jeunesse, Monsieur le député-maire… Après tout, vous en avez profité, estimez-vous heureux. – **B.** Je vous avais placée sur un piédestal. – **S.** Il m'est arrivé d'en descendre. Mais je n'ai pas honte de mes actes… Mes aventures ont toujours été brèves et discrètes. Nul n'en a jamais rien su. Je n'ai fait de mal à personne. D'ailleurs, tout cela c'est de l'histoire ancienne. J'ai bien d'autres préoccupations aujourd'hui.

Extrait du scénario du film *Potiche* (2010) de François Ozon, d'après la pièce de Barillet et Grédy, *Potiche*, 1980

Pour communiquer

● *Introduire la scène :*
Ext(érieur, il fait) jour
X et Y restent assis côte à côte, silencieux. Y brise la glace.

● *Inscrire des didascalies :*
Un temps. Suzanne sourit tristement.
Babin (ému, sous le choc). S. (voix off)
Suzanne se souvient : Flash-back sur le canapé en cuir, le terrain de tennis…

● *Créer le dialogue avec des reprises directes :*
B. Et… il y en a eu beaucoup d'autres ? – S. Non, pas d'autres en mai 1952…
B. Je vous avais placée sur un piédestal. – S. Il m'est arrivé d'en descendre.

1 Compréhension. **Répondez aux questions suivantes.**

1. S'agit-il d'un livret d'opérette ?

2. Quelle a été la relation des deux protagonistes dans le passé ?

3. Le ton du scénario appartient-il au registre dramatique ou vaudevillesque ?

4. Qu'est-ce qu'une didascalie ? Relevez-en une dans le texte.

Catherine Deneuve et François Ozon

2 Vocabulaire. **Retrouvez dans le scénario le terme correspondant à ces indications.**

1. Il s'agit d'un mot familier qui exprime une situation confuse (synonyme de micmac).

2. Vous pouvez le porter sur le cœur et également le retrouver dans votre assiette.

3. De façon plus élégante, on dirait « dérober ».

4. C'est accorder du crédit à quelque chose.

5. D'une carrure imposante (synonyme encore plus familier : balèze).

6. C'est le pendant féminin de l'obsédé sexuel.

3 Vocabulaire en communication. **Reformulez ces phrases en repérant leur équivalent dans le texte.**

1. Babette <u>fait le premier pas, après un moment de gêne</u>.

2. Vous <u>n'avez pas arrêté de dire du mal de moi en mon absence</u>.

3. <u>D'après tout ce que je sais, je suppose que</u> Lina est la fille de Linus.

4. Bastien, c'est le fils de Roland, <u>mais je n'en suis plus trop certaine</u>.

5. Luis <u>ressemble comme deux gouttes d'eau à</u> Bjorn.

4 Pour communiquer. **Transformez ces indications en didascalies, en vous aidant du texte.**

1. Indiquer l'émotion intense d'un personnage.

2. Indiquer le lieu et le temps.

3. Indiquer la position des personnages.

4. Indiquer le dialogue d'un personnage qui n'apparaît pas à l'écran (hors-champ).

5. Interrompre le fil de la narration en rappelant brièvement un événement passé.

6. Indiquer une pause et une expression.

5 Pour communiquer. **Complétez ce dialogue cinématographique en veillant aux enchaînements.**

B. Vous avez eu un amant dans cette région de France, vous en avez eu beaucoup d'autres ? – **S.** ____ en Poitou-Charentes. Mais plein ____ en Nord-Picardie ! – **B.** Je vous ai toujours considérée comme une déesse. – **S.** Désolée, mais il m'est arrivé ____ et de devenir une femme de chair et de sang.

6 À vous ! **D'après la photo, imaginez les indications de jeu que pourrait donner le réalisateur à son actrice. Puis rédigez un scénario comportant des didascalies et, si vous le souhaitez, le dialogue ci-dessus (activité n° 5).**

27b Traiter des aspects techniques d'un film

Retrouvant les honneurs de la Quinzaine des Réalisateurs, Joachim Lafosse y présente *L'Économie du couple,* un drame intimiste mettant en scène un couple en pleine séparation […]. Retour à Cannes pour le réalisateur belge qui secoua la Croisette avec *Élève libre* […].

L'axe principal du film se développe autour d'une unité de lieu. – C'était un vrai choix depuis le début de l'écriture, qui m'autorisait surtout à vivre un énorme plaisir avec les acteurs […] : être juste avec deux acteurs adultes et deux petites filles, et n'être concentré que sur le jeu ; se mettre dans une position de travail qui fait que la technique « n'empêche pas ». On a beaucoup tourné, il y avait beaucoup de matière. C'est le tournage le plus plaisant que j'ai connu.

Le travail du son est très important, notamment dans le rapport de coexistence des espaces. D'entrée de jeu, on ressent l'oppression de Marie à travers le son du hors-champ. – Oui, ils ne se supportent plus. Le moindre bruit de l'un devient insupportable pour l'autre. On a tous connu ça. Il y a un gros travail de montage son […]. C'est assez impressionnant. Ça ne se voit pas ; ça se voit très peu, comme les bons décors. Il y a beaucoup de travail sur le hors-champ. Le manque d'espace, c'est ça aussi. C'est une réalité sociale. Beaucoup de personnes ne se séparent pas parce qu'elles n'ont pas les moyens de louer deux appartements.

Jean-François Hengens signe la photographie de votre film. Qu'est-ce qui a guidé l'approche visuelle, notamment le choix du plan séquence ? – Le plan séquence, pour les acteurs, c'est ce qu'il y a de plus jubilatoire, et pour le réalisateur aussi. […] Mon directeur photo m'a parlé d'un nouvel outil, un *steadicam* qu'il maîtrise. Il pouvait donc être le cadreur du film. On a fait tout le film avec cet outil magnifique. J'ai hâte de faire le prochain film parce que ça ouvre des portes. Et puis, c'est une esthétique : il y a une souplesse, une élégance que j'aime bien. […]

Comment avez-vous abordé les décors ? – Le décor doit raconter tout le passé de ce couple, de cette histoire qui se termine. Il fallait montrer que ça avait dû être heureux. […] On ne voulait pas d'un espace déprimant où on sent qu'on a envie de se barrer, sinon ça n'a rien de déchirant. […]

Le film se construit sous forme de chronique dont la temporalité est très élastique. – C'est très intuitif. Avec le monteur, on a une phrase toute simple : « On s'emmerde, on coupe. » Chaque séquence doit être un petit film en soi. C'est la succession de ces séquences qui fait un grand film.

Interview de Joachim Lafosse par Nicolas Gilson, le 06/06/2016, http://www.ungrandmoment.be/interview-joachim-lafosse/

Vocabulaire

Le film

- Un(e) réalisateur(-trice) ≠ un metteur en scène (théâtre) ≠ un régisseur
- Un(e) scénariste
- Les décors, un(e) décorateur(-trice)
- Une séquence = plan long qui inclut l'intégralité d'une scène
- Un(e) cadreur(-se), un opérateur(-trice) = techniciens du 7ᵉ art
- Le montage image/son, un(e) monteur(-se)
- Le hors-champ = qui n'est pas visible à l'écran
- Un *steadicam* = système stabilisateur de prise de vue portatif

Pour communiquer

- **Révéler les aspects spatio-temporels :**

L'axe principal se développe autour d'une unité de lieu.

Le film se construit sous forme de chronique dont la temporalité est très élastique.

Le plan séquence, pour les acteurs, c'est ce qu'il y a de plus jubilatoire.

Chaque séquence doit être un petit film en soi.

C'est la succession de ces séquences qui fait un grand film.

- **Parler des aspects visuels :**

Mon directeur photo m'a parlé d'un nouvel outil, qu'il maîtrise.

Et puis c'est une esthétique : il y a une souplesse, une élégance que j'aime bien.

Avec le monteur, on a une phrase toute simple: « On s'emmerde, on coupe. »

1 Compréhension. **Vrai ou faux ? Si faux, justifiez votre réponse.**

1. Il s'agit de l'interview d'un acteur luxembourgeois.
2. Dans cet entretien, les aspects techniques du film sont mis en avant.
3. L'échange entre le journaliste et le réalisateur est neutre.
4. Le film du réalisateur a été projeté à la Mostra de Venise.

2 Vocabulaire. **Choisissez le ou les terme(s) approprié(s).**

1. Le ⬚réalisateur ⬚metteur en images ⬚scénariste a tourné un long métrage de toute beauté.

2. Nous avons engagé une ⬚menteuse ⬚monteuse ⬚montreuse pour faire le découpage son.

3. Le ⬚directeur ⬚régisseur ⬚metteur en scène transpose le texte d'un auteur sur les planches.

4. Chaque ⬚suite ⬚succession ⬚séquence dans un film doit être réalisée comme un court métrage.

5. L'⬚opérateur ⬚opérante ⬚opératrice est la personne qui s'occupe de la photo sur le plateau.

6. Vous ne pouvez le voir dans le film : le ⬚hors-champ ⬚réalisateur ⬚cadreur ⬚figurant.

7. Mon amie Pascaline Chavanne est une grande ⬚décoratrice ⬚costumière ⬚conservatrice sur les tournages. Elle a même obtenu un César !

8. Un ⬚scénariste ⬚auteur ⬚écrivain écrit les dialogues ciselés d'un film.

9. Un ⬚caméraman ⬚cadreur ⬚opérateur de prises de vue est le technicien aux commandes d'une caméra.

10. Le ⬚régicide ⬚régisseur ⬚régent s'occupe de tous les aspects ⬚techniques ⬚logistiques et administratifs qui sont nécessaires à la réalisation d'un film.

3 Pour communiquer. **Trouvez, pour ces phrases, une manière plus professionnelle d'expliquer les aspects techniques d'un film.**

1. Les comédiens adorent tourner ce genre de scènes en continu.
2. Chaque scène, si minime soit-elle, raconte une histoire dans son intégralité.
3. L'espace-temps se doit d'être le plus flexible possible pour que le film ne paraisse pas figé.
4. Le film se déroule dans une seule et unique pièce de la maison.
5. C'est un chef-d'œuvre grâce à son rythme parfait.

4 Pour communiquer. **Répondez à ce journaliste à propos des aspects visuels de votre film.**

1. Êtes-vous sensible à la modernité en ce qui concerne le matériel cinématographique ?
2. Que vous apporte de plus le *steadicam* dans la réalisation de vos films ?
3. Lors de la projection de votre film, pas une minute d'ennui. Comment l'expliquez-vous ?

5 À vous ! **Parlez d'un film que vous avez particulièrement apprécié et dont les aspects techniques vous semblent importants à signaler.**

27c

Écrire un synopsis de film

Synopsis 1 : *La Cérémonie.* **Drame** de Claude Chabrol, 1995
Les Lelièvre, un couple bourgeois d'une parfaite éducation, engagent une jeune bonne, Sophie, pour les aider à tenir leur grande maison isolée dans la campagne bretonne. Le comportement de Sophie, dure, fermée et presque toujours silencieuse, les déroute, bien que son service soit irréprochable. À aucun moment ils ne devinent que la domestique cherche à cacher son illettrisme, qu'elle juge humiliant. Au village, Sophie se lie d'amitié avec la postière, Jeanne, aussi exubérante qu'elle est secrète. Bientôt, les deux femmes communient dans la même haine pour les Lelièvre. Mieux, elles se découvrent un passé commun : toutes les deux, en effet, ont été jugées pour meurtre. L'une aurait assassiné sa fillette handicapée, l'autre son père infirme...

Synopsis 2 : *Les Habitants.* **Documentaire** de Raymond Depardon, 2016
Après les attaques de *Charlie Hebdo* en janvier 2015, Raymond Depardon a décidé de donner la parole aux Français. Pendant trois mois, il a sillonné l'Hexagone, du nord au sud, à l'ouest et en finissant son périple en banlieue parisienne. Dans les villes où il s'est arrêté, il a installé une vieille caravane et invité des personnes rencontrées par hasard à y monter pour y discuter. Un vieil homme se plaint de solitude, un autre de l'éclatement de sa famille. Un jeune homme a du mal à envisager l'avenir, tandis que deux amies se plaignent de l'inconstance des hommes. Une trentenaire tente d'oublier un mariage raté en espérant que son nouvel ami va s'impliquer...

Synopsis 3 : *100 % cachemire.* **Comédie** de Valérie Lemercier, 2013
Aleksandra est la rédactrice en chef à succès d'un magazine de mode. Sa vie professionnelle et personnelle est un succès, il ne lui manque plus qu'un enfant pour être parfaitement heureuse. Avec son mari Cyrille, elle a décidé d'adopter Alekseï, un petit garçon russe. À l'aéroport, la déception est grande car l'enfant semble colérique, au point qu'Aleksandra veut l'échanger avec un autre enfant. Finalement, Alekseï rentre dans leur vie et ne cesse de se rebeller. Une situation qu'Aleksandra ne parvient pas à gérer et qui va fragiliser l'équilibre du couple. Alors qu'une collègue essaie de prendre sa place, Cyrille finit par la quitter...

La Cérémonie, par Jacques Morice, paru sur telerama.fr en août 2017 – *Les Habitants*, par Bruno Icher, paru sur telerama.fr en avril 2017 – *100 % cachemire*, par Louis Guichard, paru sur telerama.fr en août 2017

▉ Vocabulaire

Les genres cinématographiques

- Une comédie, une comédie romantique ou dramatique
- Un drame, un mélo(drame)
- Un film historique, un péplum, un film de cape et d'épée, un western

- Un film d'action, d'horreur, catastrophe
- Un film fantastique, de science-fiction
- Un film policier, un thriller
- Un documentaire
- Un film érotique, pornographique

Pour communiquer

• *Présenter la situation initiale (lieu, personnages) :*
Un couple bourgeois engage une bonne dans leur demeure en Bretagne.
Pendant trois mois, le réalisateur a sillonné l'Hexagone.
Une rédactrice en chef à succès décide d'adopter un petit garçon russe.

• *Indiquer l'élément déclencheur de l'intrigue :*
La domestique cherche à cacher son illettrisme, qu'elle juge humiliant.
Après les attentats en 2015, le réalisateur donne la parole aux Français.
L'enfant semble colérique, au point qu'Aleksandra veut l'échanger avec un autre.

• *Créer un suspens :*
La domestique se lie d'amitié avec la postière, toutes les deux ont été jugées pour meurtre...
Un homme se plaint de l'éclatement de sa famille, un jeune homme a du mal à envisager l'avenir...
Une situation ingérable qui va fragiliser l'équilibre de son couple...

1 Compréhension. **Vrai ou faux ? Si faux, justifiez votre réponse.**

1. Il s'agit de trois critiques de film.

2. Les trois films sont tous des fictions.

3. Ces trois œuvres cinématographiques sont destinées à tous publics.

4. Ces récits très brefs servent à susciter l'intérêt du public.

2 Vocabulaire. **D'après ces commentaires entendus à la sortie d'une projection, devinez de quel genre cinématographique il s'agit.**

1. Ce film sur les oiseaux migrateurs : passionnant !

2. Pour trouver l'assassin, l'inspecteur a mené son enquête avec brio !

3. J'ai fini tout mon paquet de mouchoirs et, à la fin, j'ai même dû utiliser ceux de mes voisins.

4. J'étais plié en quatre tout le long du film, ce de Funès est impayable !

5. C'est chaud, ce film : les acteurs passent la plupart du temps à moitié à poil !

6. Cette main fantomatique qui est apparue sur l'écran m'a terriblement oppressé(e) !

7. Ces scènes qui reconstituent fidèlement l'époque de Richelieu. Hallucinantes !

8. J'ai cru mourir quand la tronçonneuse s'est approchée de la fillette tremblante !

3 Pour communiquer. **Reformulez ces situations initiales en les rendant plus « accrocheuses ».**

1. Le réalisateur a traversé toute la France.

2. Cette famille aisée recrute une employée de maison.

3. Une célèbre journaliste souhaite adopter un enfant.

4 Pour communiquer. **Introduisez dans ces phrases des éléments « perturbateurs » qui font avancer l'histoire, en les reformulant intégralement.**

1. L'enfant adopté par l'héroïne du film est insupportable.

2. Le réalisateur a interrogé des Français.

3. L'employée de maison est analphabète.

5 Pour communiquer. **Reformulez ces faits bruts pour créer un suspens, une attente.**

1. Deux filles se découvrent un passé commun et assassinent une famille.

2. Un enfant adopté entre dans la vie d'un couple et va finir par le détruire.

3. Les Français racontent les difficultés qu'ils rencontrent au quotidien.

6 À vous ! DALF **Rédigez pour** *Cinémag* **le synopsis structuré d'un film de votre choix, qui devra susciter l'intérêt du public.**

28a Partager ses opinions à propos d'un événement artistique

🎧 (37)

Journaliste. L'Eurovision, c'est ringard ou branché, pour vous, Anne-Marie David ?
A.-M.D. Certainement pas ringard ! Moi qui ai eu l'opportunité de faire une carrière surtout à l'international, je vous affirme qu'à l'étranger, lorsque les gens voient arriver l'époque de l'Eurovision, pour eux, c'est une immense fête. Par contre, lorsque je les croise dans la rue et qu'on voit les résultats qu'on a souvent, c'est-à-dire pas formidables, je peux vous dire que je suis assez mal à l'aise, car ils me disent : « Qu'est-ce que vous faites en France ? On a l'impression que vous ne voulez jamais gagner ou quoi ? » *[extrait de la chanson française chantée en anglais]* **J.** Votre regard sur ce titre, honnêtement ? – **A.-M.D.** Alors, si je l'écoute à la radio, ça passe, mais je ne pense pas que ce soit un titre qui représente la thématique de l'Eurovision, là on s'égare... C'est incroyable que nous ayons déjà oublié les fondements basiques des premières Eurovisions, c'est-à-dire qu'au départ, c'est un concours de chansons, certes, mais au départ, on nous avait demandé de nous défendre avec nos armes, c'est-à-dire notre culture, ma culture française, ma langue française, point ! Maintenant, on nous rebat les oreilles avec des budgets colossaux que le ministère de la Culture – je dis bien le ministère de la Culture française – débourse pour donner une plus-value à la chanson française pour sa représentation à l'étranger ; eh bien, qu'est-ce qu'on fait quand on a une chance de se valoriser à moindre coût, c'est-à-dire que ça ne coûte rien puisque de toute façon tous les médias sont là ? Qu'est-ce qu'on fait ? On envoie un chanteur en anglais... non, mais franchement, on rêve ! Y en a ras le bol, quoi ! Il faut arrêter de nous prendre pour des... Et surtout pas nous dire qu'on veut gagner, parce qu'alors là... ça me met très en colère ! – **J.** Thierry, vous êtes d'accord avec ce coup de gueule ? – **Th.** Bon, c'est un peu... excessif à mon sens, mais je le respecte. – **J.** On a une chance de gagner, très honnêtement ? – **Th.** On ne sait jamais ce qui peut arriver dans ces concours. – **A.-M.D.** Mais non ! On en reparle si vous voulez après, hors antenne, mais c'est peine perdue ! Je veux bien faire amende honorable, mais c'est sûr qu'on n'est pas bon. – **Th.** Rien n'est jamais certain, vous savez ! Alors, pour amenuiser ou amoindrir – pardon – la polémique de l'anglais, le chanteur a décidé de chanter son refrain... en français. – **A.-M.D.** Merci de cette générosité !

D'après l'émission Direct8 « Eurovision : ringarde ou branchée ? », sur C8, 25/05/2008 : Thierry, journaliste musical sur Europe 1, Anne-Marie David, chanteuse, gagnante pour le Luxembourg en 1973 et représentante de la France à l'Eurovision en 1979. https://www.youtube.com/watch?v=Ue82RGtAnAk

Vocabulaire

Un concours de chansons

- Des fondements basiques
- Un titre = ici, une chanson
- Un budget colossal (*plur.* -aux)
- Ringard(e) ≠ à la mode, tendance
- Valoriser à moindre coût
- Le représentant, la représentante d'un pays...

Pour communiquer

- **Pousser « un coup de gueule » (fam.) :** On nous rebat les oreilles avec qch.
Qu'est-ce qu'on fait ? On envoie un chanteur en anglais... Non, mais franchement, on rêve !!
Y'en a ras le bol, quoi !! Il faut arrêter de nous prendre pour des (imbéciles, idiots, cons) !
Et surtout faut pas nous dire qu'on veut gagner, parce qu'alors là, ça me met très en colère.
Je veux bien faire amende honorable, mais c'est sûr qu'on n'est pas bon.
- **Ironiser :** Merci de cette générosité ! / Mais non ! On en reparle si vous voulez après.
- **Insister :** Le ministère de la Culture – je dis bien le ministère de la Culture française !
Au départ, on nous avait demandé de nous défendre avec nos armes, c.-à-d. notre culture, ma culture française, ma langue française, point !
- **Répondre à des propos véhéments :** Bon, c'est un peu excessif à mon sens, mais je le respecte.
Pour amenuiser ou amoindrir – pardon – la polémique de l'anglais, le chanteur a décidé de...

1 Compréhension. **Vrai ou faux ? Si faux, justifiez votre réponse.**

1. Il s'agit d'un débat télévisuel.

2. Cet échange traite d'un télé-crochet musical français.

3. Tous les participants expriment des critiques modérées, surtout la chanteuse.

4. Anne-Marie David a gagné l'Eurovision pour la France.

5. Dans le discours, la phrase « *Merci de cette générosité* » est l'expression de la gratitude.

2 Vocabulaire. **Trouvez le terme manquant.**

1. « Poupée de cire, poupée de son » est _____ de l'Eurovision très célèbre au Japon.

2. Amir, _____ la France à l'Eurovision en 2016, fait une jolie carrière en Israël et au Liban.

3. Les organisateurs du concours dépensent _____ pour mettre leur pays en lumière.

4. Pour les uns, l'Eurovision, c'est très _____, pour d'autres, c'est hyper _____. Chacun ses goûts !

5. On peut _____ les atouts de son pays en chantant dans sa propre langue !

6. Dans les _____ du concours est inscrite l'idée de faire la promotion des différentes cultures en Europe.

3 Pour communiquer. **Reformulez ces phrases « standard » ou soutenues en langue familière.**

1. Nous ne sommes pas de sottes gens ! C'en est assez !

2. J'enrage, et que l'on ne vienne pas nous expliquer qu'il faudrait triompher !

3. C'est insensé qu'un représentant d'un pays francophone soit obligé de chanter dans la langue de Shakespeare.

4. Nous n'avons de cesse d'entendre qu'il faut défendre la chanson française à l'étranger.

5. Nous sommes prêts à admettre quelques faiblesses et, en effet, dans ce cas, nous avons tort.

4 Pour communiquer. **Complétez ce mini-débat entre deux interlocuteurs, l'un avec une position extrême, l'autre avec une position modérée.**

1. Vous imaginez que le ministère de la Francophonie – je _____ – a insisté pour qu'on chante un couplet en anglais. Paraît-il que c'est plus vendeur ! On rêve !

2. Ne vous inquiétez pas, _____ ne plus mettre qu'un seul mot d'anglais dans son refrain.

3. Merci pour cette générosité ! Mais, au départ, _____.

4. Certes, c'est un point de vue défendable ; _____ .

5. Évidemment que c'est défendable ! Moi, je représente la chanson française et cette idée je la défendrai bec et ongles, un point c'est tout !

5 À vous ! **Vous n'êtes absolument pas d'accord sur la façon de présenter un projet artistique. Lors d'un débat, poussez votre « coup de gueule ». Enregistrez-vous et jugez vous-même si vous êtes un bon Gaulois râleur !**

28b

S'indigner contre une imposture artistique

Ce que l'on désigne couramment par le vocable d'« Art contemporain » ne reflète pas toute la production artistique de notre époque, loin de là. L'appellation correspond à un label estampillant un courant parmi d'autres de la création : l'art conceptuel. Il a été choisi par le haut marché comme produit artistique à destination planétaire pour son caractère sériel, reproductible, peu identitaire. [...]

L'art conceptuel – apparu dans les années soixante – s'est en effet imposé à partir des années quatre-vingt en tant que seule pratique « contemporaine » légitime, avant de devenir, à la fin de la décennie quatre-vingt-dix, un *financial art* globalisé. Les œuvres sont devenues sérielles, avec des produits d'appel haut de gamme pouvant atteindre des cotes astronomiques, déclinées en marchandise industrielle aux quantités et formats divers, adaptés à tous les budgets. L'arbitraire des réseaux de collectionneurs qui en fabriquent la valeur remplace les critères et repères intelligibles de la valeur artistique. L'hyper-visibilité de ces produits, qui résulte de plans marketing et de communication, occulte les nombreux autres visages – « cachés » – de la création d'aujourd'hui [...]. Moi-même artiste [...], je ne reconnais pas, dans ce que les médias renvoient sous l'étiquette d'Art contemporain, ce que je perçois de la pratique de mes pairs, vus de la fenêtre de mon atelier. Je souhaite pour cette raison témoigner depuis ce point de vue peu connu sur notre époque, celui de l'artiste. J'aimerais que soit levé le voile sur l'étonnante vitalité, la liberté irréductible qui existe à l'ombre des écrans médiatiques et à l'écart du *storytelling mainstream*. Ils sont sous-évalués et dépréciés uniquement parce qu'ils sont invisibles. Je désire faire justice à cette création non officielle et non cotée en contribuant, à mon échelle, à la faire connaître. J'ai voulu aussi décrire le paysage extrêmement divers de la « dissidence », de ses figures, ses livres et écrits. Ces esprits libres font un travail de fond sur la critique cultivée et argumentée de « l'Art contemporain » [...]. Enfin, je partage mon indignation de citoyenne déplorant ce qui s'apparente à un détournement de ressources budgétaires disponibles au titre de l'aide à la création, au bénéfice de spéculateurs internationaux, de marchands, d'artistes « vivant et travaillant » partout, sauf en France, qui pourtant accueille traditionnellement tous les artistes du monde. Je prends à témoin nos compatriotes de cette politique contre leurs intérêts, sans contrepartie, sans les avoir consultés, sans la moindre transparence, et donc contestable.

Aude de Kerros, « L'Art contemporain est une imposture au bénéfice d'une minorité de spéculateurs », http://www.libertepolitique.com

▮▮ Vocabulaire

L'art contemporain

- Un label estampillant un courant
- Un caractère sériel, reproductible
- Une cote, coté(e)
- Un critère intelligible

- L'art conceptuel
- Un produit d'appel haut de gamme
- Décliné(e) en marchandise industrielle
- Un(e) spéculateur(-trice)

Pour communiquer

- **Révéler une imposture :** Le vocable d'« Art contemporain » ne reflète pas toute la production artistique de notre époque, loin de là.
L'art conceptuel – apparu dans les années soixante – s'est en effet imposé à partir des années quatre-vingt en tant que seule pratique « contemporaine » légitime.
L'hyper visibilité de ces produits, qui résulte de... occulte la création d'aujourd'hui.
Je ne reconnais pas, dans ce que les médias renvoient..., ce que je perçois de...

- **S'insurger contre un système économico-artistique :**
J'aimerais que soit levé le voile sur la liberté irréductible qui existe à l'ombre de..., à l'écart de...
Ils sont sous-évalués et dépréciés uniquement parce qu'ils sont invisibles.
Je désire faire justice à qch en contribuant, à mon échelle, à la faire connaître.
Enfin, je partage mon indignation de citoyenne déplorant ce qui s'apparente à...
Je prends à témoin nos compatriotes de cette politique contre leurs intérêts...

1 Compréhension. **Ces affirmations sont fausses. Reformulez-les correctement.**

1. Cet article est extrait d'un essai sur l'art moderne.

2. L'auteur-artiste défend « l'Art contemporain » tel qu'il est défini aujourd'hui.

3. Le discours de l'artiste est amorphe.

2 Vocabulaire. **Complétez ces phrases avec le terme manquant.**

1. On peut dire de Marcel Duchamp qu'il est le père de _____.

2. Le collectionneur d'art devrait pouvoir se fonder sur _____ pour connaître la véritable valeur de son acquisition.

3. Comme « l'art contemporain » n'est qu'_____ parmi d'autres, c'est une arnaque totale, qui occulte la diversité des courants artistiques existants.

4. De nos jours, toute œuvre doit avoir _____, afin que le grand public puisse y avoir accès.

5. Cet artiste est très _____ depuis qu'il a exposé la tête du Président sur le corps d'une statue de l'Antiquité. Mais sa _____ risque fort de descendre en flèche si un quidam a une idée plus conforme aux *desiderata* du marché financier.

6. La valeur des œuvres d'art dépend uniquement de l'humeur _____. Hélas !

7. Ce _____ coûte la peau des fesses, par contre les produits dérivés, c'est-à-dire _____, ne valent pas pipette !

3 Pour communiquer. **Reformulez ces phrases qui expriment une imposture.**

1. Beaucoup d'artistes singuliers sont invisibles sous ce label globalisant d'Art contemporain.

2. Depuis trente ans, seul l'art conceptuel est reconnu comme art contemporain, et pourtant...

3. Il y a une dichotomie entre le discours imposé sur l'art d'aujourd'hui et sa réalité sur le terrain.

4. Les œuvres loin des circuits « médias » sont étouffées par les produits phares « labellisés ».

4 Pour communiquer. **En tant qu'artiste et citoyen, insurgez-vous contre ces situations injustes.**

1. Beaucoup de créateurs talentueux demeurent invisibles car éloignés des circuits commerciaux.

2. Vous financez avec vos impôts des œuvres mondialisées sans aucun intérêt artistique.

3. Les subventions du ministère de la Culture vont dans la poche de spéculateurs internationaux.

4. Les artistes qui ne sont pas cotés restent dans l'ombre, et *vice versa*.

5. L'œuvre de Tourla est totalement méconnue, mais que pouvons-nous faire ?

5 À vous ! DALF **À votre tour de vous indigner contre une quelconque imposture artistique (musique, cinéma, arts de la scène, arts plastiques, littérature...). Ayez une âme citoyenne et envoyez votre pamphlet argumenté à** *liberteartistique@.fr.*

28c Publier une critique de livre

Le titre est provocateur, suggérant un contenu licencieux. [...] On cherchera en vain dans le livre de Benoît Duteurtre un quelconque outrage aux bonnes mœurs. Quoique. Dans ce *Livre pour adultes*, il n'en a pas fini de bousculer quelques-unes des plus belles vaches sacrées de notre temps. L'ouvrage se présente comme un album formé de collages [...]. En guise de photos, de vers et dessins, il produit des souvenirs personnels aussi bien que des textes tirés de son imagination. On y retrouve l'essentiel des sujets qui l'occupent depuis bientôt trente ans : sa famille, ses régions de prédilection, Paris, la Normandie et les Vosges, la musique, le progrès et sa vanité, la technologie et les menaces qu'elle fait peser sur les libertés, sous couvert d'en créer de nouvelles. Le tout formant un ensemble insolite, et attachant. Aux vieilles gloires du music-hall des années trente, souvent pittoresques, que Duteurtre visita avant leur mort comme on se rend dans un musée avant fermeture succèdent des pages très belles sur l'hospitalisation de sa mère, chez qui un jour s'effaça la conscience du monde, des autres et bientôt de soi. Les deux sujets sont liés ne serait-ce que par la nostalgie des jours heureux. Duteurtre en parle avec une plume où la tendresse n'exclut pas la distance souriante qu'il faut pour arriver à décrire la douce folie qui s'empare d'un être chéri. Son mordant reprend le pouvoir, quand il raconte la frénésie anglophone qui s'est emparée de la vieille Europe. [...] Tel un artiste chevronné, l'écrivain Duteurtre fait montre de toute l'étendue de son talent : chroniqueur de la France des années 1960, [...] il sait se faire le fin analyste de notre époque, n'ayant pas son pareil pour saisir les mots, en capter les ridicules, sans méchanceté mais l'air goguenard. Qui est le héros de ce roman singulier ? [...] Celui qui occupe la première place de ce livre inclassable est un habitué de la littérature française, au moins depuis Proust. Il se nomme le temps. C'est lui dont il observe les agissements et l'œuvre – parfois les ravages. Le jeune écrivain salué par Kundera, le satiriste doué a mûri. Il sait bien que le cours de la vie ne ralentit pas. Que ses chers disparus ne reviendront pas. Il sait aussi que [...] la normalisation hygiéniste ne rend pas les armes, que la sottise se porte plutôt bien. Mais l'âge venant, il les voit peut-être avec plus d'indulgence. Désormais, il met un baume sur son irritation, en savourant d'abord l'affection des siens. Au passage, il [...] salue de belles années, décrète qu'il se « *sent bien* », autre façon de dire qu'on est heureux. Benoît Duteurtre vient d'écrire son Livre de la sagesse.

Étienne de Montety, « Quand la sagesse vient à Duteurtre », © Étienne de Montety, lefigaro.fr, 06.09.2016

Vocabulaire

Le monde du livre

- Un contenu licencieux
- Un livre inclassable
- Produire des souvenirs personnels (= apporter)
- Un outrage aux bonnes mœurs
- Un satiriste (un air goguenard)
- Saisir les mots, et capter les ridicules de qch

Pour communiquer

- *Présenter le livre (forme et contenu) :* Le titre est provocateur.
L'ouvrage se présente comme un album formé de collages.
Il n'en a pas fini de bousculer les vaches sacrées de notre temps.
On y retrouve l'essentiel des sujets qui l'occupent depuis bientôt trente ans.
Le tout formant un ensemble insolite, et attachant.
- *Souligner le style et le talent d'un écrivain :*
Il en parle avec une plume où la tendresse n'exclut pas une distance souriante.
Son mordant reprend le pouvoir quand il raconte…
Tel un artiste chevronné, l'écrivain fait montre de toute l'étendue de son talent.
Il sait se faire le fin analyste de notre époque, n'ayant pas son pareil pour…
Benoît Duteurtre vient d'écrire son Livre de la sagesse.

1 Compréhension. **Ces affirmations sont fausses. Reformulez-les correctement.**

1. Il s'agit du résumé de la quatrième de couverture d'un livre.

2. Ce papier est critique à l'égard du dernier ouvrage de Benoît Duteurtre.

3. Le style du journaliste est empreint d'expressions familières.

2 Vocabulaire. **Complétez ces phrases avec les termes manquants.**

1. Que ce soit Flaubert avec *Madame Bovary* et Baudelaire avec *Les Fleurs du mal* en 1857, ou Modigliani avec ses tableaux de nus en 1917, ils furent tous trois condamnés pour _____.

2. Le dernier livre de Jean-Paul Dubois est _____, à la fois journal intime, essai et roman.

3. Les proches de Sagan vont _____ afin de préparer l'hommage qui lui sera rendu l'an prochain.

4. On ne trouve aucun _____ dans les livres de la Comtesse de Ségur. Il ne fallait pas choquer ces chères têtes blondes à l'époque !

5. Molière avait très bien _____ de son époque à travers sa pièce *Les Précieuses ridicules*.

6. Chabrol, le célèbre cinéaste, adorait _____ du comédien Jean Poiret, si bien qu'il tourna avec lui pas moins de 6 films railleurs et moqueurs.

3 Pour communiquer. **Reformulez ces phrases de façon plus élégante pour présenter un livre.**

1. On dirait un bouquin pour les gamins, qui assemble pêle-mêle textes et illustrations.

2. Le numérique déifié, le jeunisme exacerbé, l'anglophilie absurde, tout est dans sa ligne de mire !

3. Au final, c'est réussi, ce livre mosaïque étant non conformiste et touchant.

4. Tout ce qui passionne l'écrivain depuis trois décennies se retrouve dans ce livre.

5. La première de couverture nous interpelle par son côté grivois.

4 Pour communiquer. **Voici des portraits d'écrivains médiocres. Dites le contraire pour souligner leur talent.**

1. L'écrivain tombe dans tous les pièges de la médiocrité tendus à un auteur débutant.

2. On peut dire qu'une fois de plus, cet écrivaillon a pondu un condensé de platitudes, un élève du CM2 aurait pu faire de même.

3. Il ne relève que des poncifs usés, ne se distinguant de rien, ni de personne pour parler de notre société.

4. Son style agressif et ses analyses au premier degré rendent le sujet lourd et ennuyeux.

5. Son conformisme est tel que l'on s'endort même là où il aborde les travers de notre époque.

5 À vous ! DALF **Écrivez une critique littéraire pour un quotidien. Présentez un livre qui vous a particulièrement enthousiasmé(e), en soulignant les qualités de l'écrivain.**

29a

Décrire l'architecture d'un bâtiment historique

Le château de Vaux-le-Vicomte, situé à 50 km au sud-est de Paris, est un château du XVIIᵉ siècle construit pour Nicolas Fouquet, le surintendant des finances du jeune roi de France Louis XIV. Nicolas Fouquet fit appel aux meilleurs artistes de l'époque pour bâtir son palais : l'architecte Louis Le Vaux, qui deviendra premier architecte du roi, le peintre Charles Le Brun, fondateur de l'Académie royale de peinture et le paysagiste André Le Nôtre, qui deviendra également jardinier du roi. Le château, chef-d'œuvre architectural et décoratif du milieu du XVIIᵉ siècle, est aujourd'hui la plus importante propriété privée classée au titre des monuments historiques, depuis son achat en 1875 par Alfred Sommier, richissime sucrier français.

Guide : À Vaux, Fouquet leur a fourni une page blanche où l'architecte Le Vaux et le paysagiste Le Nôtre ont pu travailler ensemble pour réaliser un ensemble harmonieux. Et pour preuve du travail commun entre l'architecte et le jardinier, je peux vous citer deux techniques qui, utilisées ensemble, contribuent à réaliser ce fameux ensemble harmonieux. La première technique est la technique architecturale dite de la « transparence » qui nécessite qu'aucun mur ne vienne arrêter le regard. Alors, c'est pour mettre cette technique en œuvre qu'au XVIIᵉ siècle, sur ces trois arches du château, il n'y avait ni portes ni grilles ni fenêtres. Les trois arches transperçaient donc le château de part en part, le rendant comme transparent. Et si on restitue cette transparence, lorsque l'on arrive par le nord du château, on découvre dans la même vision le bâtiment et, au travers, les jardins. Et l'ensemble est si bien réalisé qu'il est très difficile de dire, de l'autre côté, là où s'arrête le château et là où commencent les jardins. Dans les jardins, on a utilisé la seconde technique, qui est la technique de la perspective ralentie, qui consiste à agrandir tous les éléments du jardin – parterres, statues, bassins, topiaires – au fur et à mesure qu'ils s'éloignent du château, et ceci afin de modifier la perception visuelle que l'on a de la perspective naturelle et d'arriver à englober un grand jardin tout autour du château, dans un ensemble harmonieux.

http://education.francetv.fr/matiere/temps-modernes/cm2/video/le-chateau-de-vaux-le-vicomte-un-chef-d-oeuvre-architectural

Vocabulaire

L'architecture

- *Le château :* une arche (passage), un arc (forme), un pilastre, une colonne, une porte à vantaux, un dôme, un perron, une façade côté cour/jardin, un pavillon
- *Les jardins à la française :* une perspective (naturelle, ralentie ≠ accélérée), un paysagiste, un parterre, un bassin, des topiaires (des buis taillés en cône ou en pyramide), un labyrinthe

Pour communiquer

- **Présenter le cadre historique :**
Le château est un chef-d'œuvre architectural et décoratif du milieu du XVIIᵉ siècle.
Il s'agit de la plus importante propriété privée classée au titre des monuments historiques.
Nicolas Fouquet fit appel aux meilleurs artistes de l'époque pour bâtir son palais.
- **Expliquer les techniques architecturales :**
Il est nécessaire qu'aucun mur ne vienne arrêter le regard.
Je peux vous citer deux techniques qui, utilisées ensemble, contribuent à réaliser…
Transpercer le mur de part en part pour le rendre comme transparent.
…consiste à agrandir les éléments du jardin au fur et à mesure qu'ils s'éloignent du château.
Arriver à englober un grand jardin tout autour du château, dans un ensemble harmonieux.

1 Compréhension. Vrai ou faux ? Si faux, justifiez votre réponse.

1. C'est la conférence d'un professeur d'histoire de l'art.

2. Dans le document, on décrit les jardins du château de Versailles.

3. Le château et les jardins ont été bâtis avec une grande cohérence.

2 Vocabulaire. Indiquez le terme architectural qui correspond.

1. Une courbe formée d'une ou plusieurs portions de cercle (demi-cercle…).

2. Un support montant rectangulaire adossé au mur.

3. Un escalier ou un palier permettant l'accès à l'entrée d'un bâtiment.

4. Un support vertical dont le fût est circulaire.

5. Une sorte de porte-fenêtre.

6. Le mur extérieur d'un édifice entièrement visible soit d'un côté, soit de l'autre.

7. Un genre de coupole.

8. Un bâtiment ou corps de bâtiment plus ou moins carré.

3 Vocabulaire. Devinettes sur les jardins à la française : de quoi s'agit-il ?

1. C'est un professionnel de l'aménagement des espaces verts.

2. Il ne faut pas confondre ce terme technique avec les pièges à taupes, ces charmantes petites bêtes !

3. Au Moyen Âge, les peintres ne s'en souciaient guère.

4. Dans un théâtre, on s'y tient debout ; dans un jardin, il est garni de fleurs ou de gazon.

5. En géographie, il draine les cours d'eau et, dans un jardin, il désigne un plan d'eau.

6. S'y perdre peut être très angoissant ! Pour Pedro Almodovar, c'est celui des passions.

4 Pour communiquer. Complétez ce discours du guide-historien de Vaux-le-Vicomte.

Admirez ce magnifique édifice : ce _____, devenu un joyau de notre patrimoine. Le maître d'ouvrage _____. On s'en rend compte de nos jours au vu de sa beauté atemporelle. D'ailleurs, _____. C'est pourquoi vous pouvez la visiter aujourd'hui.

5 Pour communiquer. Reformulez ces phrases en donnant des conseils de technique architecturale.

1. On souhaiterait que la vue soit totalement dégagée.

2. Les nombreuses fenêtres servent à alléger la construction.

3. La bâtisse et ses alentours ne doivent surtout pas s'opposer sur le plan esthétique.

4. Cette technique, pour l'œil, sert à rapprocher le jardin du château.

5. L'art de construire un tout harmonieux dépend, entre autres, des deux savoir-faire suivants.

6 À vous ! DALF Décrivez un bâtiment historique de France. Présentez-le à vos amis.

29b Relater un événement historique de son pays

[Mai 68 : Révolte de la jeunesse estudiantine parisienne] Comme ils arrivaient au carrefour de la rue de l'Université et de la rue des Saints-Pères, ils s'aperçurent que des jeunes gens formaient une sorte de barrage [...]. Catherine et Nicolas, indécis, souriants, ralentirent leur allure ; puis ils s'arrêtèrent ; et Nicolas, affable, dit : – Nous allons à Saint-Germain... – Et alors ? dit le garçon qui lui faisait face. – Nous voudrions passer... – Sans blague ? Tu ne vois pas que la rue est barrée ? [...] Demi-tour ! cria le garçon, très rogue. Et je te conseille de ne pas insister. [...] À la seconde, les voisins les plus proches du garçon se soudèrent en un groupe compact, furieux et vociférant. [...] « Vous allez calter, oui ? » – « Non, mais où c'est qu'y se croient, ces cons-là ? » – « Eh, la vioque, tu sais pas qu'il y a une révolution ? » – « On va vous arranger tous les deux ! » [...] Nicolas et Catherine ne bougeaient pas, comme cloués sur place. Soudain, un des garçons se jeta contre Nicolas [...] ; un instant, ils crurent que la meute tout entière allait se ruer sur eux pour les déchiqueter. Sans hâte, non pas apeurés mais stupéfaits, ils s'engagèrent dans la rue de l'Université. Nicolas était pâle, d'émotion ou de colère. Enfin, Catherine, la voix tremblante, murmura : – Mais ils sont fous ! Cette violence... et ce sont encore des adolescents. – Et comme nous avons dix ans de plus qu'eux, ils nous assimilent à leurs parents. La race abhorrée des adultes [...]. Eh bien, voilà, on est en train d'assister au meurtre du Père, sur tous les plans : le Père, c'est de Gaulle, les profs, les vieux, les règlements, tout ce qui représente une autorité [...]. – Quand je pense que ces salauds m'ont appelée la vioque ! [...] – Tu vois, eux qui condamnent si fort, avec raison, la ségrégation raciale [...], ils sont en train de forger une ségrégation entre les âges [...] : « Papa pue. » Tous deux étaient horrifiés par ce qu'ils venaient de voir. Ainsi, cette insurrection qui, les premiers jours, leur était apparue sous des couleurs printanières, comme une fronde joyeuse, cette insurrection qui brassait tant d'idées généreuses, qui était un rejet de la pesanteur matérialiste, un vivifiant appel à la liberté, au bonheur, en peu de jours s'était dégradée. Elle révélait maintenant des aspects négatifs qu'on n'avait pas soupçonnés au début ; [...] cela sentait mauvais, comme déjà certaines rues de la ville où se décomposaient les ordures que la voirie ne collectait plus.

Jean-Louis Curtis, *L'Horizon dérobé*, Paris, © Flammarion, 1978, p. 332-340

▓▓ Vocabulaire

La révolution de Mai 68

- (Former) un barrage
- Une meute (se ruer sur)
- La race abhorrée des adultes
- Un rejet de la pesanteur matérialiste,

- Un groupe compact, furieux, vociférant
- Une insurrection (s'insurger)
- Une fronde joyeuse
- Un vivifiant appel à la liberté

Pour communiquer

- ***Prendre quelqu'un à partie :*** (Nous allons à...) Et alors ?
(Nous voudrions passer...) Sans blague ? Demi-tour ! Et je te conseille de ne pas insister.
Vous allez calter, oui ? Non, mais où c'est qu'y se croient, ces cons-là ?
Eh, la vioque, tu sais pas qu'il y a une révolution ? On va vous arranger tous les deux !
- ***Commenter l'événement à chaud et avec un recul historique :***
Comme nous avons dix ans de plus qu'eux, ils nous assimilent à leurs parents.
Eh bien, voilà, on est en train d'assister au meurtre du Père, sur tous les plans.
Eux qui condamnent si fort la ségrégation raciale, ils forgent une ségrégation entre les âges.
Ainsi cette insurrection qui, les premiers jours, leur était apparue sous des couleurs printanières, en peu de jours s'était dégradée.
Elle révélait maintenant des aspects négatifs qu'on n'avait pas soupçonnés au début.

ACTIVITÉS

1 **Compréhension. Ces affirmations sont fausses, reformulez-les correctement.**

1. C'est l'extrait d'un manuel d'histoire.

2. Les protagonistes principaux sont des manifestants.

3. Ce texte a une vocation informative et éducative.

2 **Vocabulaire. Reformulez les termes soulignés dans les phrases suivantes.**

1. Une horde d'étudiants fonça sur les passants apeurés.

2. Un groupe d'étudiants se dressa en barrière humaine, empêchant quiconque de passer.

3. L'adolescent, par esprit de contradiction, appelle ses parents « vieux schnock ».

4. Le refus de la consommation effrénée était le principal moteur de la révolte de Mai 68.

5. Très souvent, il faut se rebeller si l'on veut que les choses changent !

6. En France, les rébellions sympathiques sont ancrées dans la culture politique.

7. Nous vîmes avancer vers nous des individus en rangs serrés, agressifs et braillant. Panique !

8. Dieu que c'est bon, ce dynamique mouvement vers l'indépendance dans ce pays si autoritaire !

3 **Pour communiquer. Voici des questions polies. Répondez-y de façon rustre.**

1. Nous allons à un vernissage dans cet immeuble, pourrions-nous y accéder ?

2. Les jeunes, que faites-vous à gesticuler sur les trottoirs ? Mon mari et moi sommes importunés.

3. Auriez-vous l'amabilité de nous céder le passage ? Nous devons récupérer notre cabriolet DS qui se trouve au bout de la rue.

4 **Pour communiquer. Commentez, avec un certain recul critique, les situations suivantes.**

1. Ces jeunes n'écoutent plus personne, que ce soit le père, le professeur ou le Président !

2. Octave et Daphné avaient approuvé la manifestation qui, à son début, leur avait semblé rafraîchissante, mais peu après, tout avait dégénéré.

3. J'ai à peine dix ans de plus qu'eux et ils m'appellent la vioque. Tu te rends compte ?

4. Nous sommes tous frères ! Mais les vieux, dehors !

5. 6 mai, première manifestation bon enfant ; 12 mai, affrontement avec les forces de l'ordre ; 17 mai, Quartier latin mis à feu et à sang et, pour finir, 25 mai, pugilat intergénérationnel !

5 **À vous ! Relatez une scène un peu houleuse liée à un événement historique de votre pays et commentez-la. Partagez votre récit en le lisant à votre entourage.**

29c
Témoigner d'un événement personnel lié à l'histoire

En juin 1962, au terme de la guerre d'Algérie, les pieds-noirs (Français originaires d'Afrique du Nord) sont contraints de quitter dans l'urgence la terre où certains vivaient depuis quatre générations.

Évelyne Joyaux : Même au moment des attentats, nous avions l'impression de vivre l'horreur, d'être victimes d'une grande injustice, mais cela ne voulait pas dire pour nous que nous allions partir. Nous vivions la tragédie, mais je pense que quand les gens vivent une bombe dans un aéroport parisien ou dans un métro, ils ne se disent pas pour autant que demain la France va disparaître. Pour nous, il était tellement impensable, jusqu'au moment où nous avons pris le bateau, que nous allions partir qu'il n'y avait pas de lien entre cette horreur dont la France ne tenait pas compte et l'idée que nous nous acheminions vers quelque chose. Ça, c'est vraiment un point de vue métropolitain que de penser que les attentats ont jalonné une démarche inéluctable qui, politiquement, allait mener à l'indépendance.

Hubert Huertas : Ce système, c'est toute une nation qui l'a voulu. Les gens qui sont allés coloniser pour la nation française, dont nous sommes tous issus, étaient des héros. Ils étaient l'avant-garde de la civilisation. Alors, naturellement que c'était douteux, mais c'est tout un pays qui a voulu ça ! Et à un moment, ce pays change de politique, il change, et c'est bien qu'il change – parce que bon sang, on n'allait pas continuer à faire chanter « Nos ancêtres les Gaulois » à des gens qui n'avaient pas d'ancêtres gaulois ! Est-ce que cela veut dire, parce qu'à un moment donné dans l'histoire on a viré de bord, qu'il faut jeter l'équipage à la mer ? C'est quand même, à mon avis, ce que l'on a un peu fait…

Liliane Huot : On est partis, on était vraiment comme du bétail à l'abattoir, c'était atroce. Ça a été pour nous quelque chose d'épouvantable. Le bateau que nous avons pris – donc, moi, j'étais avec mes parents, mes deux enfants, trois ans et demi et dix-huit mois, je n'avais pas de valise à la main, j'avais mes deux enfants. C'est ce que j'avais de plus précieux. Quand le bateau est parti, on s'est tous lovés dans un silence, dans une douleur, et c'est là dans ce silence que la douleur a pris racine. Et là, quand j'ai vu Alger partir, j'ai dit – je n'y croyais encore pas, mais c'était terrible. Je crois que là, c'était comme une opération sans anesthésie, sans droit de crier. Si ! Avec une douleur qui criait en moi, qui hurlait au fond de soi. Et quand je me dis que mon père avait commencé à défricher ces terres ! C'était l'œuvre de sa vie… elles étaient magnifiques ! – Ma mère répétait à mon père : je ne veux pas t'entendre te plaindre : nous revenons vivants, il y en a qui ont perdu tout… et qui ont perdu la vie.

Documentaire *Paroles de pieds-noirs. L'histoire déchirée des Français d'Algérie,* de Jean-Pierre Carlon (2009), Film © Les Productions du Lagon, Clapsud, 2009

Prononciation

Le h aspiré
- Des **h**éros (*h aspiré = sans liaison*)
- Des **h**ommes (*h muet = avec liaison*)

Vocabulaire

L'exode
- La France métropolitaine
- Coloniser, les colonies
- S'acheminer vers qch
- Les ancêtres
- Défricher des terres
- Être victime d'une grande injustice

Pour communiquer

- ***Manifester son incompréhension :*** Pour nous, il était impensable que nous allions partir, tellement impensable qu'il n'y avait pas de lien entre cette horreur et l'idée que…
C'est vraiment un point de vue métropolitain que de penser que les attentats ont jalonné une démarche inéluctable qui, politiquement, allait mener à l'indépendance.
Ce système, naturellement que c'était douteux, mais c'est tout un pays qui a voulu ça !
Ce n'est pas parce qu'à un moment donné dans l'histoire on a viré de bord, qu'il faut jeter l'équipage à la mer ; c'est quand même, à mon avis, ce que l'on a un peu fait…
- ***Dire sa douleur :*** On est partis, on était vraiment comme du bétail à l'abattoir, c'était atroce.
On s'est tous lovés dans un silence, et c'est là, dans ce silence, que la douleur a pris racine.
C'était comme une opération sans anesthésie. Si ! Avec une douleur qui hurlait au fond de soi.

1 Compréhension. **Vrai ou faux ? Si faux, justifiez votre réponse.**

1. Ce sont des témoignages de Français vivant en Algérie.

2. Les intervenants décrivent l'horreur des attentats à Paris.

3. Bien qu'exprimés simplement, ces récits nous paraissent émouvants.

2 Vocabulaire. **Devinettes : de quoi parle-t-on ?**

1. La France en possédait un grand nombre entre le XVIIe et le XXe siècles.

2. C'est lorsque nous sommes entraînés vers un nouveau destin.

3. Les nôtres sont les Gaulois, dit-on...

4. C'est lorsque quelqu'un subit personnellement un préjudice important.

5. C'est le territoire européen de la France. Elle s'oppose à la France ultramarine.

6. C'est transformer une terre embroussaillée en terre cultivée.

3 Prononciation. **Prononcez ces mots. Si vous prononcez un [z] (liaison), marquez +, si non –.** *Indice : dans le dictionnaire (*Le Petit Robert*), le h aspiré est signalé par un [*'*].*

1. Les héros – les héroïnes – les hauteurs – les hôpitaux – les hangars – les hôtels – les hivers

2. Les haricots – les hélicoptères – les hiérarchies – les handicaps – les hédonistes – les harnais

4 Pour communiquer. **Vous êtes perplexe face à ces situations passées. Manifestez votre incompréhension.**

1. Vous avez dû précipitamment quitter votre pays suite aux violences faites aux civils, alors que vous n'auriez jamais cru devoir le faire.

2. Vous viviez dans un pays qui fonctionnait à double vitesse : d'un côté, une société privilégiée et, de l'autre, une société repliée sur elle-même.

3. Victime d'un bouleversement politique, vous êtes passé de citoyen respecté à paria méprisé.

4. Dans l'Hexagone, l'opinion associait d'emblée les actes terroristes à un cheminement politique vers l'indépendance, alors que la vision sur place en était tout autre.

5 Pour communiquer. **Reformulez ces phrases exprimant la douleur.**

1. Cette souffrance si intense que l'on ressentait dans ses tripes, c'était comme passer sur le billard sans narcose.

2. Quand nous avons quitté le pays, nous étions comme un troupeau de bêtes qui savait vers quel destin il s'acheminait, c'était l'horreur absolue.

3. Plus un bruit, plus un soupir, plus rien. De ce mutisme est né l'effroyable déchirement qui dure toujours.

6 À vous ! **Racontez un événement passé lié à votre histoire personnelle et qui vous a profondément marqué(e). Mettez de l'emphase dans votre témoignage.**

30a

Expliciter une recette

Salade Francillon

Annette, servante et talentueuse cordon-bleu, Henri, jeune premier et ses amis Thérèse et Stanislas

Annette. Vous faites cuire des pommes de terre dans du bouillon, vous les coupez en tranches comme pour une salade ordinaire, et, pendant qu'elles sont encore tièdes, vous les assaisonnez de sel, poivre, de très bonne huile d'olive à goût de fruit, vinaigre…

Henri. À l'estragon ?

Annette. L'Orléans vaut mieux : mais c'est sans grande importance ; l'important, c'est un demi-verre de vin blanc, château Yquem, si c'est possible. Beaucoup de fines herbes hachées menu, menu. Faites cuire en même temps, au court-bouillon, de très grosses moules avec une branche de céleri, faites-les bien égoutter et ajoutez-les aux pommes de terre déjà assaisonnées. Retournez le tout, légèrement.

Thérèse. Moins de moules que de pommes de terre ?

Annette. Un tiers en moins. Il faut qu'on sente peu à peu la moule. Il ne faut ni qu'on la prévoie, ni qu'elle s'impose.

Stanislas. Très bien dit.

Annette. Merci Monsieur. – Quand la salade est terminée, remuez…

Henri. Légèrement…

Annette. Vous la couvrez de rondelles de truffes, une vraie calotte de savant*.

Henri. Et cuites au vin de Champagne.

Annette. Cela va sans dire. Tout cela, deux heures avant le dîner, pour que cette salade soit bien froide quand on la servira.

Henri. On pourrait entourer le saladier de glace.

Annette. Non, non, non. Il ne faut pas la brusquer ; elle est très délicate et tous ses arômes ont besoin de se combiner tranquillement. – Celle que vous avez mangée aujourd'hui était-elle bonne ?

Henri. Un délice !

Annette. Eh bien, faites comme il est dit et vous aurez le même agrément.

*c.-à-d. laisser un creux au centre de la salade pour y déposer les ingrédients à mettre en valeur

Alexandre Dumas fils, *Francillon*, pièce de théâtre, Paris, Calmann-Lévy, 1887, acte I, scène 2, p. 13-15

▐▬▬ Vocabulaire

Les ingrédients

- 10 cl de bouillon, le court-bouillon
- L'estragon (fines herbes, vinaigre, liqueur)
- Des rondelles de truffes
- Un château d'Yquem (vin blanc liquoreux)

- Le vinaigre d'Orléans (de vin blanc)
- Une branche de céleri
- Le vin de Champagne ≠ le champagne

▬▬ *Pour communiquer* ▬▬

• **Expliquer la préparation :** Vous coupez les pommes de terre en tranches.
Pendant qu'elles sont encore tièdes, vous les assaisonnez de sel…
Faites cuire dans du bouillon / au court-bouillon, de très grosses moules.
Faites-les bien égoutter et ajoutez-les à… / Retournez le tout, légèrement, délicatement.

• **Donner des astuces pour réussir la recette :**
Beaucoup de fines herbes hachées menu, menu.
L'orléans vaut mieux : mais c'est sans grande importance.
Il faut qu'on sente peu à peu la moule, il ne faut ni qu'on la prévoie, ni qu'elle s'impose.
Et cuites au vin de Champagne ? Cela va s'en dire.
On pourrait entourer le saladier de glace ? Non, non, non. Il ne faut pas la brusquer ; elle est très délicate et tous ses arômes ont besoin de se combiner tranquillement.
Eh bien, faites comme il est dit et vous aurez le même agrément.

1 Compréhension. **Vrai ou faux ? Si faux, justifiez votre réponse.**

1. Il s'agit d'une recette extraite d'un livre de cuisine actuel.

2. Annette est un grand chef de cuisine.

3. Le ton du texte est léger et pétillant comme du champagne.

2 Vocabulaire. **Voulez-vous devenir un véritable cordon-bleu ?
Alors, devinez de quels ingrédients il s'agit.**

1. C'est une boisson divine, souvent associée à la fête et qui mousse agréablement en bouche.

2. Il peut être d'alcool, de raisin, de cidre aussi. Et les écolos l'adorent pour le nettoyage.

3. La noire du Périgord est sans doute la meilleure… onéreuse aussi (1 000 € le kg).

4. Dégustez-la crue avec du roquefort. Vous nous en direz des nouvelles !

5. Cette herbe aromatique ne possède que des vertus ; avec un poulet grillé, c'est juste sublime !

6. Ce premier cru supérieur est le plus grand vin liquoreux du monde.

7. C'est une préparation liquide indispensable en cuisine. Choisissez-le aux légumes, à la volaille ou au bœuf. Il est aussi très présent dans la gastronomie italienne (*brodo*) et japonaise (*dashi*). La brasserie Racine à Paris porte son nom.

3 Pour communiquer. **Suite à ces questions, donnez des conseils de préparation culinaire.**

1. Comment rendre mes patates plus goûteuses avant de les servir ?

2. Pour cette salade marinière, quels fruits de mer me conseillez-vous ?

3. Pour le gratin dauphinois, comment je prépare mon légume ?

4. Au secours ! Mes lardons sont pleins de graisse et ma salade de mâche doit être légère !

5. Comment dois-je touiller mes ballotins de chou vert au reblochon avec tous les ingrédients ?

4 Pour communiquer. **Voici des réflexes inappropriés en cuisine. Donnez des astuces à vos amis pour qu'ils se perfectionnent.**

1. Je mets ma salade de pommes de terre au frigo pour qu'elle devienne rapidement homogène.

2. Pour les spaghettis sauce crème aux moules, j'utilise 20 moules voire plus pour 100 g de pâtes.

3. Je coupe mon basilic, ma ciboulette et mon estragon avec des ciseaux, car je suis pressé(e) !

4. Je ne suis jamais la recette, je cuisine au pif ! Et, des fois, c'est raté !

5. J'assaisonne mes entrées avec n'importe quel vinaigre. Est-ce grave, maître queux ?

6. Je poche mes poires au dom pérignon pour mon dessert léger et raffiné ?

5 À vous ! **Expliquez la préparation d'une recette que vous réussissez particulièrement bien.
Partagez vos astuces sur le forum de discussion *amisdelacommunicationprogressiveperfectionnement@cuisine.fr.***

30b Faire une dégustation de vin

Benjamin Lebel, célèbre œnologue, et son assistant Silvère rencontrent une jeune serveuse intéressée par l'œnologie, pour une dégustation à l'aveugle.

B.L. *[servant le vin aux dégustateurs]* Bien. Alors, commençons la dégustation. *[bruitage : analyse visuelle, olfactive et gustative]* **Serv.** Cassis. Violette. Et en second nez, arômes plus épicés. Cuir et torréfaction. **S.** Un vin rond en bouche, également long, et une bonne rémanence. **Serv.** Élégance. Puissance… Je dirais un vosne-romanée 1er cru, les Beaumonts ou les Suchots. **S.** Moi, je dirais un pommard en ce qui me concerne. 1er cru. Des Berthaut, peut-être en 2009. **B.L.** Bien. Alors, pour cette fois, la victoire est à l'expérience. Les deux vins sont assez proches l'un de l'autre. Élégance, finesse, soie, pour vosne-romanée. Mais cette puissance si caractéristique, c'est celle de pommard. En particulier, due à un terroir situé plus au sud. *[s'adressant à la jeune serv.]* Bravo quand même ! **Serv.** Merci pour la leçon… Bonne soirée. *[Serv. part.]* **B.L.** *[s'adressant à S.]* Je ne peux que m'incliner devant tant de talent… T'as pas honte ? Tu as goûté ce cru cet après-midi !

Le Sang de la vigne : Cauchemar dans les côtes de Nuits, saison 3, épisode 10, minutage : 19'21-21'15, Éditeur : Citel Vidéo, Télécip.

Le riesling : ce grand cépage blanc donne des vins savoureux et racés, très délicats, qui offrent une gamme aromatique tout en finesse, avec des notes florales et souvent minérales. Sur certains terroirs, le riesling exprime un caractère typé que l'on qualifie de « pétrolant », rappelant l'hydrocarbure. D'excellente garde, les vins issus du riesling incarnent l'élégance du vignoble alsacien.

Le gewurztraminer : probablement le plus original des cépages alsaciens, le gewurztraminer donne des vins exubérants et corsés, qui développent un bouquet aromatique intense. Les notes florales rivalisent avec le caractère fruité exotique, que complètent de puissantes notes d'épices douces (*gewurz* signifiant épicé). Ce cépage donne les vendanges tardives et sélections de grains nobles les plus réputées.

Olivier Bompas, « La dégustation des vins d'Alsace », *Le Point* [en ligne], 17/01/2013.

▐▬ Vocabulaire

L'œnologie

- Un(e) œnologue, un dégustateur(-trice)
- Un cépage (type de plants de vigne)
- Des vendanges (récolte du raisin uniquement pour le vin)

- Un cru, un premier cru, un grand cru (classé)
- Un terroir (viticole)
- Un grain noble (raisin sélectionné de qualité)

Pour communiquer

- *Décrire les caractéristiques d'un vin :*
Ce grand cépage blanc donne des vins savoureux et racés, très délicats.
Le gewurztraminer donne des vins exubérants et corsés.
– *Analyse visuelle :* ce vin a une robe dorée, intense, aux reflets de cuivre.
– *Analyse olfactive :* en premier nez, cassis violette, en second nez, arômes plus épicés : cuir, torréfaction.
Ces vins offrent une gamme aromatique tout en finesse, avec des notes florales et minérales.
Ce vin développe un bouquet aromatique intense.
– *Analyse gustative :* un vin rond en bouche, également long, et une bonne rémanence.
Les notes florales rivalisent avec le caractère fruité exotique, que complètent de puissantes notes d'épices douces.

A C T I V I T É S

1 Compréhension. Vrai ou faux ? Si faux, justifiez votre réponse.

1. Le premier document est une scène de dégustation extraite d'une série télévisée et le second est une présentation de deux cépages publiée dans un hebdomadaire français.

2. Les vins mentionnés proviennent du vignoble bordelais et du vignoble tourangeau.

3. L'œnologie se caractérise par un vocabulaire « fleuri ».

2 Vocabulaire. Complétez ces phrases avec les termes manquants.

1. « Ce vin est rond en bouche, élégant et raffiné : une merveille ! » s'extasia _____.

2. _____ ont trois semaines d'avance cette année au village. C'est dû à l'été très chaud.

3. Vous souhaitez déguster _____ ? Pas de problème ! Cette bouteille de romanée-conti de 1937 vous coûtera la bagatelle de 31 383 euros. À votre bonne santé !

4. Ce _____ si particulier de la Bourgogne, appelé également *Les Climats,* a été inscrit au patrimoine mondial de l'Unesco en 2015.

5. Au sein de l'AOC Champagne, il existe sept _____ autorisés ; trois dominent largement : le pinot noir, le chardonnay et le pinot meunier.

6. Sébastien Boivin est _____ reconnu, et d'ailleurs tous les professionnels font appel à lui.

7. Les sélections de _____ doivent présenter une richesse très élevée en sucre à la récolte.

3 Pour communiquer. Vous êtes sommelier (*anc.* échanson) d'un grand restaurant. Répondez aux questions du client à propos des caractéristiques générales d'un vin.

1. Avez-vous un vin blanc d'Alsace au bouquet intense ? – _____ .

2. Monsieur l'échanson, ce riesling de 2015, qu'en est-il ? – _____ .

4 Pour communiquer. Vous êtes dégustateur, répondez aux questions suivantes en respectant les indications données.

1. Parlez-nous de la couleur de ce bourgogne blanc : _____

2. Parlez-nous de l'impression en bouche de ce petrus (bordeaux rouge) au niveau de l'aspérité et de la persistance : _____

3. Parlez-nous du premier et du second nez de ce gevrey-chambertin (bourgogne rouge) : _____

4. Parlez-nous de ce gewurztraminer (alsace blanc) aux notes contrastées : _____

5. Définissez plus précisément les différents arômes successifs de ce riesling (alsace blanc) : _____

6. Parlez-nous de l'ensemble des arômes de ce champagne millésimé : _____

5 À vous ! Amusez-vous à organiser une dégustation de vin. Décrivez les vins ci-contre (blanc, rosé, rouge) avec les expressions adéquates. Soyez chic et… impressionnez votre entourage !

30c

Faire l'éloge
d'un lieu gastronomique

La choucroute de chez Jenny, *par Périco Légasse*

Institution du quartier de la République, voici la dernière des brasseries alsaciennes historiques de Paris et, par ailleurs, tradition strasbourgeoise oblige, la meilleure choucroute de la capitale. Un monument gastronomique. Fondée par Robert Jenny, jeune traiteur strasbourgeois ayant ouvert à cet emplacement une *winstub* (débit de vin et de bière) au moment de l'Exposition universelle de 1931, elle demeure l'ultime référence des brasseries alsaciennes nées entre les deux guerres […]. Il transforma dès 1932 sa taverne en restaurant cossu, dont il confia la décoration à deux artistes réputés, Charles Spindler, pour les splendides marqueteries, et Albert Erny, pour les sculptures en chêne massif ornant les poutres et les escaliers. L'autre œuvre d'art qui attire les amateurs demeure ces choucroutes magistrales qui consacrent avec ferveur la grande tradition populaire alsacienne. Si, jusqu'en 1972, le chou brut était préparé dans la cour de l'immeuble, embaumant le quartier, il ne l'est plus sur place mais provient toujours de Krautergersheim, village alsacien où l'insigne crucifère est cultivée et mise à fermenter. […] Rodée à l'exercice, l'équipe d'Emmanuel Coussen, directeur de Chez Jenny, et de Bernard Leprince, chef des cuisines, perpétue la recette traditionnelle en faisant cuire le chou à la graisse de canard puis en l'agrémentant de genièvre, de coriandre, de cumin et de graine de moutarde. Une fois la choucroute prête, on la sert accompagnée des joyaux du répertoire charcutier alsacien en deux formules : la spécial Jenny, avec échine de porc, saucisse fumée au cumin, saucisse blanche, saucisse de Strasbourg, poitrine de porc fumée et jarret de porc, et la choucroute royale, avec les mêmes ingrédients mais préparée devant le convive et arrosée au crémant d'Alsace de chez Klipfel. C'est en la savourant que l'on réalise la succulence d'une bonne choucroute et la vertu d'un grand plat de terroir quand les produits sont de belle origine. Et si la spécialité est copieusement servie, les appétits solides ont tout loisir de se faire la bouche sur la traditionnelle flammekueche (« tarte flambée ») aux oignons, lardons, crème fraîche et fromage blanc ou, plus simplement, sur des huîtres creuses de Bretagne ou des spéciales Saint-Vaast de Normandie ouvertes par l'un des meilleurs écaillers de Paris. Accompagné d'un riesling grand cru Altenberg de Bergheim 2012, l'instant démontre que, dans les valeurs sûres et les lieux de mémoire, l'Alsace parisienne respire la joie de vivre. Une expérience ! **Chez Jenny,** 39, bd du Temple, Paris IIIᵉ. Tél. : 01 44 54 39 00. Pour sa choucroute strasbourgeoise à 21 €, spécial Jenny à 30,60 €, royale à 31,50 € et aux 9 viandes à 38,90 € (un monument !). Tous les jours.

Marianne, n° 974 du 11 au 17 décembre 2015, p. 94, https://www.marianne.net/art-de-vivre/la-choucroute-de-chez-jenny

Vocabulaire

La brasserie

- Une taverne, un traiteur
- Embaumant le quartier
- Attirer les amateurs
- De splendides marqueteries
- Un emplacement particulier
- Préparer devant le convive
- Ornant les poutres
- Un restaurant cossu

Pour communiquer

• **Souligner l'excellence de la tradition :** Rodée à l'exercice, l'équipe perpétue la recette…
L'autre œuvre d'art demeure ces choucroutes magistrales qui consacrent avec ferveur une tradition.
La choucroute prête, on la sert accompagnée des joyaux du répertoire charcutier alsacien.
C'est en la savourant que l'on réalise la succulence d'une bonne choucroute.
Les appétits solides ont tout loisir de se faire la bouche sur la traditionnelle…

• **Faire part de son enthousiasme :** C'est un monument gastronomique !
(Véritable) institution du quartier, voici la dernière des brasseries alsaciennes historiques de Paris.
Par ailleurs, tradition strasbourgeoise oblige, la meilleure choucroute de la capitale.
Elle demeure l'ultime référence de qch…
…des huîtres creuses ouvertes par l'un des meilleurs écaillers de Paris.
Accompagné d'un riesling, l'instant démontre que, dans les valeurs sûres et les lieux de mémoire, l'Alsace parisienne respire la joie de vivre. Une expérience !

1 Compréhension. **Répondez aux questions suivantes.**

1. Le document est-il extrait d'un dictionnaire gastronomique ?

2. Quel est le genre du restaurant ? Où se trouve-t-il ? Quelles sont les spécialités de la maison ?

3. Quel est le « verdict » du critique gastronomique ?

2 Vocabulaire. **Complétez les phrases suivantes avec les termes manquants.**

1. Antoine m'envoya chercher un poulet rôti chez _____ du faubourg Montmartre.

2. Ce restaurant se trouve à _____, au fond d'une arrière-cour de la Butte-aux-Cailles.

3. Ce qui est formidable à Paris, c'est qu'on peut aller grignoter des moules frites dans _____ populaire et, le lendemain, flatter nos papilles gustatives dans _____.

4. Cette paella, préparée par la Casa Pepe et _____ de la rue Mouffetard, _____ par ses senteurs _____ de la cuisine espagnole et du flamenco.

5. Le Dôme à Paris impressionne par son décor mural, composé de _____ et de somptueux luminaires de Lalique _____. Qui plus est, vous y dégusterez le meilleur mille-feuille du monde !

6. Si vous passez par l'avenue des Ternes dans le 17e, arrêtez-vous au Rech : la sole meunière y est _____, ce qui devient rare au restaurant.

3 Pour communiquer. **Reformulez ces phrases en soulignant le savoir-faire gastronomique.**

1. La brigade, très expérimentée, reprend les savoir-faire traditionnels.

2. Il faut goûter ce bœuf bourguignon pour en découvrir toutes les saveurs.

3. Les gros mangeurs n'hésiteront pas à débuter leur menu par ces escargots au beurre persillé.

4. Le cassoulet de Castelnaudary est présenté avec les trésors de la gastronomie languedocienne.

5. L'autre chef-d'œuvre culinaire, ce sont ces divins choux farcis qu'Éric Boutté mitonne avec passion dans les règles de l'art.

4 Pour communiquer. **Contestez ces commentaires négatifs en déclarant le contraire.**

1. On veut démolir ce lieu de tradition pour en faire un restaurant sans gluten à la mode.

2. Si l'on n'est pas vigilant, bientôt il n'y aura plus de bistrots servant des cuisses de grenouille.

3. D'autre part, cuisine « fast food » oblige, on sort de ce resto avec des aigreurs d'estomac et son tube de Digédryl bien entamé, c'est la pire pizza de Paris.

4. Ce restaurant aux Halles, c'est une gargote où la cuisine est – comment dirais-je – infecte !

5. En entrée, des fruits de mer avariés, préparés et servis par le premier venu sans expérience !

6. Dans cet endroit froid au décor néochic, à la cuisine fadasse et sans âme, on découvre vite ce que sont l'ennui et la tristesse en sirotant un riesling tiédasse. À éviter !

5 À vous ! DALF **Rédigez pour un journal une belle page dans laquelle vous ferez l'éloge d'un haut lieu gastronomique de votre pays.**

1 Devinettes. De quel mot s'agit-il ?

1. C'est un appareil destiné à l'éclairage de la voie publique.

2. C'est une petite dépression allongée entre deux collines.

3. Ce sont de fortes murailles qui forment l'enceinte d'une ville fortifiée.

4. C'est un plan long qui inclut l'intégralité d'une scène au cinéma.

5. Film ou roman qui nous tient en haleine et qui nous fait frissonner.

6. C'est une désignation honorifique, un nom de fonction ou alors une chanson diffusée en radio.

7. C'est une étiquette apposée sur un produit pour en garantir l'origine et la qualité.

8. Ce peut être une construction légère dans un parc ou une maison individuelle en banlieue.

9. C'est le terme pour désigner un grand nombre de chiens rassemblés pour la chasse à courre.

10. C'est là où les enfants adorent passer leurs vacances pour ne pas avoir leurs parents sur le dos et où les parents, à leur tour, envoient leurs enfants pour être tranquilles.

11. Aux herbes et marié à l'huile d'olive, il relèvera vos salades et ravira votre palais.

12. Ce sont des variétés de plant de vigne ; leur couleur est noire, blanche, grise ou rosée.

13. C'est un genre de restaurant populaire et rustique très répandu en Grèce et en Turquie.

2 Le cinéma. Qui assure ces fonctions ?

1. Il assure la responsabilité d'ensemble de la création artistique du film.

2. Il/elle assure l'assemblage des plans et séquences d'un film.

3. C'est une personne chargée de doubler un acteur pour le tournage d'une scène « casse-cou ».

4. C'est un technicien aux commandes d'une caméra.

5. Il/elle est chargé(e) de rechercher ou de créer les lieux d'un film. Ses collaborateurs sont menuisiers, peintres ou constructeurs.

6. Il/elle travaille avec des chapeliers, des chausseurs, des gantiers, des perruquiers….

7. Il/elle écrit ou coécrit le scénario.

8. Il est responsable de l'organisation matérielle et logistique d'un tournage.

9. Il choisit les projets et les réalisateurs avec lesquels il souhaite travailler. Il réunit les éléments financiers, juridiques et administratifs nécessaires à la réalisation du film.

3 Le domaine artistique. Complétez ces phrases avec les termes manquants.

1. La dernière _____ de la France qui a gagné l'Eurovision, c'est la chanteuse Marie Myriam avec son célèbre _____ « L'oiseau et l'enfant » en 1977.

2. Pour organiser un grand festival, il faut des _____, et cet énorme investissement de capitaux peut effrayer les producteurs.

3. Dans les boutiques des musées du monde entier, vous trouvez la Vénus de Milo _____ sous différentes formes (porte-clefs, aimants, etc.). Cette œuvre unique de l'Antiquité, devenue _____, existe désormais dans 3 millions de foyers, du Groenland à la Nouvelle-Zélande.

4. Le dernier ouvrage d'Annie Ernaux ne présente aucun _____ bien qu'elle y parle de l'érotisation des mots. D'ailleurs, c'est _____, à la fois journal intime et chronique politique.

5. André Le Nôtre, le célèbre _____ au service de Louis XIV, a dessiné les plans de nombreux _____ à la _____, dans lesquels _____, _____, _____, trois éléments clés du jardin, rivalisent de beauté.

4 À partir des éléments suivants, formulez des phrases cohérentes.

1. Eux qui – la ségrégation raciale – une ségrégation entre les âges – condamnent – si fort – forgent – ils.

2. On – a pris racine – dans ce silence – la douleur – tous lovés – s'est – et c'est là – dans ce silence que.

3. Des senteurs – jusqu'à nous – fortes – montèrent – pénétrantes.

4. Tourmentait – secret – me – instinct – Un.

5. Ravissement – des tempêtes – dans – J'entrai – avec – la saison.

6. Caressée – par – ville – juste – le modernisme – Cette – n'a pas été – à outrance – frappée.

7. L'Hexagone – Pendant – le réalisateur – trois mois – a sillonné.

8. Les médias – « Art contemporain » – Je – sous – pas dans – renvoient – ne me – l'étiquette – ce que – reconnais.

9. Bousculer – de notre – L'écrivain – les vaches – n'a pas – de – sacrées – temps – fini.

10. Cet écrivain – partager – n'ayant pas – le fin analyste – sait – le faire – époque – se faire – son pareil – nous – pour – de notre.

5 Reformulez ces phrases en langue familière.

1. Jasmine, sa gêne surmontée, rompt le silence.

2. Anne-Marie est vraiment très en colère et le fait savoir.

3. On ne cesse de nous répéter qu'il faut préserver la culture française, et pourtant les décideurs choisissent pour l'Eurovision une chanson en anglais. C'est à peine croyable !

4. Cessez de nous prendre pour des simples d'esprit !

5. Grand-mère, réalisez-vous qu'il s'opère un bouleversement politique ?

6. Nous nous sommes retrouvés tel un troupeau d'ovins se dirigeant vers leur destinée fatale. C'était une abomination.

6 En cuisine. Donnez des conseils de préparation à :

1. Un amateur qui se plaint de la fadeur de son plat.

2. Un montagnard qui ne sait pas comment préparer ses moules.

3. Un fin cuisinier qui souhaite un vinaigre de vin particulier pour sa salade.

4. Un débutant en cuisine qui veut absolument mettre sa salade de homard au frigo.

5. Un végétarien qui ne sait pas cuisiner les lentilles en salade.

7 L'univers du grand cru classé. Que dites-vous, lors d'une dégustation, à propos des caractéristiques visuelles, olfactives et gustatives d'un vin ?

1 **La République française.** Quiz culturel. Répondez aux questions suivantes.

1. Quelle est la figure symbolique, coiffée d'un bonnet phrygien, qui représente la France et que l'on peut retrouver sur les timbres ?

2. « *Allons enfants de la patrie, le jour de gloire est arrivé* », est-ce le début de l'hymne national belge, français ou québécois ?

3. Quel gallinacé fait « cocorico » et représente la France et les Français ?

4. Citez quatre présidents de la cinquième République (depuis 1959).

2 **Les affaires criminelles en France.** Associez ces faits à l'affaire judiciaire correspondante.

1. 27 personnes brûlées vives sous le Paris occupé

2. Banditisme, braquages, évasions, enlèvement, tentative d'assassinat

3. Enlèvement crapuleux contre rançon d'un très riche industriel

4. Meurtre par strangulation de sa femme Hélène Rytmann, sociologue

5. Enlèvement et assassinat d'un enfant dans les Vosges en 1980

a. Le philosophe marxiste est déclaré dément au moment des faits (l'affaire Louis Althusser).

b. Affaire à multiples rebondissements et à ce jour non élucidée (l'affaire Grégory).

c. La victime s'est retrouvée avec un doigt coupé (l'affaire baron Empain).

d. Le Dr Petiot attira ses victimes, inquiétées par l'occupant, sous prétexte de les faire passer en Argentine (l'affaire Petiot).

e. L'homme aux mille visages a opéré dans un grand nombre de pays francophones (l'affaire Jacques Mesrine).

3 **Brillez en société.** Associez la morale qui convient pour conclure les phrases suivantes. Puis mémorisez ces vers de La Fontaine pour « faire le paon » dans les soirées mondaines.

1. Vu votre manque de relations influentes, vous êtes condamné(e), pensez-y...

2. Ne vous énervez pas et ne gaspillez pas votre énergie pour atteindre votre but, car...

3. Ne vous laissez pas abuser par les compliments que l'on vous fait, puisque tout le monde sait que...

4. Pour réussir une entreprise, il vaut mieux attendre et choisir le bon moment que de se précipiter, comme le dit La Fontaine...

a. « Rien ne sert de courir, il faut partir à point » (*Le Lièvre et la Tortue*)

b. « Patience et longueur de temps font plus que force ni que rage » (*Le Lion et le Rat*)

c. « Selon que vous serez puissant ou misérable, les jugements de cour vous rendront blanc ou noir » (*Les Animaux malades de la peste*)

d. « Tout flatteur vit aux dépens de celui qui l'écoute » (*Le Corbeau et le Renard*)

4   **Les grandes réformes de la société française.** Associez une date et une réforme.

Dates : 1944, 1967, 1974, 1975, 1981, 1997, 2013.

Réformes : abolition de la peine de mort, droit de vote pour les femmes, fin du service militaire obligatoire, légalisation de l'interruption volontaire de grossesse (IVG), mariage pour tous, légalisation de la pilule contraceptive, droit de vote à 18 ans.

5   **Le cinéma francophone.** Devinez, à partir du titre, à quel genre cinématographique ces films appartiennent.

1. *Potiche*, film français de François Ozon, 2010.

2. *J'ai tué ma mère*, film québécois de Xavier Dolan, 2009.

3. *L'Homme qui répare les femmes : La Colère d'Hippocrate*, film belge de Thierry Michel, 2017.

4. *Ma vie de Courgette*, film helvético-français de Claude Barras, 2016.

6   **La chanson française.** Quiz. Vrai ou faux ? Si faux, justifiez votre réponse.

1. Stromae est un chanteur français.

2. La chanson « My Way » est l'adaptation d'une chanson française dont le titre est « Comme d'habitude ».

3. Sylvie Vartan, Sheila, Françoise Hardy et France Gall sont des chanteuses des années 1980.

4. Il existe 923 versions de la chanson « Les feuilles mortes » dans le monde.

5. Brigitte Bardot et Jeanne Moreau ont été actrices, mais aussi chanteuses.

7   **Le monde littéraire en France.** Chassez l'intrus et justifiez votre réponse.

1. Le Goncourt, le Renaudot, le Femina et le Molière sont des prix littéraires.

2. Pascal, Rousseau, Voltaire et Diderot sont des philosophes du siècle des Lumières.

3. Amélie Nothomb, Georges Simenon et Françoise Sagan sont des écrivains belges.

4. Albert Camus, André Gide, Patrick Modiano et Jacques Prévert sont tous lauréats du prix Nobel de littérature.

8   **Les monuments historiques français.** Choisissez la bonne réponse.

1. Quel est le plus grand château de France ? Chambord, Vaux-le-Vicomte, Versailles.

2. Quel est le jardin dont Le Nôtre n'est pas le créateur ? les Tuileries, Versailles, Villandry.

3. Quels sont les deux monuments appartenant au patrimoine français parmi les photos ci-dessous ?

a.   b.   c.

31a

Se confier à propos d'une histoire d'amour

CLÉONTE Quoi, traiter un amant de la sorte, et un amant le plus fidèle, et le plus passionné de tous les amants ?

COVIELLE C'est une chose épouvantable, que ce qu'on nous fait à tous deux.

CL. Je fais voir pour une personne toute l'ardeur, et toute la tendresse qu'on peut imaginer ; je n'aime rien au monde qu'elle, et je n'ai qu'elle dans l'esprit ; elle fait tous mes soins, tous mes désirs, toute ma joie ; je ne parle que d'elle, je ne pense qu'à elle, je ne fais des songes que d'elle, je ne respire que par elle, mon cœur vit tout en elle : et voilà de tant d'amitié la digne récompense ! Je suis deux jours sans la voir, qui sont pour moi deux siècles effroyables ; je la rencontre par hasard ; mon cœur à cette vue se sent tout transporté, ma joie éclate sur mon visage ; je vole avec ravissement vers elle ; et l'infidèle détourne de moi ses regards, et passe brusquement comme si de sa vie elle ne m'avait vu !

CO. Je dis les mêmes choses que vous.

CL. Peut-on rien voir d'égal, Covielle, à cette perfidie de l'ingrate Lucile ?

CO. Et à celle, Monsieur, de la pendarde de Nicole ?

CL. Après tant de sacrifices ardents, de soupirs, et de vœux que j'ai faits à ses charmes !

CO. Après tant d'assidus hommages, de soins, et de services que je lui ai rendus dans sa cuisine !

CL. Tant de larmes que j'ai versées à ses genoux !

CO. Tant de seaux d'eau que j'ai tirés au puits pour elle !

CL. Tant d'ardeur que j'ai fait paraître à la chérir plus que moi-même !

CO. Tant de chaleur que j'ai soufferte à tourner la broche à sa place !

CL. Elle me fuit avec mépris !

CO. Elle me tourne le dos avec effronterie !

CL. C'est une perfidie digne des plus grands châtiments.

CO. C'est une trahison à mériter mille soufflets.

CL. Ne t'avise point, je te prie, de me parler jamais pour elle.

CO. Moi, Monsieur ! Dieu m'en garde. […]

CL. Je veux contre elle conserver mon ressentiment, et rompre ensemble tout commerce.

CO. J'y consens.

Molière, *Le Bourgeois gentilhomme*, Acte III, scène 9

Grammaire

Accord du participe passé (suivi d'un infinitif)

- Tant de sacrifices que j'ai fait**s** !
- Tant d'ardeur et tant de ferveur que j'ai fait paraître ! (*faire suivi d'un inf. : invariable*)
- Combien de larmes j'ai vers**ées** !

Vocabulaire

Les attitudes amoureuses

- Perfide, fourbe ≠ loyal(e), droit(e)
- Pendard(e) = coquin(e), fripon(ne)
- Le ravissement = le délice, l'exaltation
- Les hommages (*m. pl.*) = les respects
- Ingrat(e) ≠ reconnaissant(e), obligé(e)
- Une ardeur, la fougue ≠ la tiédeur
- Le soupir (soupirer) = plainte amoureuse
- Chérir = aimer tendrement

Pour communiquer

- ***Faire des reproches :*** Et voilà de tant d'amitiés la digne récompense !
L'infidèle détourne de moi ses regards. / Elle passe brusquement comme si de sa vie elle ne m'avait vu.
Elle me fuit avec mépris. / Elle me tourne le dos avec effronterie.
C'est une perfidie digne des plus grands châtiments. / C'est une trahison à mériter mille soufflets.

1 Compréhension. Vrai ou faux ? Si faux, justifiez votre réponse.

1. Cette scène est une déclaration d'amour.

2. Le texte parle de la fourberie de deux amantes.

3. Le ton de cette scène est burlesque.

2 Vocabulaire. Choisissez le(s) terme(s) approprié(s).

1. Jeanne s'est montrée ⬚ingrate⬚ ⬚obligée⬚ ⬚reconnaissante⬚ envers Xavier, pour qui elle avait pourtant eu des sentiments.

2. Alphonse a dévoilé sa ⬚loyauté⬚ ⬚perfidie⬚ ⬚droiture⬚ en divulguant les infidélités de sa compagne à toutes ses amies.

3. Quel ⬚fripon⬚ ⬚coquin⬚ ⬚fourbe⬚, ce Sylvain ! Il épie les jeunes bergères se baignant dénudées au lac.

4. Recevez, chère Ophélie, tous mes ⬚hommages⬚ ⬚respects⬚ ⬚soupirs⬚ les plus dévoués.

3 Vocabulaire. Indiquez un équivalent pour les termes soulignés.

1. Je suis quelqu'un de très aimant : j'<u>aime tendrement</u> mon lapin, ma mamie et mon Jules.

2. Malgré l'<u>intensité</u> de mon amour, il/elle reste tiède à mes déclarations.

3. Cœur qui <u>se plaint</u> n'a pas ce qu'il désire.

4. <u>Quelle immense joie</u> que de te revoir, toi Lol V. Stein, mon adorée.

4 Grammaire. Comme dans le texte, prononcez une exclamation en plaçant la quantité en début de phrase (accord !).

1. J'ai fait tant de concessions pour lui plaire. → _____ !

2. Cet hypocrite a versé combien de larmes de crocodile ? → _____ !

3. Tu as fait faire tant de bêtises à ton amant. → _____ !

4. Je t'ai offert tant de roses pour te prouver mon amour. → _____ !

5 Pour communiquer. Quels reproches pourriez-vous formuler dans les situations suivantes ?

1. J'ai mis à ses pieds une Rolls, une Rolex et un yacht et, malgré tout, Nicolas a pris le large.

2. Depuis son histoire d'amour, Mireille ne salue plus ses copines Georgette et Michèle. Quelle ingrate !

3. La marquise de B est monstrueuse ; elle a insinué devant la duchesse que son époux était impuissant.

4. Manu est si indifférent à l'égard de ses voisins qu'il ne daigne point leur dire bonjour.

5. Madame Sans-Gêne eut le culot de continuer sa lessive au passage du roi, sans se retourner.

6. Tu as volé ma recette de soufflé au fromage que tu as revendue à tous les grands chefs de la planète.

6 À vous ! À la manière de Molière, créez un dialogue où deux ami(e)s se confient à propos de leurs déboires sentimentaux. Utilisez des répétitions (*après tant de..., combien de..., ne que...*), et introduisez des sentiments exagérés (perfidie, indifférence, trahison...) et de l'humour dans les répliques. Jouez cette scène pour épater vos amoureux(-euses) !

31b

Confronter deux visions de l'amour

Puis elle avait d'étranges idées : – Quand minuit sonnera, disait-elle, tu penseras à moi ! Et, s'il avouait n'y avoir point songé, c'étaient des reproches en abondance, et qui se terminaient toujours par l'éternel mot :
– M'aimes-tu ? – Mais oui, je t'aime ! répondait-il. – Beaucoup ? – Certainement ! – Tu n'en as pas aimé d'autres, hein ? – Crois-tu m'avoir pris vierge ? Exclamait-il en riant. Emma pleurait, et il s'efforçait de la consoler, enjolivant de calembours ses protestations. – Oh ! C'est que je t'aime ! reprenait-elle, je t'aime à ne pouvoir me passer de toi, sais-tu bien ? J'ai quelquefois des envies de te revoir où toutes les colères de l'amour me déchirent. Je me demande : « Où est-il ? Peut-être il parle à d'autres femmes ? Elles lui sourient, il s'approche… » Oh ! Non, n'est-ce pas, aucune ne te plaît ? Il y en a de plus belles ; mais, moi, je sais mieux aimer ! Je suis ta servante et ta concubine ! Tu es mon roi, mon idole ! Tu es bon ! Tu es beau ! Tu es intelligent ! Tu es fort !
Il s'était tant de fois entendu dire ces choses, qu'elles n'avaient pour lui rien d'original. Emma ressemblait à toutes les maîtresses ; et le charme de la nouveauté, peu à peu tombant comme un vêtement, laissait voir à nu l'éternelle monotonie de la passion, qui a toujours les mêmes formes et le même langage. Il ne distinguait pas, cet homme si plein de pratique, la dissemblance des sentiments sous la parité des expressions. Parce que des lèvres libertines ou vénales lui avaient murmuré des phrases pareilles, il ne croyait que faiblement à la candeur de celles-là ; on en devait rabattre, pensait-il, les discours exagérés cachant les affections médiocres ; comme si la plénitude de l'âme ne débordait pas quelquefois par les métaphores les plus vides, puisque personne, jamais, ne peut donner l'exacte mesure de ses besoins, ni de ses conceptions, ni de ses douleurs, et que la parole humaine est comme un chaudron fêlé où nous battons des mélodies à faire danser les ours, quand on voudrait attendrir les étoiles.

Gustave Flaubert, *Madame Bovary : mœurs de province*, 1856, chapitre XII

▐ Vocabulaire

Les rapports amoureux

- La protestation = la démonstration de sentiments
- La servante, la concubine = l'amante, la maîtresse
- Une idole = un être adulé
- La candeur, candide ≠ la fausseté, faux(-sse)
- (Aimer) à ne pouvoir se passer de qqn = à la folie
- Mettre (un sentiment) à nu = à découvert
- La plénitude = l'épanouissement
- Libertin(e) ≠ prude, chaste
- Vénal(e) ≠ intègre, probe

Pour communiquer

• *Exprimer un décalage entre les mots et les sentiments :*
Il enjolivait ses protestations de calembours (= embellir de jeux de mots).
Le charme de la nouveauté, peu à peu tombant comme un vêtement…
Il ne distinguait pas la dissemblance des sentiments sous la parité des expressions.
On devait rabattre de ces phrases les discours exagérés (= diminuer en retranchant).
Personne, jamais, ne peut donner l'exacte mesure de qch.
La parole humaine sonne comme un chaudron fêlé (= discours inadapté et trop prévisible).
Nous battons des mélodies à faire danser les ours quand on veut attendrir les étoiles : vouloir exprimer des sentiments nuancés que l'on ne peut traduire par le langage.

1 **Compréhension. Vrai ou faux ? Si faux, justifiez votre réponse.**

1. Le narrateur analyse les discours amoureux d'Emma et de Rodolphe.

2. Rodolphe est passionnément épris d'Emma.

3. Il y a concordance entre les sentiments et les discours.

4. L'analyse de cette situation amoureuse par le narrateur à travers les sentiments de Rodolphe donne un ton désabusé au texte.

2 **Vocabulaire. Indiquez le contraire des termes soulignés.**

1. Michaël <u>dissimule</u> sa passion. → _____

2. Dans le discours des amoureux, il faut savoir déceler <u>la candeur</u> des sentiments. → _____

3. <u>Trop peu d'amour</u> apporte <u>des frustrations</u>. → _____

4. Jérôme <u>n'est pas d'une stricte honnêteté</u> dans sa relation avec sa compagne. → _____

3 **Vocabulaire. Exprimez autrement les attitudes suivantes.**

1. Mylène F. n'est pas prude, c'est une coquine.

2. À partir de 30 ans, il n'est pas rare que l'on commence à perdre ses illusions.

3. Emmanuel s'est laissé acheter par les industriels, au mépris de la morale.

4. Quand Delphine est pompette, elle déclame son affection à qui veut l'entendre.

5. Coralie adore ses deux carlins, au point d'en être folle.

4 **Pour communiquer. Reformulez ces phrases dans un style littéraire afin de mettre en évidence la complexité de la réalité.**

1. Mélusine n'arrive pas à savoir si elle est amoureuse de Casanova ou si c'est juste une passade.

2. Ce psychologue prononce des idées reçues sur l'amour qui ne correspondent pas à la réalité des sentiments.

3. Quelquefois, malgré nous, les mots ne suffisent point à rendre ce que l'on ressent.

4. Ce don Juan enjolive de jeux de mots ses déclarations d'amour à France. Elle n'en doit croire que la moitié.

5. Le devoir de tout intellectuel est de ne pas confondre les formes apparentes et les réalités.

5 **À vous !** À la manière de Flaubert, créez un mini-dialogue où les rôles seraient inversés : Rodolphe en amant déchu et incompris et Emma en maîtresse libertine et égoïste, suivi d'une réflexion sur le décalage entre ces deux visions dissemblables de l'amour. Rédigez votre texte en utilisant les expressions travaillées, puis lisez-le à haute voix pour améliorer votre diction.

31c Écrire une lettre de rupture

Bruno,

Quand tu liras cette lettre, je serai partie. J'espère que tu sauras pourquoi ; mais puisque je prends la peine de t'écrire, je vais tout de même te l'expliquer. Depuis deux ans, tu n'es plus le même : cette promotion au rang de chef boucher au centre Leclerc de Limoges t'a rendu invivable, écœurant même ! Et nous, nous qui étions si proches, nous nous sommes inexorablement éloignés... Pourrais-tu encore dire le contraire ? Aujourd'hui, c'est avec tristesse que je me rappelle comme nous étions complices. Tu étais drôle, nous nous amusions tout le temps... Nous avions aussi cette passion commune pour la trans-avant-garde piémontaise et l'abstraction hyperréaliste suédoise. Tout allait pour le mieux puis, suite à ton avancement, tu as commencé à rentrer de plus en plus tard le soir. Tes centres d'intérêt se sont amenuisés peu à peu, jusqu'à ce que tu ne parles plus que de lardons, de boudins et de salades de museau... Alors, je préfère partir maintenant, sinon je sens que je vais devenir folle. Ou pire encore, je crains de commettre l'irréparable. Car je ne supporte plus rien de toi : tes couteaux sales qui traînent dans la maison, tes ongles de doigts de pieds sur la table du salon ou un vieux mégot de Fine 120 écrasé dans une boîte de pâté... Tout ça me dégoûte. Et de te voir, c'est pire que tout ! Toi, ta calvitie, ton air maussade... Quand je te vois, [...] j'ai carrément envie de vomir. Ça me rend dingue... À tel point que c'en est devenu physique : je ne peux plus avoir de rapports avec toi sans avoir l'impression d'être un jambon que tu découennes. C'est répugnant, je te jure. Bruno, j'ai trente-huit ans, j'ai encore le temps de refaire ma vie. Je vais le faire. Tout ce que je peux espérer pour toi, c'est que tu te trouves une bonne grosse charcutière à ton goût.

Ta Rilletta qui te quitte

P.S. : Ne cherche pas à me retrouver, je t'en prie. Ta tête de veau, je ne veux plus la voir.

<small>Lettre de rupture familière *In* : John-Harvey Marwanny, *Lettres d'insultes*, http://marwanny.biz</small>

▬ Grammaire

Accord des verbes pronominaux

- Nous nous sommes inexorablement éloigné**(e)s** ● Ils se sont déplu (*sans accord*)

▬ Vocabulaire

La charcuterie (sens propre / sens figuré)

- La cochonnaille (*fam.*)
- Une salade de museau
- Des rillettes (spécialité du Mans)
- Découenner (le jambon) = enlever le gras
- Des lardons / des enfants (*fam.*)
- Un boudin / une personne disgracieuse (*fam.*)
- Le pâté / sentir le pâté (*fam.*) = situation qui se dégrade
- Une tête de veau / un(e) imbécile (*fam.*)

▬ Pour communiquer ▬

● *Décrire un amour déclinant :*

Depuis deux ans, tu n'es plus le même : cette promotion t'a rendu invivable, écœurant même...
C'est avec tristesse que je me rappelle comme (= combien) nous étions complices...
Tout allait pour le mieux, puis tes centres d'intérêt se sont amenuisés peu à peu jusqu'à ce que...

● *Exprimer le dégoût et la répugnance :*

Je ne supporte plus rien de toi. Tout ça me dégoûte !
Ça me rend dingue, à tel point que c'en est devenu physique.
Et de te voir, c'est pire que tout ! J'ai carrément envie de vomir.
Ta tête (de lard, de veau, de cochon...), je ne veux plus la voir ! C'est répugnant, je te jure.
Je crains de commettre l'irréparable !

1 Compréhension. Répondez aux questions suivantes.

1. Ce pli est-il adressé à un boucher ? _____

2. Ce message est-il une lettre de dénonciation ? _____

3. Les tournures de la lettre sont-elles délicates et raffinées ? _____

4. Les mots sont-ils systématiquement choisis dans le champ lexical de la « cochonnaille » ? _____

2 Vocabulaire. Ces phrases sont-elles de sens équivalent ?

1. Nous nous éloignerons inéluctablement. = Nous nous séparerons fatalement.

2. Son amour pour lui a fondu comme neige au soleil. = Ses sentiments amoureux se sont amenuisés petit à petit.

3. Si tu continues, je crains de commettre l'irréparable. = Si tu ne cesses de me harceler, je vais voir mon psy.

4. Je me rappelle comme tu étais jolie. = Je me souviens comme jamais de tes traits.

3 Grammaire. Complétez ces phrases avec le participe passé qui convient (accord !).

1. Rilletta s'est _____ (se plaindre) de la conduite de Bruno.

2. Boudinella s'est _____ (s'imaginer) qu'ils vivraient une vie pleine de douceurs.

3. Rilletta s'est _____ (se promettre) de ne plus jamais tomber amoureuse d'un traiteur.

4. Ils se sont _____ (se parler) durant toute la soirée lors du vernissage « Rillettes sur toile ».

4 Vocabulaire et communication. Reformulez entièrement cette lettre de façon familière, en utilisant le plus possible le vocabulaire de la charcuterie.

Chère Hortense, tes adorables bambins achevaient de déguster une délicieuse salade de museau après avoir habilement ôté les parties adipeuses de leurs mets. À peine furent-ils passés au second plat, se délectant de cette fameuse recette du Mans, qu'entra dans la cuisine notre disgracieuse voisine Jenny. Ce fut alors que la situation se dégrada et que tes chers petits anges restituèrent leur nourriture. Quelle calamité !

5 Pour communiquer. Exprimez le dégoût en transformant les phrases suivantes.

1. Ton joli minois, je ne peux m'en passer. →_____

2. J'adore tout cela ! → _____

3. Lorsque je l'entends, je bois ses paroles. → _____

4. Tu es devenu adorable et charmant depuis que tu as arrêté de travailler. →_____

5. Tu n'imagines pas comme c'est attirant ! → _____

6. Te fréquenter, c'est absolument délicieux. → _____

6 À vous ! Imaginez que Bruno réponde, écœuré, à la lettre de Rilletta, lui aussi désirant cesser cette relation. Sur un ton tout aussi vulgaire, et en reprenant les expressions de la lettre, rédigez une missive amusante et envoyez-la à votre amoureux(-se) pour tester sa réaction...

32a Échanger lors d'une réunion de famille

Les deux filles, Catherine et Arielle, se rendent au bureau de leur vieille mère Théodora, pour une réunion de famille.

Les domestiques *[murmurent entre elles]* On dirait des écolières convoquées chez la directrice, ou des veaux allant à l'abattoir. **Mère** Entrez, mes filles ! *[au téléphone avec son notaire, manipulant des colliers de diamants]* : Maître Guichard, pourrais-je m'entretenir avec vous jeudi, j'ai quelques modifications à apporter à mon testament. Bien, Maître, à jeudi donc ! **Arielle** Qu'est-ce que c'est que cette histoire, vous voulez modifier votre testament ? C'est pour cela que vous nous avez convoquées ? **Mère** Quelle modification ? **A.** *[exaspérée]* Ça suffit, maman ! Pourquoi nous avoir réunies ? Pourquoi ces émeraudes ? Ce testament ? Franchement, c'est insoutenable ! **Catherine** Expliquez-vous à la fin ! **A.** Tu as vu comment tu t'adresses à mère ? **C.** Baise-lui les pieds tant que tu y es ! C'est pour du fric que tu fais la révérence ? **A.** Et toi aussi, ce n'est pas pour le fric que tu es venue ? **C.** Je te prie de la fermer ! Ces diamants, tu les boufferais, si tu pouvais ! **Mère** Quelle belle famille ! Quel beau spectacle ! **A.** Ah, vous jetez de l'huile sur le feu et vous attendez que cela flambe… ! **Mère** J'adore les feux incandescents ! Vous voir vous étriper pour un bout d'héritage me ravit ! Allez, filez, filez ! Débarrassez le plancher ! **A.** Et alors, maman, pourquoi vous nous avez fait venir ? Je ne comprends pas… **Mère** Arrête de pleurnicher, on dirait ton père ! Foutez-moi le camp ! Vous dînerez sans moi, votre puérile attitude m'a coupé l'appétit. Allez, dehors ! *[Reste Catherine]* Qu'est-ce que t'as à rester plantée là ? T'as pas compris ? **C.** La prochaine fois que vous parlez ainsi de mon père, je vous étrangle. **Mère** Mais tu es encore sous sa coupe, ma parole ! Une vraie fifille à son papa. Pourtant ça fait vingt ans qu'il est mort. Tu avais dix ans à peine, comment est-ce possible… **C.** Peut-être, mais je m'en souviens encore comme si c'était hier ! J'étais au chevet de mon père, il agonisait dans d'atroces convulsions, de la mousse verdâtre sortait de sa bouche et s'accrochait aux commissures de ses lèvres, ce fut un spectacle d'une violence inouïe. Mon père vous adorait, mais vous ! Vous… **Mère** Votre père était un sale égoïste, c'est tout ! Mais ça, tu ne l'as jamais su puisque tu étais sa petite princesse ! Il avait le cœur faible et il a dû prendre trop de gouttes à base d'arsenic pour le fortifier. Le pauvre ! **C.** Ce n'est pas vrai ! Vous en avez forcé la dose, n'est-ce pas ? Avouez, vous l'avez empoisonné ! Vous êtes un monstre ! **Mère** Mais regarde-moi, ne suis-je pas ta mère ? Fais un effort, viens m'embrasser ! **C.** Jamais de la vie ! Je n'ai plus envie de me salir les mains…

Vocabulaire

Le crime

- Aller à l'abattoir
- Les poisons : l'arsenic, le cyanure, le curare
- Les pierres précieuses : un diamant, une émeraude…
- Le mobile (du crime) : la cupidité, la jalousie, la vengeance…

Pour communiquer

- ***Se reprocher des bassesses :***
Baise-lui les pieds tant que tu y es !
C'est pour du fric que tu fais la révérence ? / Ces diamants, tu les boufferais si tu pouvais !
Quelle belle famille ! Quel beau spectacle !
Vous jetez de l'huile sur le feu et vous attendez que cela flambe… !
Arrête de pleurnicher, on dirait ton père ! / Mais tu es encore sous sa coupe, ma parole !
Je n'ai plus envie de me salir les mains…

- ***Signifier le congé (fam.) :***
Allez, filez, filez ! Débarrassez le plancher ! / Foutez-moi le camp ! / Allez, dehors !
Vous dînerez sans moi, votre puérile attitude m'a coupé l'appétit !

1 Compréhension. **Vrai ou faux ? Si faux, justifiez votre réponse.**

1. Il s'agit d'un rapport de police.

2. Les relations familiales des protagonistes sont détendues et chaleureuses.

3. La mère joue sur deux registres de langue : elle est polie avec le notaire, grossière avec ses filles.

2 Vocabulaire. **Devinettes : de quoi s'agit-il ?**

1. Lors d'un assassinat, ce peut être, entre autres, la haine ou l'argent.

2. Les saphirs et les rubis que va (bientôt) vous offrir l'être aimé en sont.

3. Si vraiment vous voulez vous débarrasser de quelqu'un que vous haïssez, utilisez-les avec modération et discrétion, sinon gare à vous : Hercule Poirot et Miss Marple seront à vos trousses !

4. En général, ce sont les bovidés ou les ovidés qui y vont. Mais à reculons !

3 Pour communiquer. **Quels reproches feriez-vous, dans un registre familier, à ces membres de votre famille qui se comportent comme des crapules ?**

1. À votre demi-sœur qui est avide de pierres précieuses.

2. À votre nièce qui ne cesse de geindre !

3. À un cousin dont vous vous êtes occupé(e) pendant des années, mais qui, en retour, ne nourrissait contre vous que méchanceté, haine et cruauté. Désormais, vous ne voulez plus avoir à faire à lui.

4. Vous avez sous vos yeux une de vos cousines qui n'arrête pas de faire des courbettes devant votre grand-père agonisant.

5. À un oncle qui joue les innocents, mais qui en vérité prend un malin plaisir à monter les membres de la famille les uns contre les autres !

6. À votre belle-sœur qui est prête à toutes les bassesses, même les plus abjectes, pour s'accaparer l'héritage de votre riche oncle célibataire !

7. À un neveu de 37 ans resté dans le giron de sa mère et sous son emprise la plus absolue.

8. Vous êtes au paradis et, depuis votre nuage, vous voyez les membres de votre famille se chamailler, s'invectiver et se déchirer à l'ouverture de votre testament.

4 Pour communiquer. **Reformulez ces phrases de façon plus directe pour signifier le congé à votre ennemi juré.**

1. Je vous prie d'aller voir ailleurs si j'y suis !

2. Je ne peux toucher à rien, vos enfantillages m'ont écœuré(e).

3. Prenez vos cliques et vos claques et partez !

4. Je ne veux plus vous voir fouler le même sol que moi !

5 À vous ! **Une réunion de famille a tourné au vinaigre. Quelles « gentillesses » avez-vous échangées avec l'un(e) des vôtres pour vous faire des reproches ? Écrivez un dialogue sarcastique avec des répliques qui fusent, puis jouez la scène avec des amis.**

32b

Gérer un conflit intergénérationnel

Chloé, la fille de la famille, prend un cours de guitare, avec son professeur, Jacques. Elle semble peu motivée aujourd'hui.

Jacques. *[soupire, il commence à jouer des notes de guitare]* Chloé, il y a un problème ?

Chloé. Non, ça va…

J. Je sens que t'es pas dedans, là. […]

C. Non, mais ça va, y'a rien.

J. Je vois qu'il y a quelque chose, quelque chose qui te tracasse. Il vaut mieux l'extérioriser. La musique, ça sert à ça. C'est un moyen d'expression pour évacuer les tensions, pour se faire entendre. […]

C. Bon, bah, en gros ma mère me soûle en ce moment.

J. Ah ! Voilà. Tu vois, c'est bien. On va évacuer tout ça. […] « Ma mère me saoule » par Chloé Bouillon, avec les accords qu'on a vus. *[Chanson en duo]* « *Okay, tu me dis que ta mère te saoule.* » – « *Ma mère me saoule, oh oui, elle me saoule !* » – « *Dis-moi comment elle te soûle […] elle te les casse.* » – « *Oui, elle me les casse parce qu'elle est relou, et qu'elle ne comprend pas que je suis grande !* »

J. Allez, tous ensemble !

Tous. « *Ma mère me soûle, c'est dingue, elle me soûle, elle me fout les boules !* »

C. C'est dingue, ça fait du bien !

J. Je te l'ai dit, c'est super, on reprend *[À ce moment-là, la mère entre dans la pièce. Jacques l'aperçoit et Chloé non]* : « *Non, ne dis pas ça ! On a qu'une seule maman.* » – « *Une, c'est beaucoup trop pour moi !* » – « *Oui, mais elle est là…* » – « *Toujours sur mon dos !* » – « *Non, dans l'entrée ! Juste derrière toi…* » *[Jacques quitte la pièce précipitamment.]*

J. Au revoir, vous me paierez la semaine prochaine, Marjorie, il n'y a pas de problème !

[Chloé reprend sa chanson un peu gênée devant sa mère.]

Chloé. « *Ma p'tite maman que j'aime, qui me soûle pas du tout.* »

[Le fils débarque du 1er étage sans voir sa mère.]

Il chante. « *Ma mère me soûle, […] elle me saoule grave, elle me fout les boules !* » *[Mère interloquée]*

M6, série « En famille », https://www.youtube.com/watch?v=tDs5DPJHG5k

Vocabulaire

Le cours de musique

- Un accord, accorder
- S'accompagner à la guitare, au piano
- Évacuer les tensions, extérioriser un problème ≠ intérioriser
- Un accompagnement musical
- Le refrain, la rime, la voix
- Se faire entendre

Pour communiquer

- *Exprimer son agacement :*
Ma mère me saoule / soûle.
Elle me les casse. / Elle me fout les boules. / Elle me les brise.
Elle est relou (= lourde). / Elle est toujours sur mon dos.
Une, c'est beaucoup trop pour moi.
Elle m'agace, me tape sur les nerfs, me pompe l'air, me casse les pieds, m'exaspère.
- *Créer un rythme et une rime pour une chanson :*
Ma / mère / me / **soûle** // elle / me / saou / le / grave // elle / me / fout / les / **boules** //
(4 syllabes//5 syllabes//5 syllabes)

1   Compréhension. Vrai ou faux ? Si faux, justifiez votre réponse.

1. Ce document est extrait d'une célèbre comédie musicale.

2. La jeune fille explique à son professeur de musique ses problèmes relationnels avec sa mère.

3. Son professeur lui conseille de garder ses problèmes pour elle.

4. La mère est choquée et fâchée.

2   Vocabulaire. Complétez les phrases suivantes avec les mots manquants.

1. La chanteuse Barbara tenait absolument à _____ sur scène.

2. On dit que _____ est un instrument qui se travaille en faisant des vocalises.

3. Beaucoup de chanteurs francophones ont du mal à _____, faute de visibilité dans les médias.

4. J'adore fredonner le _____ de cette chanson, il me reste dans la tête la journée entière.

5. Am*our*/touj*our*s est _____ si facile, et pourtant, que de chansons en sont pourvues !

6. En studio, l'arrangeur travaille sur _____ pour habiller la chanson.

7. On dit, avec raison d'ailleurs, que si l'on chante, on _____. C'est pourquoi, après, on se sent comme délesté de ses soucis.

8. Difficile de trouver une mélodie aux _____ harmonieux pour faire naître une belle chanson.

3   Pour communiquer. Imaginez-vous dans la peau d'un(e) adolescent(e). Reformulez ces phrases de manière familière pour exprimer votre agacement.

1. Mon frère insiste lourdement sur mes petits défauts.

2. Ma sœur m'énerve, m'exaspère au plus haut point quand elle vient me raconter ses petites contrariétés avec ses copines.

3. Mon père me surveille sans arrêt pour vérifier si je ne fume pas en cachette !

4. Ma mère m'horripile quand elle me demande au détour d'une phrase si je me suis bien lavé les pieds.

5. Je n'ai qu'une sœur et c'est bien assez, deux ce serait l'enfer sur terre !

6. Mes parents me fatiguent avec leurs petits conseils stupides lorsque je trempe mes lèvres dans un mojito ou quand je sirote un spritz !

4   À vous ! À l'aide de l'image, créez une chansonnette (avec des rimes) sur les conflits supposés entre les membres de cette famille. Soyez drôle et chantez-la à votre entourage. Si nécessaire, sortez les parapluies (*en France, on dit qu'il pleut lorsque quelqu'un chante faux*).

32c Communiquer avec nos anciens

Mes chers petits,

Mes mains tremblent de plus en plus souvent, c'est pourquoi j'ai demandé à Louis, un jeune infirmier qui est très gentil, d'écrire cette lettre pour moi. Vous comprendrez que tailler une bavette avec vous rend ma journée plus douce. Ce sera bientôt mon troisième Noël à la maison « Bon Repos ». J'y suis tranquille comme Baptiste. Je sais que vous vous êtes donné une peine folle pour me trouver ce bel endroit, d'où j'ai d'ailleurs une vue charmante sur l'autoroute. Bien que cela fasse un peu de ramdam, ne vous inquiétez pas : mes boules Quies ne sont pas de la roupie de sansonnet ! Albert, tu travailles beaucoup et j'imagine quel poids ce doit être d'entretenir un chalet en Floride, surtout que ta pauvre femme est obligée de suivre ses cours de yoga transcendantal sur la plage de Miami. Je suis vraiment navrée de savoir que tu dois tirer le diable par la queue... Francine, toi ma grande, je sais que tu es surmenée étant donné que tu accompagnes tes enfants au ski ou au golf tous les week-ends. C'est abominable de devoir être toujours par monts et par vaux. Odette, tu dois sans doute être en République dominicaine avec ton nouveau mari Alfonso. J'ai vu un reportage à la télé, où on nous montre combien ils sont gentils avec les Françaises qui ont la cuisse légère et qui sont à la recherche d'amour. Et vous, tous mes petits-enfants, Lise, Simon, Louise-Hélène, Lucie et Martin, je conçois que vos études vous empêchent de venir embrasser votre vieille grand-mère, ne serait-ce que 5 minutes, car pour vous je me trouve au diable vauvert. Surtout, ne vous dérangez pas pour venir me rendre visite. Ne vous cassez pas la nénette pour moi : je vais bien ! Je vous embrasse tous très fort, pas d'inquiétude à avoir, je ne yoyote pas encore de la cafetière.

Tendrement vôtre,

Grand-mère Lucienne

P.S. : Nom d'un petit bonhomme ! J'allais oublier. Louis et moi, on prend l'avion ce soir pour Hawaï. J'ai gagné 820 millions au loto. On se reverra donc à la saint-glinglin.

▇ Vocabulaire

Les expressions de nos grands-mères

- Tailler une bavette avec...
- Faire du ramdam
- Tirer le diable par la queue
- Avoir la cuisse légère
- Ne pas se casser la nénette
- Nom d'un petit bonhomme !

- Être tranquille comme Baptiste
- Ce n'est pas de la roupie de sansonnet !
- Être par monts et par vaux
- Se trouver au diable vauvert
- Yoyoter de la cafetière
- Se revoir à la saint-glinglin

Pour communiquer

● *Faire des allusions acides :*

Je sais que vous vous êtes donné une peine folle pour me trouver ce bel endroit avec vue sur l'autoroute. / J'imagine quel poids ce doit être d'entretenir un chalet en Floride.

Surtout que ta pauvre femme est obligée de suivre des cours de yoga transcendantal.

Je sais que tu es surmenée car tu accompagnes tes enfants au golf et au ski tous les week-ends.

Je conçois que vos études vous empêchent de venir m'embrasser, ne serait-ce que cinq minutes.

● *Conclure une lettre à l'ancienne :* Tendrement vôtre / Amicalement vôtre.

Adieu mon ami(e), je n'ai plus de place pour continuer ma missive (*soutenu*).

Nous vous adressons, ainsi qu'à X, nos plus amicales pensées. / Avec notre plus amical souvenir.

Merci mon cher oncle, nous vous disons nos sentiments très affectueux et reconnaissants.

1 Compréhension. **Ces affirmations sont fausses, reformulez-les correctement.**

1. C'est le témoignage d'une personne âgée sur les conditions de vie dans une maison de retraite.

2. Lucienne est très malheureuse et son avenir est sombre.

3. Le courrier n'exprime aucune arrière-pensée, juste un peu de mélancolie.

2 Vocabulaire. **Reformulez ces phrases en les remplaçant par une expression de grand-mère.**

1. Rémi et Salomé font du bruit qui gêne leurs voisins.

2. Jean-Charles est toujours par-ci par-là, à Paris, en province ou à l'autre bout du monde.

3. Florentin ne se fatigue pas pour aider sa grand-mère à préparer sa compote de pommes-coings.

4. Crépin est parti s'installer à Wallis-et-Futuna, on risque de ne plus le revoir avant longtemps.

5. Cette truffe blanche d'Albe, ce n'est pas une bagatelle ni pour la bourse ni dans l'assiette.

6. Dimitri se trouve à Tiksi, au fin fond de la Sibérie !

7. Au café du coin, Simon bavarde de tout et de rien avec Quentin.

8. Émeline accepte facilement des relations sexuelles.

9. Narcisse est parfaitement serein, dégagé de tout souci.

10. Bernadette ne cesse de s'écrier « Nom de Dieu ! ».

11. Timoléon, le jardinier, vit avec des ressources insuffisantes.

12. Hubert déraisonne et dit n'importe quoi.

3 Pour communiquer. **Comme Lucienne, reformulez ces phrases trop « directes » en y introduisant des sous-entendus teintés d'ironie.**

1. Ton épouse s'ennuie tellement qu'elle se jette dans l'ésotérisme pour tuer le temps. Quelle bécasse !

2. Vous vous êtes précipités pour m'enfermer dans une maison de retraite exposée au trafic routier et aux gaz de voiture. Vous êtes des monstres !

3. Vous, mes petits-enfants, vous vous fichez bien de moi car, malgré vos trois mois de vacances, vous n'avez pas un seul moment pour venir me faire un petit coucou. Bande d'ingrats !

4. Ta légitime, elle a trois domestiques rien que pour s'occuper de votre chalet à Madère. Quelle flemmasse !

5. Tes loisirs et ceux de tes rejetons t'accaparent tellement qu'il t'est impossible de venir me rendre visite. Quelle sale égoïste !

4 Pour communiquer. **Quelles formules utiliseriez-vous pour conclure ces courriers élégants ?**

1. À de lointaines relations que vous n'avez pas vues depuis longtemps.

2. À un membre de votre famille qui met son château à votre disposition pour y séjourner.

3. Sur une carte postale que vous envoyez du bout du monde à vos collègues.

4. À une personne pour qui vous avez une profonde affection et que vous respectez.

5. À un intime à qui vous avez écrit longuement.

5 À vous ! DALF **Adressez un courrier de reproches à votre famille, qui profite de vous sans contre-partie, en employant des expressions pleines de « sous-entendus ».**

33a

Témoigner d'un sentiment amoureux

À quoi reconnaissent-ils que c'est de l'amour ? Témoignages de cinq hommes amoureux.

Hugues : J'ai toujours été cœur d'artichaut. Quand je suis amoureux, ça se voit tout de suite. Je deviens cotonneux, planant. Je rêve, je construis des plans sur la comète. Je fais table rase de toutes les historiettes autour, je m'embarque avec elle, je fais des projets : aussi bien du romantisme le plus basique (elle et moi sur une île déserte, à l'autre bout du monde) que du plus grand pragmatisme (l'appartement commun, les enfants, la famille)...

Stéphane : Moi, c'est quand je cesse d'en faire des tonnes. Tant que je fais le paon, tant que je reste dans le numéro de charme, c'est que je suis dans un trip de séduction, sexuel. J'assure, je contrôle. Mais dès qu'il y a un autre enjeu, je ne sais plus jouer. Je suis juste ce que je suis.

Gauthier : L'amour, ça me donne du panache ! Récemment, je me suis même glissé sur scène, à la fin d'une représentation de *Cyrano*, pour piquer la fameuse lettre d'amour, restée par terre. Et je l'ai offerte à ma Roxane. Franchement, ça l'a épatée ! Et moi aussi. *(Rires)*

Laurent : Ça m'arrive très rarement, mais quand ça me prend, je suis prêt à tout. Depuis quatre ans, je suis fou amoureux d'une femme « impossible », qui s'est mariée quelques jours après notre rencontre ! Mais on est faits l'un pour l'autre, on le sait, elle et moi. Et je l'attendrai le temps qu'il faudra...

Pedro : J'ai aimé des filles, plus souvent des garçons. À chaque fois, la première sensation est la même : un nœud au ventre, quelque chose qui se tord, là *(geste vers le plexus)*... Les histoires de corps, c'est tellement plus simple. La symbiose est évidente, la jouissance se passe forcément à deux. Il n'y en a pas un qui s'éclate et l'autre qui s'ennuie, ou alors on s'en aperçoit très vite. L'amour, c'est le royaume de l'interprétation, du malentendu, de l'ambiguïté. L'intrusion du doute. Moi, j'aime tout de lui, je suis prêt à tout donner. Mais est-ce réciproque ? Et, si oui, est-ce que je suis à la hauteur ? Pourquoi est-il amoureux de moi ? Il va me lâcher... Bien sûr, il y a le cœur qui palpite à chaque rendez-vous ou à chaque coup de fil, l'impression, quand l'autre est là, de flotter, de quitter terre. Mais aussi tous les vieux démons qui resurgissent. La parano (Qu'est-ce qu'il a voulu dire, là ? Pourquoi il ne rappelle pas ?). L'envie de posséder, l'angoisse, les questions... Bref, ce n'est pas léger. *(Rires)*

D'après *Marie-Claire*, magazine féminin, http://www.marieclaire.fr/,a-quoi-reconnaissent-ils-que-c-est-de-l-amour,821727.asp

Vocabulaire

L'état amoureux

- Un numéro de charme
- Une histoire de corps (= de cul, *fam.*), de cœur
- Une jouissance, jouissif(-ive)
- Le royaume de l'ambiguïté
- Être cœur d'artichaut
- Un trip de séduction
- Une symbiose, vivre en symbiose
- Une réciprocité, réciproque
- L'intrusion du doute
- Être fou amoureux, folle amoureuse

Pour communiquer

- *Décrire des manifestations physiques :* Il y a le cœur qui palpite à chaque rendez-vous.
Avoir un nœud au ventre, quelque chose qui se tord là (geste vers le plexus).
- *Exprimer un état de grâce :* L'amour, ça donne du panache !
Je deviens cotonneux, planant, je m'embarque avec elle.
J'en fais des tonnes, je fais le paon, je construis des plans sur la comète.
L'impression, quand l'autre est là, de flotter, de quitter terre.
Quand ça me prend, je suis prêt à tout, je fais table rase de toutes les historiettes autour.
Il n'y en a pas un qui s'éclate et l'autre qui s'ennuie.
- *Exprimer un sentiment de doute :* Suis-je à la hauteur ? Va-t-il me lâcher ?
Moi, j'aime tout de lui, je suis prêt à tout donner, est-ce réciproque ?
Les vieux démons qui resurgissent : la parano, l'angoisse...

1 Compréhension. Répondez aux questions suivantes.

1. À quel propos témoignent ces cinq hommes ?

2. Quel est le point commun entre Stéphane et Gauthier, et qu'est-ce qui les distingue ?

3. Pour Pedro, vivre le sentiment amoureux, est-ce chose aisée ?

2 Vocabulaire. Devinettes : de quoi s'agit-il ?

1. C'est ce que l'on ressent quand la relation est marquée par une union étroite et harmonieuse.

2. C'est l'arrivée inattendue et désagréable d'un sentiment d'instabilité et d'insécurité.

3. C'est un comportement passager dicté par le désir de plaire.

4. C'est là où règne l'équivoque.

5. Aux Antilles, c'est un récit osé. En France, c'est une relation uniquement basée sur le sexe.

6. Vous l'êtes lorsque votre sentiment amoureux est intense et obsessionnel.

7. C'est tomber facilement amoureux et être romantique à la limite de la naïveté.

8. Vous le faites devant une personne qui vous plaît et que vous voulez séduire.

9. C'est lorsque les sentiments sont équitablement partagés entre deux amoureux.

10. C'est l'expression d'un plaisir intense, de sensations fortes.

3 Pour communiquer. Lorsqu'on est amoureux, le corps parle. Indiquez les symptômes physiques pour les états suivants.

1. Je suis dans tous mes états quand je rencontre Flora.

2. Je n'ai plus d'appétit quand je suis près de Sylvie.

3. Je me sens terriblement oppressé auprès de Salomé.

4 Pour communiquer. Reformulez ces phrases pour exprimer la béatitude.

1. Amoureux, je prends tous les risques et j'oublie les autres romances sans importance.

2. J'exagère, je roucoule, je joue les don Juan. Je construis des châteaux en Espagne.

3. Quand on est amoureux, tout est possible et tout est prétexte pour atteindre la gloire !

4. Je suis dans un état second, comme en extase, et c'est parti ! Je me sens vivre avec elle.

5. Dans notre couple, il n'y a aucun désaccord, nous sommes sur la même longueur d'ondes.

6. Près de l'être aimé, on s'envole, on part vers d'autres cieux.

5 Pour communiquer. Voici des situations dans la vie de couple qui vous déstabilisent. Que dites-vous dans ces moments de doute ?

1. Je lui dis sans cesse que je l'aime et jamais il ne me répond.

2. Votre amoureux(-se) se montre complice avec une belle personne.

3. Votre amoureux(-se) mène une vie très indépendante. Il/elle a ses jardins secrets.

6 À vous ! Quel(le) amoureux(-se) êtes-vous ? Faites votre autoportrait intime et décrivez votre état lorsque Cupidon vous envoie ses flèches. Envoyez votre témoignage à *vivelamour@bisou.fr*.

Se reprocher des infidélités

Caroline, après une semaine où elle a noté les absences de monsieur, s'aperçoit qu'il passe sept heures par jour loin d'elle. Un jour, [...] Caroline prend un faux air amical dont l'expression bien connue a le don de faire intérieurement pester un homme, et dit : – Tu as donc eu beaucoup d'affaires, aujourd'hui, mon ami ? – Oui, beaucoup ! [...] – Tu n'as fait que des affaires ? *dit Caroline en interrompant Adolphe. Elle jette alors un regard clair, direct, par lequel elle plonge à l'improviste dans les yeux de son mari : une épée dans un cœur.* – Que veux-tu que j'aie fait ? De la fausse monnaie, des dettes, de la tapisserie ? – Mais, je ne sais pas. Je ne peux rien deviner, d'abord ! Tu me l'as dit cent fois : je suis trop bête. – Bon ! Voilà que tu prends en mauvaise part un mot caressant. Va, ceci est bien femme. – As-tu conclu quelque chose ?, *dit-elle en prenant un air d'intérêt pour les affaires.* – Non, rien… – Combien de personnes as-tu vues ? – Onze, sans compter celles qui se promenaient sur les boulevards. – Comme tu me réponds ! – Mais aussi tu m'interroges comme si tu avais fait pendant dix ans le métier de juge d'instruction. [...] – Autrefois, tu me disais tout… Tu n'es pas allé chez madame de Fischtaminel ? [...] – Pourquoi y serais-je allé ?… – Ça m'aurait fait plaisir ; j'aurais voulu savoir si son salon est fini… – Il l'est ! – Ah ! Tu y es donc allé ? – Non, son tapissier me l'a dit. – Tu connais son tapissier ? [...] – Mais tu ne veux donc pas m'écouter ? *s'écrie Adolphe en pensant qu'avec une longue narration il endormira les soupçons de Caroline.* – Je t'ai trop écouté. Tiens : tu mens depuis une heure, comme un commis voyageur. – Je ne dirai plus rien. – J'en sais assez, je sais tout ce que je voulais savoir. Oui, tu me dis que tu as vu des avoués, des notaires, des banquiers : tu n'as vu personne de ces gens-là ! Si j'allais faire une visite demain à madame de Fischtaminel ? [...] *Ici, Adolphe essaie, en arrêtant un regard fixe sur Caroline, d'arrêter ce flux de paroles.* [...] – Ah ! C'est une jolie combinaison ! Mettre sa femme à la campagne pour être libre de passer la journée à Paris comme on l'entend. Voilà donc la raison de votre passion pour une maison de campagne ! Et moi, pauvre bécasse, qui donne dans le panneau ! [...] *Adolphe s'entend dire des sarcasmes pendant une heure.* [...] – Écoute, Caroline, je vais tout te dire… – Eh bien ! Tu seras gentil, je t'en aimerai mieux ! – Je suis resté trois heures… – J'en étais sûre… chez madame de Fischtaminel ? – Non, chez notre notaire, qui m'avait trouvé un acquéreur [...] – Tu viens d'arranger ce roman-là pendant que je te parlais ! Voyons, regarde-moi ! [...] J'irai demain chez madame de Fischtaminel. – Eh ! Va où tu voudras !… – Quelle brutalité !

Honoré de Balzac, *Philosophie de la vie conjugale, V, La misère dans la misère*, Paris, Gallimard, 2006 [1832], p. 39-45

▮▮▮▮ **Vocabulaire**

La jalousie

- Prendre un faux air amical, un air d'intérêt (= feindre)
- Pester intérieurement
- Comme une épée plongée dans le cœur
- Un flux de paroles, s'entendre dire des sarcasmes
- À l'improviste
- Endormir les soupçons

Pour communiquer

• ***Soupçonner son partenaire d'infidélité :*** Si j'allais faire une visite demain à madame… ?
Tu n'as fait que des affaires ? / Autrefois, tu me disais tout…
Combien de personnes as-tu vues ? / Voyons, regarde-moi !
Tiens : tu mens depuis une heure, comme un commis voyageur.
Ah ! C'est une jolie combinaison ! Et moi, pauvre bécasse, qui donne dans le panneau !
Tu viens d'arranger ce roman-là pendant que je te parlais !

• ***Se défendre contre les soupçons en ironisant :***
Que veux-tu que j'aie fait ? De la fausse monnaie, des dettes, de la tapisserie ?
Onze, sans compter celles qui se promenaient sur les boulevards.
Mais aussi tu m'interroges comme si tu avais fait pendant dix ans le métier de juge d'instruction.
Je ne dirai plus rien….. Écoute, Caroline, je vais tout te dire… / Eh ! Va où tu voudras !…

1 Compréhension. Vrai ou faux ? Si faux, justifiez votre réponse.

1. Ce dialogue est extrait d'un livre du XIXᵉ siècle.

2. C'est l'histoire d'un mari jaloux de sa maîtresse, qu'il soupçonne d'infidélité.

3. Le discours de l'époux est teinté d'ironie, alors que celui de l'épouse est plein de reproches.

4. Le texte se clôt sur une chute tout en douceur.

2 Vocabulaire. Indiquez le terme correspondant à ces définitions.

1. Image qui dépeint la violence d'une expression ou d'un regard.

2. C'est manifester sa mauvaise humeur, son mécontentement en silence.

3. C'est quand une personne ou un événement arrive sans crier gare, sans prévenir.

4. C'est faire beaucoup de bla-bla pour éviter d'autres problèmes à venir.

5. Ce sont des phrases qui s'enchaînent rapidement et sans interruption.

6. C'est faire semblant d'être gentil.

7. C'est lorsqu'on subit des réflexions remplies d'allusions désobligeantes et ironiques.

3 Pour communiquer. Voici ce que vous raconte votre partenaire. Dit-il/elle la vérité ? Que diriez-vous dans ces cas-là ?

1. J'ai conclu un contrat avec Mᵐᵉ de Pomerol.

2. Tu m'aurais laissé placer un mot, je t'aurais dit que j'avais simplement passé la journée chez Papa.

3. Pourquoi veux-tu que je te parle de cela maintenant ?

4. J'ai passé la journée à Paris, c'eût été fatigant pour toi, étant donné que tu as des vapeurs et que tu dois te reposer à la campagne.

5. Au fait, j'ai rencontré ton amie Mᵐᵉ Piou à Odéon, et j'ai discuté longuement avec elle.

6. Quelle journée ! J'ai dû rencontrer tant et tant de gens aujourd'hui.

7. Tout ça pour dire que je n'ai pas eu une minute à moi, c'est tout juste si j'ai pu boire un café.

8. Si je suis rentré si tard ce soir c'est parce que j'ai dû finaliser un dossier avec Aude, ma secrétaire.

4 Pour communiquer. Vous subissez un véritable interrogatoire de votre conjoint, qui voit le mal partout. Répondez-y, si possible avec ironie.

1. Combien de personnes as-tu vues aujourd'hui, pour que je puisse le noter dans mon calepin ?

2. Qu'as-tu fait de si important de ta journée pour rentrer aussi tard ?

3. Eh bien voilà, nous y sommes ! Tu as tout de même passé toute l'après-midi chez Arielle D. !

4. Tu vas me répondre à propos de cette femme : qui ? quoi ? où ? comment ?

5. Et si j'allais jeter un coup d'œil dans ta garçonnière ?

5 À vous ! DALF Écrivez le dialogue d'un couple se reprochant des infidélités. Introduisez-y des soupçons et de l'ironie. Jouez cette scène à deux pour perfectionner votre intonation.

Désirer l'autre

33c — Exprimer son désir par métaphores

À celle qui est trop gaie

Ta tête, ton geste, ton air
Sont beaux comme un beau paysage ;
Le rire joue en ton visage
Comme un vent frais dans un ciel clair.

Le passant chagrin que tu frôles
Est ébloui par la santé
Qui jaillit comme une clarté
De tes bras et de tes épaules.

Les retentissantes couleurs
Dont tu parsèmes tes toilettes
Jettent dans l'esprit des poètes
L'image d'un ballet de fleurs.

Ces robes folles sont l'emblème
De ton esprit bariolé ;
Folle dont je suis affolé,
Je te hais autant que je t'aime !

Quelquefois dans un beau jardin
Où je traînais mon atonie,
J'ai senti, comme une ironie,
Le soleil déchirer mon sein ;

Et le printemps et la verdure
Ont tant humilié mon cœur,
Que j'ai puni sur une fleur
L'insolence de la Nature.

Ainsi je voudrais, une nuit,
Quand l'heure des voluptés
sonne,
Vers les trésors de ta
personne,
Comme un lâche, ramper
sans bruit,

Pour châtier ta chair joyeuse,
Pour meurtrir ton sein
pardonné,
Et faire à ton flanc étonné
Une blessure large et creuse,

Et, vertigineuse douceur !
À travers ces lèvres
nouvelles,
Plus éclatantes et plus belles,
T'infuser mon venin, ma sœur !

Charles Baudelaire, *Les Fleurs du Mal*, Paris, Nrf, Poésie/Gallimard, p. 184-185 (Les Épaves)

Grammaire

Ainsi (comparaison / conséquence)

- Ainsi, je voudrais te faire une blessure à ton flanc = *comparaison (souvent avec virgule)*
- Ainsi voudrais-je ramper vers toi = *conséquence (en général avec inversion)*

Vocabulaire

Le désir

- Un affolement, affolé(e)
- Les voluptés
- Un vertige, vertigineux(-se)

- Le sein (cœur, poitrine)
- Les trésors (d'une personne)

Pour communiquer

- *Exprimer le désir naissant à travers des comparaisons :*
Être ébloui(e) par (la jeunesse, la santé…) / Jaillir comme (une clarté, une lumière…)
Jeter dans l'esprit de qqn l'image de qch (un ballet de fleurs…)
Être l'emblème de qch (de bariolé, de coloré…) / Je te hais autant que je t'aime.
- *Exprimer un désir de vengeance :* …ont tant humilié mon cœur, que j'ai puni sur… qch
Ramper sans bruit vers… / Châtier la chair (joyeuse) de qqn
Meurtrir le sein (pardonné) de qqn / Infuser à qqn son venin

1 Compréhension. **Ces affirmations sont fausses. Corrigez-les.**

1. Il s'agit d'un texte en prose.

2. Le désir amoureux est traité ici de manière sobre et banale.

3. Le poète représente la lumière et la femme désirée l'obscurité.

2 Vocabulaire. **Complétez ces phrases par les mots manquants.**

1. Les _____ de Justine se trouvent aussi bien dans son boudoir décoré avec soin que sous sa robe !

2. Rousseau raconte dans ses *Confessions* : « *Je m'enivrai des plus douces* _____. » Avez-vous, comme Jean-Jacques, connu ce plaisir des sens ?

3. Mon amour vient de m'être infidèle, surtout pas _____ ! Je dois rester serein(e).

4. De tempérament fougueux, chaque fois que je m'emballe pour une personne, il m'est impossible de ne pas me lancer dans une course _____ au désir.

5. Quoi qu'il advienne, je garde en mon _____ un amour éternel.

3 Grammaire. *Ainsi* : **signalez la comparaison par ←A et la conséquence par A→.**

1. Ainsi parlèrent Zarathoustra et le poète.

2. Ainsi vous refusez de me parler, Barbara ?

3. Ainsi me vois-je dans l'obligation de vous châtier.

4 Pour communiquer. **Rendez ces descriptions plus poétiques grâce à des comparaisons bien choisies.**

1. Ta coiffure reflète ton esprit plein de fantaisie.

2. Je vois à travers ta belle présence une jeunesse insouciante.

3. Lorsque l'on vous regarde, on se dit : quelle beauté !

4. Quand vous riez, on dirait une source qui monte de votre gorge.

5. Mon sentiment pour toi est ambivalent, oscillant entre l'amour et la haine.

5 Pour communiquer. **Vous avez croisé un être d'une exceptionnelle beauté. Ne vous sentant pas à la hauteur, une pulsion agressive naît en vous. Exprimez-la dans votre journal intime.**

1. Cette beauté ne vous laisse jamais vous approcher d'elle. Vous contournez cet obstacle.

2. Cette beauté a une peau de pêche fraîche et soyeuse. Vous ne supportez pas ce don de la nature.

3. Cette beauté arbore une poitrine respirant la santé. Cela vous rend chagrin puisque vous êtes plate comme une limande (femme) ou un vrai gringalet (homme).

4. Cette beauté rayonne, répand la joie autour d'elle. Vous ne supportez plus cela.

5. Cette beauté refuse sans cesse votre amour. Vous vous vengez sur une mouche de l'insolence de cette attitude.

6 À vous ! **Exprimez, dans un poème en prose, le sentiment ambivalent qu'on éprouve parfois envers le beau et le désir naissant. Employez des expressions poétiques empreintes de beauté et d'ambiguïté.**

Choisir sa famille de cœur

Présenter des amis fictifs

Ed déteste TOUT, surtout l'école et le foot. Cet état d'esprit particulier l'a conduit à être viré de 49 lycées en une seule année : un record mondial ! En réalité, Ed n'aime qu'une seule chose : c'est qu'on lui foute la paix et, lorsqu'on a le malheur de troubler sa tranquillité, il vaut mieux avoir un bon casque sur la tête (voire plusieurs) car il a le coup de boule facile, rapide et puissant ! Au-delà de son caractère assez belliqueux, Ed possède des capacités hors norme : un coup de tête ultra puissant (lui permettant par exemple de se servir des canettes gratos) et une détente incroyable ! Ceci lui a valu d'être repéré par No'Z, un vieux vendeur qui entraîne une équipe mystérieuse…

Naïf, bête ou idiot, difficile de choisir un adjectif pour qualifier **Pitt**. Au-delà de sa « bêtise », Pitt est avant tout un passionné, ou plutôt un ultrapassionné ! Tout ce qu'il fait, il le vit à fond, sans aucune retenue ! C'est équipé de son pogo stick, qu'il a beaucoup de mal à maîtriser, qu'il se rend au premier rendez-vous fixé par No'Z. Sur sa route, il croise Brian, son présentateur télé préféré. Afin de venir en aide à son idole, il se plie en quatre pour retrouver son portable, mais sa maladresse fera encore des siennes… On s'aperçoit alors que Pitt est aussi un grand fan des personnalités fortes. Il a d'ailleurs une admiration sans limite pour Leg, le plus grand joueur de foot de la région Est. Par contre, il déteste les casseurs d'ambiance comme Abdo, son ennemi juré, ou Ed, et il n'hésite pas à leur faire savoir !

Malgré son physique de sumo fluet, voire maigrichon, **Abdo** n'en est pas moins un combattant-né, une véritable boule d'agressivité que rien n'arrête ! Il est toujours partant pour une bonne baston à l'ancienne, surtout si c'est pour se mettre sur le nez avec Pitt, le « Bruce Lee du Dimanche », comme il le surnomme… ! Sous son large kimono, il porte des bretelles pour maintenir en place sa culotte de sumo et arbore sur le torse une mystérieuse marque de main géante… Il a également développé un langage assez unique, incluant beaucoup de mots japonais, dont un qu'il affectionne tout particulièrement. Le mot « *baka* », qui peut prendre, dans la bouche d'Abdo, de nombreux sens, tous très faciles à comprendre, et qui peut être utilisé aussi bien comme un nom que comme un adjectif… Une sorte de langage universel de bourrin, correspondant bien au caractère d'Abdo : simple, efficace.

https://www.head-trick.com/personnage-manga-h-29.html?idCtc=53

▋ Vocabulaire

La bagarre

- Troubler la tranquillité de qqn
- Un combattant-né
- Une détente (*fam.*)
- Une baston (*fam.*)
- Un casseur d'ambiance (*fam.*)

- Belliqueux(-se)
- Un coup de tête, un coup de boule (*fam.*)
- Une boule d'agressivité (*fam.*)
- Se mettre sur le nez (*fam.*)
- Un bourrin (*fam.*)

Pour communiquer

- *Signaler un trait de caractère saillant :*

Cet état d'esprit particulier l'a conduit à … : un record mondial !

Il possède des capacités hors norme. / Ceci lui a valu d'être repéré par…

(Naïf, bête ou idiot), difficile de choisir un adjectif pour qualifier qqn… / Il arbore sur le torse qch…

Il a développé un langage assez unique… / Le mot « … » peut prendre dans la bouche de qqn de nombreux sens.

- *Souligner l'intensité de l'engagement :*

Il est avant tout un passionné, ou plutôt un ultrapassionné !

Tout ce qu'il fait, il le vit à fond, sans aucune retenue !

Il se plie en quatre pour… / Rien ne l'arrête ! Il est toujours partant pour…

A C T I V I T É S

1 Compréhension. **Vrai ou faux ? Si faux, justifiez votre réponse.**

1. C'est une fiche de caractérisation pour des personnages de manga.

2. Les trois protagonistes ont la détente facile, comme les cow-boys avaient la gâchette facile.

3. Pour dresser ces portraits, l'auteur emploie un langage extrêmement raffiné.

2 Vocabulaire. **Voici des tournures familières. Reformulez-les en langue courante.**

1. Tu m'embêtes !

2. Ce judoka est un super guérillero, et ce depuis le berceau.

3. Il est bagarreur, ce Malbrough ! Mironton, mironton, mirontaine…

3 Vocabulaire. **Voici des mots standard soulignés, trouvez leurs équivalents familiers.**

1. Il y a eu une altercation musclée entre Astérix et les Romains.

2. Didier joue les trouble-fête en arrivant toujours au mauvais moment.

3. Ce stupide footballeur a donné un coup violent avec le front contre le visage de son adversaire.

4. Malgré son air enfantin et ses pommettes roses, Émilie est un monstre de violence.

5. Dans la cour de récré, Eudes donne souvent des châtaignes à la bande du petit Nicolas.

6. Cet acteur, déjà limité au niveau du cerveau, est une vraie brute dès qu'on le contrarie.

4 Pour communiquer. **Pour caractériser, complétez les phrases suivantes.**

1. Merlin l'Enchanteur _____ : il sait prédire le déroulement et l'issue des batailles ; _____ le Roi Arthur.

2. Jules César, paraît-il, _____, une sorte de code secret, pour communiquer avec ses provinces.
_____ « AVE », par exemple, _____. Ce Jules, quel génie !

3. Claude Lévi-Strauss a découvert que les Nambikwara _____ de magnifiques tatouages asymétriques.

4. Cha Sa-soon, Sud-Coréenne de 69 ans, est quelque peu distraite. _____ rater son permis 959 fois :
_____ ! Elle l'a finalement obtenu au bout de la 960ᵉ fois.

5. Imbu de sa personne, soucieux de sa morale ou obséquieux, _____ Hercule Poirot. Mais quelles fantastiques petites cellules grises !

5 Pour communiquer. **Reformulez ces quatre portraits de personnages de manga très exaltés.**

1. Pecto se démène pour aider ses copains Dorso et Bicepso à retrouver leur épée perdue.

2. Reiko est très engagée dans son combat pour la défense des tapirs, elle ne vit que pour ça.

3. Buldog n'a peur de rien. Il se jette dans les aventures les plus dangereuses.

4. Vav ne se ménage pas quand il a une idée en tête ; il va jusqu'au bout pour la réaliser.

6 À vous ! **Faites le portrait d'un(e) ami(e) qui vous semble sortir directement d'un manga. Vantez ses qualités chevaleresques, le tout dans une langue familière et décontractée.**

Réagir à une trahison

Dans un célèbre salon littéraire, faubourg Saint-Germain. Julie, jeune lectrice et dame de compagnie, debout devant Marie, sa protectrice d'un âge avancé.

Marie. Soyez sans crainte, Mademoiselle, je ne vous prendrai qu'un instant. Je m'en voudrais de faire attendre vos amis. *[Un temps]* Vous pouvez vous considérer comme libre de tout engagement à mon égard.

Julie. Merci, Madame. **M.** Plus vite vous aurez quitté cette maison, et mieux cela vaudra. Pour vous comme pour moi. **J.** Ce sera vite fait, Madame. J'ai déjà pris mes dispositions. **M.** Qu'il me soit seulement permis de regretter que vous ne soyez pas partie de votre propre chef. Il eût peut-être mieux valu pour vous que vous sortiez de chez moi la tête haute, et non congédiée. **J.** Vous avez eu le courage qui me manquait. Je n'avais pas le cœur de vous quitter. **M.** Vous préfériez me trahir ? **J.** Je n'ai pas eu le sentiment de l'avoir fait. **M.** C'est qu'il vous manque un sentiment dans tous ceux que vous professez. […]

D'un revers de la main, Marie signifie à Julie son congé.

J. Oui, je m'en vais, Madame, et c'est avec bonheur, car ma vraie vie commence. J'ai fait ce que j'ai pu pour vous. En retour, vous m'avez étouffée. […] Mon amour méritait mieux que vous, Madame, qui ne m'inspirez même plus de la reconnaissance. **M.** Jolie nature ! […] **J.** […] Il ne pousse rien à votre ombre. **M.** Eh bien, allez pousser plus loin. **J.** On m'y attend. Vous entendrez parler de moi, Madame, mais ce ne sera pas par vos amis : ils viennent avec moi. **M.** Ils ne sont plus les miens, puisqu'ils sont devenus les vôtres. **J.** Et vous n'avez que peu de temps pour vous en faire de nouveaux. **M.** C'est maintenant que vous êtes vous-même : un serpent. Oui, maintenant je vous connais. **J.** Et moi je ne vous connais plus. Adieu, Madame. *[noir]*

Jean-Claude Brisville, *L'Antichambre,* Paris, Babel/Actes Sud, 1991, p. 210-211 et 214-216

▊▊▊ Grammaire

La progression parallèle

Plus vite vous aurez quitté cette maison et *mieux* cela vaudra.

▊▊▊ Vocabulaire

Expressions du congé

- Être libre de tout engagement à l'égard de qqn
- Partir de son propre chef
- (Ne pas) avoir le cœur à quitter qqn
- Prendre ses dispositions
- Sortir la tête haute et non congédié(e)

Pour communiquer

- **Faire des reproches humiliants (avec ironie) :**
Je m'en voudrais de vous faire attendre.
Soyez sans crainte… je ne vous prendrai qu'un instant.
Il eût peut-être mieux valu pour vous que vous sortiez de chez moi la tête haute.
C'est qu'il vous manque un sentiment dans tous ceux que vous professez.
Vous n'avez que peu de temps pour vous faire de nouveaux amis (= vous êtes trop vieille).
C'est maintenant que vous êtes vous-même : un serpent.
- **Prononcer une rupture définitive :**
Mon amour méritait mieux que vous.
J'ai fait ce que j'ai pu pour vous, en retour vous m'avez étouffée. / Il ne pousse rien à votre ombre.
Vous ne m'inspirez même plus de la reconnaissance.
Je ne vous connais plus. Adieu, Madame.

1   Compréhension. **Ces affirmations sont fausses. Corrigez-les.**

1. Il s'agit d'un extrait de scénario.

2. Julie quitte à regret sa protectrice.

3. L'échange n'est pas tendre et, qui plus est, les mots employés sont grossiers.

2   Vocabulaire. **Indiquez le contraire des expressions suivantes.**

1. Claudine-Alexandrine fut mise à la porte *manu militari*.

2. Louise-Bénédicte fut prise au dépourvu.

3. Marie-Thérèse sauta de joie à l'idée de quitter Pierre-François.

4. Melchior quitta les lieux la queue entre les jambes.

5. Germaine se retrouva pieds et poings liés à l'égard de son mécène.

3   Grammaire. **Complétez par *plus ... plus, plus ... mieux, plus ... moins, moins ... plus*.**

1. ___ obscure est la nuit et ___ l'étoile y brille.

2. ___ Julie se fait humilier, ___ elle a envie de rester.

3. ___ tu étudieras avec ce livre de manière progressive, ___ tu avanceras.

4. ___ tu parleras français, ____ il te sera difficile de percevoir les différences culturelles à Paris.

4   Pour communiquer. **Voici des reproches en langue familière. Transformez-les en phrases élégantes.**

1. Pas de souci, ça ira super vite.

2. Ton temps est compté, fini les soirées mondaines !

3. À t'entendre, tu es la générosité incarnée mais, en réalité, tu es d'un égoïsme sans nom.

4. Si t'avais pris toi-même la décision de partir, t'aurais moins morflé (souffert).

5. Tu te montres enfin sous ton vrai jour ; en fait, t'es qu'une sale vipère !

6. J'suis bien content(e) de tourner la page !

5   Pour communiquer. **Que diriez-vous à votre hôtesse dans les situations suivantes ?**

1. Vous prenez définitivement congé de votre hôtesse, tant votre rancœur est grande.

2. Votre hôtesse ne laisse aucune place aux autres.

3. Votre hôtesse a tout gâché de votre amitié, quoiqu'elle vous ait aidé(e) par le passé.

4. Bien que vous vous soyez entièrement consacré(e) à votre hôtesse, elle vous a bridé(e).

5. Votre affection pour votre hôtesse n'était pas réciproque.

6   À vous ! DALF **Vous avez été trahi(e) par un être cher. Imaginez un dialogue feutré, élégant et ironique (à l'instar de cette scène) que vous pourriez échanger avec lui/elle lors de votre ultime rencontre.**

34c

Parler de l'amitié à travers une ballade

L'Amitié

Sheila : Beaucoup de mes amis sont venus des nuages
Avec soleil et pluie comme simples bagages
Ils ont fait la saison des amitiés sincères
La plus belle saison des quatre de la terre
Françoise Hardy : Ils ont cette douceur des plus beaux paysages
Et la fidélité des oiseaux de passage
Dans leurs cœurs est gravée une infinie tendresse
Mais parfois dans leurs yeux se glisse la tristesse
Sheila et Françoise : Alors, ils viennent se chauffer chez moi
Et toi aussi tu viendras
Sheila : Tu pourras repartir au fin fond des nuages
Et de nouveau sourire à bien d'autres visages
Françoise : Donner autour de toi un peu de ta tendresse
Lorsqu'un autre voudra te cacher sa tristesse
Comme l'on ne sait pas ce que la vie nous donne
Il se peut qu'à mon tour je ne sois plus personne
Sheila : S'il me reste un ami qui vraiment me comprenne
J'oublierai à la fois mes larmes et mes peines
Françoise : Alors, peut-être je viendrai chez toi
Chauffer mon cœur
Sheila et Françoise : à ton bois

Sheila et Françoise Hardy

Duo de Françoise Hardy et Sheila, « L'amitié », Jean-Max Rivière et Gérard Bourgeois, 1965, https://www.youtube.com/watch?v=3MpVliyG6fY

▆▆▆ Stylistique

L'alexandrin

- Donner autour de toi / un peu de ta tendress(e) (*6 syllabes-césure-6 syllabes*)
- Lorsqu'un autre voudra / te cacher sa tristess(e) (*e muet prononcé devant consonne*)

Pour communiquer

- *Exprimer l'amitié à travers des métaphores :*
Beaucoup de mes amis sont venus des nuages
Avec soleil et pluie comme simple bagage / Ils ont cette douceur des plus beaux paysages
Et la fidélité des oiseaux de passage / Ils ont fait la saison des amitiés sincères
Chauffer mon cœur à ton bois
- *Souligner l'amitié au moyen des rimes (plates) :*
une infinie tend**resse** … se glisse la trist**esse**
au fin fond des nu**ages** … à d'autres vis**ages**
la vie nous d**onne** … plus pers**onne**
qui me comp**renne** … et mes p**eines**
chez **toi** … ton b**ois**

1 Compréhension. Répondez aux questions suivantes.

1. S'agit-il d'une poésie amoureuse ?

2. Dans cette chanson, l'amitié est-elle fusionnelle ?

3. Quelles sont les particularités formelles de cette ballade (nombre de syllabes et rimes) ?

4. Qui sont Sheila et Françoise Hardy ?

2 Vocabulaire. **Complétez ces phrases avec les mots manquants que vous trouverez dans le texte.**

1. Si vous aimez cette chanson, vous pouvez la télécharger en MP3 ou la _____ sur un CD.

2. En s'investissant pour des œuvres de charité, cette chanteuse s'est fait une pub du tonnerre ; on peut dire qu'elle a bien _____ son jeu.

3. Les auteurs du nouveau tube de l'été ont eu de la _____ à finir leur texte, faute d'idées !

4. Ce concert d'accordéon, ça va _____ ! N'est-ce pas Marcel ?

3 Stylistique. **Voici six vers célèbres. Comptez le nombre de syllabes, puis déclamez les vers à haute voix. Enfin, mémorisez-les pour briller en société.**

1. De la musique avant toute chose / Et pour cela préfère l'impair. (Paul Verlaine)

2. Cueillez dès aujourd'hui les roses de la vie. (Pierre de Ronsard)

3. Je vis, je meurs : je me brûle et me noie. (Louise Labé)

4. Ventre affamé n'a point d'oreilles. (Jean de La Fontaine)

5. Le beau est toujours bizarre. (Charles Baudelaire)

6. Le jour n'est pas plus pur que le fond de mon cœur. (Jean Racine)

4 Pour communiquer. **Reformulez ces phrases de manière plus poétique (métaphorique).**

1. J'ai des amis tendres et délicatement dévoués.

2. À un moment de la vie, mes amis m'ont prouvé leur amitié par leur présence.

3. Je viens me consoler auprès de toi.

4. Mes amis viennent des quatre coins du monde, uniquement par amitié.

5 Pour communiquer. **Trouvez la rime qui convient pour chaque double vers de la chanson suivante : « C'est beau la vie » (Jean Ferrat et Isabelle Aubret).**

1. Le vent dans mes cheveux blonds / Le soleil à _____ .

2. Un oiseau qui fait la roue / Sur un arbre déjà _____ .

3. Pouvoir encore écouter / Mais surtout pouvoir _____ .

4. Le jazz ouvert dans la nuit / Sa trompette qui nous _____ .

5. Dans une rue de Paris / Que c'est beau, c'est beau _____ .

6 À vous ! **Créez un quatrain (quatre vers rimés) sur l'amitié et insérez-le dans la chanson à l'endroit le plus approprié.**

35a Faire semblant de se réconcilier

Dans une soirée arrosée. Cédric et Marion se font des mamours. Arrive, fier comme Artaban, Laurent, le cousin de Cédric, avec une bouteille de champagne à la main.

Laurent. Cédric. Marion. Salut, Cousin ! Eh, cool ! Ça va ? Eh oui, carrément !

[Tout le monde se fait la bise.]

M. Salut ! Ça va, la huitième merveille du monde ?

L. Oui, ça va. Et toi, Miss sortie de Saint-Cyr ? C'est cool !

C. On dirait que ça va mieux entre vous deux, là ?

M. Oui, carrément. Mais oui, en fait, il est super sympa, il faut juste le connaître un peu et avoir compris qu'il ne se croit pas sorti de la cuisse de Jupiter.

L. Et toi, t'es pas mal non plus ! En fait, pour t'apprécier, il fallait juste que j'accepte ton côté superficiel, quoi – sans vouloir te vexer !

M. Non, non, pas du tout ! Ça ne me vexe pas, je suis contente que tu m'apprécies. Vu que t'aimes pas grand-chose en plus… sans vouloir te vexer…

C. C'est encore un peu tendu, là, non ?

L. Cela fait plaisir de voir que Marion a un peu de repartie et ne pète pas plus haut que son cul.

M. Merci beaucoup. Moi, ce qui me fait plaisir, c'est de voir que tu n'es pas de mauvaise foi.

C. On pourrait peut-être parler d'autre chose, non ?…

M. Ben oui, on pourrait peut-être parler de la meuf de Laurent ? Oups, pardon ! J'avais oublié qu'elle t'avait largué comme une grosse merde… sans vouloir te vexer…

L. Non, non. Elle, au moins, c'était pas une ado attardée… sans vouloir te vexer…

C. Non, mais attends ! Là, tu parles de ma meuf, là ?

L. Ah, mais sans vouloir te vexer, toi aussi !

C. Eh, j'imagine que tu vas pas rester pour l'apéro. Sans vouloir te vexer…

L. Ben non, je ne me vexe pas… Je ne reste pas… *[Il revient sur ses pas.]* Ah, au fait, je reprends le champagne. Sans vouloir vous vexer ! *[Il quitte la soirée.]*

[Marion et Cédric, dépités.]

C. Alors, ça ! Personne n'est vexé !

D'après http://www.m6.fr/serie-scenes_de_menages/videos/11395098-ambiance_tendue_entre_marion_cedric_et_son_cousin_mister_v.html

Vocabulaire

La vanité

- Fier comme Artaban
- Une Miss sortie de Saint-Cyr
- Faire le paon = se pavaner
- Se croire le premier moutardier du pape
- Avoir la grosse tête, les chevilles qui enflent (ça va les chevilles ?)
- Être la huitième merveille du monde
- Sortir de la cuisse de Jupiter
- Ne pas se prendre pour la queue d'une poire
- Péter plus haut que son cul (*vulg.*)

Pour communiquer

- ***Dire le contraire de ce que l'on pense (ironie) :***

En fait, pour t'apprécier, il faut juste que j'accepte ton côté superficiel.

Non, non, ça ne me vexe pas (sans vouloir te vexer).

Je suis contente que tu m'apprécies, vu que tu n'aimes pas grand-chose.

Ça fait plaisir de voir que Marion a un peu de repartie.

Ça me fait plaisir de voir que tu n'es pas de mauvaise foi.

- ***Vexer ouvertement quelqu'un :***

J'avais oublié qu'on t'avait largué comme une grosse merde (*fam.*).

Elle, au moins, ce n'est pas une ado attardée.

Ah, au fait, je reprends le champagne, sans vouloir vous vexer.

1 Compréhension. **Vrai ou faux ? Si faux, justifiez votre réponse.**

1. Il s'agit d'un extrait d'une série télévisée française.

2. Cédric et Marion sont « cousin cousine ».

3. Les relations entre les trois protagonistes sont détendues.

4. Le langage employé dans cette série est très familier.

2 Vocabulaire. **Reformulez ces phrases en utilisant les expressions sur la vanité.**

1. On ne peut pas être plus fier que Narcisse.

2. Léonard pense faire partie de l'élite intellectuelle.

3. Carine est imbue d'elle-même, elle a une très haute opinion d'elle-même.

4. Christelle voit son fils Léo comme unique et extraordinaire. Elle l'aime aveuglément.

5. Mathilde vise une situation trop importante et un niveau social trop élevé pour ses capacités.

6. Geoffroy se prend à tort pour une personne importante.

7. Théodore est devenu prétentieux depuis qu'il a gagné le concours « Mister Suisse romande ».

8. Dans les soirées mondaines, Léon prend des airs avantageux et importants.

9. Christiane se croit exceptionnelle de naissance, bien au-dessus du commun des mortels.

3 Pour communiquer. **Ces personnes parlent franchement. Reformulez ces phrases en y introduisant l'ironie, c'est-à-dire le contraire de la phrase initiale.**

1. Je constate que tu es déloyal(e) et fourbe.

2. Je suis offensé(e) par tout ce que tu viens de me dire.

3. Comme tu détestes tout et tout le monde, ça ne m'étonne pas que tu me détestes aussi.

4. Je ne supporte pas ton caractère sans consistance ni ton pois chiche en guise de cerveau.

5. Marion est une idiote dotée d'une cervelle de moineau, qui ne raconte que des sottises !

4 Pour communiquer. **Reformulez ces phrases en langue très familière, pour humilier votre interlocuteur.**

1. Je suis désolé(e) de te dire cela : ton aimé(e) t'a quitté(e) assez brutalement pour un(e) autre !

2. Vous permettez que je récupère le grand cru que je vous avais offert ? J'espère que vous me pardonnerez.

3. Cette demoiselle que j'aime n'est pas comme toi, une petite gamine immature !

5 À vous ! **Lors d'une soirée, vous avez rencontré une personne que vous ne souhaitiez pas revoir, suite à une brouille. Rédigez un mini-dialogue intitulé « Sans vouloir te vexer » et jouez-le avec de « vrais amis » en mettant l'intonation adéquate et en utilisant des expressions de la vanité.**

Se faire valoir

L'illustre écrivain accepte d'avoir une entrevue avec un reporter.

R. …Vous savez qu'il est beaucoup question de votre prochain roman ?

I.E. Vraiment ? On en parle déjà beaucoup ! Quel ennui ! J'ai tant horreur de la publicité. Être célèbre, si vous saviez comme c'est fatigant ! […] Si, si, on ne s'appartient plus… Ah ! Que de fois j'ai envié d'être obscur. Tout ce bruit autour de mon nom m'énerve et me rend malade… Ainsi, on parle de mon roman ?… Déjà ?… Et qui donc en parle ? – **R.** Mais tout le monde, mon cher maître…. Mais tous les journaux, mon cher maître. – **I.E.** Ah ! Vraiment ! Comme cela me désole !... Je ne lis plus les journaux… Je ne lis que vos articles. […] Et pourquoi les journaux en parlent-ils ? – **R.** Ils ont raison… N'est-ce pas un événement considérable ? – **I.E.** Sans doute. Je crois, en effet, que mon roman sera un événement considérable… J'ai, cette fois-ci, carrément abordé un des problèmes les plus compliqués et les plus éternels, et les plus particuliers aussi, de l'amour. Je ne puis en dire davantage, mais il y a là une thèse originale et brûlante […] qui soulèvera bien des colères ! Enfin, je crois que, de toutes mes œuvres, c'est l'œuvre la plus forte, la plus parfaite, la plus définitive, celle que je préfère, c'est tout dire… Mais je suis bien dégoûté ! Croiriez-vous […] que tous les journaux et toutes les revues de tous les pays se disputent mon roman ! On m'offre des sommes colossales ! J'ai bien envie de leur jouer un bon tour. J'ai bien envie de ne le publier qu'en […] tirage restreint, pour les amis… des amis comme vous, par exemple ! Hein ! Qu'en pensez-vous ? – **R.** Vous ne pouvez pas faire cela !... Vous ne pouvez pas priver la patrie d'un chef-d'œuvre de vous, mon cher et illustre maître. Ce serait plus qu'une trahison envers la patrie, ce serait une forfaiture envers l'humanité… – **I.E.** C'est ce que je me suis dit… Mais quels tracas ! […] Où donc aller pour me soustraire à toute cette agitation du succès !... C'est inconcevable !... Partout où je vais, je suis connu. Et ce sont des fêtes, des invitations, des acclamations… Imagineriez-vous que, l'année dernière, dans le désert saharien, j'ai dû subir les persécutions enthousiastes des caravanes arabes !... Même au désert, il m'est impossible de garder l'incognito !... C'est à devenir fou !... J'avais songé à fuir, cette année, dans l'Afrique centrale !... Mais qui me dit que, là encore, je ne serai pas poursuivi, accaparé ! Est-ce une vie ?

Octave Mirbeau, *Chez l'illustre écrivain*, Paris, Flammarion, 1919 (BnF, Gallica), Dialogue satirique, scène 1, p. 7-9

▮ **Vocabulaire**

La célébrité

- Être célèbre, connu ≠ être obscur
- Des acclamations = des ovations
- Gagner/offrir des sommes colossales
- Un tirage confidentiel, restreint ≠ un tirage exceptionnel

Pour communiquer

- ***Se vanter à travers son œuvre :*** Partout où je vais, je suis connu.

Je crois, en effet, que mon roman sera un événement considérable…

Je ne puis pas en dire davantage, mais il y a là une thèse originale et brûlante […].

Je crois que, de toutes mes œuvres, c'est la plus définitive, celle que je préfère, c'est tout dire…

Croiriez-vous que tous les journaux et toutes les revues de tous les pays se disputent mon roman !

Priver la patrie… ce serait une forfaiture envers l'humanité ! – C'est ce que je me suis dit.

- ***Exprimer une fausse modestie en se plaignant d'un succès évident :***

Quel ennui ! J'ai tant horreur de la publicité.

Ainsi, on parle de mon roman ? Déjà ? Et qui donc en parle ?

Être célèbre, si vous saviez comme c'est fatigant ! On ne s'appartient plus…

Que de fois j'ai envie d'être obscur ! Tout ce bruit autour de mon nom m'énerve et me rend malade.

Même au désert, j'ai dû subir les persécutions enthousiastes des caravanes arabes.

Il m'est impossible de garder l'incognito !... C'est à devenir fou.

…mais qui me dit que, là encore, je ne serai pas poursuivi, accaparé ! Est-ce une vie ?

Mais quels tracas ! Où donc aller pour me soustraire à toute cette agitation du succès !

ACTIVITÉS

1 **Compréhension. Vrai ou faux ? Si faux, justifiez votre réponse.**

1. C'est l'interview d'un écrivain, parue dans la presse au début du xxᵉ siècle.

2. Le roman dont parle l'auteur est un échec absolu.

3. Les questions et les remarques du journaliste sont mielleuses et obséquieuses.

2 **Vocabulaire. Complétez les phrases suivantes par le terme manquant.**

1. Ce fut par des _____ générales que Patrick Modiano fut accueilli à Paris après la réception de son prix Nobel en 2014, à l'exception notable de Fleur Pellerin, le ministre de la Culture de l'époque, pour qui l'œuvre de ce dernier semblait totalement _____. Quelle inculture !

2. Le premier ouvrage de Primo Levi, édité en 1947, est sorti en _____ de 1 700 exemplaires.

3. Michel Houellebecq est immensément _____ grâce à ses livres parus dans le monde entier.

4. Les écrivains francophones Kamel Daoud, originaire du Maghreb, Alain Mabanckou, écrivain franco-congolais et l'académicien Dany Laferrière, Haïtien vivant au Québec, font _____ à leurs éditeurs, car chacun de leurs livres fait l'objet de _____.

3 **Pour communiquer. Voici des phrases prononcées par un écrivain méconnu et obscur. Transformez-les en vous mettant à la place d'un écrivain célèbre et reconnu.**

1. Des livres, j'en ai publié ! Et, pourtant, j'ai l'impression que mes écrits sont de pire en pire. D'ailleurs, à la relecture de mon dernier roman, je me suis dit : Dieu que c'est mauvais !

2. La presse connaît le sujet de mon livre, et on me dit que c'est du rabâchage et d'un ringard !

3. Hélas, mes compatriotes ne me lisent pas. Cela dit, ils savent que ce n'est pas une grande perte pour la culture française et universelle !

4. Quand je présente mon roman, pas un seul quidam ne me demande une dédicace !

5. Pas une ligne sur mon ouvrage, ne serait-ce que dans la plus obscure des revues existantes !

6. J'ai l'impression que mon livre sera un bide abyssal : si j'en vends 30, ce sera exceptionnel !

4 **Pour communiquer. Voici les propos d'une célébrité ouvertement imbue de sa personne. Reformulez ces phrases en leur donnant une tournure de fausse modestie.**

1. Mon roman n'est même pas publié que toute la presse en parle, que déjà je fais le buzz.

2. Jusqu'au fin fond du Pernubanco, c'était la folie : on s'arrachait mes autographes !

3. J'adore être dans tous les médias, même les plus atroces, pourvu que l'on parle de moi !

4. L'anonymat, très peu pour moi ! La célébrité, c'est génial, ça me donne une énergie folle.

5. Être poursuivi par des paparazzi et des chasseurs d'autographes, ça m'excite !

6. Partout où j'irai, il y aura toujours quelqu'un qui saura qui je suis et, ça, j'adore !

7. Plus on me reconnaît dans la rue, plus je sens en moi des bouffées de joie et de délire.

8. L'horreur, ce serait d'être face à moi-même et de vivre une existence sans aucun(e) admirateur(-trice) !

5 **À vous ! DALF Vous avez acquis une immense notoriété grâce à une œuvre artistique. Vantez-vous en diffusant sur *jemaime.fr* votre autolouange à la fois franche et faussement modeste.**

35c

Se juger soi-même

Je forme une entreprise qui n'eut jamais d'exemple et dont l'exécution n'aura point d'imitateur. Je veux montrer à mes semblables un homme dans toute la vérité de la nature ; et cet homme, ce sera moi. Moi seul. Je sens mon cœur et je connais les hommes. Je ne suis fait comme aucun de ceux que j'ai vus ; j'ose croire n'être fait comme aucun de ceux qui existent. Si je ne vaux pas mieux, au moins je suis autre. Si la nature a bien ou mal fait de briser le moule dans lequel elle m'a jeté, c'est ce dont on ne peut juger qu'après m'avoir lu. Que la trompette du jugement dernier sonne quand elle voudra ; je viendrai, ce livre à la main, me présenter devant le souverain juge. Je dirai hautement : voilà ce que j'ai fait, ce que j'ai pensé, ce que je fus. J'ai dit le bien et le mal avec la même franchise. Je n'ai rien tu de mauvais, rien ajouté de bon, et s'il m'est arrivé d'employer quelque ornement indifférent, ce n'a jamais été que pour remplir un vide occasionné par mon défaut de mémoire ; j'ai pu supposer vrai ce que je savais avoir pu l'être, jamais ce que je savais être faux. Je me suis montré tel

que je fus, méprisable et vil quand je l'ai été, bon, généreux, sublime, quand je l'ai été : j'ai dévoilé mon intérieur tel que tu l'as vu toi-même. Être éternel, rassemble autour de moi l'innombrable foule de mes semblables ; qu'ils écoutent mes confessions, qu'ils gémissent de mes indignités, qu'ils rougissent de mes misères. Que chacun d'eux découvre à son tour son cœur au pied de ton trône avec la même sincérité ; et puis qu'un seul te dise, s'il l'ose : *Je fus meilleur que cet homme-là.*

Je suis né à Genève en 1712, d'Isaac Rousseau, Citoyen, et de Suzanne Bernard, Citoyenne…

Jean-Jacques Rousseau, *Les Confessions*, Livre I (incipit), Paris, GF-Flammarion, 1968, p. 43-44

Grammaire

Que + subj.

- Qu'un seul te dise…
- Que la trompette du jugement dernier sonne quand elle voudra…
- Qu'ils écoutent… qu'ils gémissent de mes indignités… qu'ils rougissent…

Vocabulaire

L'autocritique

- La franchise, franc(he) = dissimulateur(-trice), fourbe, roublard(e) (*fam.*), fallacieux(-se) (*litt.*)
- Le mépris, méprisable = bas, ignoble, infâme ≠ honorable, vénérable
- La vilenie, vil(e) (*litt.*) = abject(e), immonde, ignominieux(-se) (*litt.*) ≠ édifiant(e), sublime
- La générosité, généreux(-se) = bienveillant(e), magnanime ≠ impitoyable
- La bonté, bon(ne) = altruiste, charitable, philanthrope, ≠ malveillant(e), fielleux(-se) (*litt.*)

Pour communiquer

- **Souligner sa singularité :**
Je forme une entreprise qui n'eut jamais d'exemple et dont l'exécution n'aura point d'imitateur.
Et cet homme , ce sera moi. Moi seul. / J'ose croire n'être fait comme aucun de ceux qui existent.
Si je ne vaux pas mieux, au moins je suis autre.
- **Se justifier par une totale transparence :** Je sens mon cœur et je connais les hommes.
Je viendrai, ce livre à la main, me présenter devant le souverain juge.
Je dirai hautement : voilà ce que j'ai fait, ce que j'ai pensé, ce que je fus.
Je n'ai rien tu de mauvais, rien ajouté de bon.
J'ai pu supposer vrai ce que je savais avoir pu l'être, jamais ce que je savais être faux.
Je me suis montré tel que je fus. / J'ai dévoilé mon intérieur tel que tu l'as vu toi-même.
Que chacun d'eux découvre à son tour son cœur au pied de ton trône avec la même sincérité.

ACTIVITÉS

1 Compréhension. **Répondez aux questions suivantes.**

1. À qui s'adresse le narrateur ?

2. Quel est le but de cette autobiographie ?

3. Quel est le style de Rousseau dans cet incipit ?

2 Vocabulaire. **Dans ce double portrait, éliminez l'intrus de chaque série.**

1. Jean-Jacques est gêné généreux magnanime pour ses amis, charitable édifiant philanthrope envers les miséreux, franc limpide sincère quand il s'agit d'avouer ses torts. En somme, c'est un être absolument admirable grand sublime, exempt de tout défaut.

2. Rousseau, en revanche, était lâche tendu vil puisqu'il avait trahi ses semblables, abject avilissant ignominieux puisqu'il avait abandonné ses enfants à l'orphelinat. Et contre ceux qui lui reprochèrent cet acte ignoble méprisable mielleux, il fut fielleux infâme roublard. En somme, c'était un dissimulateur menteur faux né.

3 Grammaire. **Lancez un défi en utilisant que + subjonctif.**

1. Je suis un être absolument sublime, ___ personne ne _____ (venir me dire) le contraire !

2. Je suis un être abject, _____ cela _____ (être dit) une fois pour toutes !

3. ___ tout le monde le ___ (savoir) : je suis altruiste. Je donne mes enfants à qui en voudra !

4 Pour communiquer. **Répondez à ces critiques personnelles.**

1. Vous vous prenez pour qui ? Vous n'êtes pas meilleur homme que les autres !

2. Ce que vous produisez là, c'est du rabâchage, et il n'y a pas de quoi en faire tout un fromage.

3. Vous ressemblez aux autres, tout simplement : un être humain avec ses joies et ses peines.

5 Pour communiquer. **Reformulez ces phrases de façon plus littéraire et plus solennelle.**

1. Je signalerai haut et fort mes actes, mes pensées, mon profond moi à qui veut bien m'entendre.

2. Moi, j'ai toujours été sincère, pas certain que tout le monde le soit. Le ciel m'en est témoin.

3. Je me suis mis à nu devant l'Instance suprême.

4. Je présenterai « Mes confessions » au moment du Grand Voyage.

5. Mes propres sentiments suffisent, inutile de me référer à ceux des autres.

6. Pas de secrets, je vous ai tout dit sur moi.

7. Je n'ai rien falsifié ; je ne me suis pas inventé d'autres qualités et je n'ai pas minimisé mes défauts.

8. Je n'ai jamais menti délibérément.

6 À vous ! DALF À la manière de Jean-Jacques Rousseau, écrivez les dix premières lignes de votre autobiographie en éblouissant votre lecteur par une rhétorique grandiloquente et flamboyante !

1   Le vocabulaire de l'amour. Complétez ces phrases avec le contraire des mots soulignés.

1. Tandis que Pierre est reconnaissant envers son protecteur, Paul n'est qu'_____.
2. La tiédeur n'est pas une qualité très appréciée en France, alors que _____ l'est davantage.
3. La plupart des gens sont vénaux lorsqu'il s'agit d'obtenir un avantage, les personnes _____ sont plus rares.
4. Au XVIIIe siècle, les religieuses les plus chastes fréquentaient les marquises les plus _____.
5. La fausseté est un vilain défaut, mais trop de _____ n'est pas bon non plus !

2   Devinettes. De quel mot s'agit-il ?

1. Répétition d'un ou de plusieurs mots, ou de vers, à la fin de chaque couplet d'une chanson.
2. Dans un poème, elle peut être féminine, masculine, pauvre, suffisante, riche, plate, croisée, embrassée…
3. Ce sont des plaisirs sensuels, intenses et raffinés.
4. En argot, c'est une bagarre provoquée par une bande de jeunes.
5. Se dit d'un individu qui aime la guerre, qui la recherche.
6. Ce sont des acclamations bruyantes et enthousiastes en l'honneur d'une personnalité.
7. C'est une personne qui agit de façon claire, sans équivoque ni arrière-pensée, et qui dit librement ce qu'elle pense, qui ne dissimule pas.
8. C'est un sentiment par lequel on considère une personne comme indigne d'estime ou d'intérêt.
9. Au sens moral, se dit d'une personne qui inspire le dégoût, le mépris par sa bassesse.
10. L'être, c'est faire preuve de clémence, de générosité, d'indulgence envers plus faible que soi.
11. Son antonyme est égocentrique, égoïste, mais ce n'est pas l'adjectif « généreux(-se) ».
12. Il s'agit d'une personne qui œuvre pour le bien de ses semblables. Les politiques et certains artistes font semblant de l'être !

3   Les expressions françaises. Trouvez l'expression qui convient à ces définitions.

1. C'est quand on se retrouve dans une situation qui devient dangereuse. Pensez aux odeurs de la cuisine !
2. Si vos voisins vous gênent par des bruits incessants, utilisez cette expression.
3. Cette expression se dit aussi autrement : « avoir la cuisse hospitalière ». À vous de choisir !
4. Se dit d'une personne très tranquille, parfaitement sereine et dégagée de tout souci.
5. Utilisez cette expression pour expliquer que vous êtes toujours par-ci, par-là.
6. C'est lorsqu'on pense ne revoir une personne que dans très longtemps, voire jamais.
7. Si vous tombez facilement et souvent amoureux, vous en avez un et il faut le faire croquer !
8. Si vous êtes très fier, parfois même arrogant, on risque de vous comparer à cet ami de Cléopâtre.
9. Vous « avez la grosse tête » depuis que vous avez gagné le concours des plus belles gambettes de votre pays. Les gens le remarqueront très vite et on dira ceci…
10. C'est une personne prétentieuse, imbue d'elle-même. Dans cette expression, on peut également faire le rapprochement avec une cerise.

4 À partir des éléments suivants, formulez des phrases cohérentes.

1. Il – et l'autre qui – n'y en a – s'éclate – s'ennuie – qui – pas un.

2. je – pendant que – ce roman-là – te parlais – Tu – d'arranger – viens.

3. autant – Je – je – hais – que – t'aime – te.

4. il – fait – le vit – retenue – sans – Tout ce qu'il – à fond – aucune.

5. attendre – m'en voudrais – vous – Je – de – faire.

6. ne m'inspirez – de – plus – Vous – même – la reconnaissance.

7. avec soleil – sont – Beaucoup – venus – des nuages – de mes amis – comme simple bagage – et pluie.

8. Je – pas – suis contente – tu m'apprécies – que – grand-chose – vu que – tu n'aimes.

9. comme – Être célèbre – c'est fatigant ! – on – si vous saviez – ne s'appartient plus.

10. J'ai pu supposer vrai – être faux – ce que je savais avoir pu l'être – jamais ce que je savais.

5 Reformulez ces phrases en langue familière.

1. Ce garçon/cette fille est vraiment disgracieux(-se).

2. Sidoine et Albert bavardent dans un restaurant.

3. Marguerite ne s'est pas beaucoup fatiguée pour préparer ses examens.

4. Étienne, qui n'est pas la finesse incarnée, donne toujours des coups de front violents contre le visage de son frère Fabien.

5. Tanguy et Edmond aiment se pavaner dans les bars, ils sont assez imbus d'eux-mêmes et se prennent pour des êtres remarquables, voire exceptionnels.

6 Reformulez les phrases suivantes pour exprimer la fausse modestie de cet artiste.

1. Dans le patelin le plus méconnu au fin fond de la province, on me reconnaît, on m'apostrophe.

2. Franchement, être célèbre ça donne des ailes, je ne me vois pas anonyme, perdu dans la foule.

3. Des photographes, des fans, quoi que je fasse, quoi que je dise, ils sont toujours là ! J'adore !

4. Imaginer me retrouver face à moi-même, et personne pour m'admirer, c'est impossible, j'en mourrais.

7 L'amour, l'amitié, la trahison. En tenant compte des images ci-dessous, donnez votre propre définition de ces trois sentiments.

1.   **2.**   **3.**

36a Confronter l'annonce d'un bien immobilier à la réalité

L'annonce dans le journal nous a fait une assez grosse impression.

Ça disait : « Coq. mais. – P.A. Plein sol. – 150 K. Paris O. – Et.p.impec. – 140 000 € ».

On a presque tout compris : « Coq. mais. », ça voulait dire : coquette maison ; « P.A. Plein sol », c'était clair : poutres apparentes, plein soleil ; « 150 K. Paris O », c'est dans l'ouest que ça se situait. Il n'y a que « Et. p. impec. » qui nous a résisté. On est partis à plein gaz vers neuf heures. Quand on est arrivés il était deux heures. Je me suis dit : « On a sûrement pris un chemin compliqué. » […]

On est entrés. Le monsieur a annoncé : « Ici : double living, si vous voulez. Il suffit de dégager les crottes de chèvre et de confier le chantier à une entreprise du coin. La chambre des enfants et la salle d'eau, je les verrais bien là-bas *[il montre l'endroit]*, là où il y a les tonneaux avec les pigeons dessus. À la place du tracteur, on pourrait faire la chambre des parents. On bétonne tout ça à sec. Eau, électricité, pas de problèmes, vous vous en occupez. La toiture, c'est secondaire. Deux ans de boulot à peine et, pour une bouchée de pain, toute la bicoque est transformée en un vrai bijou. Qu'est-ce que vous en pensez ? J'ai dit : « La maison, elle est quand même pas mal amochée. Je ne sais pas si c'est les Allemands en partant ou les Américains en arrivant qui l'ont laissée comme ça, mais je ne trouve pas l'état vraiment impeccable. »

– Mais madame. On a écrit : « Et. p. impec. », ça veut dire : état presque impeccable. Pour 140 000 €, madame, faut pas rêver ! » […]

Je lui ai dit : « En fait la seule chose qui existe vraiment, c'est les 1 500 mètres carrés de jardin. Seulement 500 mètres de long sur 3 mètres de large, c'est difficile à aménager en jardin à la française ! »

Il me dit : « Un peu d'imagination, madame. Avec ça, vous faites une piste de fond sensationnelle. La maison sert de club-house. » Il a ajouté, avec un sourire plein de malice : « D'ailleurs, il faudrait que vous me donniez votre réponse assez rapidement. J'ai beaucoup de personnes intéressées. C'est normal, c'est une affaire. Vous pouvez me dire d'ici un quart d'heure ? »

Je lui ai répondu : Non, même pas. Je vous rappelle dans cinq minutes. Dès qu'on sera rentrés à Paris.

Extrait du sketch intégral de Sylvie Joly, « L'immobilier », dans *Absolument…absolument…*, Paris, Stock, 1999, p. 127-129
© Thierry Joly et Fanny Joly.

Vocabulaire

Le bien immobilier

- Une coquette maison
- Des poutres apparentes
- Un double living (*pseudo-chic pour* « salle de séjour »)
- Une toiture
- Une salle d'eau
- Un club-house

Pour communiquer

• ***Survaloriser un bien pour le vendre :*** Il suffit de dégager les crottes de chèvre…
On bétonne tout ça à sec, deux ans de boulot à peine.
Pour une bouchée de pain, toute la bicoque est transformée en véritable bijou.
Mais madame, on a écrit « Et.p.impec. », ça veut dire : état presque impeccable.
Pour 140 000 euros, madame, faut pas rêver !
Un peu d'imagination, madame, avec ça vous faites une piste de fond sensationnelle !
J'ai beaucoup de personnes intéressées, c'est une affaire.

• ***Faire remarquer les inconvénients et les dégradations du bien :***
La maison est quand même pas mal amochée, je ne sais pas si c'est les Allemands en partant ou les Américains en arrivant qui l'ont laissée comme ça.
500 mètres de long sur 3 mètres de large, c'est difficile à aménager en jardin à la française !

1 Compréhension. **Ces affirmations sont incorrectes. Reformulez-les pour rétablir la vérité.**

1. C'est un extrait de pièce de théâtre.
2. Les clients visitent une maison à Paris *intra-muros*.
3. Il n'y a que quelques travaux à effectuer pour rendre la maison habitable.
4. Le terrain jouxtant la maison permet d'aménager un « jardin à la française ».
5. La chute finale du sketch est sentimentale.

2 Vocabulaire. **Devinettes : de quoi s'agit-il ?**

1. C'est la pièce dédiée aux divertissements et à la réception des invités.
2. Il s'agit d'un bâtiment dans lequel se retrouvent les membres d'une association sportive, notamment pour le golf.
3. Ce sont des pièces de bois de forme allongée, servant dans les constructions à supporter une charpente ou un parquet ; pour plus de cachet, on les rend visibles.
4. Se dit d'une villa qui est propre, bien arrangée et disposée avec goût et raffinement.
5. Si elle n'est pas entretenue, préparez les seaux lors des jours de pluie !
6. Elle se distingue de la salle de bains du fait qu'elle ne comporte pas de baignoire.

3 Pour communiquer. **Vous vendez des biens immobiliers et, coûte que coûte, vous souhaitez faire des affaires. Que répondriez-vous à ces interrogations émises par des clients potentiels ?**

1. Mais, dans votre annonce, il était mentionné que la maison était en bon état…
2. La totalité des sols est à refaire, ne croyez-vous pas que cela risque de prendre du temps ?
3. Je ne vois pas ce que nous pouvons faire… vu l'état de cette maison !
4. Nous hésitons, y a-t-il d'autres acheteurs qui sont sur le coup ?
5. Peut-on négocier le prix de vente ? Parce que votre maison, c'est plutôt Verdun que Versailles !
6. Je ne vois pas du tout, au vu de la configuration du terrain, ce que nous pourrions en faire !
7. Cette pièce est totalement inhabitable et quelle odeur pestilentielle !

4 Pour communiquer. **Peu convaincu(e) par ces biens immobiliers, reformulez de façon comique les remarques suivantes.**

1. Ce terrain est vraiment configuré d'une étrange façon, au point qu'il ressemble davantage à un sentier de randonnée qu'à un terrain constructible !
2. La maison est vétuste et délabrée, on dirait que, depuis la dernière guerre, rien n'a été fait.

5 À vous ! **Vous êtes allé(e) visiter un bien immobilier et la réalité ne correspondait pas à ce qui était écrit sur l'annonce (voir photo ci-contre).**
Racontez cette anecdote sur un ton comique et ironique.

36b Commenter l'aménagement d'une maison

Zouz Magazine rencontre Chantal Benoist, grande décoratrice parisienne. Elle répond, en notre présence, aux questions des nouveaux acheteurs d'une charmante maison à Saint-Jean-de-Luz.

Z.M. Bonjour, chère Chantal. Merci de vos précieux conseils pour l'aménagement de cette belle demeure datant du XIXe siècle. Quel style pourrait-on donner à l'aménagement intérieur ?

C.B. Il faut absolument garder le style de la région et préserver le cachet chaleureux de la maison. Il faut une décoration intemporelle et harmonieuse, style « maison bourgeoise dépoussiérée ». **A.C.H.** Pour le séjour, que nous conseillez-vous ? Papiers peints, tissus au mur ou peintures ? **C.B.** Pour conserver son caractère authentique, préférons les tentures murales avec pose anglésée, c'est-à-dire sans galons pour que les finitions soient invisibles. **Z.M.** Pour les chambres, les clients hésitent entre stores, volets ou rideaux. Votre conseil ?

C.B. Personnellement, je vous suggérerais des rideaux doublés molletonnés et des voilages posés sur des tringles « chemin de fer », avec cordon de tirage. C'est plus esthétique et chaleureux. Et surtout garder des persiennes en bois ! **A.C.H.** Il nous faut refaire en totalité la cuisine. Que préconisez-vous pour le sol, les murs et le mobilier, afin de rester dans le style de la bâtisse ? **C.B.** Au sol, je mettrais des tommettes de la région, avec une frise en bordure. Si vous chinez chez les « brocs », vous en trouverez. Pour les murs, choisissez une peinture pastel laquée mat : c'est d'un entretien facile et fonctionnel. Équipez-vous d'une cuisinière Gaudin à l'ancienne, cela se marierait très bien au décor. Vos placards doivent être en bois cérusé, ce qui donne un ton patiné. La taille de la cuisine permet d'en faire une pièce à vivre : une grande table de ferme s'impose. **Z.M.** Un petit mot sur les salles de bains. Quelles sont les tendances désormais ? **C.B.** Avant tout, fonctionnelles. Une douche à l'italienne en béton brossé, c'est très beau. Un pare-douche en glace, des éclairages efficaces. Tout doit baigner dans une lumière « méditerranéenne ». **Z.M.** Dernière question : Quelle est, pour vous, la maison idéale ? **C.B.** La vôtre bien sûr, si vous me donnez carte blanche ! C'est-à-dire, quand on viendra chez vous, on y trouvera les traces des générations qui s'y sont succédé, une maison pleine d'histoire et de vie. Je ressens votre coup de cœur et votre émotion. Si on s'y voit vivre, c'est bon signe. Je le sens : cette gentilhommière est faite pour vous !

■ Vocabulaire

La décoration intérieure

- Du papier peint, une tenture murale
- Une persienne en bois
- La peinture pastel laquée mat
- Du béton brossé
- Une pose anglésée
- Un voilage, une tringle, un cordon de tirage
- Un bois cérusé
- Une douche à l'italienne, un pare-douche en glace

Pour communiquer

• ***Suggérer des idées de décoration :*** Une grande table de ferme s'impose.
Personnellement, je vous suggérerais des rideaux doublés molletonnés.
Au sol, je mettrais des tommettes de la région, avec une frise en bordure.
Si vous chinez chez les « brocs », vous en trouverez… / Équipez-vous d'une cuisinière à l'ancienne.
Si vous me donnez carte blanche ! Je le sens : cette gentilhommière est faite pour vous !

• ***Indiquer l'effet produit et le style voulu :*** Si on s'y voit vivre, c'est bon signe.
Il faut absolument garder le style de la région et le cachet de la maison.
Pour conserver son caractère unique, préférons…
C'est-à-dire sans galons pour que les finitions soient invisibles.
Ce qui donne un ton patiné et cela se marie(rait) très bien au décor.
Tout doit baigner dans une lumière « méditerranéenne ».
On y trouvera les traces des générations qui s'y sont succédé, une maison pleine d'histoire et de vie.

1 Compréhension. **Vrai ou faux ? Si faux, justifiez votre réponse.**

1. C'est une décoratrice qui promulgue des conseils à de futurs acheteurs d'un bien immobilier.

2. Les conseils portent sur la façade de la gentilhommière.

3. Le ton de la décoratrice est chaleureux et elle connaît son métier.

2 Vocabulaire. **Indiquez les termes correspondant aux définitions pour décorer votre maison.**

1. Elle est à même le sol, très esthétique, même les Nordiques en raffolent.

2. Il est utilisé pour tapisser les murs, mais se distingue de la tapisserie par son coût et sa matière.

3. C'est un revêtement pour vos murs en tissu et non en papier.

4. Il s'agit d'un grand rideau plus ou moins transparent, apposé devant une fenêtre.

5. Cette manière de rénover donne un effet chic et chaleureux à vos meubles.

6. Si vous vous prenez pour Chardin, utilisez-la, mais pour la décoration de votre cuisine !

7. Tige de bois ou de métal, servant pour les rideaux, mais aussi à suspendre des vêtements.

8. Utilisé pour les sols et les murs, cela donne un effet plus naturel à un matériau qui ne l'est pas.

9. Même clos, ce volet est, grâce aux jeux de lumière, aussi beau à l'intérieur qu'à l'extérieur.

10. Accroché à votre tringle, il sert à ouvrir et à fermer vos rideaux.

3 Pour communiquer. **Vous êtes décorateur(-trice), donnez des conseils à ces clients.**

1. Adeptes de l'authenticité, nous aimerions refaire le sol dans un style régional.

2. Nous adorons recevoir des amis pour dîner à la bonne franquette.

3. Nous avons un mal fou à trouver une cafetière émaillée pour notre cuisine.

4. Nos fenêtres étant immenses, les pièces ont tendance à être fraîches et humides, que faire ?

5. Nous avons une cuisine disposée comme à l'époque, et nous sommes de fins gourmets.

6. Nous hésitons, on a vu un sublime manoir, mais vos conseils, chère Chantal...

4 Pour communiquer. **Reformulez ces phrases « populaires » de manière plus « élégante ».**

1. Faut pas mettre des bandes d'ornement avec des clous, ça va se voir !

2. C'est une maison typique, vous êtes en Bretagne, franchement pensez-y !

3. Il ne faut pas que votre maison ressemble à toutes les autres, posez une tenture murale !

4. On veut r'trouver le même éclairage qu'à Ibiza ou à Mykonos !

5. Je vois que vous accrochez, vous allez en faire votre petit nid.

6. Cette couleur façon « grand-mère », c'est super, et puis ça va vachement bien avec le cadre.

7. On dirait que, dans votre baraque, il y a des fantômes, mais au moins ça bouge, c'est vivant !

5 À vous ! DALF **Quelques-uns de vos amis désirent acquérir une demeure ancienne. En tant que spécialiste, donnez-leur des conseils pour la décoration et encouragez-les à s'y installer.**

36c Écrire un encart publicitaire pour un bien immobilier

Manoir : Morbihan. Ancienne seigneurie a retrouvé vie grâce à une famille de passionnés. Entièrement restaurée, elle vous enveloppe de son ambiance chaleureuse, de son charme et de son caractère que les propriétaires ont su préserver et remettre en valeur. Ce manoir nous ramène quelques siècles en arrière, dans un confort moderne. Une distribution simple et fonctionnelle, de merveilleux volumes. Son séjour/salon et sa remarquable cheminée, ainsi que sa cuisine profitent d'une lumière traversante. Une cuisine familiale et conviviale pour des moments privilégiés. Une vie de plain-pied avec chambre/salle de bains/dressing et bureau au RDC, 9 chambres, 3 salles de bains, pièces de rangement et un oratoire occupent l'étage distribué par 2 escaliers. Maison de gardien, pour les amis ou gîtes, multiples destinations pour cette dépendance, elle aussi récemment restaurée, avec 4 chambres. Un terrain de plus de 5 hectares, aménagé en plusieurs espaces aux ambiances variées, jardin avec piscine, potager, serre, poulailler, verger et prairie. Quelques pièces maîtresses viennent parfaire cette propriété, comme son pigeonnier en excellent état : un véritable chef-d'œuvre, puits et four à pain. Dépendances pour rangement. Propriété de charme et de caractère à seulement quelques minutes de tous commerces et services, avec une grande facilité d'accès. (Ref Agence BR2 – 069 – 4429V Valérie Le Bénézic 06 58 54 61 10 France)

Bastide : Proche d'Ollioules, bastide du XVIIIe siècle à rénover, entourée de 3,5 ha de terres agricoles à développer. À trente minutes de l'aéroport, à dix minutes du TGV et à quinze minutes de la mer. Des petits commerces sont accessibles à pied. Une longue allée d'oliviers mène à la maison principale, entourée de champs placés en zone agricole. Un autre chemin permet de rejoindre un autre grand axe. Quelques dépendances se dressent derrière la maison, formant une petite cour intérieure. Le terrain est équipé d'un puits, d'un ancien bassin de récupération d'eaux de pluie qui pourrait être transformé en piscine, et d'une noria. La bastide, dans son havre de verdure, est entourée de vieux arbres, dont des platanes multicentenaires. Des deux étages supérieurs, on peut apercevoir la mer au niveau de la rade de Toulon. La maison s'élève sur trois niveaux percés de trois fenêtres, le premier étant séparé du deuxième par un chaînage et une rangée de briques verticales peintes. Le premier étage est entièrement ouvert sur une grande terrasse en terre cuite, carrée, bordée de balustres. Surmontée d'une tonnelle, elle permet de profiter de la fraîcheur apportée par les platanes. (Référence annonceur : 471280 – Référence Propriétés le Figaro : 656540-6)

© lefigaro.fr

▬▬ **Vocabulaire** ▬▬▬▬▬▬▬▬▬▬▬▬▬▬▬▬▬▬▬▬▬▬▬▬▬▬▬▬

La demeure

- Une ancienne seigneurie, une bastide
- Un oratoire, un gîte
- Un verger, un potager, une serre
- Un puits, une noria

- Une propriété de charme et de caractère
- Une maison de gardien, une dépendance
- Un pigeonnier, un poulailler
- Une tonnelle, un balustre

▬▬▬▬▬▬▬▬▬ *Pour communiquer* ▬▬▬▬▬▬▬▬▬

- *Faire valoir le caractère authentique et historique du bien :*
Ce manoir vous ramène quelques années en arrière, dans un confort moderne.
Quelques pièces maîtresses viennent parfaire cette propriété (four à pain…).
Une longue allée d'oliviers mène à la maison.
Un ancien bassin de récupération d'eaux de pluie pourrait être transformé en piscine.
Le mas, dans son havre de verdure, est entouré de vieux arbres, dont des platanes multicentenaires.

- *Souligner le luxe, le calme et la volupté des lieux :*
Entièrement restaurée, elle vous enveloppe de son ambiance chaleureuse.
Une distribution simple et fonctionnelle, de merveilleux volumes, de plain-pied.
Le premier étage est entièrement ouvert sur une grande terrasse en terre cuite.
Surmontée d'une tonnelle, elle permet de profiter de la fraîcheur apportée par les platanes.

1 Compréhension. Vrai ou faux ? Si faux, justifiez votre réponse.

1. Ce sont deux annonces de vente pour des demeures de caractère.

2. Le vocabulaire est choisi en fonction d'une clientèle amatrice de pavillons.

3. Les biens proposés à la vente sont décrits de façon neutre et sans en relever les particularités.

2 Vocabulaire. Indiquez le terme correspondant à la définition.

1. C'est une ferme ancienne ou un vieux mas en Provence, ayant la taille d'un petit château.

2. C'est un lieu où l'on trouve à se loger ; s'il est rural, vous pouvez y recevoir des hôtes payants.

3. C'est un bâtiment annexe qui fait partie d'un domaine ou d'une propriété.

4. Il y pousse des arbres fruitiers.

5. On y entrepose les plantes l'hiver, on peut aussi y cultiver des végétaux exotiques ou fragiles.

6. C'est un réceptacle d'eau profond. À l'époque, on y jetait les cadavres embarrassants !

7. C'est une machine hydraulique qui sert à élever l'eau ; elle a la forme d'une roue qui tourne.

8. Le personnel des demeures seigneuriales y vivait.

9. Couverte de vigne vierge, cette construction légère sert à s'abriter du soleil afin d'y déguster un bandol frais.

10. C'est un jardin destiné à la culture des légumes. Même le roi en avait un à Versailles !

11. Vos cocottes et autres gallinacés vivent dans le premier, vos colombidés dans le second.

3 Pour communiquer. Reformulez ces phrases pour souligner de manière plus élégante le caractère authentique et historique du bien.

1. C'est vrai que ce château est vieux, mais il est quand même confortable !

2. Vous avez la possibilité d'installer une piscine en réutilisant des éléments existants.

3. Cette paisible propriété provençale, aux jardins arborés, existe depuis des siècles.

4. Le chemin d'accès à la propriété est ombragé et romantique.

5. Ce bien immobilier est très intéressant car il dispose de pièces spacieuses qui avaient une fonction particulière à l'époque.

4 Pour communiquer. Adaptez ces descriptions d'une maison simple à une demeure de luxe.

1. Dans le jardin, vous avez des coins et recoins sympathiques.

2. À l'étage, vous avez un grand balcon en béton brossé qui donne de la lumière à votre salon.

3. Cette maison a été refaite de fond en comble, c'est pourquoi elle dégage de bonnes vibrations.

4. Pas d'escalier, spacieux, bien agencé, voilà !

5. Le balcon est équipé d'un store, histoire de se mettre à l'ombre quand le soleil brûle !

5 À vous ! DALF Vous vendez une propriété familiale cossue. Rédigez une annonce en la décrivant en des termes mélioratifs, afin d'attirer une clientèle aisée et amoureuse de vieilles pierres.

37a Vendre des objets de collection

Qui je suis ? Eh bien, je suis un passionné, par l'histoire, par la miniature, je vends et je fabrique des soldats de plomb, ici au Palais-Royal. Mon métier, c'est de faire rêver les gens en leur proposant des univers les plus variés possible. – *Quel type de figurines vendez-vous ?* Vous avez les figurines historiques, militaires, civiles, les figurines plates, demi-plates, en volume, les 54 millimètres, les 90 millimètres, les peintures très précises. Vous avez énormément de choses qui sont très différentes, très demandées par différents collectionneurs.

– *Quelle est votre clientèle ?* C'est plutôt des gens cultivés, des médecins, des notaires, du milieu de la loi ou de la médecine, en passant par le milieu des affaires. On a beaucoup d'hommes d'État, des monarques, on a des gardiens d'immeuble, on a de tout. – *Quelles sont les figurines les plus vendues ?* Les plus vendues, c'est toujours l'époque napoléonienne ; Tintin est une bonne vedette aussi, mais Napoléon reste de très loin la meilleure vente, tout confondu. – *Quelles sont les étapes de fabrication d'une figurine ?* La première étape, c'est de trouver un sculpteur, qui va mettre en forme une idée. Une idée ça peut être un personnage pris par exemple dans les colonnades du Louvre. Il va copier cette grande sculpture, la mettre en dimension plus réduite – il faut le talent d'un sculpteur – et, après ça, on la donne à une personne qui va faire les contre-maquettes, c'est-à-dire qui va couper cette chose-là pour qu'on puisse établir un moule. Et, après sa démoule, on fait l'édition de la fonderie et, après, on fait le travail d'ébarbage, d'assemblage et de peinture. – *Quels sont les matériaux utilisés ?* Alors, pudiquement, on dit qu'on utilise du métal blanc, mais c'est toujours le même mélange : de l'étain, du plomb, de l'antimoine, du bismuth… et on fait des proportions différentes pour avoir un métal plus ou moins dur, plus ou moins souple, voilà.

– *Existe-t-il des clubs ou des concours autour de la figurine ?* Oui, il existe quelques clubs, quelques concours, même internationaux ; il y en a en Italie, en France, en Espagne. Et il y a des petits clubs locaux, où les gens se rencontrent et essaient de progresser dans les montages ou dans les peintures. – *Est-ce un métier qui va perdurer ou disparaître ?* Ça va durer, mais toujours pour une élite, toujours pour les gens un petit peu différents, qui vont prendre plaisir à lire des livres d'histoire, à se cultiver, à regarder et qui ont une grande capacité de rêve. Si vous n'avez pas cette capacité de rêve, venez nous voir parce que le soldat de plomb en suggère beaucoup. Il y a plein de possibilités pour rêver.

Jacques Roussel, figuriniste et propriétaire de la boutique « Les Drapeaux de France », Paris, https://www.youtube.com/watch?v=gPkQSAcebJs

Vocabulaire

La sculpture

- Une fonderie
- Un moule, démouler
- Les matériaux utilisés : le métal, l'étain, le plomb, l'antimoine, le bismuth
- Une (contre-)maquette
- L'après-fonte : l'ébarbage, l'assemblage…

Pour communiquer

- ***Présenter et décrire les objets de collection :***
Les plus vendus, c'est l'époque…,
Vous avez les… (figurines plates, demi-plates, en volume, les 54 millimètres…).
Tintin est une bonne vedette, mais … reste de très loin la meilleure vente, tout confondu.

- ***Mentionner et expliquer des aspects techniques :***
La première étape, c'est de trouver qqn (un sculpteur) qui va mettre en forme une idée…
Il va copier cela…, et le mettre en dimension plus réduite. Et, après ça…
Alors, pudiquement, on dit qu'on utilise…, mais c'est toujours le même mélange…

- ***Partager sa passion :***
Mon métier, c'est de faire rêver les gens en leur proposant des univers les plus variés possible.
Ma clientèle, c'est plutôt des gens cultivés, des …, des …, en passant par le milieu des affaires.
Il y a des petits clubs locaux où les gens se rencontrent et essaient de progresser dans…
C'est pour une élite, pour les gens un petit peu différents, qui vont prendre plaisir à…
Si vous n'avez pas cette capacité de rêve, venez nous voir parce que … en suggère beaucoup.

1 **Compréhension. Vrai ou faux ? Si faux, justifiez votre réponse.**

1. C'est un historien spécialiste de l'époque napoléonienne qui présente l'objet de sa passion.

2. Les figurines sont fabriquées en fonderie à partir de métal blanc.

3. Ces objets de collection sont destinés à un public très large et très populaire.

2 **Vocabulaire. Indiquez les termes correspondant à ces définitions.**

1. C'est la matière sur laquelle travaillent des métallurgistes.

2. C'est l'action de retirer un objet, ou un gâteau, d'un corps creusé pour sa mise en forme.

3. Métal très lourd dont on charge les armes à feu.

4. Ensemble de pièces à monter pour obtenir une reproduction en modèle réduit.

5. Usine où l'on fabrique des objets en métal fondu.

6. Manière de joindre plusieurs pièces de bois, de métal pour former un tout.

7. Corps ajouté à différents alliages servant à bronzer les métaux et à les durcir.

8. Ce métal (allié au plomb) sert à la fabrication d'objets d'usage courant, comme la vaisselle.

9. Action d'enlever, à l'aide d'un grattoir, les aspérités inutiles d'une pièce qui vient d'être fondue.

10. Métal d'un blanc jaunâtre, tendre et cassant. En médecine, il est utilisé pour le traitement de certaines affections du tube digestif.

3 **Pour communiquer. Complétez ce descriptif d'un objet de collection par les expressions manquantes.**

Pour les modèles réduits d'avions de ligne français, _____ des années 1960-1970. _____ des maquettes pour tous les goûts : 30 ou 50 pièces à monter et à peindre, une échelle de 1/200 ou 1/150, etc. La caravelle d'Air France _____ le Concorde _____. À vous de choisir ce qui vous plaît !

4 **Pour communiquer. Répondez à ces questions pour expliquer la fabrication d'une sculpture.**

1. Quels sont les matériaux qui entrent dans la fabrication de votre sculpture de bronze ?

2. Que dois-je faire si je veux une réplique du *Mercure* de Jean-Baptiste Pigalle dans mon salon ?

3. Et, ensuite, comment le sculpteur va-t-il procéder ?

5 **Pour communiquer. Expliquez votre passion (de collectionneur) en répondant à ces questions.**

1. Quelles sont les personnes qui s'intéressent à ce genre particulier d'objets de collection ?

2. Comment échanger avec d'autres passionnés du modèle réduit pour se perfectionner ?

3. Dans votre coutellerie spécialisée en lames du XVIIIe siècle, qui peut-on rencontrer ?

4. Pourquoi avez-vous choisi une profession si originale au service de collectionneurs ?

5. Que diriez-vous aux gens que les voiliers, comme le célèbre trois-mâts *Le Belem*, indiffèrent ?

6 À vous ! **Vous collectionnez les modèles réduits du célèbre train « L'Orient-Express ». Présentez vos objets de collection et partagez votre passion.**

37b

Estimer et valoriser une collection d'objets d'art

La vente du siècle : vente aux enchères Yves Saint Laurent – Pierre Bergé

Journaliste : Jamais visite d'appartement n'aura attiré autant de monde. Il faut dire que le cadre est somptueux – le Grand Palais – et les hôtes prestigieux – Yves Saint Laurent et Pierre Bergé. Sous les verrières, les appartements du grand couturier aujourd'hui disparu et de l'homme d'affaires ont été reconstitués. Chaque pièce est un véritable musée. Dans le salon « Babylone », il y a le Picasso « Instruments de musique sur un guéridon », estimation : 25 à 30 M d'euros ; une sculpture de Brancusi entre 15 et 20 M d'euros ; ce fauteuil Art déco, très rare, d'Eileen Gray estimé entre 2 et 3 M d'euros. Sept cent trente-trois œuvres au total mises aux enchères : la vente pourrait battre tous les précédents records. **Commissaire-priseur :** Comme on a estimé cette collection de 200 à 300 M d'euros, c'est-à-dire déjà plus de 200 M de dollars, si on fait dans cette fourchette de prix, elle sera le record mondial pour une vente aux enchères. **Journaliste :** Les acquéreurs potentiels viennent des quatre coins de la planète. Quant aux visiteurs, à défaut de casser leur tirelire, certains ont fait des kilomètres. **Visiteuse 1 :** C'est très beau ! Après ça va être dispersé, je n'aurai peut-être pas l'occasion de la revoir. **Journaliste :** Vous êtes venue ici pourquoi ? Pour voir le prix des étiquettes ? **Visiteuse 2 :** Ah non, pas du tout, pas du tout ! Non, pour voir les objets ! Non, parce que je savais pertinemment que je n'avais pas les moyens de les acheter. **Journaliste :** Pendant deux jours encore, le public pourra admirer une dernière fois encore l'une des plus importantes collections du marché de l'art.

Thomas Seydoux de chez Christie's : On parle de vente du siècle parce que c'est vrai que d'avoir une telle densité et d'avoir une telle qualité d'objets des arts décoratifs, d'argenterie, de tableaux anciens du XIXe, du Moderne, c'est du rarement vu. On parle du cubisme […] avec Juan Gris, les Braque qui sont très rares aujourd'hui. Et puis, l'abstraction avec Mondrian : on vend un Mondrian par an, là on en a trois abstraits, dans la même vente, trois de la même période charnière, donc tous d'avant 1922, ce qui est absolument exceptionnel. Ce qui est remarquable, c'est qu'il n'y a pas simplement un nucléus de trois œuvres majeures sur lequel toute une collection est construite, c'est que le nucléus est énorme, c'est que toutes les pièces ont été achetées avec une rigueur !

https://www.dailymotion.com/video/x8gfms_vente-aux-encheres-yves-st-laurent_creation

---

Vocabulaire

La vente aux enchères

- Un commissaire-priseur
- Adjugé… vendu !
- Une pièce (de collection)
- Les arts décoratifs

- Une fourchette de prix
- Une mise à prix
- L'argenterie
- Le prix des étiquettes

Pour communiquer

- **Souligner le caractère exceptionnel de la vente :**

La vente pourrait battre tous les précédents records.

Une sculpture de Brancusi, estimation entre 15 et 20 M, ce fauteuil Art déco, très rare, estimé à…

Les acquéreurs potentiels viennent des quatre coins de la planète.

À défaut de casser leur tirelire, certains ont fait des kilomètres.

C'est très beau, après ça va être dispersé, je n'aurai peut-être pas l'occasion de la revoir.

Avoir une telle densité et une telle qualité d'objets, c'est du rarement vu.

Dans la même vente, trois œuvres de la même période charnière, c'est absolument exceptionnel.

Il n'y a pas simplement un nucléus de trois œuvres majeures, c'est que le nucléus est énorme.

Toutes les pièces ont été achetées avec une rigueur !

1 Compréhension. Répondez aux questions suivantes.

1. De quoi parle ce reportage télévisuel ?

2. Où se déroule cette vente d'exception ?

3. Quels sont les publics attirés par cette vente ?

4. Pourquoi parle-t-on de vente du siècle ?

2 Vocabulaire. Devinettes : de quoi s'agit-il ?

1. Vous n'y séjournez pas. Par contre, vous pouvez les rassembler systématiquement en raison de leur valeur esthétique, sentimentale ou marchande…

2. Vous rêvez de ce vase en porcelaine de Sèvres. Dans la salle des ventes, quand ce mot est prononcé, soit vous hurlez de joie, soit vous pleurez de rage !

3. C'est un ensemble d'objets décoratifs de table pour lequel toutes les héritières du monde se crêpent le chignon !

4. Il dirige la vente aux enchères publiques. Attention, ne le confondez pas avec Maigret !

5. Souvent, ce renseignement vous désespère, d'autant si le carton est attaché par une ficelle à un tableau de Poussin, de Watteau ou de Manet.

6. C'est l'écart entre deux valeurs extrêmes dans une estimation chiffrée.

7. C'est à Drouot qu'elles se déroulent le plus souvent et ceci depuis 1807.

8. C'est l'ensemble des objets servant à la décoration intérieure et à l'ameublement.

9. Hélas, comme elle est initiale, elle ne correspond jamais au prix de vente adjugé !

3 Pour communiquer. Reformulez ces phrases entendues lors d'une vente aux enchères.

1. Une fois éparpillées, peu de chance de revoir ces merveilles !

2. J'évalue ce « Baiser » à 30 M environ et cette causeuse rarissime à 15 M.

3. On n'aura jamais vu une vente pareille !

4. Le noyau de la collection n'est pas seulement constitué de quelques œuvres importantes, mais d'une quantité fabuleuse d'œuvres exceptionnelles !

5. Quelques passionnés, faute de pouvoir s'offrir ces objets, sont venus de loin pour les admirer.

6. Ce qui est remarquable, c'est que, dans la même collection mise en vente, vous trouviez une triade de tableaux appartenant à un mouvement majeur dans l'évolution du peintre.

7. Il est plus qu'inhabituel de pouvoir admirer tant d'objets de facture aussi exceptionnelle !

8. Chaque objet d'art a été choisi avec une attention toute particulière.

9. Les hypothétiques acheteurs accourent de tous les continents !

4 À vous ! Jouez au « commissaire-priseur ». Estimez une collection composée d'objets insolites (boules à neige, pipes, blaireaux de rasage…) et valorisez-la de façon exagérée dans le but de tout revendre à prix d'or. Adjugé et vendu !

37c

Présenter une œuvre pour un catalogue de vente

Pleins feux sur le Pays basque

Cette vente proposera notamment deux belles toiles signées respectivement Louis Floutier et Pierre-Albert Begaud. Le second est un important représentant de l'école de Bordeaux. Élève de Quinsac, Cormon et Etcheverry, il a peint des paysages de la Côte d'Argent, mais aussi des portraits, des natures mortes et de grandes décorations, notamment pour la bourse de Bordeaux ou la mairie d'Orléans. Si, dans ces dernières, il adopte un style néoclassique, il privilégie la couleur et la construction dans ses paysages, comme dans *Le Pont Noblia*, annoncé à 5 000/8 000 euros. Quant à Louis Floutier, c'est

Pont de Saint-Étienne-de-Baïgorry, Louis Floutier (1882-1936)

un artiste incontournable de la région, qui a largement participé au renouveau des arts basques aux côtés de Ramiro Arrue ou encore d'Étienne Vilotte et Victor Lukas, avec lesquels il a fondé la manufacture de poterie de Ciboure en 1919. Élève de Laborde aux Beaux Arts de Toulouse, puis de Fernand Cormon à Paris, il expose, dans la capitale, au Salon des artistes français. Après une orientation plutôt classique, inspirée de l'antique, mais aussi de l'Art déco, il se tourne vers des scènes basques typiques, représentant les us et coutumes locaux. Si Louis Floutier s'est installé à Saint-Jean-de-Luz, il a aussi arpenté tout l'arrière-pays, comme en témoigne ce *Pont de Saint-Étienne-de-Baïgorry*, bourgade typique située dans les Pyrénées, en pleine montagne, non loin de la frontière espagnole. Centrée sur le passage du cours d'eau, la Nive des Aldudes, mais aussi sur la végétation du pont, cette belle composition inondée de lumière révèle tout le talent du peintre et ses influences impressionnistes. Travaillant avec une grande vigueur, il n'hésite pas à utiliser sur une même toile le pinceau et le couteau, donnant ainsi à ses toiles relief et matière… et beaucoup de vie !

La Gazette Drouot, n° 7, février 2017, p. 96

▨▨ Vocabulaire

La peinture

- Une toile, un pinceau, un couteau, une palette, un chevalet
- Les genres : un portrait, une nature morte, un paysage, une grande décoration
- Les styles antique, (néo)classique, impressionniste, Art déco
- Un relief, une matière

Pour communiquer

• ***Donner des éléments biographiques de l'artiste :*** C'est un artiste incontournable de la région.
Le second est un important représentant de l'école de Bordeaux.
Élève de Laborde aux Beaux Arts de Toulouse, puis de Fernand Cormon à Paris…
Il expose, dans la capitale, au Salon des artistes français.
Il a aussi arpenté tout l'arrière-pays, comme en témoigne ce *Pont de Saint-Étienne-de-Baïgorry*.

• ***Parler de l'évolution du style :*** Il adopte un style…
Il privilégie la couleur et la construction dans…
Il a largement participé au renouveau des arts basques aux côtés de…
Après une orientation assez classique inspirée de l'antique, il se tourne vers…

• ***Décrire la technique picturale :*** Travaillant avec une grande vigueur…
Cette belle composition inondée de soleil révèle tout le talent du peintre.
Il n'hésite pas à utiliser sur une même toile qch donnant ainsi à sa peinture qch et beaucoup de vie.

1 Compréhension. **Vrai ou faux ? Si faux, justifiez votre réponse.**

1. Cette annonce est parue dans un magazine spécialisé dans les ventes aux enchères.

2. Les deux tableaux mis en vente sont des natures mortes.

3. Le lexique employé est compréhensible pour un public avisé.

2 Vocabulaire. **Devinettes : de quoi parle-t-on ?**

1. En tant que peintre, il ne vaut mieux pas se les emmêler !

2. Support de bois sur lequel le peintre travaille un tableau en cours d'exécution.

3. Courant artistique de la fin du XIXe siècle qui privilégie les couleurs à la composition.

4. Sujet constitué d'objets et d'animaux inanimés (fruits, fleurs, vases, etc.).

5. En peinture, il sert à enduire avant de peindre. Sinon, l'Opinel en est le digne représentant.

6. Perception visuelle obtenue par l'opposition des parties claires et des parties sombres.

7. Ensemble des productions artistiques ou littéraires héritées de l'Antiquité.

8. Il peut être « en buste », « à mi-corps », « en pied ».

9. Période artistique née dans les années 1920, à mi-chemin entre l'ornemental et le fonctionnel.

10. Plaque de forme ovale percée d'un trou sur laquelle le peintre dispose et mélange ses couleurs.

11. Nom plus technique donné à un tableau par métonymie.

12. Style de la fin du XVIIIe siècle situé entre le rococo et le romantisme (Jacques-Louis David).

3 Pour communiquer. **Complétez la biographie artistique de Pierre-Henri de Valenciennes.**

_____ G.-F. Doyen à l'Académie de peinture royale de Toulouse, il est _____ l'école néoclassique en France. Par ailleurs, c'est _____ d'Occitanie. Il _____, au Salon de 1787 et de 1789. Auparavant, il avait aussi _____ l'Italie, _____ son chef-d'œuvre *Deux peupliers à la villa Farnèse* de 1786. Un artiste à redécouvrir !

4 Pour communiquer. **Interrogé(e) par *La Gazette Drouot*, répondez aux questions suivantes.**

1. Quelle est la façon de peindre de Pierre-Henri de Valenciennes ?

2. On dit que Jules R. Hervé a de plus en plus subi l'influence de l'impressionnisme. Qu'en est-il ?

3. Sur quelle conception repose la peinture de Théodore Géricault ?

4. Quelle est la contribution de Gustave Moreau et celle de Giovanni Segantini à l'Art moderne ?

5 Pour communiquer. **Soulignez davantage le talent du peintre en reformulant ces phrases.**

1. Cette toile lumineuse reflète le joli coup de pinceau de l'artiste.

2. À grand renfort de pinceaux et de couteaux, le peintre donne relief et matière à son œuvre.

3. Eugène Delacroix est un peintre flamboyant, œuvrant avec beaucoup de puissance et de vitalité.

6 À vous ! DALF **Présentez une œuvre picturale de votre choix pour un catalogue de vente.**

38a Parler de son bonheur à travers des expressions imagées

Elvire, Erwan, Joseph, Joachim, Juliette et Martina, six amis, se retrouvent dans un bar pour fêter leurs dix ans d'amitié.

Martina : Joachim, tellement heureuse de te revoir depuis le temps… Alors, tu nages dans le bonheur ?

Joachim : Oh, oui ! Je vis une lune de miel interminable depuis que je suis avec Elvire, nous sommes heureux de partager un bonheur « à deux ». N'est-ce pas ma chérie ?

Elvire : Oui, mon amour, ce n'était pas toujours la voie royale, mais nous y sommes parvenus, et vous devriez en faire autant ! Arrêtons de geindre et de nous plaindre, il faut savoir profiter de la vie et prendre notre pied en toute occasion, en amour, en amitié et même dans nos moments de mélancolie. Franchement, tu n'es pas d'accord avec moi, Joseph ?

Joseph : Elvire, toi qui me connais depuis l'école primaire, tu sais que je me suis toujours battu contre vents et marées. En dépit des hauts et des bas qui ont traversé ma vie, on peut dire que je m'en suis toujours sorti. Malgré tout, je suis tranquille comme Baptiste. C'est ma nature. Je reste serein même quand le ciel me tombe sur la tête. Je prends la vie comme elle vient.

Martina : Toi, Joseph, tu as toujours croqué la vie à belles dents, c'est ton tempérament optimiste qui veut ça. Moi, j'ai tendance à être au fond du gouffre, et pour cause ! Du jour au lendemain, je me suis retrouvée fauchée comme les blés, mon Jules est parti avec une autre et mon patron m'a indiqué la porte de sortie. Bref, une vraie Cosette. Mais à part ça, tout va très bien, madame la marquise[*]…

Juliette : Oh là là là là, ma pôôvre ! On te plaint, quelle vie de misère !

Erwan : Cela dit, on a tous été dans la panade une fois dans notre vie. Allez ! Passons à autre chose : ce soir on fête nos 10 ans d'amitié. Et si on se faisait la tournée des grands-ducs ? Une bouteille de champ' pour commencer, ça vous dit ?

Joseph [*fredonne une chanson de Jeanne Moreau*] **:** « *Aïe, quelle petite vie de cocagne, / l'hiver tout comme l'été / j' pourrais pas m'en lasser !* »

Juliette : Eh bien, mon Jojo, tu es un vrai troubadour !

Joachim : Et maintenant trinquons à l'amitié ! Pour qu'elle dure toujours !

[*] chanson de Ray Ventura

Vocabulaire

Les conceptions de la vie

- Geindre, se plaindre, pleurnicher
- Être serein
- Une vie de misère, cauchemardesque
- (Vivre) une lune de miel (interminable)
- Un tempérament optimiste, de feu
- Trinquer à l'amitié
- Une vraie Cosette
- Une vie de cocagne

Pour communiquer

- ***Exprimer des déconvenues :*** Ce n'est pas la voie royale. / Traverser des hauts et des bas
Se battre contre vents et marées / Le ciel me tombe sur la tête. / Être au fond du gouffre
Être fauché comme les blés / Être dans la panade / Indiquer la porte à qqn = mettre à la porte
Mais à part ça, tout va très bien, madame la marquise.
- ***Exprimer le bonheur :*** Prendre son pied / S'en sortir, s'en tirer
Être tranquille comme Baptiste / Prendre la vie comme elle vient
Croquer la vie à pleines dents (à belles dents) / Nager dans le bonheur
Faire la tournée des grands-ducs

1 Compréhension. **Répondez aux questions suivantes.**

1. Quelle est la nature de la relation entre Joachim et Elvire ?

2. Quelle est la différence de caractère entre Martina et Joseph ?

3. Quel est le ton des remarques de Juliette ?

2 Vocabulaire. Devinettes. **Quelle est la conception de la vie des personnes suivantes ?**

1. Faustine ne cesse de se plaindre de tout et de rien sur un ton larmoyant. Vite, un mouchoir !

2. Exempt de trouble, d'angoisse et de passion, Apollon ne se laisse perturber par rien.

3. Poil de carotte subit des humiliations quotidiennes et la haine maternelle. Quelle existence !

4. C'est lorsque vous levez vos verres en compagnie de vos chers amis.

5. La chanteuse Sheila en est pourvue : à 73 ans, elle déborde d'énergie et d'envies.

6. Mouchette, l'héroïne du film de Bresson, par son horrible destin, en est une.

7. Les commerçants de ce village ne font que se lamenter sur leur sort, et ce, sans aucune raison !

8. Désormais, Jeanne et Pierre mènent une vie de fêtes et de plaisirs, et ils ont bien raison !

3 Pour communiquer. **Pour ces situations de déconvenue, trouvez l'expression correspondante.**

1. Vous n'avez plus un sou en poche, même pas pour vous payer une baguette !

2. Déprimé(e), désargenté(e), vous ne savez plus comment remonter la pente !

3. Vous avez réussi à réaliser votre projet malgré tous les obstacles possibles et imaginables !

4. Vous ne supportez plus la présence néfaste de votre beau-frère dans votre appartement !

5. Vous êtes instable, un jour aux anges, un jour en enfer. Votre vie : une vraie montagne russe.

6. Vous venez d'apprendre simultanément que votre chéri(e) vous trompe, que votre patron vous licencie et que votre belle-mère va s'installer chez vous !

7. Vous venez de perdre tout votre argent au casino, vous êtes dans de beaux draps !

8. André M. a bien des difficultés à survivre dans cette jungle épaisse.

9. Quels que soient les problèmes, vous restez optimiste, bien que légèrement ironique.

4 Pour communiquer. **Reformulez ces phrases de façon familière pour exprimer le bonheur.**

1. Moi, je m'adapte à tous les aléas de la vie et quelles qu'en soient les circonstances !

2. Ton existence n'est que plaisir, luxe et volupté.

3. Rien n'entache votre humeur et votre caractère paisible.

4. Nous profitons de tout ce que la terre nous offre : le soleil, le vin, les chansons, l'amour.

5. Il éprouve un plaisir inouï en skiant sur les pistes enneigées du Tyrol ensoleillé !

6. Elles ont su affronter les heurts de l'existence avec ténacité et courage.

7. Boris, Sergueï et Volodia adorent s'offrir des sorties dispendieuses dans le Paris des plaisirs.

5 À vous ! **Racontez un grand moment de bonheur vécu à la suite de déconvenues, en employant des expressions imagées.**

38b Confronter deux conceptions du bonheur

Antigone doit choisir : soit se ranger du côté de Créon, son futur beau-père, soit se sacrifier…
CRÉON La vie n'est pas ce que tu crois. C'est une eau que les jeunes gens laissent couler sans le savoir, entre leurs doigts […] Retiens-la. Tu verras, […] c'est un livre qu'on aime, c'est un enfant qui joue à vos pieds, un outil qu'on tient bien dans sa main, un banc pour se reposer le soir devant sa maison. Tu vas me mépriser encore, mais de découvrir cela, tu verras, c'est la consolation dérisoire de vieillir ; la vie, ce n'est peut-être tout de même que le bonheur. **ANTIGONE** [*murmure, le regard perdu*] Le bonheur… **CRÉON** [*a un peu honte soudain*] Un pauvre mot, hein ? **ANTIGONE** [*doucement*] Quel sera-t-il, mon bonheur ? Quelle femme heureuse deviendra-t-elle, la petite Antigone ? […] Dites, à qui devra-t-elle mentir, à qui sourire, à qui se vendre ? **CRÉON** [*hausse les épaules*] Tu es folle, tais-toi. **ANTIGONE** Non, je ne me tairai pas ! Je veux savoir comment je m'y prendrais, moi aussi, pour être heureuse. Tout de suite, puisque c'est tout de suite qu'il faut choisir. […] **CRÉON** Tu aimes Hémon ? **ANTIGONE** Oui, j'aime Hémon. J'aime un Hémon dur et jeune, un Hémon exigeant et fidèle, comme moi. Mais si votre vie, votre bonheur doivent passer sur lui avec leur usure, si Hémon ne doit plus pâlir quand je pâlis, s'il ne doit plus me croire morte quand je suis en retard de cinq minutes, s'il ne doit plus se sentir seul au monde et me détester quand je ris sans qu'il sache pourquoi, s'il doit devenir près de moi le monsieur Hémon, s'il doit apprendre à dire « oui », lui aussi, alors je n'aime plus Hémon. **CRÉON** Tu ne sais plus ce que tu dis. Tais-toi. **ANTIGONE** Si, je sais ce que je dis, mais c'est vous qui ne m'entendez plus. Je vous parle de trop loin maintenant, d'un royaume où vous ne pouvez plus entrer avec vos rides, votre sagesse, votre ventre. *[Elle rit.]* […] Tu sais que j'ai raison, mais tu ne l'avoueras jamais parce que tu es en train de défendre ton bonheur en ce moment comme un os. **CRÉON** Le tien et le mien, oui, imbécile ! **ANTIGONE** Vous me dégoûtez tous, avec votre bonheur ! Avec votre vie qu'il faut aimer coûte que coûte. On dirait des chiens qui lèchent tout ce qu'ils trouvent. Et cette petite chance pour tous les jours, si on n'est pas trop exigeant. Moi, je veux tout, tout de suite – et que ce soit entier – ou alors je refuse ! Je ne veux pas être modeste, moi, et me contenter d'un petit morceau si j'ai été bien sage. Je veux être sûre de tout aujourd'hui et que cela soit aussi beau que quand j'étais petite – ou mourir.

Jean Anouilh, *Antigone* © Éditions de La Table ronde, 1946

Grammaire

Comparatifs + *ne* explétif

- Le bonheur est *plus* intense *qu'*on *ne* le croit.
- La vie est *moins* fragile *que* tu *ne* le dis.

Vocabulaire

L'érosion du temps

- Une usure, un affaiblissement, un amoindrissement
- Un royaume lointain
- Pâlir, faner, jaunir, s'évanouir
- Le temps passe sur qch, le temps efface tout

Pour communiquer

- ***Constater la fugacité du bonheur :***
Laisser la vie couler entre ses doigts / Retenir la vie.
La vie, c'est un outil qu'on tient bien dans sa main.
Découvrir cela, c'est la consolation dérisoire de vieillir.
La vie, ce n'est peut-être tout de même que le bonheur.
Ne savoir comment s'y prendre pour être heureux.
- ***Décrire la médiocrité d'une vie conformiste :*** Devenir un monsieur.
Défendre son (petit) bonheur comme un os.
Vous, avec votre vie (minable) qu'il faut aimer coûte que coûte !
On dirait des chiens qui lèchent tout ce qu'ils trouvent (= n'importe quoi).
Et cette petite chance pour tous les jours, si on n'est pas trop exigeant.
Se contenter d'un petit morceau si on a été bien sage.

1 Compréhension. Vrai ou faux ? Si faux, justifiez votre réponse.

1. Il s'agit d'un extrait d'une pièce de l'Antiquité.

2. Les conceptions du bonheur des deux protagonistes sont en tous points identiques.

3. Le ton de la pièce est tragique et désabusé, en corrélation avec l'époque de son écriture.

2 Vocabulaire. Complétez les phrases suivantes avec les termes manquants.

1. Elle faillit _____ d'émotion : elle retrouvait 20 ans plus tard son amour perdu !

2. Lorsque je feuillette de vieux albums, je revois avec plaisir des photos qui ont _____.

3. On s'expliquait _____ des sentiments de ce couple par leurs soucis répétés liés au quotidien.

4. Leurs passions sont flétries, si bien que leurs cœurs ressemblent à cette rose _____.

5. Il était une fois, dans _____, un roi et une reine qui étaient si malheureux…

6. Son prestige et sa gloire font _____ de rage et de jalousie tous ses rivaux.

7. Mon chagrin d'amour est la principale cause de ma perte d'appétit et de mon _____ général.

8. Ne dit-on pas que, dans la vie, _____ inexorablement, _____ toutes les joies et toutes les peines.

9. Je ne crois pas à _____ de notre littérature classique. Bien au contraire, je la sais stimulante.

3 Grammaire. Ajoutez, si possible, le *ne* explétif aux phrases suivantes.

1. Le matou Waldemar est aussi couard que la minette Zouzou est intrépide.

2. Lisandre est plus charmant qu'il est beau. Il est moins grand que je le pensais.

4 Pour communiquer. Reformulez ces descriptions du bonheur en des termes plus littéraires.

1. La vie n'est finalement qu'un long fleuve tranquille.

2. Le secret du bonheur ? Je n'ai pas de recette…

3. Moi, la vie, je ne veux pas qu'elle se taille !

4. Ça me soulage de savoir ça, parce qu'être sur le déclin, franchement ce n'est pas le top !

5. L'existence, elle, n'a qu'un temps : profitons-en !

6. La vie, on doit savoir quoi en faire et non pas être un ballot qui ne la maîtrise pas !

5 Pour communiquer. Que pourriez-vous reprocher à ces personnes adeptes d'une vie conformiste ?

1. Après une vie de dur labeur, j'ai bien mérité mon petit coin de paradis.

2. Je suis bien dans ma petite vie pépère !

3. Dans la vie, il faut se contenter de peu, un rien suffit pour me rendre heureux.

4. Il n'y a pas de petits profits, n'est-ce pas ?

5. Pas touche à ma petite maison, à mon petit salaire et à ma petite famille !

6. Mon but ultime : être reconnu dans la société !

6 À vous ! DALF Pour certains, le bonheur, c'est de posséder une maison, une voiture, de vivre en couple et d'avoir des enfants. Pour vous, c'est tout autre chose. Défendez ardemment votre position.

38c

Définir le bonheur

BONHEUR S. m.[1] (Morale) se prend ici pour un état, une situation telle qu'on en désirerait la durée sans changement ; et en cela le bonheur est différent du plaisir, qui n'est qu'un sentiment agréable, mais court et passager, et qui ne peut jamais être un état. [...] Tous les hommes se réunissent dans le désir d'être heureux. La nature nous a fait à tous une loi de notre propre bonheur. Tout ce qui n'est point bonheur nous est étranger : lui seul a un pouvoir marqué sur notre cœur ; nous y sommes tous entraînés par une pente rapide, par un charme puissant, par un attrait vainqueur ; c'est une impression ineffaçable de la nature qui l'a gravé dans nos cœurs, il en est le charme et la perfection. Les hommes se réunissent encore sur la nature du bonheur. Ils conviennent tous qu'il est le même que le plaisir ou du moins qu'il doit au plaisir ce qu'il a de plus piquant et de plus délicieux. Un bonheur que le plaisir n'anime point par intervalles [...] est moins un vrai bonheur qu'un état et une situation tranquille : c'est un triste bonheur que celui-là. [...] Pour remplir nos désirs, [...] il faut faire couler la joie jusqu'au plus intime de notre cœur, l'animer par des sentiments agréables, l'agiter par de douces secousses, lui imprimer des mouvements délicieux, l'enivrer des transports d'une volupté pure, que rien ne puisse altérer. Mais la condition humaine ne comporte point un tel état : tous les moments de notre vie ne peuvent pas être filés par les plaisirs. [...] Notre bonheur le plus parfait dans cette vie n'est donc, comme nous l'avons dit au commencement de cet article, qu'un état tranquille, semé çà et là de quelques plaisirs qui en égaient le fond. [...] J'avoue qu'un même plaisir n'en est pas un pour tous : les uns sont pour le plaisir grossier, et les autres pour le plaisir délicat ; les uns pour le plaisir vif, et les autres pour le plaisir durable ; les uns pour le plaisir des sens, et les autres pour le plaisir de l'esprit ; les uns enfin pour le plaisir du sentiment, et les autres pour le plaisir de la réflexion : mais tous sans exception sont pour le plaisir. (Consultez cet article.) On peut lire dans M. de Fontenelle les réflexions solides et judicieuses qu'il a écrites sur le bonheur. Quoique notre bonheur ne dépende pas en tout de nous, parce que nous ne sommes pas les maîtres d'être placés par la fortune dans une condition médiocre[2], la plus propre de toutes pour une situation tranquille, et par conséquent pour le bonheur, nous y pouvons néanmoins quelque chose par notre façon de penser.

[1] substantif masculin, [2] ici : médiane, stable
Diderot et d'Alembert, *Encyclopédie*, 1752, http://encyclopédie.eu/index.php/morale/751366724-BONHEUR

▆▆▆ Vocabulaire

Les mouvements du cœur

- Le plaisir des sens, de l'esprit, du sentiment, de la réflexion
- Délicat(e) ≠ grossier(-ère), vif(-ve) ≠ restreint(e), durable ≠ bref(-ève)
- Un plaisir piquant, un charme puissant, un attrait vainqueur, une pente rapide

Pour communiquer

- *Définir une notion et la distinguer d'une autre :*
Le bonheur se prend ici pour un état, une situation.
En cela le bonheur est différent du plaisir, ... qui ne peut jamais être un état.
- *Préciser l'importance d'une notion pour les humains :*
Tous les hommes se réunissent dans le désir d'être heureux. / Tout ce qui n'est point bonheur nous est étranger. / C'est une impression ineffaçable de la nature qui l'a gravé dans nos cœurs.
- *Donner vie à une notion en l'illustrant par une description concrète :*
Il faut faire couler la joie jusqu'au plus intime de notre cœur : l'animer par des sentiments agréables, l'agiter par de douces secousses, lui imprimer des mouvements délicieux, l'enivrer des transports d'une volupté pure... Mais tous les moments de notre vie ne peuvent pas être filés par les plaisirs.
- *Conclure en indiquant un précepte à suivre :*
On peut lire dans X les réflexions solides et judicieuses qu'il a écrites sur le bonheur. / Quoique notre bonheur ne dépende pas en tout de nous, nous y pouvons néanmoins qch par notre façon de penser.

1 Compréhension. Vrai ou faux ? Si faux, justifiez votre réponse.

1. Cet article provient d'une revue spécialisée en psychologie humaine.
2. Le bonheur est purement accidentel dans l'existence de l'homme.
3. Le style de cet article est à la fois scientifique et littéraire.

2 Vocabulaire. Devinettes : de quoi parle-t-on ici ?

1. C'est ce qui émane agréablement des sensations du corps, et plus spécifiquement de la sexualité.
2. C'est quand le plaisir n'arrive pas à son apogée, qu'il est limité.
3. Si vous la descendez à ski c'est agréable, si vous suivez celle du bonheur, il en est de même.
4. C'est le sentiment qui donne du relief au bonheur et que vous éprouvez quand vous mangez des plats relevés.
5. C'est ce qui se dégage de façon délicieuse de vos activités intellectuelles et langagières.
6. Ce qualificatif désigne l'aspect brut d'un être, d'une chose, et ici le côté concret et primaire du plaisir.
7. C'est par cette force secrète que vous succombez au charme d'un être, d'un sentiment plaisant.
8. C'est ce qui résulte des bonheurs affectifs et émotionnels.
9. Fugace et éphémère sont, entre autres, des substituts de ce mot.

3 Pour communiquer. Répondez à ces questions à propos du bonheur (définir et préciser).

1. Qui est concerné par le bonheur ?
2. Que peut être le bonheur ?
3. En quoi se distingue le bonheur du plaisir ?
4. D'où provient ce sentiment de bonheur que nous avons en nous ?
5. En quoi le bonheur est-il vital et unique pour l'homme ?

4 Pour communiquer. Comment réjouir notre cœur ? Indiquez la manière qui convient.

1. Il faut _____ afin d'éviter la monotonie d'une vie sans émotion.
2. Il faut _____ afin de mourir de plaisir.
3. Il faut _____ afin que le cœur soit exempt de toute impression déplaisante.
4. Il faut _____ afin qu'il apprenne à ressentir des émotions nuancées et délicates.
5. Il faut se lancer dans la recherche du bonheur _____.
6. _____ afin qu'il s'épanouisse pleinement.

5 Pour communiquer. Pour conclure, indiquez au lecteur des pistes de réflexion.

1. Renvoyez le lecteur à d'autres textes sur le bonheur. → _____.
2. Exhortez le lecteur au bonheur. → _____.

6 À vous ! DALF Un éditeur vous demande de rédiger, pour un dictionnaire de poche, un article sur le plaisir. Pour ce faire, reprenez la trame de l'article de Diderot (sans en garder la longueur !).

39a

Partager un souvenir

À la maison, nous n'avions pas le droit de parler du métier de papa. – Ça ne regarde personne, disait-il. Le père de Pécousse était aiguilleur du ciel. Monsieur Legris était carrossier. Il y avait des pères ouvriers, employés, serveurs de restaurant comme celui du rouquin. Roman allait voir le sien à la scierie du lac. Celui de Chavanay était postier. Mais le mien, je ne savais pas. Je ne l'avais jamais vu avec un cartable ou une blouse. Il n'était ni dans une vitrine ni derrière un bureau. Quand je partais le matin, il dormait. Le soir, il était parfois en pyjama.

– Il est fatigué, disait ma mère. Pour ne pas le réveiller, nous nous déplacions sur la pointe des pieds. Elle et moi avancions dans l'appartement comme des danseuses. Nous ne marchions pas, nous murmurions. Chacun de nos pas était une excuse.

Au CM2, il a fallu briser le secret. L'institutrice nous avait donné une feuille à remplir, avec notre nom, prénom, âge. Et profession du père.

– Tu as qu'à répondre « parachutiste », m'avait-il dit. J'avais écrit « Parachute ». La maîtresse avait lu ma réponse à voix haute. Les copains avaient ri. Ce n'était pas drôle, parachutiste.

Un soir, mon père avait appelé le journal pour dire qu'il y avait une faute dans un article historique sur Diên Biên Phu. Il était en colère. – J'y étais, jeune homme, a répondu mon père avant de raccrocher.

[…] Lorsque je suis entré en sixième, tout s'est compliqué.

– Choulans, vous n'avez pas rempli la case « profession du père » ? Le professeur principal tenait ma feuille en main. […] Bien loin de mon père et de son secret. Il ne se doutait de rien. Profession du père ? Pour lui, c'était une case vide, un oubli, une étourderie. […] En septembre, cette année-là, lorsque je suis rentré avec la feuille de renseignements, il était tendu. Profession du père ? Ma mère n'avait pas osé remplir le formulaire. Mon père avait grondé.

– Écris la vérité : « Agent secret. » Ce sera dit. Et je les emmerde. Agent secret. J'ai regardé mon père. Depuis toujours, je me demandais ce qui n'allait pas dans notre vie. Nous ne recevions personne à la maison, jamais. Mon père l'interdisait. […] Aucun de mes amis n'a jamais été autorisé à passer notre porte. Aucune des collègues de maman. Il n'y a toujours eu que nous trois dans notre appartement. Même mes grands-parents n'y sont jamais venus.

Sorj Chalandon, *Profession du père*, Paris, © Éditions Grasset & Fasquelle, 2015, p. 50-52 (Grand Prix du roman 2011 de l'Académie française)

Grammaire

Les temps du passé

- Un soir, mon père *avait appelé* le journal pour dire qu'il y *avait* une faute dans le journal.
- Lorsque je *suis rentré* en sixième, tout *s'est compliqué*.

Vocabulaire

La faute

- Briser un secret ≠ garder, taire un secret
- Un oubli = une amnésie
- Être tendu
- Une case vide
- Une étourderie

Pour communiquer

- *Évoquer le souvenir d'une gêne :*

À la maison, nous n'avions pas le droit de parler du métier de papa.

– Ça ne regarde personne, disait-il.

Quand je partais le matin, il dormait. Le soir, il était parfois en pyjama.

Pour ne pas le réveiller, nous nous déplacions sur la pointe des pieds, comme des danseuses.

Nous ne marchions pas, nous murmurions. Chacun de nos pas était une excuse.

Ma mère n'avait pas osé remplir le formulaire. Mon père avait grondé.

- *Porter un regard résigné sur un événement passé :*

Depuis toujours, je me demandais ce qui n'allait pas dans notre vie.

Aucun de mes amis n'a jamais été autorisé à passer notre porte.

Il n'y a toujours eu que nous trois dans notre appartement.

Même mes grands-parents n'y sont jamais venus.

1 Compréhension. Vrai ou faux ? Si faux, justifiez votre réponse.

1. Ce texte fait partie d'un recueil de nouvelles.

2. Le narrateur évoque la profession « fantôme » de son père.

3. Les rapports de famille sont complexes à cause d'un père exagérément dominateur.

2 Vocabulaire. Devinettes : de quel terme s'agit-il ?

1. C'est un espace à renseigner sur un papier administratif.

2. C'est une perte importante et momentanée de la mémoire due à un traumatisme.

3. Si vous êtes sous pression psychique, vous risquez fort de le devenir (comme un arc).

4. C'est passer sous silence une information que nul ne doit connaître.

5. Cette maladresse est une faute légère sans gravité.

6. En racontant à tous que votre grand-mère était en fait la reine d'Angleterre, vous le faites.

3 Grammaire. Complétez cette histoire en mettant les verbes aux temps qui conviennent.

En octobre 2017, Réjane Dorane (*se présenter*) à la préfecture pour se faire refaire un passeport. Elle (*revenir*) du Cambodge où elle (*vivre*) vingt ans. Elle (*souhaiter*) signaler un changement de domicile. Elle (*être*) effarée d'apprendre qu'une autre Réjane Dorane (*faire refaire*) son passeport en 2015. La Réjane en question (*naître*) au même endroit, à la même heure, pire encore, (*naître*) des mêmes parents. Une enquête (*ouvrir*) pour savoir laquelle des deux (*être*) la vraie Réjane ! En tout cas, elles ne jamais (*se rencontrer*) auparavant.

4 Pour communiquer. Décrivez votre embarras relatif à ces situations passées.

1. Le chef de famille dormait d'un sommeil léger dans sa chambre.

2. La paperasse administrative était le domaine exclusif du père, sans dérogation possible !

3. La matriarche exigeait un silence absolu : pas un mot, pas un bruit.

4. Quel que soit le moment de la journée, ou en soirée, votre père ne portait jamais de costume.

5. Chez nous, le sujet tabou : les activités professionnelles de nos parents.

5 Pour communiquer. Reformulez ces tourments passés dans un registre standard.

1. On ne m'a jamais permis d'inviter un de mes camarades à la maison.

2. C'est triste, mais grand-père et grand-mère ne sont jamais – ne serait-ce qu'une seule fois – passés à la maison.

3. Père, mère et moi en vase clos… Une maison sans vie, sans amis, sans chat ni chien. Personne !

4. Dès ma tendre enfance, j'ai compris que quelque chose clochait dans notre existence.

6 À vous ! Relatez, à la manière d'un journal intime, un souvenir d'enfance dont vous avez gardé une impression gênante. Concluez votre récit avec un regard d'adulte sur ces événements passés.

39b

Évoquer un souvenir

J'appuyais tendrement mes joues contre les belles joues de l'oreiller qui, pleines et fraîches, sont comme les joues de notre enfance. [...] Bientôt minuit. [...] Il suffisait que, dans mon lit même, mon sommeil fût profond et détendît entièrement mon esprit ; alors celui-ci lâchait le plan du lieu où je m'étais endormi, et quand je m'éveillais au milieu de la nuit, comme j'ignorais où je me trouvais, je ne savais même pas au premier instant qui j'étais ; j'avais seulement dans sa simplicité première le sentiment de l'existence comme il peut frémir au fond d'un animal ; j'étais plus dénué que l'homme des cavernes ; mais alors le souvenir – non encore du lieu où j'étais, mais de quelques-uns de ceux que j'avais habités et où j'aurais pu être – venait à moi comme un secours d'en haut pour me tirer du néant [...]. Toujours est-il que, quand je me réveillais ainsi, mon esprit s'agitant pour chercher, sans y réussir, à savoir où j'étais, tout tournait autour de moi dans l'obscurité, les choses, les pays, les années. Mon corps, trop engourdi pour remuer, cherchait, d'après la forme de sa fatigue, à repérer la position de ses membres pour en induire la direction du mur, la place des meubles, pour reconstruire et pour nommer la demeure où il se trouvait. Sa mémoire, la mémoire de ses côtes, de ses genoux, de ses épaules, lui présentait successivement plusieurs des chambres où il avait dormi, tandis qu'autour de lui les murs invisibles, changeant de place selon la forme de la pièce imaginée, tourbillonnaient dans les ténèbres. Et avant même que ma pensée, qui hésitait au seuil des temps et des formes, eût identifié le logis en rapprochant les circonstances, lui, – mon corps, – se rappelait pour chacun le genre du lit, la place des portes, la prise de jour des fenêtres, l'existence d'un couloir, avec la pensée que j'avais en m'y endormant et que je retrouvais au réveil. Mon côté ankylosé, cherchant à deviner son orientation, s'imaginait, par exemple, allongé face au mur dans un grand lit à baldaquin, et aussitôt je me disais : « Tiens, j'ai fini par m'endormir quoique maman ne soit pas venue me dire bonsoir », j'étais à la campagne chez mon grand-père, mort depuis bien des années ; et mon corps, le côté sur lequel je me reposais, gardiens fidèles d'un passé que mon esprit n'aurait jamais dû oublier, me rappelaient la flamme de la veilleuse de verre de Bohême, en forme d'urne, suspendue au plafond par des chaînettes, la cheminée en marbre de Sienne, dans ma chambre à coucher de Combray, chez mes grands-parents, en des jours lointains qu'en ce moment je me figurais actuels sans me les représenter exactement, et que je reverrais mieux tout à l'heure quand je serais tout à fait éveillé.

Marcel Proust, *À la recherche du temps perdu : Du côté de chez Swann*, I, 1, Paris, Gallimard, La Pléiade, 1987 [1913], p. 4-6

▐ Vocabulaire

La chambre à coucher

- Un lit à baldaquin
- La veilleuse
- Frémir

- Les joues de l'oreiller
- Le demi-sommeil, le semi-éveil
- Engourdi(e), ankylosé(e)

Pour communiquer

- ***Évoquer un état propice au déclenchement du souvenir :***
Il suffisait que mon sommeil fût profond et détendît entièrement mon esprit.
Mon esprit lâchait le lieu où je m'étais endormi. / Ma pensée hésitait au seuil des temps et des formes.
J'ignorais où je me trouvais, qui j'étais. / J'étais plus dénué que l'homme des cavernes.
J'avais dans sa simplicité première le sentiment de l'existence (comme un animal).
Tout tournait autour de moi dans l'obscurité… Les murs invisibles tourbillonnaient dans les ténèbres.
- ***Se remémorer des objets, des lieux, des personnes :***
Le souvenir venait à moi (comme un secours d'en haut) pour me tirer du néant.
La mémoire du corps lui présentait successivement plusieurs des chambres où il avait dormi.
Mon corps se rappelait qch, avec la pensée que j'avais en m'y endormant et que je retrouvais au réveil.
… sont les gardiens fidèles d'un passé que mon esprit n'aurait jamais dû oublier.
En ce moment je me figurais actuels (ces jours) sans me les représenter exactement.

1 Compréhension. Ces affirmations sont fausses, reformulez-les correctement.

1. C'est un passage issu d'un roman mineur de la littérature française et universelle.

2. Pour le narrateur, évoquer des souvenirs d'enfance lui est pénible.

3. Le niveau de langue correspond à celui que l'on entend dans la rue aujourd'hui.

2 Vocabulaire. Devinettes. De quel terme s'agit-il ?

1. C'est lorsqu'on est sujet à la perte totale ou partielle du mouvement propre à une articulation.

2. Il s'agit d'une petite lampe dont la frêle flamme reste allumée en permanence.

3. C'est lorsque l'eau chauffée pour le thé produit de légères petites bulles à l'approche de l'ébullition. Ici, c'est ressentir un trouble physique dû à une vive émotion.

4. C'est l'état intermédiaire entre la veille et le sommeil.

5. Se dit poétiquement des parties extérieures d'un coussin ou d'un polochon pour souligner son aspect douillet et sensuel.

6. C'est un lit coiffé d'un ciel et entouré de rideaux pour en préserver la chaleur et l'intimité.

3 Pour communiquer. Voici des situations susceptibles de déclencher des souvenirs. Reformulez-les de façon plus littéraire.

1. Je me sentais perdu dans l'espace, à en oublier mon nom.

2. Dans mon sommeil, je quittais terre.

3. Je me sentais dans un état plus primitif que les néandertaliens.

4. Ma conscience des choses était floue, je n'avais plus du tout de repères.

5. Je dormais à poings fermés et ma conscience me quittait peu à peu.

6. J'avais juste la sensation primale d'être là !

7. Dans le noir, face aux ombres, le décor imperceptible et insaisissable de ma chambre me donnait le vertige.

4 Pour communiquer. Décrivez les mécanismes du souvenir qui opèrent à la suite des états suivants.

1. J'étais perdu(e) dans un sommeil si profond et si abyssal que je n'avais plus conscience de rien.

2. Dans mon demi-sommeil, je me demandais, selon la position de mon corps, dans quelles pièces j'avais dormi tout au long de mon enfance.

3. Les personnes, les lieux de mon enfance que j'ai connus et qui ont disparu sont loin et flous dans mon esprit.

4. Mon passé vit enfoui dans les membres de mon corps. Hélas, je l'avais ignoré jusqu'à présent.

5. Le sommeil venu, je ne me souvenais plus de la disposition de la chambre où je m'étais endormi.

5 À vous ! Évoquez un souvenir d'enfance, déclenché dans un moment particulier de votre vie d'adulte (lecture d'un livre, écoute d'une chanson, promenade bucolique, rêveries...).

39c Imaginer ses dernières volontés

Ceci est mon testament :

Je soussignée, Madame Clotilde-Donatienne-Cunégonde Le Maréchal, née le 10 mars 2001 à « La Tombe » en Seine-et-Marne (77), domiciliée au 97 ter, rue du Pou-qui-grimpe, à Coutances (Manche), lègue à Monsieur le Chien Loukoum, mon époux, et à Monsieur Le Chat Sumo, mon concubin, nés tous deux le 30 février 2050 à Autruche dans les Ardennes, mes droits d'auteur, ainsi que la totalité de mes biens immobiliers, à savoir mon château en Dordogne, ma villa à Saint-Tropez, mon chalet à Courchevel et mon appartement haussmannien de 12 pièces à Passy ;

à mes deux enfants Ségolène-Bernadette et Nicolas-François la totalité de mes dettes, surendettement compris, résultant de mes arriérés, hypothèques et autres emprunts (environ 2 millions d'euros) ;

à mon amie Emmanuelle B. mon tube de rouge à lèvres ;

à mon neveu François F. la cravate et les pantoufles de mon ex-majordome.

Par ailleurs, je confère l'usufruit de ma Yamaha 500 cm³ à ma fidèle gouvernante Pénélope, ainsi que ma Renault 4L break « vintage » à mon chauffeur Emmanuel M.

En ce qui concerne mes biens mobiliers, affaires personnelles, vaisselle, livres, tableaux, disques et vêtements (énumération non exhaustive), je les transmets à l'association « Petits Frères des Riches », à la fondation AEPDL « Agir ensemble pour les droits des lapins » et au consortium PPSEF « Partis Politiques sans Électeurs Fixes ».

Enfin, je lègue mes 3 millions d'exemplaires de « Communication progressive du français – perfectionnement » à tous les brillants étudiants du monde entier qui s'engageront à faire les 700 exercices du livre.

Remis à Maître Boileau-Dulac, en présence de son clerc Mlle Aude Javel, deux exemplaires de ce testament (seront également envoyées 750 copies de cet acte notarié à mes amis du monde entier afin que l'on se souvienne de ma petite personne).

Fait à Paris le 21 juillet 2098 par-devers le notaire en son étude, saine de corps et d'esprit en ce jour heureux...

Clotilde-Donatienne-Cunégonde Le Maréchal, dite Cloclo-Dodo-Cucu

▮ Vocabulaire

La succession

- Un testament
- Des dettes, des arriérés, une hypothèque
- Un usufruit
- Un notaire, un clerc
- Des droits d'auteur

- Un bien (im)mobilier
- Un surendettement
- Un acte notarié
- Une étude

Pour communiquer

- **Marquer l'authenticité de l'acte :**
Je soussigné(e), domicilié(e) à...
Sain(e) de corps et d'esprit en ce jour...
Remis à Maître W un exemplaire de ce testament, ainsi qu'une copie à...
Fait à (lieu) le (date) par-devers (par-devant) le notaire.
- **Faire part de ses ultimes souhaits :**
Je lègue à qqn la totalité de...
Je confère l'usufruit de ... à...
En ce qui concerne mes biens personnels, je les transmets (cède) à l'association...
Enfin je lègue (laisse, *fam.*) à ... qui s'engageront à...

1   Compréhension. **Répondez aux questions suivantes.**

1. Par quel acte C.-D.-C. Le Maréchal consigne-t-elle ses dernières volontés ?

2. Quel style est adopté dans ce document notarié ?

3. Comment est organisé le partage des biens entre les différents bénéficiaires ?

4. Vous êtes personnellement concerné(e) par ce testament. Pourquoi ?

2   Vocabulaire. **Devinettes : de quoi parle-t-on ?**

1. C'est un officier public chargé de conférer l'authenticité aux actes, il règle notamment les successions et, accessoirement, exerce un rôle de gérant de fortune.

2. Quand elles sont lourdes, vous ne rigolez plus et vous passez votre temps au mont-de-piété.

3. C'est le secrétaire d'un notaire, il peut être aussi celui d'un avoué, d'un huissier, d'un procureur.

4. C'est un patrimoine qui ne peut pas être déplacé.

5. C'est le droit de profiter d'un bien ou d'en percevoir les revenus (par exemple encaisser des loyers, des intérêts ou des dividendes), sans pour autant s'en dessaisir.

6. Il s'agit d'un document dressé par un notaire, ce qui lui donne une valeur juridique.

7. Pour ce phénomène, on utilise à Taïwan le terme *kà-nú*, littéralement « esclave de la carte de crédit », pour qualifier des personnes très endettées à la suite d'une utilisation abusive de celle-ci.

8. C'est une sûreté accordée à un créancier sur un bien immeuble en garantie du paiement de la dette.

9. C'est le local où travaille un officier public avec ses clercs.

10. C'est ce que l'éditeur nous versera sur la vente du merveilleux livre que vous tenez entre vos mains.

3   Pour communiquer. **Reformulez ces éléments pour en faire un acte authentique.**

1. Je m'appelle Clément/Clémence, j'habite 27, rue de Maubeuge dans le 9e arr. à Paris.

2. Rédigé ce vendredi à Paris en présence de mon notaire.

3. Aujourd'hui, je suis en pleine forme, j'ai toute ma tête. Que personne ne prétende le contraire !

4. J'ai donné à mon notaire la liste de mes dernières volontés et à son secrétaire, une photocopie.

4   Pour communiquez. **Jules Lebaudy souhaite transmettre son patrimoine. Complétez ce testament.**

Je soussigné, Jules Lebaudy, _____ mon appartement haussmannien, sis boulevard Malesherbes, _____ mon épouse Amélie Piou. _____ mes fils Jacques et Robert _____ mes raffineries et de mes usines sucrières. _____ « la Société protectrice des Dirigeables » (SPD). _____ Max, mon fils cadet, l'intégralité de mes actions en Bourse, _____ poursuivre mes boursicotages et mes spéculations effrénées.

5   À vous ! DALF **Vous êtes un(e) riche excentrique. Mettez vos dernières volontés sur papier sous la forme d'un acte officiel bien sûr, mais non dénué d'humour ! Et envoyez vos productions aux auteurs de ce livre. Merci !**

1 Objets d'art et de collection. Complétez ces phrases avec les termes manquants.

1. Au début de sa carrière, le peintre Cézanne vendait ses _____ pour une bouchée de pain.

2. Toi qui adores peindre dans la nature, file avec ton _____ et tes _____ et reviens avec ton chef-d'œuvre !

3. La _____ pour ce collier est fixée à 2 euros, les enchères sont lancées, 10, 20, 30 euros ? 30 euros ? Qui dit mieux ? Personne ? _____ !

4. La _____ Émile Godard à Malakoff a coulé les célèbres bronzes de l'artiste Sonja Knapp.

5. L'artiste grec Pavlos redonne vie à la _____ en s'inspirant d'objets inanimés, comme le faisait Jean-Siméon Chardin, maître du _____ au XVIIIe siècle.

6. J'ai confié toute ma collection de photos de vaches du Limousin « vintage » à _____ pour qu'il la vende à Drouot dans _____ entre 6 000 et 8 000 euros.

7. Mon ami anglais Archibald, passionné par la marine, s'est offert la _____ en bois de l'île Maurice du bateau *Victory*. Son _____ va lui prendre un certain temps…

8. La _____ maîtresse de ma _____ d'_____ est la saupoudreuse créée au XVIIIe siècle par le célèbre orfèvre Éloi Guérin.

2 Devinettes : de quel terme s'agit-il ?

1. Quand une personne subit tous les malheurs du monde et, qui plus est, n'a pas le sou, on dit d'elle qu'elle mène….

2. C'est le lent affaiblissement des forces vitales, l'amoindrissement des facultés intellectuelles.

3. Se dit d'une personne en tout point raffinée et élégante.

4. C'est pleurer sans motif sérieux et geindre à la manière des enfants.

5. Se dit quand une personne, sous l'effet d'une émotion violente, perd toutes ses couleurs.

6. C'est un sentiment vif et agréable qui donne du relief à votre vie sentimentale.

7. C'est ce dont tout le monde rêve, une existence où tout est beau, tranquille, facile, où la vie est douce à respirer.

8. Si votre corps brûle de toute part et que votre énergie explose, vous en êtes doté(e).

3 L'immobilier. Choisissez la bonne réponse.

1. Vous habitez sous les combles, vous n'avez qu'une salle de séjour | d'eau | de bains .

2. Le luxe de votre appartement se reflète dans le choix d'une somptueuse teinture | toile | tenture murale.

3. Pour fermer vos voilages, vous vous servez d'un joli fil | cordon | brin de tirage.

4. Les plafonds de votre gentilhommière dans le Perche se caractérisent par leurs poutres | pierres | tuiles apparentes.

5. Grâce à son étendue, votre beau berger | verger | rhododendron augmente la valeur immobilière de votre propriété.

6. Pour séjourner à la campagne pendant leurs vacances, il paraît que les Français apprécient de plus en plus les puits | pigeonniers | gîtes .

4 À partir des éléments suivants, formulez des phrases cohérentes.

1. ses doigts – laisse – entre – sa vie – Antigone – couler.

2. un os – comme – défend – petit – Créon – son bonheur.

3. Tout – étranger – n'est – ce qui – bonheur – point – nous – est.

4. le désir – réunissent – Tous les hommes – se – dans – d'être heureux.

5. Aucun – notre porte – à – passer – n'a jamais – autorisé – de mes amis – été.

6. des temps – hésitait – au seuil – et – des formes – Ma pensée.

7. du néant – Le souvenir – pour – venait – me – à moi – tirer.

8. En ce moment – actuelles – disparues – sans – ces personnes – me les représenter – je me figurais – exactement.

9. mes – En ce qui – je – biens – concerne – les transmets – une association – personnels – locale – à.

5 Reformulez ces phrases de manière familière.

1. Cette demeure est tout de même dans un état plutôt déplorable.

2. Pour une somme dérisoire, cette chaumière peut devenir une superbe gentilhommière.

3. Je suis complètement désargenté(e).

4. À cause de ses dépenses exorbitantes, Georgette L. est dans une mauvaise posture financière.

5. Jean-Charles profite pleinement de la vie.

6. En dépit de tous les obstacles qu'elle rencontre – et Dieu sait s'ils sont nombreux –, Lucie B. ne perd pas courage.

7. Après son licenciement inattendu, Hugo ne sait plus donner un sens à sa vie, il désespère !

6 La décoration intérieure. Répondez aux questions suivantes.

1. Quel genre de cuisinière nous conseilleriez-vous ? _____

2. Au niveau de l'éclairage, quelle est la meilleure façon de créer une ambiance chaleureuse ?

_____

3. La cuisine dans notre maison campagnarde étant spacieuse, voyez-vous un meuble qui pourrait convenir ? _____

4. Nous peinons à trouver de vieux chaudrons pour confectionner nos confitures, vos conseils ?

_____

5. Nous avons l'intention de transformer de fond en comble ce vieux manoir berrichon, qu'en pensez-vous ? Vous ne semblez pas tout à fait convaincu(e). _____

7 Présentez, pour un catalogue de vente, le tableau ci-contre : *Un village près de Bonnières* de Charles-François Daubigny (1817-1878).

1 **L'amour. Brillez en société.** Associez les deux parties de la phrase pour reconstituer la citation.

1. Il n'y a pas d'amour.
2. Il est singulier que le mot Amour…
3. L'amour, c'est…
4. En amour, il y en a toujours un qui souffre…
5. En amour, être français, c'est…

a. ne soit du féminin qu'au pluriel. (Albert Willemetz)
b. la moitié du chemin. (Paul Morand)
c. et l'autre qui s'ennuie. (Honoré de Balzac)
d. Il n'y a que des preuves d'amour. (Jean Cocteau)
e. l'amour et le temps rendus sensibles au cœur. (Marcel Proust)

2 **L'amour.** Complétez les expressions suivantes avec les mots *la rage, badine, filer, fraîche*, puis faites-les correspondre aux situations qui conviennent.

1. _____ le parfait amour.
2. Vivre d'amour et d'eau _____.
3. On ne _____ pas avec l'amour.
4. Ce n'est pas de l'amour, c'est de _____.

a. L'amour est une chose très sérieuse pour Alix.
b. Léo et Amicie s'aiment depuis bien longtemps.
c. Pauline ne quitte pas Guillaume d'une semelle, tant elle est amoureuse !
d. Pour Lucien, la richesse matérielle ne compte pas.

3 **La famille.** Vos amis s'intéressent aux thèmes suivants. Quelle saga familiale leur conseilleriez-vous ?

1. Déclin de l'aristocratie et de la grande bourgeoisie à la Belle Époque
2. Engagement d'une femme dans la Résistance dans le Bordelais
3. Ascension et vicissitudes d'une famille sur plusieurs générations, depuis la chute du premier Empire jusqu'aux années 1950
4. Tribulations d'une famille provinciale
5. Destin de deux frères à l'époque de la Grande Guerre
6. Fresque d'une famille « bobo » de la Seconde Guerre mondiale à nos jours
7. Décadence sociale des milieux aisés des affaires et de la presse entre les deux guerres
8. Alliance entre une famille aisée et une famille défavorisée à la fin du XIXe siècle

a. Régine Deforges, *La Bicyclette bleue* (publication : 1981-1989)
b. Marcel Proust, *À la recherche du temps perdu* (1913-1927)
c. Émile Zola, *Les Rougon-Macquart* (1871-1893)
d. Roger Martin du Gard, *Les Thibault* (1922-1940)
e. Henri Troyat, *Les Semailles et les Moissons* (1953-1958)
f. Maurice Druon, *Les Grandes Familles* (1948-1952)
g. Gilles Schlesser, *Saga parisienne* (2011-2013)
h. Philippe Hériat, *Famille Boussardel* (1939-1968)

4 **L'objet de leur passion. Devinette :** de quoi ces mystérieux collectionneurs sont-ils férus ?

Le camisophile collectionne des _____, le campanophile des _____, le capéophile des _____, le daguerréophile des _____, l'éthylabélophile des _____, le gazettophile des _____, le gallinophile des _____, le saponiphile des _____ et le vachequiritphile _____.

5 **La poésie française :** alexandrin ou huitain ? Identifiez le vers, puis le poète : *Guillaume Apollinaire, Charles Baudelaire, Victor Hugo.*

1. Chaque homme dans sa nuit s'en va vers sa lumière.

2. Et toi mon cœur, pourquoi bats-tu ?

3. Valse mélancolique et langoureux vertige !

6 **L'autobiographie.** Indiquez, pour chaque date, le titre et l'auteur de ces célèbres autobiographies. **Titres :** *Antimémoires, Les Confessions, Livret de famille, Mémoires d'outre-tombe, Souvenirs pieux, Vie de Henry Brulard.* **Auteurs :** Chateaubriand, André Malraux, Patrick Modiano, Jean-Jacques Rousseau, Stendhal, Marguerite Yourcenar.

1. 1782-1789 : _____ de _____

2. 1845-1850 : _____ de _____

3. 1890 (posthume) : _____ de _____

4. 1967 : _____ d' _____

5. 1974 : _____ de _____

6. 1977 : _____ de _____

7 **Le bonheur. Brillez en société.** Retrouvez la citation dans son intégralité.

1. À part le bonheur, il n'est rien…

2. Le bonheur, c'est la permanence…

3. Quand vous aurez cessé de songer au bonheur…

4. Le bonheur, c'est d'avoir fait…

5. Le bonheur est de connaître…

a. ses limites et de les aimer. (Romain Rolland)

b. vous l'aurez trouvé. (Charles Secrétan)

c. d'essentiel. (Maryse Condé)

d. de l'éphémère. (Jean-Baptiste Pontalis)

e. ce livre pour vous ! (Romain Racine et Jean-Charles Schenker)

8 **Les mouvements picturaux.** À quel courant appartiennent les tableaux ci-dessous ? Associez.

1. L'impressionnisme (seconde moitié du XIXᵉ siècle) **2.** Le néoclassicisme (fin du XVIIIᵉ s.-début du XIXᵉ s.)

3. Le fauvisme (tout début du XXᵉ siècle) **4.** L'orientalisme (milieu du XIXᵉ siècle)

5. Le rococo (XVIIIᵉ siècle)

a.

b.

c.

d.

e.

Test d'évaluation

1 **Unité I. Répondez aux questions suivantes.** .../10

1. Quel est le synonyme de « bourde » en langue soutenue ?
2. Quels sont les adverbes correspondant aux trois adjectifs suivants : aveugle, confus, énorme ?
3. Quel est le contraire d'une originalité ?
4. Trouvez deux manières de dire autrement « un méli-mélo culturel ».
5. Quel est le mot qui signifie que vous êtes amoureux de la langue portugaise ?
6. Reformulez dans le langage des affaires l'expression « accomplir rapidement une tâche quotidienne ».
7. Indiquez ce qu'est la polysémie.
8. Reformulez l'expression « être mort de peur » en utilisant la couleur qui convient.
9. Employez deux belgicismes pour exprimer le verbe « bavarder ».
10. Que veut dire le vocable « föhn » en Suisse romande ?.

2 **Unité II. Reformulez ces termes selon les indications données.** .../10

1. C'est un autre terme familier pour dire du fric, du...
2. Dites plus élégamment et de façon plus condensée « dans le but d'apporter plus de confort ».
3. Exprimez de manière plus formelle « ce n'est pas si insignifiant que l'on s'imagine ».
4. Trouvez le mot qui résume l'« ensemble des sons perceptibles ».
5. Quel est le synonyme du verbe « plagier » en langue très familière ?
6. Que signifie au Québec « patente », terme qui relève de la propriété industrielle ?
7. Qu'est-ce que la « cherté » ?
8. Quel est le sens de l'expression « pousser le bouchon » ?
9. Quel est le contraire d'explicite ?
10. Donnez un synonyme très littéraire du mot « opprobre ».

3 **Unité III. Reformulez ces phrases familières dans un français standard.** .../10

1. Ursula, c'était la seule qui ne se foutait pas de moi !
2. On a presque raté notre concours d'entrée, on l'a échappé belle !
3. Marie-Cécile court deux lièvres à la fois : la fac et son cours de cinoche !
4. On dit que Clément est un vrai feignant depuis qu'il bosse à l'État.
5. Au bureau, on est atteint de réunionite aiguë, ça en devient quasiment un boulot à plein temps !
6. Il n'arrête pas de cancaner derrière mon dos.
7. Il y a comme un os dans nos relations pro !
8. Ça me chiffonne que tu ne voies pas tout le boulot que j'assure !
9. Il faut faire gaffe quand tu parles à Laurent : il est hyper caractériel !
10. J'adore ce petit coin de paradis qu'est l'île Maurice !

4 **Unité IV. Les phrases suivantes sont-elles de sens équivalent ? Si non, justifiez votre réponse.** .../10

1. Il ne faut pas s'écouter = il ne faut pas se croire malade au moindre petit bobo.

2. Je me laisse vivre = j'aime la vie.

3. J'ai pris un coup de vieux = une personne âgée m'a donné des coups.

4. Il faut accepter que l'on ne puisse pas tout maîtriser = il faut accepter qu'il y ait des choses qui nous échappent.

5. Je me fais un sang fou = je me fais du mauvais sang.

6. Ce pouls-là fait l'impertinent = votre pouls est normal.

7. Les autres m'indiffèrent au plus haut point = mon entourage ne m'intéresse pas vraiment.

8. Mon état est stationnaire = je suis en voie de guérison.

9. L'éruption a atteint la stratosphère = l'éruption a dépassé la couche nuageuse.

10. La pêche s'est transformée en hécatombe = énormément de poissons ont péri lors de la pêche.

5 **Unité V. Reformulez les phrases suivantes.** .../10

1. En France, il n'y a pas de religion d'État, en contrepartie les religions ne sont pas autorisées à interférer dans les affaires publiques.

2. On peut aborder tous les sujets de manière critique, y compris les religions.

3. Vous soulevez là un problème douloureux !

4. *L'Express* nous a fait savoir que ce ministre peu doué pour l'écriture était sur le point de publier un livre.

5. Je suis chargé(e) de vous annoncer – et la tâche m'est difficile – que vous êtes condamné(e) à deux mois de prison ferme.

6. Je vais te punir pour ton audace !

7. Tous les citoyens, quelles que soient leurs différences, pourront désormais se marier.

8. Votre vie et vos problèmes ? Franchement, ça m'indiffère au dernier degré !

9. Consommer à outrance n'est pas une avancée pour l'humanité, mais un recul.

10. Au bout de dix ans, cet agriculteur a eu enfin l'autorisation de Bruxelles pour produire du camembert au lait cru !

6 **Unité VI. Reformulez de manière élégante les phrases suivantes.** .../10

1. Le balcon bougeait un peu comme un bateau, on ne savait plus où poser nos pieds.

2. On profite bien de la beauté de la nature, mais impossible de la décrire !

3. La ville ne s'est pas trop modernisée, elle est restée telle quelle.

4. Les artistes n'ont pas la cote parce qu'ils sont absents des médias.

5. Cet écrivain, qui a de l'expérience, a beaucoup de talent dans tous les registres.

6. Dans un jardin paysager, il ne faut pas qu'un mur nous empêche de voir au loin.

7. Les jeunes manifestants nous mettent dans le même sac que leurs parents, parce qu'on a dix ans de plus qu'eux.

8. On n'imaginait pas une seconde qu'on devrait quitter ce pays.

9. L'équipe de cuisine hyper expérimentée continue de préparer la choucroute comme à l'époque.

10. Ce restaurant, c'est le dernier endroit parisien où l'on peut manger de bons plats du terroir alsacien.

Unité VII. Selon le registre de départ, reformulez ces phrases en langue familière ou soutenue. .../10

1. Ma petite amie m'ignore avec un sacré culot.
2. Cet amour me plonge dans la folie au point que mon corps manifeste des symptômes inquiétants !
3. Ma chère maman m'excède au possible !
4. Amitiés et salutations à vous et à votre femme.
5. Le sentiment amoureux nous élève à des actions héroïques, à l'instar d'un Cyrano de Bergerac.
6. Écervelé(e) que je suis, me voilà trompé(e) !
7. Isabeau empoisonne Dominique avec ses propos haineux.
8. Michèle B. fait tout son possible pour nous rendre service.
9. La pub, ça me gonfle, quelle barbe !
10. Quand j'ai dit ça, je n'ai rien caché de mal et je n'ai rien inventé pour me faire mousser.

8 **Unité VIII. Que répondez-vous à ces personnes dans les situations suivantes ?** .../5

1. Vous ne trouvez pas que votre maison de campagne à 140 000 euros, c'est cher pour ce que c'est ? Pas de salle de bains, l'autoroute devant les fenêtres et située plein nord ?
2. Quel est votre avis de décorateur pour orner les fenêtres du salon ?
3. Quelle est la meilleure vente de votre collection de figurines de plomb ? Napoléon ou Tintin ?
4. En quoi le bonheur diffère du plaisir selon Diderot ?
5. Quel est le sentiment que tous les hommes ont en commun selon les philosophes des Lumières ?

9 **Test culturel. Répondez aux questions suivantes.** .../5

1. Quelle est la principale île de la Polynésie française ?
2. Qui est l'inventeur de la seringue ? (Son nom de famille est aussi un prénom.)
3. Complétez cette morale de La Fontaine : « Rien ne sert de courir..... ».
4. Quelle est la première véritable autobiographie au sens moderne du terme de la littérature française (et mondiale) ?
5. Quels sont les deux amis qui vous ont accompagnés tout au long de l'ouvrage et qui ont contribué à ce que désormais vous soyez des virtuoses de la langue-culture française et francophone ?

Corrigé du test d'évaluation

1. 1. Un impair (registre soutenu), une erreur (registre standard) – **2.** Aveuglément, confusément, énormément – **3.** Une banalité – **4.** Le mélange des cultures, le brassage des cultures, le métissage culturel – **5.** Lusophile – **6.** Expédier les affaires courantes – **7.** C'est l'ensemble des différentes significations d'un mot – **8.** Être vert de terreur – **9.** Babeler, barboter, djauser – **10.** Un sèche-cheveux

2. 1. Du blé, du pognon – **2.** À des fins de confort – **3.** Ce n'est pas anodin – **4.** L'audible – **5.** Pomper (familier), copier (registre standard) – **6.** Un brevet, une licence – **7.** Le coût élevé – **8.** Aller trop loin, exagérer – **9.** Implicite – **10.** Un anathème

3. 1. Ursula était la seule qui ne se moquait pas de moi. – **2.** Nous avons failli ne pas être admis au concours, on a évité le pire. – **3.** Marie-Cécile a un pied à l'université et l'autre dans son école de cinéma. – **4.** Il paraît que Clément est devenu paresseux depuis qu'il est fonctionnaire. – **5.** Nous ne cessons de faire des réunions, c'est comme un travail à temps plein. – **6.** Il n'a de cesse de raconter des choses désagréables en mon absence. – **7.** Il y a un obstacle entre nous, professionnellement parlant. – **8.** Ça me chagrine que tu ne reconnaisses pas tout le travail que je fais. – **9.** Il faut prendre des gants si tu t'adresses à Laurent, il est très susceptible. – **10.** J'apprécie grandement ce lieu paradisiaque qu'est l'île Maurice.

4. 1. Équivalent – **2.** Faux = je vis au gré des événements – **3.** Faux = j'ai vieilli – **4.** Équivalent – **5.** Équivalent – **6.** Faux. Votre pouls bat de façon irrégulière. – **7.** Faux. Mon entourage ne m'intéresse pas du tout. – **8.** Faux = mon état de santé ne s'améliore pas ni se dégrade – **9.** Équivalent – **10.** Équivalent

5. 1. La RF organise la séparation de l'Église et de l'État. – **2.** La laïcité permet l'exercice de la liberté d'expression – **3.** Vous appuyez là où ça fait mal. – **4.** L'Express nous a appris que ce ministre allait commettre un livre. – **5.** Il m'incombe la lourde responsabilité de vous informer que vous avez écopé de deux mois de prison ferme. – **6.** Tu seras châtié(e) de ta témérité. – **7.** Le mariage va devenir une institution universelle. – **8.** Votre situation personnelle, je n'en ai rien à faire. – **9.** Le consumérisme n'est pas un progrès humain mais une régression. – **10.** Il a fallu dix ans à cet agriculteur pour obtenir le feu vert pour la production de son camembert au lait cru.

6. 1. Le balcon tanguait légèrement, se dérobant sous nos pieds. – **2.** La beauté de la nature, on en jouit, mais on ne peut la peindre. – **3.** La ville n'a pas été frappée par le modernisme à outrance. – **4.** Les artistes sont sous-évalués et dépréciés uniquement parce qu'ils sont invisibles. – **5.** Tel un artiste chevronné, l'écrivain fait montre de toute l'étendue de son talent. – **6.** Dans un jardin paysager, il est nécessaire qu'aucun mur ne vienne arrêter le regard. – **7.** Comme nous avons dix ans de plus qu'eux, les jeunes manifestants nous assimilent à leurs parents. – **8.** Pour nous, il était impensable que nous allions partir de ce pays. – **9.** Rodée à l'exercice, l'équipe perpétue la recette traditionnelle de la choucroute. – **10.** Cette institution demeure l'ultime référence des brasseries alsaciennes de Paris.

7. 1. Ma bien-aimée me tourne le dos avec effronterie. (= soutenu) – **2.** Cette relation me rend dingue à tel point que c'en est devenu physique. (= familier) – **3.** Ma mère me soûle. (= familier) – **4.** Nous vous adressons ainsi qu'à votre épouse nos plus amicales pensées. (= soutenu) – **5.** L'amour ça donne du panache ! (= familier) – **6.** Et moi, pauvre bécasse, qui donne dans le panneau ! (= familier) – **7.** Isabeau infuse son venin à Dominique. (= soutenu) – **8.** Michèle B. se plie en quatre pour nous dépanner. (= familier) – **9.** Quel ennui ! J'ai tant horreur de la publicité. (= soutenu) – **10.** Dans mes discours, je n'ai rien tu de mauvais, rien ajouté de bon. (= soutenu)

8. 1. Mais pour 140 000 euros, madame, il ne faut pas rêver ! – **2.** Personnellement, je vous suggérerais des rideaux doublés molletonnés. – **3.** Tintin est une bonne vedette, mais Napoléon reste de très loin la meilleure vente tout confondu. – **4.** D'après Diderot, le bonheur est un état, en cela il est différent du plaisir qui lui ne peut être un état ou une situation. – **5.** Tous les hommes se réunissent dans le désir d'être heureux.

9. 1. Tahiti – **2.** Blaise Pascal – **3.** (Rien ne sert de courir,) il faut partir à point. – **4.** Les Confessions, de Jean-Jacques Rousseau (1782) – **5.** Romain Racine et Jean-Charles Schenker (1 point).

Tableau synoptique 1 : pays et sources

Pays/régions (citation importante en gras)	Provenance des documents	
	Presse, institutions	Médias (presse en ligne)
Afrique centrale, 35b Algérie **2b, 5b,** RC1, **29c** Allemagne 1a, 11c Australie 2b Autriche 38a Belgique **4a,** B1, **10b,** RC1, 16c, RC2, **21b, 27b,** RC3 Brésil 2b, 34a Bulgarie **11c** Burkina Faso 1a, **14b** Cambodge B1, 11c, 39a Chine 24a, 24b Chypre 1b Congo 35b Corée du Sud 2b, 34a Côte d'Ivoire 10a, B1, RC1 Danemark/Groenland B6 Égypte 1b, 1c, 2b Espagne 1b, 23b, 30c, 33a, 36b, 37a États-Unis 2b, 8c, 32c France (nombreuses citations) - Antilles françaises **5a,** RC1, 25a, 33a - Île de La Réunion **14c,** B4 - Nouvelle-Calédonie B1 - Polynésie française/Tahiti B1 - Saint-Pierre-et-Miquelon RC2 - Wallis-et-Futuna 32c Gabon RC1 Grande-Bretagne 19a, B8 Grèce B1, B2, 11c, 14c, B6, 36b, B8 Guinée **10a,** RC1 Haïti 35b Inde 1a, **24a** Indochine RC1 Indonésie/Bali 1b, 2a Islande **19a** Israël 2b, 28a Italie 11c, 19a, B4, 26b, 27b, 30a, 32c, 37a, 37c Japon 1a, 2b, 11c, 14a, 19a, 28a, 30a Laos 1c, RC1 Liban B1, RC1, 28a Luxembourg B1, RC1, 28a Madagascar **5c,** RC1 Mali B1, B2, RC1 Maroc 6c, RC1, **13b** Île Maurice 6c, **25a,** B8 Mexique 19a Monaco 1a, 2b Nouvelle-Zélande 6b, B6 Pays-Bas 11c, 16c Pérou 26c Portugal 2b, 2c, 23b, 32c Québec (Canada) 2b, 2c, **4c,** B1, 9b, **9c,** RC1, **13c,** RC2, 25b, 26b, RC3, 35b Roumanie 11c, RC3 Russie 2b, 32c Sénégal 2b, B1, RC1 Seychelles 14c, 25a Suède 1a Suisse 1a, **2a,** 2c, **4b,** B1, 8b, RC1, 14c, **15c,** RC2, 23b, B5, RC3, 35a Taïwan 39c Tanzanie 19a Tunisie 6c Turquie **1b,** B1, B6 Vietnam 1a, **1c,** 5b, RC1, 39a	France : *Femme actuelle* 7b *La Gazette Drouot* 37c *L'Écho du Pas-de-Calais* 16a *Le Courrier international* 4b *Le Figaro* 24b, 36c *Le Figaro Littéraire* 28c *Le Figaro Magazine* 6a *Le Goût de… l'humour* 3b *Le Journal du Dimanche* 20b *Le Monde* 2c, 8c, 9a *Le Point* 19a, 30b *Le Républicain lorrain* 8a *Le Routard* 26c *Libération* 10c, 24a *Marianne* 21c, 30c *Marie Claire* 33a *Nice-Matin* 23a *Télérama* 27c Conseil régional de l'île de La Réunion 14c IRMa-Grenoble 8b Ministère de l'Éducation nationale 21a Europe : *La Libre Belgique* Belgique 10b *Le Soir* Belgique 21b *Le Vif* Belgique 20a Afrique : *Dernières Nouvelles de la Guinée par les Guinéens* 10a *Le Quotidien d'Oran* 5b Amérique : *L'Express* Canada 9c Office québécois de la langue française 13c Asie : *Le Mauricien* Île Maurice 25a	France : M6 séries *En famille* et *Scènes de ménages* 32b, 35a Série TV *Le Sang de la vigne* 30b Documentaire *Paroles de Pieds-Noirs* 29c France-Culture 9b Francetv éducation 29a Francetvinfo 16c BFM TV 16b TV5 Monde 25b RFI 14b occitanie.aract.fr 12a Martinique.France-Antilles (site) 5a Huffingtonpost.fr 7a Urtikan.net Journal satirique 13a jeunes-a-l-etranger.com 11c Slate.fr (site) 23b head-trick.com (site manga) 34a Europe : Un grand moment de cinéma (ou pas), site Belgique 27b Modèles-contrats, site Suisse 15c Afrique : RFI Afrique 2b Madagascar-tribune.com 5c Amérique : Je parle québécois (site) 4c

Tableau synoptique 2 : personnalités

o citation importante en gras

Pedro Almodovar, cinéaste 29a
Amir, chanteur 28a
Jean Anouilh, écrivain 38b
Guillaume Apollinaire, poète RC4
Pierre Arditi, comédien 3b
Matthieu Aron, journaliste 22b
Ramiro Arrue, peintre 37c
Le Roi Arthur, figure de légende 34a
Isabelle Aubret, chanteuse 34c
Elisabeth Badinter, philosophe 21b
Robert Badinter, essayiste 21b
Honoré de Balzac, écrivain 33b, 26b, RC4
Barbara, chanteuse 32b
Brigitte Bardot, actrice RC3
Barillet et Grédy, auteurs de théâtre 27a
Claude Barras, réalisateur RC3
Charles Baudelaire, poète 28c, **33c**, 34c, RC4
Guy Bedos, humoriste RC1
Pierre-Albert Begaud, peintre 37c
Bérénice Bejo, actrice 3b, 27b
Chantal Benoist, décoratrice 36b
Pierre Bergé, mécène 37b
Erwann Bergot, écrivain 1c, RC1
Sébastien Boivin, œnologue 30b
Olivier Bompas, œnologue **30b**
James Bond 4c
Lili Boniche, chanteur 5b
Paul Bonnetain, écrivain RC1
Éric Boutté, chef cuisinier 30c
Nicolas Bouvier, écrivain RC1
Constantin Brancusi, sculpteur 37b
Georges Braque, peintre 37b
Robert Bresson, cinéaste 38a
Jean-Claude Brisville, écrivain 34b
Albert Camus, philosophe 5b, RC1, RC3
Caron, parfumeur 26a
Casanova, libertin 31b
Pascale Casanova, chercheuse 2c
Cassandre, prophétesse B2, 18c
Aimé Césaire, écrivain 5a
Jules César, empereur 34a
Paul Cézanne, peintre B8
Claude Chabrol, cinéaste 27c, 28c
Sorj Chalandon, écrivain 39a
Patrick Chamoiseau, écrivain 5c, RC1
Jean-Martin Charcot, psychiatre RC2
Jean-Siméon Chardin, peintre 36b, B8
F.-R. de Chateaubriand, écrivain 26b, RC4
Louis Chauvel, sociologue 11b
Pascaline Chavanne, décoratrice 27b
Cléopâtre, reine d'Égypte B7
Gaëtan Gatian de Clérambault, psychiatre RC2
Jean Cocteau, écrivain RC4
Colette, écrivain RC1, RC2
Coluche, humoriste 10b, RC1
Maryse Condé, écrivain RC4
Jean-François Copé, politicien 11a
Gustave Courbet, peintre 17b
Jean-Louis Curtis, écrivain 29b
Kamel Daoud, écrivain 5b, 35b
Honoré Daumier, dessinateur 22a
Anne-Marie David, chanteuse 28a
Jacques-Louis David, peintre 37c
Régine Deforges, écrivain RC1, RC4
Eugène Delacroix, peintre 37c
Raymond Depardon, photographe 27c
André Derain, peintre RC4
Séverine Deskeuvre, professeur 4a
Pierre Desproges, humoriste 10b, RC1
Gilles Détroit, comique 6c
Raymond Devos, humoriste 3a
Denis Diderot, philosophe 26c, RC3, **38c**
Xavier Dolan, cinéaste RC1, RC3
Michel Drucker, présentateur TV 11a
Maurice Druon, écrivain RC4
Jean-Paul Dubois, écrivain 28c
Marcel Duchamp, artiste 28b
Alexandre Dumas fils, écrivain 30a, 17b
Marguerite Duras, écrivain RC1, 31a
Lawrence Durrell, écrivain 2b
Benoît Duteurtre, écrivain 28c

Annie Ernaux, écrivain B6
Sophie Fédy, écrivain 20c
Jean Ferrat, chanteur 34c
Georges Feydeau, écrivain 12a
Gustave Flaubert, écrivain 28c, **31b**
Louis Floutier, peintre 37c
Fontenelle, philosophe 38c
Florence Foresti, humoriste RC1
Nicolas Fouquet, homme d'État 29a
Sigmund Freud, psychanalyste RC2
Marc Fumaroli, essayiste 21c
Louis de Funès, acteur 27c
France Gall, chanteuse RC3
Paul Gauguin, peintre RC1
Jean-Paul Gaultier, styliste 16b
Philippe Geluck, dessinateur 10b
Thibaut Gentina, médecin 7c
Théodore Géricault, peintre 37c
André Gide, écrivain 22a, RC2, RC3
Jean Giono, écrivain RC2
Isabelle Giordano, journaliste 11a
René Girard, anthropologue 21c
Émile Godard, fondeur B8
Eileen Gray, designer 37b
Juan Gris, peintre 37b
Éloi Guérin, orfèvre B8
Guerlain, parfumeur 26a
Françoise Hardy, chanteuse RC3, **34c**
Philippe Hériat, écrivain RC4
Antoine-Désiré Héroult, peintre B8
Jules Hervé, peintre 37c
Jean-Paul Hévin, chocolatier 2a
Michel Houellebecq, écrivain 35b
Victor Hugo, écrivain 2a, RC4
Jean-Auguste-Dominique Ingres, peintre RC4
Sylvie Joly, humoriste 36a
Franz Kafka, écrivain 24b
Aude de Kerros, artiste 28b
Joseph Kessel, écrivain RC1
Milan Kundera, écrivain 28c
Louise Labé, poétesse 34c
Jacques-Marie Lacan, psychanalyste RC2
René Laënnec, scientifique RC2
Dany Laferrière, écrivain RC1, 35b
La Fontaine, écrivain 22c, RC3, 34c
Joachim Lafosse, cinéaste 27b
René Lalique, vitrailliste 30c
Jean-Baptiste de Lamarck, scientifique RC2
Henri-Désiré Landru, assassin B5
Louis Lartet, scientifique RC2
Antoine Lavoisier, scientifique RC2
Georges-Émile Lebacq, peintre RC1
Jules Lebaudy, financier 39c
Charles Le Brun, peintre 29a
J.-M.-G. Le Clézio, écrivain RC1
Périco Légasse, critique gastronomique 30c
Valérie Lemercier, actrice 27c
André Le Nôtre, paysagiste 29a, B6
Bernard Leprince, chef cuisinier 30c
Les Chevaliers du fiel, humoristes 12b
Louis Le Vaux, architecte 29a
Primo Lévi, écrivain 35b
Claude Lévi-Strauss, anthropologue 34a
Bernard-Henri Lévy, philosophe RC1
Franz Liszt, compositeur 17b
Pierre Loti, écrivain 1b, RC1
Louis XIV, roi de France 29a, B6
Alain Mabanckou, écrivain 35b
Emmanuel Macron, politicien 11a, 23a
Maigret, commissaire 37b
Andreï Makine, écrivain 26a
André Malraux, écrivain RC1, RC4
Édouard Manet, peintre 37b
Jeane Manson, chanteuse 3a
Marie-Antoinette, reine de France 19a, 21c
Marivaux, écrivain 28c
Roger Martin du Gard, écrivain RC4
Guy de Maupassant, écrivain 18c
François Mauriac, écrivain RC2
Éric Maurin, économiste **11b**
Damon Mayaffre, chercheur CNRS 23a
Thierry Michel, réalisateur RC3
Octave Mirbeau, écrivain 35b

Patrick Modiano, écrivain RC3, 35b, RC4
Amedeo Modigliani, peintre 28c
Molière, écrivain 17b, 28c **31a**
Piet Mondrian, peintre 37b
Montesquieu, philosophe 21c
Étienne de Montety, critique littéraire 28c
Paul Morand, écrivain RC4
Gustave Moreau, peintre 37c
Jeanne Moreau, actrice RC3, 38a
Marie Myriam, chanteuse, B6
Napoléon, homme d'État 37a
Amélie Nothomb, écrivain RC3
(Gaston) Ouvrard, chanteur 17a
François Ozon, cinéaste 27a, RC4
Marcel Pagnol, écrivain RC2
Blaise Pascal, philosophe RC2, RC3
Daniel Pennac, écrivain RC1
Fernando Pessoa, écrivain 2c
Gilles Petit-Gats, directeur 14a
Pablo Picasso, peintre 37b
Jean-Baptiste Pigalle, sculpteur 37a
Jean Poiret, acteur 28c
Hercule Poirot, détective 34a
Jean-Bertrand Pontalis, psychanalyste RC2, RC4
Nicolas Poussin, peintre 37b
Jacques Prévert, poète RC3
Julien Prévieux, artiste 12c
Marcel Proust, écrivain 39b, RC4
David Pujadas, journaliste 11a
Jean Racine, écrivain 30a, 34c
Reinette l'Oranaise, chanteuse 5b
Jules Renard, écrivain 38a
Auguste Renoir, peintre RC4
Jean-Michel Ribes, écrivain 3c
Richelieu, homme d'État 27c
Amália Rodrigues, chanteuse 2c
Romain Rolland, écrivain RC4
Pierre de Ronsard, poète 34c
Anne Roumanoff, humoriste 11a
J.-J. Rousseau, philosophe RC3, 33c, **35c**, RC4
Françoise Sagan, écrivain 28c, RC3
Yves Saint Laurent, styliste 37b
George Sand, écrivain 14c
Isabelle Saporta, journaliste 24b
Gilles Schlesser, écrivain RC4
Franz Schubert, compositeur 19b
Vincent Scotto, compositeur 17a
Charles Secrétan, philosophe RC4
Victor Segalen, écrivain RC1
Giovanni Segantini, peintre 37c
Comtesse de Ségur, écrivain 28c
Jean-Jacques Sempé, dessinateur B2
Léopold S. Senghor, écrivain RC1
Mme de Sévigné, écrivain B5
Shakespeare, écrivain 28a
Sheila, chanteuse RC3, **34c**, 38a
Vandana Shiva, écologiste 24a
Georges Simenon, écrivain RC3
Alfred Sommier, sucrier 29a
Charles Spindler, peintre-ébéniste 30c
Stendhal, écrivain RC4
Stromae, chanteur RC3
Christine Taubira, politicienne 23b
Tintin, héros de BD 37a
Michel Tournier, écrivain 21c
John Travolta, acteur 17b
Henri Troyat, écrivain RC4
Pierre-Henri de Valenciennes, peintre 37c, RC4
Manuel Valls, politicien 11a
Sylvie Vartan, chanteuse RC3
Paul Verlaine, poète 34c
Voltaire, philosophe RC3
Antoine Watteau, peintre 37b, RC4
Albert Willemetz, librettiste RC4
Marguerite Yourcenar, écrivain RC4
Michel Zaoui, avocat 22b
Florient Zeller, écrivain 3b
Émile Zola, écrivain RC4
Zouzou et Waldemar, chats 38b

Crédits photos

p. 15 © Richard Cavalleri/Shutterstock – **p. 17** © Christian Ganet – **p. 25** © Vive les vacances de Reiser © Éditions Glénat, 2009 – **p. 27** © Jan Howleg/Adobe stock – **p. 29** © Office fédéral de la statistique, www.bfs.admin.ch – **p. 31** © meunierd/Shutterstock – **p. 37** © Angela N. Perryman/Shutterstock – **p. 39g** © chungking/Adobe stock – **p. 39m** © Tom Black Dragon/Shutterstock – **p. 39d** © hooyah808/Adobe stock – **p. 71** © Elnur/Adobe stock – **p. 73** © Andre Lettau, 13 déc. 2003/Wikipedia – **p. 86** © Urtikan – **p. 87** © J.-M. Ucciani – **p. 97** © Jiang Hongyan/Shutterstock – **p. 105** © Mykaïa – **p. 111** © Chimulus/Iconovox – **p. 125** © trickone/Adobe stock – **p. 129** © Chappatte, Le Temps/30 avril 2013 – **p. 131** © Rifo – **p. 137** © jamenpercy/Adobe stock – **p. 139g** © Brian Jackson/Adobe stock – **p. 139mg** © Robert Thom/Collection of the University of Michigan Health System, Gift of Pfizer Inc. – **p. 139m** © 120/https://commons.wikimedia.org – **p. 139md** © akg-images – **p. 139d** © Public domain, copied from an 1815 book/https://commons.wikimedia.org – **p. 147** © Honoré Daumier – **p. 150** © Adagp, Paris, 2017 – **p. 156** © Dessin Hic – **p. 167** © Bidu – **p. 171** © http://www.gouvernement.fr/qu-est-ce-que-la-laicite /idé/MENESR – **p. 175** © syntheticmessiah/Adobe stock – **p. 177** © Jenny Thompson/Adobe stock – **p. 179** © François Ozon/Catherine Deneuve – **p. 181** © avec l'aimable autorisation de LE PACTE – **p. 190** © PackShot/Adobe stock – **p. 191** © mari_five/Adobe stock – **p. 197** © Chez Francis – **p. 199** © Beboy/Adobe stock – **p. 203** © karelnoppe/Adobe stock – **p. 205g** © lamax/Adobe stock – **p. 205m** © Negoi Cristian/Adobe stock – **p. 205d** © Philippe Minisini/Adobe stock – **p. 215** © Cécile Rogue/M6 – **p. 222** © Carlos Schwabe, Illustration de Baudelaire « Les Fleurs du Mal », Paris, Charles Meunier, 1900, Source « Die Imposante Galerie » – **p. 225** © Head-Trick – **p. 228** © Reporters Associés/Gamma-Rapho – **p. 234** © ArTo/Adobe stock – **p. 237g** © PiXXart Photography/Adobe stock – **p. 237m** © honksantima/Adobe stock – **p. 237d** © okeanaslt/Adobe stock – **p. 239** © Miredi/Adobe stock – **p. 243** © laudibi/Adobe stock – **p. 246** © Horst P. Horst/Getty – **p. 248** © ADER/« Pont de Saint Étienne de Baïgorry », Louis Floutier (1882-1936) – **p. 263** © BIS/© Archives Larbor – **p. 265 a.** © BIS / Ph. Chevallier © Archives Larbor © Adagp, Paris 2017 – **p. 265 b.** © BIS/Ph. H. Josse © Archives Larbor – **p. 265 c.** © BIS/Ph. H. Josse © Archives Larbor © – **p. 265 d.** © BIS © Archives Larbor – **p. 265 e.** © BIS/Ph. H. Josse © Archives Larbor

Imprimé en France par Clerc en juillet 2021
N° de projet : 10276055 - Dépôt légal : mars 2018